民法における倫理と技術

小野秀誠 著

信山社

はじめに

　本書は，私法の発展における倫理と技術に関する論文を中心にまとめたものである。3部からなる。

　第1部は，私法の発展における倫理と技術に関する中心部分である。第1篇は，先端技術（とくに先端医療やIT技術）における法と倫理に関する序説であり，第2篇は，おもに企業倫理の問題を扱っている。法と倫理の問題は，古くは利息制限のあり方にもみられる。第3篇～第6篇は，おもに2002年のドイツ債務法現代化法を素材として倫理にも関係する法の変遷を検討する。

　倫理を検討するのは，近時の先端技術の発展や企業不祥事の多発と関係する。社会や技術の高度化にともない，新たな倫理の必要性や技術に藉口した倫理の欠如に目が向けられるようになってきた。しかし，たんに技術にあわせて法を整備するのはそうむずかしいことではなく，むずかしいのは倫理的な制限をおくこと（たとえば，提供者死後の，凍結精子による人工授精は不可とするような）や価値の転換である。また，歴史的に確立された倫理は，外形的にはともかく，個々の技術の進歩のみによってたやすく変動をきたすものではない。この場合の具体的な基準を探る必要性は，ますます大きくなっている。なお，法と倫理に関する個別の問題はもっと多様であるが，本書では，いくつかの個別の問題のほかは，おおむね総論的な叙述にとどまっている。より詳細な各論は，将来の課題である。

　第7篇～第12篇は，利息制限の関係の論文を集めている。貸金業法43条は，一定の要件のもとに，本来無効な，利息制限法の制限を超過する支払を有効な利息の債務の支払とみなしている。近時，種々の仕組み金融によって，貸金業法43条の適用を拡大することが試みられている。同条文には，制定の時から疑義があるとされてきたが，制定から20年もの間，裁判例が集積し，新たな展開の時期を迎えている。もっとも，これには，たんに個別の法解釈の結果というよりは，近時の企業の法令遵守・コンプライアンスや社会的責任の潮流が直接の契機になっているものと考えられる。越卓した思想的基盤や背景がないかぎり，価値の転換がむずかしいことの一例となっている。

はじめに

　数年来，最高裁は，一連の判決において貸金業法43条の適用を厳格化しつつある。これは，あたかも1960年代において，利息制限法1条2項の制限解釈が進展した時代を彷彿させる（最判昭39・11・18民集18巻9号1868頁，最判昭43・11・13民集22巻12号2526頁ほか）。比較的早いものでは，最判平11・1・21民集53巻1号98頁が，貸金業法18条書面の交付につき厳格な解釈を示した。そして，みなし利息や一連の取引の過払い金を他の債務に充当した2003年の判決が，それ以後の一連の判決の先駆である（最判平15・7・18民集57巻7号895頁，最判平15年9月11日，最判平15・9・16金判1188号13頁）。ついで，天引や貸金業法17条書面の厳格化がこれに続いた（最判平16・2・20民集58巻2号475頁，同日金判1191号22頁）。それ以降は，加速度的に，新たな判決が生じている。貸金業法18条の書面の厳格性（交付時期に関する）を求める最判平16・7・9判タ1163号113頁，債務者からの取引履歴開示請求と消費者金融業者の開示義務に関する最判平17・7・19金判1221号2頁，民集59巻6号1783頁，リボルビング払いの際の書面の厳格性に関する最判平17・12・15民集59巻10号2899頁，期限の利益喪失約款に関する最判平18・1・13，最判平18・1・19，最判平18・1・24，日賦業者の適用要件に関する最判平18・1・24，仮想売買による高金利の制限の最判平18・2・7，特別上告を認めた最判平18・3・17などである。最判平18・3・7は，年1200％の高金利の事案に関し，契約の無効を認め，元本相当金額についても返還義務を否定した。これらのうち，本書では，取引履歴開示の開示義務を認めた最判平17・7・19民集59巻6号1783頁までを扱っている（それ以降については，別稿を予定している。また，市民と法40号61頁，金法1780号（金融判例研究16号）予定）。
　第13篇は，偽造登記済権利証の看過と司法書士の責任を検討するものであり，民法の問題としては，専門家の責任の一部に位置づけられる。第14篇は，平15年＝2003年の民法改正で削除された債権質における証書の交付の必要性（不要）に関するものである。
　第2部は，私法の新たな展開を扱っている。内容は，かなり多様である。第1篇・第2篇では，所有権概念の変遷をタイムシェアやマンション所有権

を例に検討し，第3篇は，もっと包括的に，司法の現代化の行われているドイツ私法の改革を検討した。第4篇は，その基礎となっているドイツの構造改革を概観したものである。ヨーロッパ法は，EUの拡大とグローバル化のもとで，全面的な変革の時代を迎えている。EU指令の細密化により，各国の議会は，近時，それの国内法化を主要な課題にしているといっても過言ではない。財産法の変革は，この地域国際的，さらには国際的な統一化への一プロセスともいえる。

第5篇〜第7篇は，ヨーロッパ人権裁判所において取り上げられた東ドイツ地域における土地返還の問題を扱う。東ドイツ地域の改革は，たんに東ドイツ地域だけではなく，ドイツ法全体に新たな視点をもたらした。これは，あたかも，18〜19世紀において東ドイツ地域のプロイセンの法制度がいわゆる「ゲルマン法」や「古ドイツ法」として（法制史的意義には疑義があるが），ローマ法継受以来の普通法体系に変革をもたらしたことを彷彿させる。また，第8篇は，債務法における付随義務や保護義務を，第9篇は，近時の遺伝子技術法と厳格責任の問題を扱う。第13篇は，非財産的損害と慰謝料請求権の問題を扱っている。

第10篇〜第12篇は，家族法関係の論文である。夫婦の氏，子どもの嫡出性や親子関係，パートナー法と同性婚などを対象としている。家族法もまた，世界的な変革の時期にある。ヨーロッパでは財産法をもとに私法の統一や収斂が語られるが，そのことは無意識的には，本来収斂がむずかしいといわれる家族法にも影響を与えている。

第3部では，法曹養成と民法典の発展の問題を扱っている。第1篇は，近時のドイツの法曹養成制度の変革を対象とするが，第2篇以下は，民法典の変遷を対象とする。第2篇は，日本民法の制定のプロセスを，比較法的観点から検討したものであり，古い時代を対象とするが，第3篇は，比較的新しい公害・環境法の発展と，製造物責任法の発展を扱っている。新たな変革の時代にも，かつての変革の時代である民法典の制定期や同じく変革期であった高度成長期の法のあり方をふりかえっておくことには意義があろう。第4篇は，2004年に制定200年を迎えたフランス民法典の変遷を中心に，日本法やドイツ法をも位置づけ，現在および将来の課題を検討したものである。

はじめに

　本書では，かなり細かい論文を集積する結果となった。たんに実定法担当者の負担過重という近時の一般的な傾向が反映されたというよりは，関心の多様化の結果である。一面では，近時の法の変革が多方面にわたり，量的にもいちじるしく，それを後追いすることすら困難になっている状況がある。反面では，そのような時代であることから，ますます確固とした基準の確立や問題追及の一貫性が求められることの反省と表徴ともなっている。

　2006 年 9 月 15 日

小 野 秀 誠

　本書を，亡き母・重子（1922. 5. 12 ～ 2006. 6. 8）に捧げる。母は，年少時期に，樺太・鵜城郡（ウシロ郡，のち恵須取郡）で過ごし，またインドネシア・ボルネオ島のバンジェルマシンでも暮らした。戦前としてはいささか異色の体験であったと思われる。2003 年からは，闘病の 3 年間であり，私にも種々の面で目を開かせてくれた。しかし，今回，私は，図書の出版を無条件で喜んでくれる家族を失うことになった。母の枕頭で，つたない本書をまとめたことは，淡い思い出となっている。

目　次

第Ⅰ部　私法の発展における法と技術

第1篇　先端技術と法―法と倫理に関する序説― ……………… 3

第1章　はじめに ………………………………………………… 3
　1　技術と法の新展開 *(3)*
　2　法と倫理―裁判規範としての法の意義― *(5)*

第2章　若干の各論的考察 ……………………………………… 8
　1　権利の主体―人 *(8)*　　2　権利の客体―物 *(11)*　　3　債　権 *(13)*

第3章　倫理の帰趨 ……………………………………………… 16
　1　価値の衡量 *(16)*　2　未成熟の価値と歴史の検証に耐えうる倫理 *(18)*

第4章　むすび …………………………………………………… 19

第2篇　企業倫理と技術―専門家の責任― ……………………… 30

第1章　はじめに ………………………………………………… 30
　1　企業不祥事と技術・倫理 *(30)*　　2　企業統治のための新たな倫理 *(31)*

第2章　経営理論と高度技術における倫理の対立 ……………… 33
　1　経営理論における3つの倫理―余暇理論への対応― *(33)*
　2　先端技術における3つの倫理 *(35)*

第3章　コーポレートガバナンス，コンプライアンスと企業の技術性　38
　1　企業不祥事の多様性 *(38)*　　2　最近の事例 *(40)*
　3　現代型企業の倫理的基礎の必要性 *(44)*

第4章　むすび …………………………………………………… 46
　1　新たな倫理 *(46)*　　2　技術と倫理 *(52)*

第3篇　過酷な契約における無効と責任制限 …………………… 63
　1　ドイツ新債務法311b条と公正証書，過酷な契約からの保護規定 *(63)*
　2　継続的債務の保証人の責任 *(64)*　　3　未成年者の責任制限 *(66)*

目　次

第4篇　遅延利息の設定における競争条件の統一と消費者信用　*69*
　　1　ドイツ債務法現代化法とEU指令における遅延利息（*69*）
　　2　利率の修正（*70*）　　3　消費者消費貸借の場合（*71*）

第5篇　通信販売と金融サービス給付―ドイツの新通信取引法―　*74*
　　1　はじめに―金融サービス給付の民法典への組み込み（*74*）
　　2　改正の骨子（*76*）　　3　ほかの改正（*80*）

第6篇　団体の責任と構成員の責任　*88*
　　1　共同企業体の構成員の責任（*88*）　　2　構成員の責任（*89*）
　　3　責任の一般化（*89*）

第7篇　貸金業法43条と社会倫理　*93*
　　1　最高裁判決と貸金業法43条（*93*）　　2　貸金業法43条の違憲論（*94*）
　　3　企業のコンプライアンスと社会的責任（*96*）

第8篇　やみ金融対策法の概要　*98*
　　1　はじめに（*98*）　　2　登録要件の厳格化と費用の引き上げ（*99*）
　　3　適切な営業体制の確立（貸金業務取扱主任者制度の導入）（*100*）
　　4　広告・取立規制の強化（*101*）　　5　契約の無効（*103*）
　　6　罰則の強化（*104*）　　7　むすび（*105*）

第9篇　一連の貸付取引と弁済充当の関係，および取引履歴の
　　　　開示拒否と不法行為の可否（東京高判平14・3・26判時
　　　　1780号98頁）　*112*

第10篇　信用保証料とみなし利息および一連の取引における制
　　　　限超過利息の他の借入金債務への充当（①最（二小）判平
　　　　15・7・18民集57巻7号895頁，②最（一小）判平15・9・11，③
　　　　最（三小）判平15・9・16）　*122*

第11篇　天引とみなし弁済および貸金業法43条の要件としての書面の記載（①最（二小）判平16・2・20民集58巻2号475頁，金判1191号14頁，②最（二小）判平16・2・20金判1191号22頁）……………………………………… *143*

第12篇　債務者からの取引履歴開示請求と消費者金融業者の開示義務（最判平17・7・19金判1221号2頁，民集59巻6号1783頁）……………………………………………………… *160*

第13篇　偽造登記済権利証の看過と司法書士の責任（東京地判平13・5・10判時1768号100頁）………………………… *170*

第14篇　賃貸借の保証金返還請求権に対する質権設定と，賃貸借契約書の原本および保証金預り証の原本の交付（東京高判平13・1・31判時1743号67頁）…………………… *180*

第2部　私法の新たな展開

第1篇　所有権概念の変容と私権の体系－ドイツの期間割りの居住権契約との関係で－ ………………………………………… *193*
 1　はじめに（*193*）　　2　所有権の変容と私権の体系（*195*）
 3　期間割りの居住権・タイムシェア（*200*）

第2篇　マンション管理費および特別修繕費の債権の時効期間（最判平16・4・23民集58巻4号959頁）……………… *209*

第3篇　司法の現代化とドイツ私法の改革 ………………………… *218*
 第1章　はじめに …………………………………………………… *218*
 1　法典の現代化（*218*）　　2　国際化と法典（*219*）
 3　東西ドイツの再統一（*221*）

目　次

　第2章　2001年賃貸借法改正 …………………………………………… *222*
　　　1　賃貸借法の刷新（*222*）　　2　個別法の一元化（*222*）　　3　賃貸借法への新たな視点（*223*）　　4　定期賃貸借，居住権の再構成（*224*）
　第3章　2002年債務法現代化法 …………………………………………… *224*
　　　1　債務法の変化（*224*）　　2　改正のプロセス（*225*）
　　　3　改正のおもな対象（*226*）
　第4章　家族法の現代化 …………………………………………………… *227*
　　　1　家族法と家庭裁判所（*227*）　　2　家族手続法（*228*）
　　　3　家族実体法（*229*）　　4　扶養のシステム変更（*231*）
　第5章　結びに代えて ……………………………………………………… *233*
　　　1　現代化の多様性（*233*）　　2　登記制度の刷新と情報関係法（*234*）

第4篇　構造改革，年金，家族法改革 ……………………………………… *243*
　　　1　Agenda 2010（*243*）　　2　改革の骨子（*243*）

第5篇　東ドイツ地域における財産問題とヨーロッパ人権裁判
　　　　所（2004年1月22日・Jahn小法廷判決）……………………… *248*
　　　1　はじめに（*248*）　　2　未解決の財産問題と人権（*249*）　　3　Heidi Jahn判決（2004年1月22日, application nos. 46720/99, 72203/01 and 72552/01）（*251*）　　4　むすび（*253*）

第6篇　東ドイツ地域の財産問題とヨーロッパ人権裁判所2005
　　　　年3月30日判決 ………………………………………………………… *254*
　　　1　財産権の返還問題の確定（*254*）　　2　両判決の意義（*255*）
　　　3　東ドイツ地域における未解決の財産問題（die offene Vermögensfragen in den neuen Bundesländern）の終結（*257*）

第7篇　東ドイツ地域の財産問題とヨーロッパ人権裁判所の第
　　　　2判決（2005年6月30日・Jahn大法廷判決）…………………… *259*
　　　1　Heidi Jahn（小法廷）判決の破棄（*259*）　　2　大法廷判決（*260*）
　　　3　評価と展望（*263*）

第 8 篇　義務の種類と態様─主たる債務, 付随義務, 保護義務─ … 265
　　1　義務の種類の意味 (265)　　2　前提となる概念 (266)
　　3　学説・判例 (268)　　4　問題の整理と展望 (270)

第 9 篇　遺伝子組み換え作物の農業利用と法─ドイツの遺伝子技術法 (2005 年改正法) と厳格責任─ ………………………… 272
　　1　遺伝子技術法と遺伝子組み換え作物 (272)　　2　遺伝子技術法の改正と憲法訴訟 (273)　　3　厳格責任の系譜と, 原因の推定, 責任制限 (276)

第 10 篇　夫婦の氏と選択可能性─ドイツ憲法裁判所判決─ ……… 281
　　1　夫婦の氏の合一と選択可能性─ドイツ憲法裁判所 2004 年判決 (281)
　　2　ドイツ民法の修正 (282)　　3　日本法における氏 (283)

第 11 篇　子の嫡出性と生物学上の血縁関係の強化─ドイツ法における嫡出否認権者の拡大─ ……………………………… 286
　　1　嫡出否認権者の限定 (286)　　2　否認権者の拡大 (286)
　　3　凍結精子や受精卵を用いた子の嫡出性 (288)

第 12 篇　パートナー法と同性婚─ドイツの 2005 年改正法─ ……… 296
　　1　同性婚と終身パートナー法 (296)　　2　憲法裁判所判決と改革の骨子 (298)　　3　同性婚と子の福祉 (301)

第 13 篇　非財産的損害と慰謝料請求権 ………………………………… 303
　　1　損害賠償の制限法理 (303)　　2　慰謝料請求権の位置づけ (303)
　　3　非財産的損害とその賠償 (305)

第 3 部　法曹養成と民法典の発展

第 1 篇　ドイツの法曹養成 ……………………………………………… 311
　第 1 章　はじめに ……………………………………………………… 311
　　1　概　観 (311)　　2　問題点 (312)
　第 2 章　国家試験の現状 ……………………………………………… 313

目　次

　　　1　第1次国家試験（*313*）　　2　在学年数の推移（*317*）
　　　3　第2次国家試験と実務研修（*319*）
　第3章　2002年改正法 ………………………………………………… 319
　　　1　改正法の骨子と理念（*319*）　　2　4つの重点と理念の転換（*320*）
　第4章　完全法律家と経済専修法律家 ………………………………… 322
　　　1　法曹養成の多元化（*322*）
　　　2　経済専修法律家（Wirtschaftsjurist）の養成（*323*）
　第5章　む　す　び ……………………………………………………… 324
　　　1　その他の問題（*324*）　　2　比較による若干の示唆（*325*）

第2篇1　Comparative Law and the Civil Code of Japan (1) …… 337
　Ⅰ　Introduction - The Civil Code of Japan ……………………………… 337
　　　1　Formation of the Code and the Role of Comparative Law（*337*）
　　　2　Profiles of the Three Drafters of the Japanese Civil Code.（*341*）
　　　3　Profiles of the Three Ministers of Justice at the time of the Modern Codification of Japanese Laws（*345*）

第2篇2　Comparative Law and the Civil Code of Japan (2) …… 361
　Ⅱ　Civil Code and the Comparative Law ………………………………… 361
　　　1　Comparative Method（*361*）
　　　2　Japanese Law and Other Laws in the World（*363*）
　　　3　Foreign Law and the Drafters（*365*）
　Ⅲ　Prologue for Legislation ………………………………………………… 366
　　　1　The New Idea of Law and Legislation（*366*）
　　　2　Dajoukan Proclamations（*368*）
　　　3　Second type of Dajoukan Proclamations（*370*）
　　　4　The first Drafting Committee（*372*）
　Ⅳ　The Process of Codification: The Second Drafting Committee …… 374
　　　1　The Second Drafting Committee（*374*）
　　　2　The System of the Code（*378*）

  3 Influence of Foreign Law（*379*）

  4 The Educational System（*381*）

 V The Purpose of This Paper, The Influence of the Foreign Laws …… 382

  1 Law of Obligations or Property（*382*）

  2 Family Law（*382*）

第3篇 Modern Development in Environment and Product Liability ……………………………………………………… 394

 I Modern Development of Tort Law towards Pollution ………… 394

  1 Modern Tort Law（*394*）

  2 Sketch of Development of Positive Law（*394*）

  3 Developemnet in 1980s（*395*）

 II Public Nuisance Law ……………………………………………… 396

  1 Pollutions（*396*）

  2 Prerequisites（*397*）

  3 Effects（*399*）

 III Product Liability ………………………………………………… 401

  1 Civil Law and The Product Liability Act (P.L.Act)（*401*）

  2 Prerequisites（*401*）

  3 Effects（*403*）

 IV Comparative Survey ……………………………………………… 404

  1 Environment Liability（*404*）

  2 Product Liability（*405*）

第4篇 Das Japanische Recht und der Code Civil als Modell der Rechtsvergleichung ……………………………………… 410

 I Der Code Civil (1804) und das Geist des Vernunftrechts ………… *410*

 II Der Code Civil und die Gesetzgebung ……………………………… *413*

 III Der Code Civil und das Japanische Recht ………………………… *417*

目　次

IV　Der Code Civil und die zukünftige Bedeutung ·················· *420*

索　引 ··· *431*

〔初出一覧〕

第1部　私法の発展における倫理と技術
　第1篇　先端技術と法―法と倫理に関する序説―　〔法の支配134号〕
　第2篇　企業倫理と技術―専門家の責任―　〔Law & Technology 27号〕
　第3篇　過酷な契約と責任制限　〔国際商事法務32巻1号〕
　第4篇　遅延利息の設定における競争条件の統一と消費者信用　〔国際商事法務31号〕
　第5篇　通信販売と金融サービス給付　〔国際商事法務32巻4号〕
　第6篇　団体の責任と構成員の責任　〔国際商事法務32巻10号〕
　第7篇　貸金業法43条と社会倫理　〔消費者法ニュース61号〕
　第8篇　やみ金融対策法の概要―03年貸金業法改正―　〔市民と法24号〕
　第9篇　一連の貸付取引と弁済充当の関係，および取引経過の開示拒否と不法行為の可否（東京高判平14・3・26判時1780号98頁）　〔判評525号〕
　第10篇　信用保証料とみなし利息および一連の取引における制限超過利息の他の借入金債務への充当（①最高裁平成15年7月18日第2小法廷判決民集57巻7号895頁，②平成15年9月11日第1小法廷判決，③平成15年9月16日第3小法廷判決）　〔民商129巻6号〕
　第11篇　天引とみなし弁済および貸金業法43条の要件としての書面の記載（①最高裁平成16年2月20日第2小法廷判決民集58巻2号475頁，金判1191号14頁。②最高裁平成16年2月20日第2小法廷判決民集58巻2号380頁）　〔金判1196号〕
　第12篇　債務者からの取引履歴開示請求と消費者金融業者の開示義務（最判平17・7・19金判1221号2頁，民集59巻6号1783頁）　〔金判1230号64頁〕
　第13篇　偽造登記済権利証の看過と司法書士の責任（東京地判平13・5・10判時1768号100頁）　〔判評527号〕
　第14篇　賃貸借の保証金返還請求権に対する質権設定と，賃貸借契約書の原本および保証金預り証の原本の交付（東京高判平13・1・31判時1743号67頁）　〔判評517号〕
第2部　私法の新たな展開
　第1篇　所有権概念の変遷と課題　〔国際商事法務33巻4号〕
　第2篇　マンション管理費・特別修繕費の時効（最判平16・4・23民集58巻4号959頁）　〔金判1214号〕

〔初出一覧〕

　　第3篇　司法の現代化とドイツ私法の改革　〔法の支配132号〕
　　第4篇　構造改革，年金，家族法改革　〔部分的に，編著ハイブリット民法Ⅰ・総則に所収〕
　　第5篇　東ドイツ地域における土地返還とヨーロッパ人権裁判所（2004年1月22日・Jahn 小法廷判決）　〔国際商事法務32巻6号〕
　　第6篇　東ドイツ地域の財産問題とヨーロッパ人権裁判所（2005年3月30日・von Malzan 判決）　〔国際商事法務33巻6号〕
　　第7篇　東ドイツ地域の財産問題とヨーロッパ人権裁判所の第2判決（2005年6月30日・Jahn 大法廷判決）　〔国際商事法務33巻9号〕
　　第8篇　義務の種類と態様―主たる債務，付随義務，保護義務―　〔関連でみる民法〕
　　第9篇　遺伝子技術法と厳格責任　〔国際商事法務33巻7号〕
　　第10篇　夫婦の氏と選択可能性―ドイツ憲法裁判所判決―　〔国際商事法務32巻11号〕
　　第11篇　子の嫡出性と生物学上の血縁関係の強化　〔国際商事法務32巻2号〕
　　第12篇　パートナー法と同性婚　〔国際商事法務33巻8号〕
　　第13篇　非財産的損害と慰謝料請求権　〔国際商事法務33巻6号〕
　第3部　法曹養成と民法典の発展
　　第1篇　転換期におけるドイツの法曹養成　〔法の支配131号〕
　　第2篇　Comparative Law and the Civil Code of Japan　〔Hitotsubashi Journal Law and Politics, vol.24 (1996) & 25 (1997)〕
　　第3篇　Modern Development in Environment and Product Liability　〔Ib. vol.27 (1999)〕
　　第4篇　Das Japanische Recht und der Code Civil als Modell der Rechtsvergleichung　〔Ib., vol.34 (2006)〕

　〔附記〕　なお，本書では，比較的新しい論文を収録したこともあり，全面的な修正はなしえなかった。本としての体裁を統一するために必要な最低限の作業（章節の一致など）や個別的な追加・修正が行われているにとどまる。注なども，基本的にもとのままである。表現のわかりにくいものや誤りの訂正，若干の加筆・追記は行った。
　　また，以下の拙稿は，【　】による略語で引用することがある。分野にまたがる

〔初出一覧〕

領域，方法論や基礎的文献の引用にあたっては，本書でも参考とするべきものを含んでいるからである．

　　【研究】　　　危険負担の研究〔1995年〕日本評論社
　　【反対給付論】　反対給付論の展開〔1996年〕信山社
　　【給付障害】　給付障害と危険の法理〔1996年〕信山社
　　【利息】　　　利息制限法と公序良俗〔1999年〕信山社
　　【判例・旧】　民法総合判例研究・危険負担〔1999年〕一粒社
　　【専門家】　　専門家の責任と権能〔2000年〕信山社
　　【大学】　　　大学と法曹養成制度〔2001年〕信山社
　　【土地】　　　土地法の研究〔2003年〕信山社
　　【現代化】　　司法の現代化と民法〔2004年〕信山社
　　【判例】　　　民法総合判例解説・危険負担〔2005年〕不磨書房
　　【債権総論】　債権総論（本田純一氏と共著）弘文堂〔1997年＝初版，2000年＝補訂版，2003年＝第2版，2006年＝第3版〕

第1部　私法の発展における法と技術

第1篇　先端技術と法－法と倫理に関する序説－

第1章　はじめに

1　技術と法の新展開

(1) 技術の進歩は，伝統的な法と実務のそごをもたらし，多くの分野において，法の不備と欠缺を生じている。技術は創造と改良の産物であるが，法は合意の産物であり，技術の進歩するスピードに比して，法の歩みは遅い。しばしば法律にいたるまでの合意は，容易には形成されない。現実のみに流されれば，法には，事実を後追いし現状を追認するしか採るべき道はなくなる。迂遠な方法ではあるが，歴史を理論の羅針盤とする必要がある。そのさいに，個々の技術の進歩は新しい現象であるが，参考とするべき考え方の芽は古くから存在することが多い。

技術と法の関連において，もっとも調整のむずかしいのは，たんに法を技術の進歩に合わせることではなく，法における倫理の問題である。しかし，このように，法と倫理の関連が問題となったのは，必ずしも現代が初めてではない。

現物経済を中心とした中世において，法とは主として刑法であり，私法の中でも，その中心は物権法，および贈与（寄進）と不法行為であった。これに対する最初の変革は，商業活動の活発化と貨幣の流通の増大から生じた。売買法が発展し，債権法の中心を占めたのである。このような経済発展に対する法の対応を可能にしたのは，ローマ法の継受であった。

しかし，法は社会の鏡であるが，必ずしも社会を反映するのみではなく，ときとして逆反射をも伴う。かねて消費貸借法の発展においては，利息の徴収（徴利）の禁止という中世的な倫理との衝突がみられた。この倫理の克服には時間を要したが，しだいに徴利の禁止は後退し，暴利や利率の制限へと

転換した[1]。

　第2の変革は，18世紀末の世紀の転換点，産業社会の本格的な発展の過程で生じた。近代法は，封建的拘束の打破という名のもとに種々の規制を撤廃した。利息も，自由化の名の下に放任されたことがある。しかし，その弊害が大きかったことから，完全な自由化はごく短期間しか続かず，代わって公序良俗規定が発展した[2]。また，中世ギルドへの反発から，当初，近代法は，中間的諸団体をも敵視したが，その社会法的な展開は，のちの課題となったのである。理論の極端化は，必ずしも適切な結果をもたらさないのである。

　現在は，法の発展の第3の段階と位置づけられる。情報化や高度の技術革新に伴う司法の現代化が求められている[3]。他方では，持続的な発展と新たな文化の構築も求められているのである。

　(2)　本稿がおもに扱う先端医療技術に関する現象そのものは新しくても，その内容は必ずしも古い課題と無縁というわけではない。とりわけ今日問題となっているのは，胚の破棄とES細胞の樹立，臓器移殖，クローンの作成などである[4]。しかし，移植技術に関連して，輸血はすでにかなりの歴史を有している。治療は，従来たんに生命の保護・健康の回復のみが対象となったことから，問題が生じなかったにすぎない。これに対し，新しい技術には，胚の破棄や臓器摘出の前提となる脳死によって，新たに「不利益」をうける対立軸が現れたことから，問題が先鋭化したのである。狭くみれば治療には属さない安楽死や堕胎にも，古くから議論のあるところである。直接には，治療というよりはおもに研究に関わる解剖も，古くは禁じられた。人の始期に関しても，胎児に関する問題は古い。

　クローン人間の作成には，胚の破棄の問題を除いて，それにより直接に不利益をうける者がいるという形での対立構造はない。人間の尊厳そのものが問題である。他方，治療目的という価値も，そこには乏しい（移殖目的でのクローン技術の応用を除く）。そこで，禁止のコンセンサスは比較的容易であり，各国とも法律を整備するのは早かったのである。しかし，これに移植のための臓器の作成という目的が伴う場合には，生命の保護・健康の回復というべつの価値が登場するため，他の技術と同じ問題が生じる。

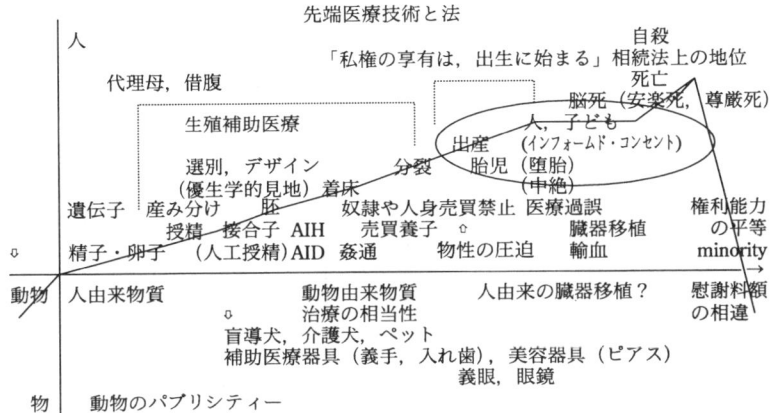

　本稿は，おもに先端医療技術と法の関係を通じて，法と倫理の問題を扱おうとするものである。ただし，対象は，必ずしも先端医療技術のみに限られず，その他のビジネスモデルや民事上の制度にふれることもある。また，上のような問題関心から，法における倫理が問題とされた比較的古い技術との対比という手法を用いる。情報や設備などの高度技術を契機とした企業不祥事が多発する現在，技術にかかわる倫理の問題を再検討しておく必要は大きいであろう。なお，先端医療技術など例として採り上げた個別の問題そのものを解決しようとするものではない。

　2　法と倫理—裁判規範としての法の意義—
　(1)　わがくにには，先端医療技術に関しては，臓器移植法（1997年）とクローン人間禁止法（「人に関するクローン技術等の規制に関する法律」2000年）しか比較的まとまった法律は存しないが，先端医療と法に関する問題は，多彩である。
　それらの論点のうち，とくに問題となるいくつかの場合を分けると，①その譲渡性が主たる問題となる場合，②家族法と人の主体性が主たる問題となる場合，③方法の危険性，個人情報の管理・プライバシーなどとの関係で広義の人権との関わりが問題となる場合の類型に分けることができる。このうち，第1，第2の類型は，比較的近時の先端技術の発展によって生じた人と

第1部　私法の発展における倫理と技術

類型的な先端医療と法的な問題の主たる対象

	譲渡性	家族法	主体性	個人情報管理ほか
①人由来物質 胚幹細胞	◎臓器移植	―	―　（脳死） ↓　人の終期	臓器，組織などの情報
②生殖補助医療 クローン	○精子，卵子の譲渡	◎親子関係 AID，代理母	○精子卵子など 人の始期，胎児	○
③遺伝子治療 ゲノム研究	○	（親子関係の 確定）血液型	○胚の破棄，産 み分け，デザイン	◎遺伝子の特性， 病歴，保険・雇用 差別
④高度治療	―（臓器受容 者側の問題）	―	―	インフォームド・コンセント，同意，治療の危険性

子の福祉

物の間に位置するものの性格づけという意味あいをもつ。これらは，真正の新たな問題と位置づけられる。

　他方，第3の類型は，人の尊厳そのものにかかわる。法的な主体としての人への影響が大きく，倫理性との整合性がとりわけ重大である。この類型の問題は，医療過誤と同じく，医師や医療関係者との関係において劣位にある消費者としての患者の地位にもとづくところが大きく，技術性の点を除くと，比較的，従来の法的議論との連続性を有している。たとえば，医師の専門家としての責任，患者の消費者としての権利関係，具体的には，説明責任と同意の有効性の要件である。

　もっとも，これらの類型の区分は程度の差でもあり，種々の先端医療には，この3つの問題性をすべて包含するものが多い。従来の経過から，論じられてきた重点に若干の差異がみられるというにとどまる。

　このうち，第1の類型では，受益者は，臓器などの提供をうける者である。第2の類型では，親が受益者となる。ここでは，子は，親の利益に付随して産まれる客体であるが，人となることから，その利益と主体性をも生じ，両者の調整が問題となる。しかし，基本的に従来は親の観点から議論が展開してきたことに注目する必要がある。また，第1の類型でも，死体からの提供の場合には，提供者は受益者よりも劣後するものと扱われるであろうし，胚幹細胞樹立のための授精卵の破棄の場合でも，それが半ば物的なものとして扱われるために，その利益を代表するものがない。弱者を代表する機会の乏

しいことが一般的な特徴である。
　比較的・包括的な立法作業では，ドイツの臓器移植法が人由来物質の規制を，胚保護法が生殖補助医療を，そして患者のための権利憲章が医療と法に関する多角的な問題を扱う点で，おおむねこの3分法に対応している(5)。
　(2)　先端医療技術に関する法の定立の過程は，いわば倫理を法に置き換えるプロセスととらえることができる。社会的な価値判断は多様であるから，法を定立するのに先だって倫理的・道徳的考慮がなされる場合に，種々の考慮を法にそのまま反映させることはむずかしく，種々の修正の加えられる必要がある。法の定立には，倫理的・道徳的考慮とは異なる種々の関係に注意を払わなければならない。
　法制史家のNörrによれば，法には，第1に，権利の存否を問う形式に特徴があり，広い意味でのアクチオ的思考，あれかこれかを問い詰める性質がある。第2に，実力の一極集中を目ざし，反面では実力の行使を正当化する必要がある。派生的には，そのプロセスでの明確性，予見可能性が必要となる。第3に，法は，内容的な正当性をも必要とする。倫理は学説や立場によって懐疑を含んでいてもかまわないが（見解の対立），法には可能なかぎり懐疑を排除する必要がある。国家制度の下では，立法，司法の定められた組織が，懐疑を排除する装置として働いている。
　そこで，法は，倫理よりも深刻なジレンマに直面する。なぜなら，倫理は，物事を熟成させることができるが，法には先送りは許されない。訴訟では，時間的制限の中で，判断を下す必要がある。裁判官は物事の機が熟するのを待ち，納得できないからといって，物事を先延ばしにすることはできないのである（iura novit curia. すなわち，「裁判所は，法を知っている」）。そこで，法律の存在は，裁判官にとって任務の軽減を意味する。裁判官が探している法命題が法律になっていれば問題に沈黙する必要はないからである(6)。
　わがくにには，もともと法を曖昧なまま放置しておく傾向があり（法文そのものは明確でも，多くの部分が法典化に至らない場合も多い。形式的側面だけからも，わが民法典は，ドイツやフランスのそれに比較すると，およそ半分の条文しかもたない。それはたんに定義的・技術的規定をもたないというだけではなく，理念的・思想的規定もないという特徴をもっている），先端医療技術との関係で

も，ガイドラインや学会の会告，指針が個別に存在するだけで，これはいわば個別の段階で種々の団体の価値判断（倫理）が併存することを許すものであり，必ずしも国家法の段階での統一が行われていないことを示している⑺。この結果，立法の段階での衝突は一時的に避けることができても，倫理は当然に法となることはないから，裁判においてはジレンマを生じる。倫理はその決着を放置することもできるが，法の適用は放置することはできず，裁判官は，しばしば困難な判断を負担しなければならない。裁判官は，裁判を拒否することができず（Justizverweigerungsverbot），一定の時間的制約の下に判断を強いられるからである。しかし，そのさいの基準となる法が存在しないことから，条理による倫理の調整をみずからに引き受けなければならない。訴訟が遅延するゆえんの1つでもある⑻。

第2章　若干の各論的考察

1　権利の主体―人

(1)　法人，なかんずくその擬制説は，中世においてもっとも成功したビジネスモデルの1つである。周知のように，ローマ法の団体に対する規制は，擬制説的とされる。団体の設立は，当初は自由設立主義であったが，のちには後期ローマ法の官僚主義的変質のもとで，許可主義がもたらされたのである⑼。擬制説は，中世においても，注釈学派のバルトルスやカノン法にもみられ，これと注釈学派の許可主義が，後期ローマ法と軌を一にしている⑽。擬制説の技術的な説明は，物事の解決を包括的譲渡や委託の方式に委ねる中世的な封建法の思考様式には，必ずしも適合的ではない。

それにもかかわらず擬制説が通用した理由は，必ずしも観念的なものばかりではなく，カノン法では，擬制説によって魂をもたない法人が宗教上の罪を侵しえない根拠とされた。この場合には，法人的な構成を介在させることによって，中世の強力な倫理であった利息制限を潜脱するという実践的目的を有したのである⑾。さらに，個人と国家を社会の中心的要素とみる自然法学説においても，法人は二次的な存在であり，擬制説的な把握となる。のみならず，18世紀には中世的・特権的な諸団体への不信が強くあり，この

時期の立法であるフランス民法典にはこれに関する規定もおかれなかったのである[12]。これが，19世紀初頭までの，法人論の限界である[13]。

これに対し，19世紀の法人論は，自由設立主義と実在説をかねてからゲルマン法のもとに説明する。しかし，自由設立主義は，団体放任の時代の趨勢を反映したものであり，その倫理的基礎は，外部的権威の否定にもとづく。その重要な契機は，カルヴァニズムであり，これは，自己の良心以外の現世の権威を認めず，世俗の権威に依存する許可主義には疎遠である。カトリシズムの権威は，地上における神の代理人であるとされる教皇に由来するが，カルヴァニズムのもとでは，聖職者の特殊な地位は認められず，個人は直接神に向きあうほかはない。同じ信仰に結ばれた者の団体が教会であり，世俗の権威である国家もこれに従い，すべての拘束は，基本的に内心の義務からのみ発する。その理念は，あらゆる機会に，世俗の権威をも否定するのである。

そのほかにも，外部的な権威を否定することは，法的な権威の内部的再構成，すなわち契約的な構成（社会契約説）や基本権的な構成への道を開いた。その重要な契機は，封建的拘束に反対した近代市民社会であるが，その端緒は，プロテスタンティズム，とくにカルヴァニズムに遡る[14]。

他方，ドイツのラントの状況は異なる。その主流であるルター派は，ラントの至上権を認めたから，国家（ラント）の権威が長く存続したのである（いわば小カトリシズム）。国王の首長制を採用したイギリスにおいて，長く特許主義が存続したのも同様の理由によるものと思われる（いわば国民国家が神を代替するのである）。依るべき国家をもたないことが，カルヴァニズムの特徴であり，かつ世界的な伝播性の根源である。近代資本主義社会と企業の無国籍性，技術性は，これに由来するのである。自由設立主義の根拠をたんに古い「ゲルマン法」に求めるべきではない。

こうして法人は，新たなモデルを獲得したのである。したがって，それは，国家的，地域的規制に疎遠であるとの傾向をもち，その極端な権利性（法による特権の付与）の主張を抑制することが，20世紀末期以降の課題となった。法人，とくに会社法の改革は，この基盤にもとづいている[15]。

(2) 自然人についても，広く権利能力の平等が認められるのは，近代法ま

で遅れた。近代法の下で，奴隷や農奴が解放されたのは，たかだか 200 年の歴史を有するにすぎない（フランス革命は 1789 年，アメリカの奴隷解放は南北戦争中の 1863 年であった）。しかも，その実質的平等の実現は，1954 年のアメリカ連邦最高裁判所の人種による別学法の違憲判決（ブラウン判決，「分離はしても平等」の否定）から 65 年の投票権法の制定までの公民権運動の期間まで遅れた。

わがくにおいても，明示的に人身売買の禁止がうたわれたのは，明治まで遅れた。1872 年（明治 5 年）7 月，マリア・ルース（Maria Luz）号事件を契機として，同年 10 月 2 日の太政官布告 295 号は，人身売買の禁止と年期奉公人（娼妓芸妓）の解放をうたっており，著名な同年 10 月 9 日の司法省達 22 号「娼妓芸妓ハ人身ノ権利ヲ失フ者ニテ牛馬ニ異ナラス。人ヨリ牛馬ニ物ノ返済ヲ求ルノ理ナシ。故ニ従来同上ノ娼妓芸妓ヘ借ス所ノ金銀並ニ売掛滞金等一切債ルヘカラサル事」もこの時期のものである。盲人の位職も，職業選択の自由の一環として廃止された（1871 年＝明治 4 年 11 月 3 日，太政官布告 568 号）。

女性解放は，もっと遅れた。わがくにで，妻の無能力の規定（明治民法 14 条〜18 条。とくに 14 条「妻カ左ニ掲ケタル行為ヲ為スニハ夫ノ許可ヲ受クルコトヲ要ス」として，準禁治産者の規定が準用されていた）が削除されたのは，戦後の 1947 年にすぎない。人の平等という近代法の基本理念についてさえ，法的障害が克服されたのは，比較的新しいのである。また，理念は統一されても，周辺部においては，たとえば女性や子ども，外国人の逸失利益の算定には，現在でもなお差異が残されている[16]。

人の始期については，胎児の権利能力が法律上の論点となってきたことを繰り返す必要はあるまい。受精卵，胚や ES 細胞の地位などは，その延長にあるにすぎない。堕胎については，宗教的，国家政策的な視点と女性の自己決定権との対立が現在まで継続している。人の終期についても，安楽死の問題が残されている。安楽死・尊厳死は，一面で人間の尊厳という価値を目的とするものでありながら，他面では，治療の放棄を伴うことから，胚の破棄とは逆の構造で，価値の衝突を生じている。

2　権利の客体―物

(1)　すべての物が物権法における自由な所有権の対象となったのは，比較的新しい。しかし，その場合でも，客体による種々の制限は残された。契約法が典型的な対象としたのは，動産であり，不動産には，種々の制限が残されることがあった。動産においては，神聖物や主君からの拝領物への拘束は消滅した。

他方，土地への拘束では公法的なものが多く残されたが，私法的にも種々の制限があることがある。たとえば，過大な損害の禁止（laesio enormis, lésion）である[17]。近代法の下においても，契約の自由は必ずしも貫徹されず，目的物と価格との均衡が求められたのである。一方では，フランス革命によって土地を獲得した農民の保護というナポレオンの政治的意図があったが，法の単純化という観点からは，不統一というべきであり，物としての単純化は徹底されていないのである。

不動産賃借権の物権化は，古典的な問題であり，それによる所有権の金銭債権化が指摘されて久しい[18]。また，マンションの所有権は，少なくとも現象的には，自由な所有権という姿からは遠い。共益費や強い共有部分の拘束が付着しており，いわば賃借権との中間的な権利という地位に近い（賃借権の物権化とは逆に，所有権の疑似利用権化）。

(2)　臓器やES細胞においては，その物性と人性の区別が問題となる。同様の問題では，かねて遺骨や遺骸の所有権が問題となったことがあり，そこでは，「埋葬管理及祭祀供養ノ客体タル」所有権が肯定されている（大判昭2・5・27民集6巻307頁）。遺骸に対する相続人の所有権といっても，その機能は限定され，放棄は許されない[19]。その理由は，放棄は「祖先ノ祭祀供養ヲ廃スルコトト為リ善良ノ風俗ニ反スル」からであるとされる。ここにも，物としての単純化には，反感が残されているのである。

先端医療技術の下では，臓器やES細胞の利用を自由化する見解からは，その物性を肯定することが主張される。他方，否定的見解が強く主張され，当然ながら，なんらかの折衷を試みる見解もある。ここには，人間の尊厳，生命の保護，治療・研究の自由，経済活動の自由などの多様な価値が対立している。おおむねこの最後の価値評価において，臓器や胚などの物性が肯定

される。

　わがくにでは，先端技術の研究は先行しているが，必ずしも包括的な議論が公の場で行われたことはない。ここでは，胚の利用が議会において正面から争われたドイツの議論を参考としよう[20]。すなわち，かねて1990年に立法化されたドイツの胚保護法（Gesetz zum Schutz von Embryonen, Embryonenschutzgesetz, 1990. 12. 13 BGBl. I, S. 2746）では，試験管で作成された胚から幹細胞（ES細胞）を獲得することが禁じられていた。このES細胞は，いわゆる全能性を有し，完全な個体を生成することが可能である。ES細胞は二面的な意義を有する。一方では，臓器などの人間の「部品」を作成する可能性を有するが，他方で，胚は胎内に戻されれば，完全な人となりうる。ES細胞の樹立には，胚の破棄が必要であるから，この側面からすれば，「人」の生命に対する侵害ということができ，他方，「部品」の供給という側面からすれば，治療のよちが拡大されるのである。胚保護法は，胚の分裂の第8段階までを規制していたが，全能性（人にもなりうる）と区別されるそれ以後の多能性の胚細胞はこの法の対象外としていた（「部品」とはなっても，人にはならないことから）。そこで，多能性胚細胞を外国から輸入しその研究をすることは，法的に整備されていなかった。これは，のちに，胚の輸入に関する法律を整備するさいに問題となった。その審議の過程は，以下のように整理されている。

　第1の立場は，従来の胚保護法を徹底させ，胚輸入を全面的に禁止しようとした。この立場は，厳格派といわれる（物性の否定）。

　第2の立場も，輸入を禁止しようとするが，厳格な要件のもとに例外をおく。この立場は，国内的には胚細胞の取り出しを禁止するが，外国から調達された胚細胞は利用してよいとする。いわば倫理判断を外国に預けるのである。ソフィスト派といわれる。

　第3の立場は，条件付で輸入を認めるだけでなく，人工授精時のいわゆる余剰胚をも念頭に，1990年の胚保護法の規制を緩和しようとする。現実派といわれる（物性の肯定）。

　ドイツ連邦議会における各派の分布は，必ずしも政党とは一致しなかった。厳格派は，CDU/CSU（前コール政権与党）から緑の党および民主社会党

第1篇　先端技術と法-法と倫理に関する序説-

(PDS, 東ドイツの旧社会労働党の後継政党である）にまで，広く存在し，SPD（シュレーダー政権与党）にも存在した。ソフィスト派も，SPD・緑の党にもCDU/CSUにも存在した。現実派も，自由主義者とCDU/CSUに存在しただけではなく，PDSにもいた。

大きく2度の採決が行われ，最初の採決では厳格派が最も多くの支持を集め，これに対して現実派は支持が少なく姿を消した。そこで現実派は，2度目の採決ではソフィスト派に同調した。こうして，ソフィスト派の法案が多数を獲得し，いくらか変更を伴ったうえで，ヒトES細胞の輸入と使用との関連における胚保護確保のための法律（Gesetz zur Sicherstellung des Embryonenschutzes im Zusammenhang mit Einfuhr und Verwendung menschlicher embryonaler Stammenzellen v. 28. Juni 2002, BGBl. I, S. 2277）として成立したのである[21]。

審議の過程では，人間の尊厳，生命の保護，病気の治癒，および研究の自由（Menschenwürde, Schutz des Lebens, Auftrag zur Heilung von Krankheit, Forschungsfreiheit），という4つの基本的な価値が考慮された[22]。

3　債　　権
(1)　(ア)　債権法の分野においても，論点は多いが，以下では，利息制限に関する中世法の変容を参照しよう。今日においても，その影響は無視できないからである。

中世カノン法は，徴利（利息の徴収）の禁止を特徴とする。もっとも，何らかの形で世俗の立法が徴利を認めていた例は多い（いわゆる五分の利息）。しかし，その場合でも，完全な利率の自由までを認めるにはいたらず，また部分的な承認でも，それは正統のカノン法理論からは，あくまで例外的なあるいはせいぜい黙認されるにすぎないものであった。したがって，これらの実務上の逸脱にもかかわらず，少なくとも法理論上は，正面から徴利が認められることはなく，徴利は，ときには刑罰を伴うかなり危険なものにとどまったのである。徴利の可能性を正面から理論化することが可能になるためには，まったく新しい思想的背景が必要とされた。

カノン法に反対して，徴利の禁止の撤廃を正面から認めたのは，プロテス

13

タント神学者であった。当初の主たる動機は，教皇権，ひいてはそれを基礎とするカノン法を否定することにあり[23]，現象的には徴利の禁止を認める実務の追認でもあった。しかし，より根本的には，社会的・経済的要因があげられる[24]。

　宗教改革は，たんに精神的・宗教的問題にとどまらず，財産法の改革をも伴っていた。すなわち，近代的小市民層を基盤とするプロテスタンティズムは，中世的な財産関係の変革を求めたのである。教会とのかかわりでは，所有権に対する封建的な拘束と私的な契約に対する後見的介入が否定されるべき課題であった。徴利を禁止するカノン法の存在は，資本の流動化を妨げ，自由な契約をも妨げる要因となるからである[25]。また，国家を形成しはじめたラント諸侯や国民国家の主権者も，この潮流をおもに政治的意図から支持した。自由な所有権への要請は，教会領の世俗化・没収を，そして自由な契約への要請は，カノン法を介してもたらされる教会による普遍的な権威の否定を意味したからである[26]。

　ルター（Luther, 1483-1546）は，暴利にいたらない利息（年利7％以上を「高利」とする）の徴収を肯定する[27]。また，カルヴァン（Calvin, 1509-64）も年利5％の徴利を肯定した[28]。そして，カルヴァン派は，領邦主義のルター派とは異なり，世界的な伝播力をもったから，その拡大とともに，徴利の承認も拡大することになったのである（スイスから，オランダ，イギリス，ひいてはアメリカ）[29]。

　(イ)　そして，プロテスタント，とくにカルヴァンの立場は，たんに徴利の自由をもたらしたことにとどまらず，近代資本主義に精神的支柱を与えたものと位置づけられている。M. ウェーバー（Max Weber, 1864-1920）によれば，貨幣の取得を人間に義務づけられた自己目的，使命たる職業とみるような理解は，過去のどの時代の道徳感覚にも背反する。その例証が教会に採用された利息に関する教条である。カトリック教理にもすでに，教会と政治上密接な関係をもっていたイタリア諸都市の金融勢力の利害への迎合がかなりの程度みられたが，それはなお広範な層のもつ反貨殖者的な考え方の反対をうけていた。また，たとえ教会の教理がさらにいっそう順応した場合でも，それは，せいぜい道徳とは無関係なものとして認容されているにすぎないもので

あり，教会の利息の禁止にいつ抵触するかもわからない恐れがあったのである(30)。

このような道徳的にはせいぜい寛容されるにすぎなかった利潤の追求が，道徳上賞賛に値いするのみではなく，義務たる生活態度の内容と考えられうるには，まったく新しい思想にもとづき，これが新しい型の企業家の生活態度の倫理的な土台となる必要があり，この土台を与えたのが，プロテスタンティズムであった。すなわち，魂の救済は人間の意思によるのではなく神によってあらかじめ決定されているとの予定説（Lehre der Prädestination）から生じる精神的な緊張，神の選民であるとの信仰から，人は自分の職業が神によって与えられたもので禁欲的に働くべきであるとする職業倫理が発展し，それによって勤労の結果としての利得が容認された(31)。すなわち，利得は忌むべきものではなく，神の恩寵のあかしへと転換されたのである。その結果，非世俗的，禁欲的で信仰に熱心であることと，資本主義的営利生活に携わることは，矛盾するものではなく，むしろ相互に内面的な親縁関係におかれる。そして，練達な資本主義的事業精神と，生活の全面を貫く信仰の形態が，カルヴァニズムの特徴となったのである(32)。

徴利の自由が法理論として認められるためには，たんに徴利の禁止に対する例外が，数量的に増加し承認されたというだけではたりない。さらに，それを質的に転換させる倫理上の変革が必要だったのである。ちなみに，医学的・科学的研究もこのような誉むべき勤労の1形態となるとすると，その価値は，たんなる経済的自由の補助手段というにとどまらない大きな意味をもつことになる。この転換は，いわば周辺の価値であった経済的自由や研究の自由の，より大きな価値への昇進と位置づけられる。

(ｳ) もっとも，注目されるべきことに，利殖はそれ自体は目的たりうることはなく，禁欲的活動の結果にすぎない。そこで，たとえば，不必要な貸付（過剰融資）は制限される可能性があり，また貸手の倫理感をまったく否定することにはつながらない。したがって，徴利の禁止のような資本主義的活動の制約とはならないとしても，徴利には，なお倫理的な歯止めが付着しているのである。このような歯止めが，法の伝統が断絶しない西欧においては維持されたことが注目されるべきである。これは，利息制限法の廃止，徴利

の合法化後も，暴利の禁止，公序による厳格な制限の存続あるいは早くに利息制限法が復活した理由でもある。また，消費貸借の貸手責任のルーツともなりうるのである。つまり，徴利の禁止そのものは，カルヴァニズムにより克服されたが，高利に対する疑わしさは長く残ったのである。

　これに反し，わがくにのように，もともと利息制限が緩く，法が継受されたものである場合には，その根が絶ち切られ，一面的な徴利の礼讃となるおそれがある点が注目される必要がある(33)。医療技術との関係でも，類似の危険がある。ES 細胞の処遇に関するドイツ議会の諸会派との対照において（第2章2参照），わがくにでは，党議拘束をはずした多様な見解が並立するというよりも，おそらく一面的な産業礼賛（現実派の跋扈）となる可能性が強い。宗教性の弱いことも，このことを加速するであろう。

　(2) ほかに，倫理を法に転換したものの，結果として成功しなかった例としては，20世紀初頭のアメリカの禁酒法がある（1920〜33年）。反享楽主義のピューリタン的産物といえるが（第1次大戦という時期もあいまって），20世紀初頭の産業社会における倫理軽視へのアンチテーゼの意味もあった。しかし，このような倫理重視は，しばしば宗教的な保守主義と結合している。後者は，進化論の排斥にもみられる。近時では，アメリカにおける生殖補助技術におけるビジネスの優先と，これと対照的な宗教的な保守主義の関係がこれらに近い。先端医療技術の獲得には熱心であるが，反面，堕胎と胚の破壊と ES 細胞の樹立には極端な反感を示すのである。先端技術の中では，とりわけクローンの実施が反感の対象となっている（つまり生と死の問題への人間の介入である）(34)。技術としての相違はそう大きくないことからすると，倫理のみでは，必ずしも社会的な力にはなりがたい事例を示している(35)。

第3章　倫理の帰趨

1　価値の衡量

　(1) 多少とも普遍性のある倫理は，多様な価値のあいだで衡量を行い，種々の価値を確定し，価値をめぐる争いに決着をつけている。この作業は，理論の中でも，実際の社会でも行われ，種々の行為の担い手によって実践され

る。そして，医師や法律家，ジャーナリスト，企業家といった様々な人が，それぞれの身分に固有のプロ意識を伴った倫理を携えている。そのうち，一般的な市民がもつ倫理が，コモンセンスの倫理またはコモンセンスの道徳といわれる。さらに，近時は，様々な倫理委員会があり，それらによる固有の倫理委員会の倫理もある[36]。

そこで，現実には，様々な価値，およびその衝突があり，集団ごとの倫理を規定している。こうした価値の評価においては，歴史的に倫理をめぐる議論において一定の役割を与えられてきた特定の言葉や概念が重要となる。たとえば，医療においては，人間の尊厳，生命の保護，治療・研究の自由，経済活動の自由といった概念である。ドイツの議論におけるそれぞれの価値への立法時の態度は，前述のとおりであった（第2章2(2)参照）。

(2) まず，人間の尊厳については，厳格派，ソフィスト派，そして現実派のいずれもが，これを否定しえなかった。そして，ある者は，人間の尊厳を，第2の価値的概念である生命の保護という観点と緊密に結びつけ，生命を試験管における受精から開始するものと考えた。他方，生命の開始時期を受精とは区別しようという者もあった。

しかし，人間の尊厳の観念は，イデア・倫理的公理の領域に属し，他方，人間の生命は，時間的空間的な拘束の中にあることから，人間の尊厳と生命の保護とは根本的に異なったカテゴリーであり，同等に扱うことはできないともいわれる。

また，病気の治療という価値も，どの立場からも支持されたが，この価値が人間の尊厳と生命の保護という価値と衡量された場合には，その結論は区々に分かれた。研究の自由についても似たような状況があり，その意義自体に争いのよちはなかったが，経済的意義を考慮に入れても，人間の尊厳と生命の保護とに勝ることはなかった。さらに，宗教的世界観からの圧迫も存在したのである[37]。

これらの衡量の結果，できあがった幹細胞に関する法は，折衷的かつ齟齬を包含するものとなった。

第1に，ドイツ国内における幹細胞の樹立は禁じられたが，国外で樹立されたものの輸入は認められた。

第2に，基礎研究と治療目的での利用が区別された。国内では禁止された研究にもとづいて，外国で発展した治療法を，病気の治癒のために利用するのは，医師に禁じられるどころかむしろ義務である。中世の例によれば，死体の解剖学的研究は禁止されているにもかかわらず，遂行された解剖学的分析によって得られた認識は活用される。

　第3に，生命の保護に関連して，ガラスの試験管における細胞（Zellgebilde in vitro）についてはその倫理的意義を最大限に拡大するのに，胎内の胚（Embryo in vivo）についてはその倫理的意義を最小限に縮小する，という矛盾があった[38]。

　これらの矛盾も，法と倫理のプロセスが異なることに由来しているのである（前述第1章2(2)）。

2　未成熟の価値と歴史の検証に耐えうる倫理

　倫理は，衝突や懐疑を包含しうるものであるから，一義的ではなく，また，堅固な価値も薄弱な価値をも含んでいる。個別には善良で素朴なはずの価値が，総体として矛盾なく追求されることはむずかしい。人は，それぞれの価値を追求し，価値の追求は，あたかも法そのものの本質をなしているようにもみえる。しかし，そこには，集団エゴや共同体主義の優先，逆に質や分配を問わない価値の量のみを問題とすることの弊害などがあり，価値の追及はそれ自体としては，法の目的とはなりえない。こうして，価値を公平に評価し質的多様性を追求することがむずかしいことから，法は，公正な調整という「節度」を守るべしとの見解もみられる[39]。

　伝統的な言葉や概念をとらえることの利点は，それが包含する価値がすでに検証されている場合が多いからである。多様な価値のうち，人間の尊厳は高い理念であり，これを正面から侵すことはむずかしい。現実派の価値である経済活動の自由や効率性をもってしても，勝りがたい。人間の尊厳は，およそ近代国家や近代法の基本理念のはずだからである。

　他方，近時の流行の原理として，競争主義がある。ただし，その背後に隠された実質はおもに利潤主義であり，儲かるものが優れており，競争に打ち勝つとみるものである。この競争主義は，しばしば唯一・絶対のものとして

現れ，多くの領域では，支配的でさえある。同様の主張は研究や教育の領域でも強く主張され，とくにわがくにでは，実用性と産業適用性が過度に重視される。そこでは，真理の追及や学問の自由は，かつて人間の尊厳がもっていたような高い地位をすでに失っているのである[40]。

　そのような場合でも，基礎研究は必要といわれる。しかし，その必要性も，長期的には，それが何らかの意味において利潤主義にも適合するからとするにすぎない。このような実利，効率性から出てくるものは，およそ現状の追認にすぎない。隠された経済効率性の理念は，治療・研究の自由をも伴って，また場合によっては，生命の量的な秤をもちだすことによっても（治療による救命の数），肉薄してくるのである。

　実用性や産業貢献性は重要であるし，とくに技術にはこれと結びつきやすいとの傾向がある。しかし，同時に，実用性のみではたりない場合があることを認識する必要がある。わがくにでは，とりわけ実用性，産業貢献性のみを重視する傾向が強い[41]。一面的な実用性礼賛に陥らないことが必要である。それには，手近の実用性のみではなく，迂遠な方法であるが，歴史に耐える価値の検証が必要となる[42]。

第4章　むすび

　(1)　卓越した新たな価値の出現がないかぎり，人間の尊厳や生命の維持に関する倫理を正面から否定することはむずかしいから（近代法のもとで，むしろこれは不可能であろう），これを技術的に回避することのみが行われる。中世の徴利の禁止が示唆するところによれば，その場合でも，良心を納得させることは重要であるから（徴利の形式を回避する），べつの価値が主張される。たとえば，経済的自由や価値の量（救済される人数）の主張である。また，同じく中世の例によれば，解剖の禁止を回避するには，ルネサンスの芸術価値の賛美の思想が貢献している[43]。

　研究や経済的自由の新たな位置づけという方法もある。前述（第2章3(1)）のような科学的研究や治療そのものに神の恩寵をみるような思想に，人を自動機械とみる思想が結合した場合には，人間の尊厳の価値は大きく

後退する可能性がある。そして，研究の倫理的な価値は，技術の進歩の結果，筋肉への電気刺激や麻酔など，人体の物理的・機械的説明が可能になるにしたがって増加し，医術の進歩と結合してもいるのである。

　さらに，より簡単な回避の1形式として，ソフィスト派の跳梁するよちも生じる。ES細胞の樹立に関して，ドイツにおいては，輸入される胚と国産の胚の差別があったが，ほかにも，胚の分裂の段階による区別，人由来物質そのものの利用と製品の輸入の区別などがありうる。しかし，いずれにしても，いかがわしさ（中世風にいえば，魂の救済への危険）は残るのである。

　新たな価値を提示する場合でも，歴史は，理論の基礎であり，長い間に人が営んできた行為と思考のたまものであるから，これを未成熟の価値あるいは一部の価値（たとえば，利潤主義）だけによって大きく踏み外すべきではない[44]。とりわけ，生命や文化について，人がみずから全能者のようにふるまうことは避ける必要がある。胚の破棄によってES細胞の樹立が必要とされるのは，一面で，それにより人が救世主になろうとすることであるが，他面では，それなしには人の「部品」を入手することができないことを示しているのである。

　(2)　文化や知識に対する技術による価値の転換については，つぎのような指摘がある。すなわち，古代の文化において，筆記は，伝承の一部にすぎず，著者は不要であった。そこでは，新しい知識の記述は，重要とされなかった。時代が下り，知識が手で写され，写本によって普及するときにも，著者は明白であった。伝達のルートは決まっており，特別な保護は不要である。保護の対象は，たかだか改ざんに関してであり，国家による規制の動機も，せいぜい検閲の必要にすぎなかった。

　しかし，近代初期から，新しい知識に対する評価という価値の転換が興った。そこでは，進歩や新しさが肯定され，人は，神と競って創造者のようにふるまい始めた。もちろん，たんなる知識は，創作，受容されただけでは社会化されていない。技術を通じて複製され市場で分配され，流布されてはじめて社会化される。こうして，新しい知識の創造者が歓迎されることと印刷術の発明が結合した。新しい知識に財産的価値が出現したのである。その結果，印刷された著作物に権利を与えることが生じた。同様に，技術と発明に

特権を与えることも生じたのである(45)。知的財産権の発生である。

　もっとも，すべて文化や知識は，集積や模倣から始まり，先駆者のないものは存在しない。人が創造者としてふるまうことには限界があり，したがって，現在でも著作権や特許権も時間的制限に服する。知的財産権という技術には，節制という倫理が働く必要がある。ここでも，ソフィスト派は，経済的自由や研究の増進，利潤主義によって，特権の拡大をもたらしている。文化については，克服の対象となる倫理は，はなはだ弱体だったからである。こうして，知識の囲い込みが生じた。しかし，ここでも，近未来の価値の絶対化は避ける必要がある。利潤主義だけが正当化の理由となるのではたりない。

　言語を主体とする文化も，かつての伝承と同様の立場にある。英語における欽定訳聖書，ドイツ語におけるルター，イタリア語におけるダンテなど，現代語の発展にとって，重要な役割を果たした者や組織を指摘することは可能である。しかし，言語には，創造主はなく，オープンソースのように利用者がいるだけである。そして，法そのものもかつては，書かれざる古き良き法（Gutes altes Recht）であり，初期の法書は，それを筆記したにすぎない。法の自由な定立は，法規実証主義とそれを技術的に可能にした国民国家の産物である。文化や言語と法における伝統主義の拘束（時代精神）については，周知のごとく，かねての法典論争におけるサヴィニーの主張が参考となろう(46)。法も，決して完全に自由には定立できないのであるが，およそ定立する場合には，現在では，いわば国民国家が神を代替するのである。単純な技術の卓越を承認するには，基本的価値の転換が前提であるが，その場合でも制約が伴うことは前述のとおりである。

　(3)　人由来物質に関する医療特許には，二重の意味で注意が必要である。人間の尊厳に反する技術を行わなかったかという点（中世の例では解剖，今日では人となりうる胚の破棄）と，その技術（樹立されたES細胞由来の技術）を独占しようとする点である。たとえば，遺伝子特許である。その99％は自然の産物であり，特殊な遺伝子といっても，ゼロから作れるわけではなく，自然の力の応用にすぎない。たかだか1％を附加したにすぎない人間が，100％の権利を主張しうるかである(47)。そして，医療技術に関する価値

の展開は，知的財産に関するそれに追随する可能性が高いから，医療特許には，とりわけ注意を払う必要がある。

現代における技術の進歩は早く，そこからみる伝統的な理論や制度の進展は遅い。19世紀の思想家・詩人ハイネのひそみに習えば，巨人の肩にとまった小人は，ときとして，巨人よりも遠くが見渡せる。その小人がめがねをかけていれば，なおさらである。しかし，巨人の心は欠けているのである[48]。すなわち，技術はしばしば大きな力を有するが，それは古典や人間の本質といった基礎の上に積まれたものにすぎない。めがねの効用をふりまわし，小人がみずから巨人としてふるまうべきではない。その基本となっている価値にこそ真理があり，そこからより普遍的な倫理が形成されていくことに注目する必要がある。

（1）これにつき，小野・利息制限法と公序良俗（1999年），とくに72頁以下参照。以下，【利息】と略する。なお，諸説のあるところであり，道徳はおもに宗教的概念で，倫理は，これを捨象したものであるが，以下では，倫理（Ethik）と道徳（Moral）という概念上の区別は基本的には行わない。

（2）とくに，利息制限に関するフランス法の変遷につき，同105頁以下。ドイツ法については，126頁以下参照。

（3）その一般的な位置づけについて，小野・司法の現代化と民法（2004年）「はじめに」p.i参照。以下，【現代化】と略する。

（4）先端医療技術と法については，前掲【現代化】36頁以下（先端医療と法）参照。本稿では，個別の論点に立ち入るよちはない。なお，近時の論点を網羅したものとて，許功「先端医療技術の法的問題の現況と将来」Law & Technology 23号45頁。

（5）この分類についても，【現代化】43頁参照。患者のための権利憲章（Patientenrechte in Deutschland, Leitfaden für Patienten und Ärzte, *Patientencharta*）については，同31頁参照。ドイツ連邦政府により設置されたワーキング・グループにより準備され，2003年3月に，連邦司法省，連邦社会省により公表された。患者の保護のために認められている現行法上の種々の権利と義務を整理し，平易かつ簡潔にドイツ医事法の到達点を示したものである。この憲章は，健康に関連する当事者に共有されるべき統一的な指針であり，患者と医師に，医療処置から生じる権利義務を示し，過誤ある処置の場合に対しても注意を与えている。憲章によって透明性が確保され，医師と患者の信頼関係の重要な基礎となると意図されている。

（6）Nörr, Zur Transformation von Ethik in Recht, Bemerkungen aus einem aktuellen

Anlass, in International Symposium, New Technology and Build of Law Model, Nov. 29. 2002, S. 2. 本論文には，守矢健一訳がある（以下「訳」として引用）。同報告のシンポジウムは，北川善太郎教授によって組織され，2002 年 11 月に京都で開催された。生命倫理に関しては，ほかに，高嶌英弘「日本における先端医療と法」(Rechtliche Implikationen von Fortpflanzungsmedizin und Gentechnologie in Theorie und Praxis); Vogel, Progress in Human Genetics - a challenge for our legal system; Wolfslast, Rechtliche Probleme der ES-Zellenforschung がある。

（7）【現代化】78 頁，101 頁の注 76 参照。わがくにだけではなく，ドイツ法でも，医事関係では，多くの指針やガイドラインが存在する。そのうち，おおまかにいって，指針 = Richtlinie は，法的な意味で拘束力をもつが，方針あるいはガイドライン = Leitlinie は，学問的に基礎づけられ，実務的，プロフェッショナルな行為基準にすぎないといわれる。もとより，その区分は，必ずしも厳密には行われていない。Vgl. Taupitz, Richtlinien in der Transplantationsmedizin, NJW 2003, S. 1145.

（8）条理に関しては，明治 8 年 6 月 8 日・大政官布告 103 号裁判事務心得の第 3 条「民事ノ裁判ニ成文ノ法律ナキモノハ慣習ニ依リ慣習ナキモノハ條理ヲ推考シテ裁判スヘシ」が著名である。立ち入りえないが，諸外国にも同様の規定があることが多い。オーストリア一般民法典 7 条，スイス民法典 1 条など，フランス民法典 4 条は，裏側から，裁判官が法の欠缺を理由として裁判を拒否できないとする。これにつき，本書第 3 部 4 篇参照。

（9）Jörs-Kunkel, Römisches Recht, 1935, S. 75.

（10）Gierke, Das deutsche Genossenschaft (I〜IV, 1868-1913), III S. 290, S. 368, S.436. 19 世紀の擬制説の代表者はサヴィニーである。Savigny, System des heutigen Römischen Rechts, II (1840), S. 235ff; Puchta, Pandekten, 1877, S. 39ff. 他方，ゲルマニステンでは，実在説が有力であった。Beseler, System des gemeinen deutschen Privatrechts, 1873, S. 239ff; Gierke, Deutsches Privatrecht (DPR), I, 1895, S. 466ff. その他の説についても詳しいので，ここでは，その他の法人学説については，立ち入らない。たとえば，奥田昌道・注釈民法（2・1974 年）15 頁に詳しい。

（11）中世における利息制限法を潜脱するための種々の方途については，【利息】75 頁参照。しばしば為替や手形などが利用された。とくに中世人にとっては，徴利の制限を法律的に回避することと並んで重要なのは，精神的な罪悪感からの免罪であった（同 80 頁）。自然人とは異なる法人を媒介とすることは，宗教上の罪を転嫁し良心を納得させる格好の手段となったのである。

（12）たしかに，結社の自由は，フランス革命の目ざした基本的権利の 1 つとはいえるが，あくまでも個人の自由であり，自由設立主義は，一時的には採用されても永続はしなかった。中世的団体，たとえば，ギルドへの敵視のほうが凌駕した。フランス革命の理念のうち，必ずしも永続しなかったものとして，ほかにも利息の徴収の自由が

第 1 部　私法の発展における倫理と技術

ある（【利息】105 頁以下参照）。また，より一般的に，フランス民法典の理念と古法との関係については，小野・専門家の責任と権能（2000 年）197 頁をも参照。
(13)　Hedemann, Die Fortschritte des Zivilrechts im XIX Jahrhundert, Ein Überblick über die Entfaltung des Privatrechts in Deutschland, Österreich, Frankreich und der Schweitz, Bd.1. Die Neuordnung des Verkehrslebens, 1910 (Neud. 1968), §3 (Die Freiheit der Vereinsbildung), S. 39ff. に詳細な紹介がある。また，邦文のものでは，原田慶吉・日本民法典の史的素描（1954 年）25 頁が，簡潔な概観をしている。法人理論の意義については，福地俊雄「組合と法人」契約法大系 7（1965 年）32 頁に詳しい。
(14)　小野「私法におけるカノン法の適用」商論 56 巻 3 号第 2 章 4 節(1)(ｱ)（【利息】11 頁以下，50 頁注 1）。
(15)　これにつき，【現代化】2 頁以下（団体論・法人論の新課題）参照。
(16)　女児の逸失利益については，最判昭 53・10・20 民集 32 巻 7 号 1500 頁，最判昭 62・1・19 民集 41 巻 1 号 1 頁など。外国人については，最判平 9・1・28 民集 51 巻 1 号 78 頁（不法残留して就労した外国人の逸失利益を，予測される日本での就労可能期間は日本の収入を基礎とし，その後は出国先の収入を基礎に算定したもの）。
　　中世法は，身分，性別，宗教にもとづく詳細な差別を基本としたのであり，衣服の制限や奢侈禁止令などの多くの法に反映されている。近代法はこれらを撤廃していったが，その残滓といえるものもある（たとえば，同性愛への敵視である）。
(17)　フランス民法典 1674 条は，不動産の売主が，価格の 12 分の 7 を超える損害をうけた場合には，売主は，売買の取消をなしうるとする。すなわち，12 の代金額に対し，5 未満の代金で売却した場合には，取り消しうるのである（すなわち，買主の保護ではない点に特徴がある）。前掲【利息】538 頁も参照。他方，同じ自然法立法であるオーストリア法（934 条，935 条参照）のもとでは，消費者保護法規としての意義が見直されている。オーストリア法の保護は双務的なもので，買主をも保護しているからである。なお，一般に，過大な損害の禁止については，大村敦志・公序良俗と契約正義（1995 年）が詳細な研究である。
(18)　定期賃貸借の導入により，所有権の地位の回復が図られている。所有権の金銭債権化は，近時では，ドイツ再統一に伴う不動産の返還請求権が，原物の返還から価値的返還に転換されるプロセスでも生じた。小野・土地法の研究（2003 年）115 頁以下，124 頁参照。
(19)　すなわち，判決は，「事物ノ性質上他ノ財貨ニ対スル所有権ト大ニ趣ヲ異ニシ特殊ノ制限ニ服スルコト論ヲ俟タス」とし，特殊な所有権を肯定しているのである。
(20)　以下のドイツの議論の整理は，おもに前述（前注 6）の Nörr 論文による（a.a.O., S. 2ff. 訳・2 頁。なお，原論文は未定稿のため，頁は機械的に付したものである）。
(21)　ただし，このような折衷は，いわば倫理を棚上げし，外国におぶさるものであり，

ダブル・スタンダードとの批判が当てはまる。近時の国際的な協定の動向では，これを排している。【現代化】58 頁およびその注 34 参照。1997 年のヨーロッパ法協定の技術草案（2002 年「バイオ医療研究における人由来物質の使用に関する技術草案」【現代化】41 頁）は，人由来物質と個人データが，内国と同等の保護水準を保障したときにのみ外国でも利用可能とする（20 条）。ドイツのような内外格差を認めない趣旨である。なお，後注 38 をも参照。

(22) Nörr, a.a.O., S.6f.（訳・3 頁）。

(23) 教皇権の否定については，ルターでは「ローマの教皇制について，ライプチヒの高名なローマ主義者を駁す」(1520 年)（徳善義和訳）ルター著作集〔第 1 集・3・1969 年〕111 頁以下参照。カルヴァンでは，カルヴァン・キリスト教綱要〔渡辺信夫訳・IV(1)・1964 年〕4 篇 7 章 19〜20 節（161 頁以下）。

(24) Schumpeter (1883-1950), History of Economic Analysis, 1954, pp.83, pp.103 (p.104). 封建法のもとでは，土地所有権を半永久的にかつ定型的な形で物権的に拘束することが可能であった。封建的負担や死手（main mort）による財産の拘束がそれであり，とくに後者は，教会に寄進された土地を永久的に固定したのである（制限担保の方法での法の発展については，Stobbe, Handbuch des Deutschen Privatrechts, II, 1883, S.293ff.）。

(25) 徴利をはじめとする資本蓄積に対するプロテスタンティズムの姿勢を資本主義の発展との関係で指摘したものとして，ウェーバー「プロテスタンティズムの倫理と資本主義の精神」（梶山力・大塚久雄訳）ウェーバー（1979 年）所収 109 頁，136 頁，154 頁参照〔1989 年・大塚久雄改訳では 84 頁〜90 頁〕。

(26) ルターは，ドイツの半分が教会領であるとする（前掲書 121 頁）。数字はやや過大であろうが，これは，ザクセン朝諸皇帝の，聖界諸侯を帝国統一の柱にするという帝国教会政策の結果である（シュトゥッツ〔増淵静四郎＝淵倫彦訳・1972 年〕・私有教会 41 頁以下，フリシュ〔野口洋二訳・1972 年〕・叙任権闘争 13 頁）。プロテスタント諸侯の宗教改革の動機の半分は，この富の世俗への還元を目的としたものでもあった。

教会が国の富の過半を有することはイギリス，フランスなどでも同様と推定され，カトリックの温存された後者においては，その最終的解決は，フランス革命にまでもちこされた（教会財産の国有化について，野田良之・フランス法概論〔1970 年〕582 頁）。

(27) ルター「商取引と高利について」(1524 年)（松田智雄・魚住昌良訳）ルター著作集〔第 1 集・5・1967 年〕487 頁以下，同「商業と高利」ルター（1979 年）所収 353 頁以下，376 頁。

(28) カルヴァンも，初期には暴利の禁止を唱えたにすぎない（カルヴァン・キリスト教綱要・初版・1536 年〔久米あつみ訳「カルヴァンとその周辺 I・1986 年」所収〕

第 1 部　私法の発展における倫理と技術

53 頁）。
(29)　これについては，イギリスにおけるカルヴァン派の影響を指摘しうる（【利息】184 頁）。
(30)　ウェーバー・前掲書（前注 25 参照）134～135 頁〔改訳 84 頁以下〕。なお，このウェーバーの見解はきわめて著名であるが，教会法における利息の禁止の問題そのものは，同書の研究にとっては表面上の，しかも限られた意味をもつにすぎず（138 頁），研究の対象ともなっていない，と断られている（109 頁）〔改訳 34 頁以下〕。
(31)　同書 165 頁以下，242 頁以下参照〔改訳 137 頁以下，289 頁以下〕。
(32)　同書 106～107 頁〔改訳 30 頁以下〕。カルヴァンについて，Van-Espen, Commentarius in canones juris veteris ac novi, et in jus novissimum, t.3, 1777, pars I, II (Dissertatio de Usura), p.17-18.
(33)　カルヴァンの考え方が，必ずしもプロテスタンティズムの禁欲的倫理を一般的に代表するものではなかったことについては，ウェーバーも指摘する。すなわち，カルヴァンじしんは，富を否定しなかったのであるが，貨幣と財の追求を罪悪視する思想は堅固に残存し，その結果利潤の追求や貨幣そのものが排斥されることもあったのである（改訳・292 頁～295 頁。1574 年の南ホラント宗教会議への言及）。そして，16 世紀はおろか，17 世紀中頃にもそのような考え方がみられたのである。

　他方，わが法では，伝統的に，利息制限の思想は薄弱であり，それは，既払の利息の返還請求の制限に残されている（利息制限法 1 条 2 項）。【利息】202 頁，209 頁注 8。もっとも，その起原は，わが封建法のほか，フランス法にも求められる（同 206 頁）。今日でも種々の仕組み金融が行われている。
(34)　【現代化】102 頁注 78 参照。アメリカの保守派は，クローン人間の生成には反感を示すが，同時に，先端医療技術としてのクローンには寛容である場合もある。たとえば，下院は 2002 年につづき，2003 年でも全面禁止法案を可決しているが（2003 年 2 月 28 日），上院では承認されていない。下院の法案は厳しく，生殖目的のほか，治療目的のクローンを禁止するだけではなく，他国で医療目的のクローニングを用いて開発した治療薬の輸入も禁止している。しかし，輸入を可能とする意見もあり，これらの対立は，ドイツと同じく，価値観の統一のむずかしいことを示している。ソフィスト派的には，治療や輸入を可能とする折衷案もありうる。
(35)　倫理には，社会の基本的価値に沿う場合の力が強く，たとえば，中世では，気前のよいことがリーダーやすぐれていることの要件であった。しかし，現代では，むしろ吝嗇で財物を集積していることが，すぐれていることの要件の 1 つとなる（もちろん，十分条件ではなく，倫理に富んでいることや公益活動に貢献することは不可欠の前提であろう）。ここにも，富を努力と神の恩寵（あるいは生存競争や能力）のあかしとする思想の一端が現れている。
(36)　Nörr, a.a.O., S.6.（訳・3 頁）。

(37) Nörr, a.a.O., S.7-10.（訳・3頁以下）。
(38) Nörr, a.a.O., S.11.（訳・5頁）。つまり，生殖補助のために，試験管の中では積極的に受精が行われるのに反し，胎内から取り出した（あるいは胎内に戻されるべき）胚（余剰胚として）が研究に利用されることである。ときとして一連のプロセスでもあるのに，より成熟したものの人性が否定されるところに矛盾がある。
(39) 近時の文献としては，井上達夫・法という企て（2003年）とくに163頁以下参照。
(40) かねて大学では，真理の追及が価値であったが（いわゆる「やせたソクラテス」），近時では，社会（産業）貢献の名の下に，資金へのすり寄りがほとんど至上の価値となっている（たとえば，COE獲得競争である）。実験科学では，資金の多寡がほとんど成果を左右することから，ある程度はやむをえないとしても，理論や社会科学までがこの思考様式に全面的に追随するべきかは疑問である。
　　利潤主義のもとでは，歴史や文学，基礎科学など，いわゆる実用性に直結しない分野では資金を獲得することが困難となる。実用的分野でも，短期的な実用性が優先されることになろう。法律の分野でも，基礎法学は軽視されることになる。また，実定法の中でも，たとえば，銀行やサラ金業界のための法研究は行われても，債務者保護の研究は軽視されるといったアンバランスが生じることにもなりかねないであろう。
(41) 小野・大学と法曹養成制度（2001年）378頁，386頁。価値の変遷という意味では，ODAなどにおいても，かねては人道，国際貢献がその理念とされた。しかし，近時では，安全保障や国益，戦略の重視，効率性が理由とされる。人道や人間の尊厳の理念も，案外弱いものである。
(42) 基礎研究が必要ということも，少なくとも長期的にはそれが有益かもしれないという懐疑にもとづいている。日本には，改良があっても，創造がないといわれることとも関連する。実用性偏重の裏面である。すなわち，真の「実用性」は，手近の実用性とは異なり，予見（して資本を投下すること）などできないのである。ここでは，研究は，金儲けのためにするのではなく，真理の追及に金銭が結果としてついてくるにすぎないとの根本理念が問題となっている。創造は真理の子であり，（継子ではあっても）金銭の嫡子ではない（ケプラーは占星術によって生計をたてたという）。
(43) すなわち，解剖学の進歩は，絵画において筋肉や血管を正確に把握したいという芸術家の工房から発したのである（梶田昭・医学の歴史152頁）。また，中世の例によれば，修道院においては，書物の筆写が修道士の重要な仕事の1つであったことから，本の出版は，たんに本の筆写という労働であるだけではなく，宗教的な行為ともなったのである（聖ベネディクトス）。
(44) 著作権に関する言及であるが，「現在の課題を近未来だけを見て解決しようとしてはいけない」，「現状だけを考えていては，軽薄な結論しか出ない」との井上ひさしの言は，法と技術の問題一般に示唆的である（2004年3月24日付朝日新聞）。
　　しばしば指摘されるように，プロ野球や相撲のTV中継は，かえって顧客の層を厚

第 1 部　私法の発展における倫理と技術

くすることに寄与したし，図書館で新刊をそろえると，近隣の書店の売り上げにひびくこともあるが，これも長期的には顧客の層を拡大することに寄与する。しばしば，本やレコードの違法コピーが 10 万冊・枚だから，10 万冊・枚分の損害をこうむったとする主張がある。しかし，違法コピーには，とりあえず積んでおく分もあるし，高価であれば，およそ購入しない（見向きもしない）数も包含されているのである。専門書と同じく，高ければたんに売れないだけである。専門書には，コピーでも読者を獲得できるのはありがたい側面もある。利益は不要ではないが，文化への貢献は，不可欠の視点である。

　とりわけ世界標準，業界標準となるような分野については，公共財としての自覚が必要であり，私益だけを追い求めるべきではない。これは，無体財産権に限らず，いわば身分にふさわしい行為（noblesse oblige）であり，法的には，所有権が義務を伴うのと同様である。世界標準となったこと自体による利益を求めるべきではない。したがって，（応用ソフトと基本ソフトの）抱き合わせ販売など，独占的地位を濫用することは，もってのほかである。

(45)　Giesecke, Buchwissenschaft als Medien- und Informationswissenschaft (http://www.rappe-giesecke.de/); Printing in the Early Modern Era - A Media Revolution and its Historical Significance (ib.); Der Buchdruck in der frühen Neuzeit: eine historische Fallstudie über die Drucksetzung neuer Informations- und Kommunikationstechnologien, 1991. Vgl. Zeitschrift Deutschland 2001, No.3, S.52. また，Ohly, Geistiges Eigentum?, JZ 2003, S.545. Ono, A Comparative Study of Property Right in Japanese Civil Law (2), Hitotsubashi Journal of Law and Politics, vol.32, p.16 (2004).

(46)　Savigny, Beruf unserer Zeit für Gesetzgebung und Rechtswissenschaft, 1814, in (hrsg. Wolf), Deutsches Rechtsdenken, S.3f. なお，医学についても，19 世紀のドイツ人医師ベルツのつぎの言―すなわち，科学は有機体で，それが育ち，繁栄するには一定の気候，一定の環境が必要である。西洋では何千年もかけてこの有機体が培われてきた。日本に招聘された外国人教師は，科学の木を育てる人たるべきであるのに，それを科学の果実を切り売りする人として扱われた。日本人は科学の成果を引き継ぐだけで満足しその成果を生み出した精神を学ぼうとしない―が興味深い（梶田・前掲書 310 頁）。いわゆる和魂洋才のうちの悪癖（結果や実用性のみを重視する）を指摘するものである。漱石が，上滑りの文明開花を批判したことも著名である。なお，前掲書（大学＝前注 41）421 頁をも参照。

(47)　アマゾンやアフリカの伝統薬あるいは少数民族の遺伝子から，かってに外国人が特許をとることも，その延長にある。最近では，著作権や特許は，創造の対価というよりも，たんに先占や発見（発明ではなく）の対価となっている。たんなる知識の囲い込みである。努力は報われるべきであるが，アンフェアは排除される必要がある。
　1992 年にナイロビで採択され，93 年に発効した生物多様性条約は，生物および遺

第1篇　先端技術と法－法と倫理に関する序説－

伝子資源の保有国主権を認め，利用の利益は共有と規定したが，その具体的な方策はなお未解決であり，アメリカも調印していない。

　注目されるのは，ビジネスモデル特許の出願数が2003年に2000年のピーク時の約半分まで減ったといわれることである。1990年代後半に，アメリカでビジネスモデル特許が多く認められるようになり，IT（情報技術）ベンチャーが広がるきっかけにもなったことから，日本の特許庁も積極的に認めて，出願数が急増し，1998年までは年間3000件程度だったところ，2000年には2万件近くになった。しかし，同年初頭を境に特許庁の姿勢が変わり，審査で特許が認められる割合は1割を割り込んだ。取引の手法まで特許になってしまうと仕事がしにくい，といった不満が産業界には根強く，特許庁は方針を変え審査を厳格化した。また，一部には特許という強い独占権の濫用があり，他方でたんなるアイデアにまで権利を与えるべきでないという主張が根底にあるといわれる。日経新聞2000年12月19日および朝日新聞2004年5月2日。

　また，世界各地の伝統芸能についても，それぞれの承継者の権利が主張されている。これを肯定すれば，文化を生んだ民族や地域が権利（人格権あるいは財産権として）を主張できる。先端技術に遅れる途上国から主張され，先進国は，著作権になじまないと反対する。著作権は，新たな創作を促進することをも目的とし，伝統文化の保護にはなじまないというだけでは不十分である。現行の著作権制度が，基本的に先進国に有利な制度であり，これによる知識の囲い込みが行われているからである（しかも，上述の伝統薬のように，途上国の知識までもが，わずかな附加の結果，まるごと収奪されている。じつはその発見や維持には，伝統の力のほうが大きいのである）。このアンバランスを解消するには，まったく新たな枠組みでの「伝統維持権」が必要である。すなわち，文化は，創作によってだけではなく，伝統保持によっても維持されるからである。

　〔追記〕2005年12月13日の報道によれば，JALは，東京地裁に係属していた全日空を相手方とする特許訴訟を取り下げた。争点は，01年に特許登録された「JALオンライン」特許で，パソコンで予約すれば当日にクレジットカードなどで本人確認できれば搭乗でき，料金は企業が一括精算できるというものである。JALは，全日空が始めた同様のサービスが特許に抵触しているとして，100億円の損害賠償を求め04年に提訴したものである。06年1月に判決の予定だった。全日空は，判決を待たず実質的な全面勝訴に至ったと受け止めているとのコメントを発表した（日経および朝日新聞2005年12月13日）。

(48)　ハイネ・ドイツ古典哲学の本質（伊東勉訳・1973年）67頁参照。なお，この言葉は，ニュートンのものとしても知られている。そこでは，「巨人」は，古典をさすが，ハイネの場合には，直接はルターを指している。

第2篇　企業倫理と技術―専門家の責任―

第1章　はじめに

Ⅰ　企業不祥事と技術・倫理

　2003年7月以降，各地の巨大工場で爆発や火災が続発した。エクソンモービル名古屋製油所，新日鉄名古屋製鉄所，ブリヂストン栃木工場，出光興産北海道製油所などである。そして，2004年には，超高層ビルの回転ドアによる子どもの死亡事故をきっかけに，回転ドア事故がほかのビルでも多発していたことが明らかとなった。そして，防火シャッターによる類似の圧死死亡事故もみられた。さらに，三菱自動車と三菱ふそうトラックバスの長年にわたる事故隠しが発覚した。

　また，情報化時代を反映して，2004年以降，インターネット接続会社やその他の大企業において，顧客情報が大量に漏れる事故も相次いだ。サラ金大手の三洋信販の116万人，ソフトバンクBBの451万人，コスモ石油の92万人，阪急交通の62万人分の個人情報のほか，東武鉄道，サントリー，日本信販，三菱マテリアル，NTTドコモなどである。情報流出には多様な業種が含まれ，外資系のシティバンクも含まれていた。さらに，アメリカでも，04年6月に，インターネットサービス大手アメリカン・オンライン（AOL）から9200万人の顧客情報が流出したと伝えられた。

　この数年間に，食品事故（雪印乳業の食中毒，雪印食品の牛肉偽装事件，大阪府食肉事業協同組合連合会の牛肉偽装事件，野菜の産地偽装事件）や鳥・インフルエンザ隠しなどの健康に関連する事故も多発している。人身事故にはつながらないものの，技術力の衰退をうかがわせる事件もある（H2，H2Aロケットの打ち上げの連続失敗）。そして，技術の高度化に伴い，企業が安全や顧客情報の管理などで，より高い注意義務を求められるにいたっているにもか

かわらず，現実には，むしろ逆に，それを担保すべき倫理性の低下をみることができる（詳細は後述第3章参照）。

　1990年代以降，コーポレート・ガバナンスや企業のコンプライアンスが唱えられてから久しい。しかし，それはいわばお題目にとどまり，実際には多くの事故隠しにみられるような隠蔽の動機とすらなっている。同様な状況は，必ずしもわがくにに限られるわけではない。2001年前後には，アメリカにおいても企業不祥事が多発し，アメリカ法的規制の限界をも示した。エンロン，ワールドコムの粉飾会計が代表であり，これを契機として法規制は強化されたはずであるが，2003年11月には，一部の証券会社が，大口取引者に対しては通常の取引終了後の取引を認めるなどの不当な証券取引が明るみに出たのである。2001年に発覚したエンロンの不正会計は，利益を水増し報告して株価をつり上げることで，経営陣が高額報酬を手にしていたとされ，2004年7月，元会長が起訴された。エンロンを担当した大手監査法人アーサー＆アンダーセンも実質破綻に追い込まれた。これらの事実から，技術は，倫理を超ええない（テクニックだけでは規制にたりない）のではないかとの疑問が生じているのである。〔追記〕アメリカでは，05年5月にも，大手保険会社のアメリカン・インターナショナル・グループ（AIG）の不正会計が明るみに出た。AIGの収益や資産を過大に見せかけ，損失を隠蔽するなど，継続的に会計を操作し，株価上昇を図っていたとされる。わがくにでも，05年，カネボウほかの粉飾決算をめぐり，中央青山監査法人の関与が問題となり，公認会計士の資質が問われた。

2　企業統治のための新たな倫理

　企業の主要な目的が利潤の確保であることはいうまでもない。ただし，その利潤が，正当な手続によって確保されたものでなければならないことも当然である。問題は，その正当性が，狭く形式的な法規に違反していないことだけでよいのかどうかである。社会の発展は法のあゆみよりも早く，また法律の適用はつねにその外縁部にあいまいさを含んでいるから，適用される法規をつねに最小限のものとみる方法では，違法性の判断基準が欠如したり，古い基準の形式的な適用が，いちじるしく反社会的な結果をもたらすことも

ある。また,「違法でない」ということは,自由放任の体制のもとで,規定されていないことがたんに法的な制約をうけないことをいうにすぎず,積極的に認容されていることと同義ではない。また,少なくとも民事では,類似の規定の実質的な解釈によって,司法的なチェックをうけ,あるいは単純な不法行為法の適用をうける可能性も否定できないし,立法により事後的に制限されることもある。

かねて「専門家の責任」は,専門家であることに着目して注意義務を高度化し,また,未定型の義務の内容を深化し,重い責任を負担させることを可能とした。しかし,その対象は,まだ医師,弁護士,司法書士,建築士,鑑定士などの高度専門家や技術資格者,とくに国家試験と結合した資格取得者を中心とするものに限られている。

それ以外の業種では,内容が多様であることから,高度の注意義務を認めるにはなお疑問が残る。しかし,企業の経営には,それが医療や会計あるいは設計といった専門分野を目的としていない場合でも,その巨大性や技術性から,特別なスキルとそれに伴う倫理と責任を必要とすることが多い。かつての公害企業が,明文の法的な規制のないことに藉口して,大規模な環境破壊を行ったことは記憶に新しい。そのような場合でも,司法的な責任が事後的にもたらされることも多く,結局,主観的に可能な限界まで自由を主張しうるわけではなく,濫用的な権利の主張が企業の社会的信用をも失わせ,コストのうえでも,長期的にはかえって高くつくことを示した。

法規の限界までの自由と司法的なチェックをさえうけない範囲(グレーゾーン)の確定は,一般条項の解釈の課題である。それを具体化するものの1つに,企業倫理がある[1]。法は,たとえ一般的あるいは司法的なものであっても,公序良俗によって具体化される社会倫理の範囲を超えるほどに過大な注意や責任を求めないからである。ただし,従来から,あるべき企業の倫理の質については争いがあった。一方には,利潤と最大限の自由の追及を求めるいわば現実派がおり,他方には,利潤の追及に節度を求める厳格派というべきものがあった。この両者の間には,無数の段階があり対立している。たしかに,自由競争の理念は強く,現実派は多数を占めるようにみえる。しかし,無秩序な自由競争のみを前提に企業の倫理を説くことはむなしく,企業

統治も名目に陥る可能性がある。そのような場合に求められるのは，形式的かつ最小限の法規コンプライアンスにとどまり，それは不祥事の隠蔽の契機とさえなる。より本質的な倫理の転換が必要である。近時の企業不祥事の原因は，古い倫理の空虚性（あるいは非倫理性）にまで根ざしているのではないかと思われるのである。

また，このような検討なしに抽象的に企業の社会的責任を唱えても，現実派に対しては，おそらく十分な説得力をもたないし，適切な対処法の確立もできないと思われるのである。規制緩和の観点から，その目には，法や倫理の規制は，すべて克服されるべき障害としか映らないであろうからである。

以下では，経営における主要な倫理を，まず経営学，とくに経営社会学，プロフェッショナリズムの観点から紹介し（第2章1），生命倫理に関する議論と対比し（第2章2），ついで，これを企業の現代的倫理のあり方と接合する（第3章）。最後に，新たな倫理の可能性にふれる（第4章）。経営学には，従来，消費者の視点が乏しく，会計やマーケティングなど企業サイドの視点だけが支配的であった。経営社会学は，この傾向に反省を加えたものであり，消費者保護や企業統治に関する法的な理論に対しても参考に値いするものを含んでいる。

私は，すでに別稿「先端技術と法」（法の支配134号，本書第1篇）において，新しい技術（たとえば人工授精や情報装置）が人権や人の尊厳にかかわる場合に，法的な歯止めをどう考えるかを検討した。そこでは，技術にあわせて法を整備するのはそうむずかしいことではなく，むずかしいのは倫理的な制限をおくこと（たとえば，提供者死後の，凍結精子による人工授精は不可とするような）や価値の転換であることを述べた[2]。本稿は，その延長（各論の一部）として，伝統的な企業経営においても，倫理にかかわる価値のあり方を検討しようとするものである。

第2章 経営理論と高度技術における倫理の対立

1 経営理論における3つの倫理—余暇理論への対応—

アメリカでは，20世紀の初頭に，経営の理念に関する新たな倫理が現れ

た。それは経営の種々の局面に関するが，最初の契機は，労働時間の短縮運動であった。アメリカにおける労働時間は，20世紀の最初の20年間に短縮に向かい，週60時間から50時間を下回る水準に達した。1日8時間労働制も，1919年には，2人に1人の割合にまで普及した。そして，1920年代には，週5日（40時間）労働運動が生まれたのである[3]。労働時間短縮の運動は，労働側（AFL＝アメリカ労働総同盟）に端を発したものであり，一面では失業問題への対処であったが，他面では，余暇運動の一環でもあった。この余暇運動は，余暇を人間の尊厳の源とする点において，伝統的な労働倫理（勤勉を至上の倫理とする）に反省をせまるものであった[4]。

これに対する経営側の反応は，3つに大別することができる。第1は，伝統的保守派であり，おもに余暇の拡大による生産性と労働倫理の低下という経営の立場からこれに反対するものである。第2は消費の福音派であり，週5日制を支持した。それというのも，余暇が消費を拡大し，市場を拡大するからである。そして，第3は，経営プロフェッショナリズム派である[5]。

ここで，経営プロフェッショナリズムとは，その萌芽を1910年代に遡ることができ，専門的職業に従事する者は，たんなる金儲けのみを目的としてはならず，いかに質の高いサービスを社会に提供することができるかというサービス動機にもとづくべきこと，そのためには高度な科学に裏付けられた専門的知識と訓練を必要とし，またそれを集団として維持する努力が必要とするとの主張である。科学的基礎とサービス動機を両輪として成立する職業倫理を基礎として，経営プロフェッショナリズムは，この理念を経営者および管理者にも適用しようとする[6]。プロフェッショナリズムそのものは，医師や弁護士の職業倫理としてかなり古くから定着しており，経営に対するその応用ともいえるものである。

経営プロフェッショナリズムは，労働の余暇の統合された職業生活の回復，職場における人間性の回復，労働の尊厳を重視したのである。したがって，余暇運動における週5日制そのものには，それが労働を強化するだけにとどまるとすれば，むしろ懐疑的であった。時間だけの短縮ではなく，職業労働そのものを内部的に変革することを重視する。ここから，労使関係の変革，協調や労働者教育の重視といった観点が登場した。もっとも，その詳細

は，本稿の対象ではない[7]。

　注目されるのは，余暇を通じた各派の立場の相違である。従来の生産体制と管理組織のもとで疎外された労働者の協働本能，人間的尊厳を回復することを目的とした経営プロフェッショナリズムは，前２者とはまったく異なった，経営に対する新たな精神を持ち込んだのである[8]。これに反し，アメリカの伝統的保守派は，おもにプロテスタンティズム（とくにカルヴァニズム）の立場から，労働の価値を重視する。ウェーバーのひそみにならえば，自律的な労働価値の強調は，禁欲的生活の契機であるが[9]，他律的なそれ，とくに近代産業におけるものは，労働強化の契機ともなるのである。

　そこで，労働を苦痛とみなし，余暇により暗黒労働に代償を与え，創造性を回復するとの余暇運動は，カトリシズムやユダヤ教徒の安息日のための労働時間短縮の考え方に近く，反プロテスタント的なものとみなされた。単純に，人間性の回復と余暇とが関連づけられないゆえんである。その代わりに，新たな価値である科学的基礎とサービス動機という経営内在的な倫理が登場した。すなわち，余暇にとどまらない経営の刷新であり，その基礎となる人間の尊厳という倫理への転換である[10]。こうして，企業経営に関する新たな倫理が登場したのである。また，プロフェッショナリズムは，経営に対する協同の精神という観点から，早くに，企業専門家の責任とその倫理の結合関係を示した点においても注目に値する。

2　先端技術における３つの倫理

（1）わがくにでは，先端医療技術の研究は先行しているが，必ずしも包括的な倫理に関する議論が公の場で行われたことはなく，むしろこれを避ける傾向すらみられる。そこで，以下では，胚の利用が議会において正面から争われたドイツの議論を参考としよう[11]。すなわち，かねて1990年に立法化されたドイツの胚保護法（Gesetz zum Schutz von Embryonen, Embryonenschutzgesetz, 1990.12.13 BGBl.I, S.2746）では，試験管で作成された胚から幹細胞（ES細胞）を獲得することが禁じられていた。このES細胞は，いわゆる全能性を有し，完全な個体を生成することが可能である。ES細胞は二面的な意義を有する。一方では，臓器などの人間の「部品」を作成

する可能性を有するが，他方で，胚は胎内に戻されれば，完全な人となりうる。ES 細胞の樹立には，胚の破棄が必要であるから，この側面からすれば，「人」の生命に対する侵害ということができ，他方，「部品」の供給という側面からすれば，治療のよちが拡大されるのである。胚保護法は，胚の分裂の第 8 段階までを規制していたが，全能性と区別されるそれ以後の多能性の胚細胞はこの法の対象外としていた。そこで，多能性胚細胞を外国から輸入しその研究をすることは，法的に整備されていなかった。これは，のちに，胚の輸入に関する法律を整備するさいに問題となった。その審議の過程は，以下のように整理されている。

第 1 の立場は，従来の胚保護法を徹底させ，胚輸入を全面的に禁止しようとした。この立場は，厳格派といわれる（物性の否定）。

第 2 の立場も，輸入を禁止しようとするが，厳格な要件のもとに例外をおく。この立場は，国内的には胚細胞の取り出しを禁止するが，外国から調達された胚細胞は利用してよいとする。いわば倫理判断を外国に預けるのである。ソフィスト派といわれる。

第 3 の立場は，条件付で輸入を認めるだけではなく，人工授精時のいわゆる余剰胚をも念頭に，1990 年の胚保護法の規制を緩和しようとする。現実派といわれる（物性の肯定）。

ドイツ連邦議会における各派の分布は，必ずしも政党とは一致しなかった。厳格派は，CDU/CSU（前コール政権与党）から緑の党および民主社会党（PDS，東ドイツの支配政党であった SED の後継政党である）にまで，広く存在し，SPD（シュレーダー政権与党）にも存在した。ソフィスト派も，SPD・緑の党にも CDU/CSU にも存在した。現実派も，自由主義者と CDU/CSU に存在しただけではなく，PDS にもいた。

大きく 2 度の採決が行われ，最初の採決では厳格派が最も多くの支持を集め，これに対して現実派は支持が少なく姿を消した。そこで現実派は，2 度目の採決ではソフィスト派に同調した。こうして，ソフィスト派の法案が多数を獲得し，いくらかの変更を伴ったうえで，ヒト ES 細胞の輸入と使用との関連における胚保護確保のための法律（Gesetz zur Sicherstellung des Embryonenschutzes im Zusammenhang mit Einfuhr und Verwendung menschlicher embryonaler Stammenzellen v.28.6. 2002, BGBl. I, S.2277) として成立したのである[12]。

審議の過程では，人間の尊厳，生命の保護，病気の治癒，および研究の自由（Menschenwürde, Schutz des Lebens, Auftrag zur Heilung von Krankheit, Forschungsfreiheit）という4つの基本的な価値が考慮された[13]。

(2) まず，人間の尊厳については，厳格派，ソフィスト派，そして現実派のいずれもが，これを否定しえなかった。そして，ある者は，人間の尊厳を，第2の価値的概念である生命の保護という観点と緊密に結びつけ，生命を試験管における受精から開始するものと考えた。他方，生命の開始時期を受精とは区別しようという者もあった。

しかし，人間の尊厳の観念は，イデア・倫理的公理の領域に属し，他方，人間の生命は，時間的空間的な拘束の中にあることから，人間の尊厳と生命の保護とは根本的に異なったカテゴリーであり，同等に扱うことはできないともいわれる。

また，病気の治療という価値も，どの立場からも支持されたが，この価値が人間の尊厳と生命の保護という価値と衡量された場合には，その結論は区々に分かれた。研究の自由についても似たような状況があり，その意義自体に争いのよちはなかったが，経済的意義を考慮に入れても，人間の尊厳と生命の保護とに勝ることはなかった。さらに，宗教的世界観からの圧迫も存在したのである[14]。

これらの衡量の結果，できあがった法は，折衷的かつ齟齬を包含するものとなった。

第1に，ドイツ国内における幹細胞の樹立は禁じられたが，国外で樹立されたものの輸入は認められた。

第2に，基礎研究と治療目的での利用が区別された。国内では禁止された研究にもとづいて，外国で発展した治療法を，病気の治癒のために利用するのは，医師に禁じられるどころかむしろ義務である。中世の例によれば，死体の解剖学的研究は禁止されているにもかかわらず，遂行された解剖学的分析によって得られた認識は活用される。

第3に，生命の保護に関連して，ガラスの試験管における細胞（Zellgebilde

in vitro）についてはその倫理的意義を最大限に拡大するのに，胎内の胚（Embryo in vivo）についてはその倫理的意義を最小限に縮小する，という矛盾がみられたのである(15)。

第3章　コーポレートガバナンス，コンプライアンスと企業の技術性

I　企業不祥事の多様性

　企業倫理の欠如をうかがわせるものは，必ずしも最近の事件ばかりではない。古典的なものとしては，①カネミ油症などの食品事件，あるいは多くの薬害事件があった。比較的新しくは，HIV 血液製剤による薬害エイズ事件がある。② 1960 年代に大規模に問題となった公害事件も，必ずしも原因に対する認識不足にとどまらず，事件隠しの側面をもつ場合があった。近時でも，JFE スチールのシアン化合物などの有害物質の排出のデータ偽造事件がある。公害問題は，今日でも続き，国外にまで展開する場合もある。

　③労働関係では，伝統的な不当労働行為の類型が種々あるのはいうまでもないが，近時は，男女差別，セクハラや過労死が現代的な問題となっている。サービス残業は違法であるにもかかわらず，多くの企業でしばしば常態化している。2003 年の長距離の JR バス飲酒事件では，当該運転手の飲酒がかなり常習的なものであることが発覚し，会社の管理体制の不備が問題となった。2004 年 7 月 12 日，アメリカの男女差別訴訟では，証券会社のモルガン・スタンレーが 58 億円で和解したと伝えられた。

　④ 1973 年には第 1 次石油危機で企業の買い占め，売り惜しみから，企業の社会的責任が問題となった。そして，消費者問題としての，誇大広告，不正商品表示，古典的な詐欺的なもののほか，比較的新しくは，種々の製造物責任がある。2004 年には，各地の温泉で入浴剤を使用する場合の表示も問題となった。金融関係では，変額保険は，バブル経済の崩壊後に大きな関心を集め，裁判例も多数生じた。偽ブランド品は古くから問題となっているが，技術の進歩をうけ，新たにインターネット・オークションでも問題となっている。

⑤独禁法の関係では，多様な類型のほか，世界的な基本ソフト会社の MS がインターネット閲覧ソフトや応用ソフトの抱き合わせ販売をして，欧米で訴訟を提起され，和解に追い込まれた事件がある（アメリカでは，2001 年に司法省との和解，欧州委員会は，2004 年 3 月に 670 億円の課徴金の支払命令を出した。日本でも，98 年に排除勧告）。わがくにでも，2004 年 7 月 13 日，公正取引委員会は，ウィンドウズのライセンス契約にあたっての不当条件の排除勧告を MS 本社に対して行った。また，2005 年 3 月には，CPU 最大手のインテルにも排除勧告がなされた（4 月 1 日に応諾）。

海外で生産された CD の販売目的での輸入を差し止めることができる著作権法の改正（2004 年 6 月 3 日）にあたっては，東南アジアで生産される邦楽盤以外に，洋楽盤の輸入も差し止められることが問題となり，レコード協会が洋楽盤には輸入差止権を行使しないと表明する事態が発生した。

企業と反社会的団体との関係は，1991 年 9 月の経団連・企業行動憲章制定の 1 契機となっているが，1996 年前後に銀行・証券業界のいわゆる総会屋との関係が問われる事件が頻発したことを契機に憲章は 1996 年 12 月に改定され，企業倫理への本格的な取り組みが開始された。同憲章は，消費者・ユーザーとの関係での不祥事防止を主眼として，2002 年に改定されたが，その後も，企業不祥事は多発している（2004 年 5 月にも改定）。しかし，その後も会社と総会屋との癒着がしばしば報じられ，近時では，2004 年 3 月，西武鉄道の専務が利益供与で逮捕される事件が起こった。また，2004 年に，西武鉄道は，会計報告書の虚偽記載でも問題とされ，東証がその上場を廃止することにまで発展した。さらに，西武鉄道による有価証券報告書の虚偽記載問題をうけて金融庁が行った報告書の点検に対して，12 月 17 日までに 456 の企業が訂正報告を提出した。これは，報告書開示義務がある 4552 社の 1 割に相当する。企業情報を知る基本の有価証券報告書の不正確性が現れた。

⑥汚職は，古くからの問題であり，今日でも，発展途上国に多くみられる。しかし，欧米の会社が外国で行う類型は，国内との二重基準であり倫理観の欠如を象徴している。わがくにには，古く 1914 年の海軍贈賄に関するシーメンス事件の記憶がある。

談合も，古くからの問題であるが，近時でもタイヤやアルミメーカーの談合事件がある（2004年，航空機用タイヤを3社で独占し談合した。2001年にも航空機燃料で談合）。05年3月に，公正取引委員会は，ステンレス鋼板の価格カルテルで，大手鉄鋼6社に対し，総額67億円の課徴金の納付を命じた。また，不正経理で裏金を捻出して，贈賄や接待をすることも，しばしば報じられる。公共事業，とくに年度末の道路工事の弊害も指摘される。天下りは，古典的な問題であり，多くの公益法人や研究施設の独立行政法人化によっても，ほとんど影響はなかったといわれる。

各種補助金は，BSE対策の牛肉の偽装買取事件の契機でもあるが，補助金詐取のほかにも，価格の水増しという類型もある。三洋電機が1990年代後半に子会社が太陽光発電システムの出力を偽って販売していたことを2000年秋に公表し行政処分をうけたケースがあり，また2004年12月には，首都圏のディーゼル車規制に絡む三井物産の粒子状物質除去装置（DPF）試験データ捏造問題で，東京，千葉，埼玉，神奈川の4都県は，社員の氏名を特定しないまま詐欺や免状不実記載，偽計業務妨害の疑いで警視庁に告発した。同社は適合指定を受けるために偽造データを提出し，4都県に補助金を交付させて損害を生じさせたり，必要のない指定業務をさせて業務を妨害したとしている。

国家がらみの事例では，戦時中の強制連行事件において時効の適用が問題となる。ドイツのナチス犯罪には時効の適用がないが，人道に反する犯罪と不法行為との関係では，包括的に再検討されるべき点である。

2　最近の事例

最近のものでは，①先端技術，巨大設備に関連するものが多発している，前述（第1章）の工場の爆発や火災事故，回転ドア，防火シャッター事故，自動車の事故隠しなどである。回転ドアについては，2004年6月28日，国土交通省により，直径3メートル以上の大型回転ドアの速度を最速でも秒速65センチとすることを盛り込んだ国の初めての安全指針（ガイドライン）が作成された。

巨大施設の欠陥としては，新幹線の橋梁や公団住宅における手抜き工事の

例もある。また，世界的企業であるトヨタ自動車系の販売大手トヨタ東京カローラの従業員が実際には整備・検査を行わないペーパー車検をした事件があった（2003年）。2004年6月28日，関西電力は，架空の検査記録やデータの改ざんがあったという3659件の不正報告を公表した。その直後，04年8月，パイプの破損による美浜原発3号機の蒸気噴出事故では，多数の検査漏れ箇所が発見され，社内の管理指針も機能していないことが明らかとなった。05年4月には，JR宝塚線の列車転覆事故があり，過密ダイヤや運転士教育の問題が続出した。

　喫煙習慣に関しては，新幹線などの禁煙問題があり，国際航空線はすでに全面禁煙となっているが，国内のJRなどでは遅れが目だっている。

　あらゆる場面で進行しつつあるパート従業員やアウトソーシングの増加から，技術の承継にも不安が増大しつつある。長期の on the job の技術の修得がなく，技術のマニュアル化と短期での陳腐化は，品質管理や効率の面でも不安が生じる要因となっている。とりわけ高度の先端技術にきわだつが，それ以外の職場でも，ソフトを含めた技術力の衰えは，他の方法でカバーされる必要がある。製造業における施設の老朽化と技術の陳腐化の加速化も指摘される。品質や安全は，本来他人まかせ，丸投げはできないはずである。そして，前述の過労死に代表される過重労働も，運送企業だけではなく，一般的なミスの原因を作りつつある。

　②情報化時代に関連するものには，前述（第1章）の一連の情報流出事件があるが，その一因としては，ここでも，企業の中枢的情報を派遣や契約作業員に丸なげするなどの企業管理のあり方が問われている。情報の流出は，プライバシーの侵害であるだけではなく，これにもとづく誤ったあるいは詐欺的な請求の契機となる点でも問題性は大きい。信用調査会社の信用に関する誤情報が，しばしば与信の障害をもたらしていることの延長に位置づけられる。

　個人のパソコンに侵入し収集した個人情報にもとづいて特定広告をすること（グーグルほかインターネット検索会社による）は，個人情報収集の方法として問題を投げかけている。同じ問題は，商品タグによって，商品管理にとどまらず，個人情報が流出するシステムにもある。また，恒常的に行われる

インターネット上の大量の広告，スパムメールは，その直接の利用企業のモラルだけではなく，そのような送信メールを受信者に負担させるシステムを維持しているサービス会社自体の問題を惹起する。これは，かねて生じたダイヤルQ2（最判平13・3・27民集55巻2号434頁，判時1760号19頁，同日判時1760号89頁）と類似の問題である。さらに，たんなるアイデアにすぎないビジネスモデル特許の濫用もある。深層心理に働くというサブミナル利用広告の試用も報告された。

　③食品関連の事件も多い。前述の牛肉や豚肉の偽装事件，家畜伝染病である鳥インフルエンザ隠し事件（2003年）などは，内部告発があるまで，隠蔽が行われた。2004年7月には，野菜の原産国を偽装する事件も報じられた。また，家畜への抗生物質の投与は，食品の安全性と薬品の濫用にかかわる問題である。

　④環境に関連するものとしては，道路，航空機公害が継続しているほか，時代にそぐわないダムや大規模施設の建設（前者については，2004年5月の長野県知事の脱ダム宣言がある），公共工事の問題がある。これについては，環境アセスメントが強化されつつあり，2004年6月28日，国土交通省は，環境に配慮した行政を進めるための「国土交通省環境行動計画」を公表した。従来，公共事業の実施時に行っていた環境アセスメントを，事業の計画段階から行い，従来の事業実施最優先の方針から転換する。また，公共事業によって破壊される自然を最小限にとどめるため，森林を伐採した分だけ近隣の地域で同じ面積の植林をする「グリーン・バンキング」の考え方を導入するという。

　環境では，発展途上国における輸出用のエビ養殖のためのマングローブ森の伐採が象徴的であるが，公害企業の移転など，国内外の二重基準も問題となり，国内で禁止された水銀製造が途上国に移転するといった汚染の輸出がある。また，より直接には，バーゼル条約で禁止された廃棄物の途上国への移転がある。先進国の企業は，国内で環境広告などをするわりには，途上国においてはあまり配慮していないことが指摘され，国内においても，環境立法への反対など，ロビー活動もしばしば行われる。アメリカは，京都議定書に参加すらせず，ほかの多数の国でも達成はむずかしいと予想されている。

⑤金融関係では、アメリカで、前述のエンロン、ワールドコムなどの不正会計があり、コーポレートガバナンスの機能していないことが明らかとなった。多額報酬、役員退職金はアメリカだけではなく、わがくにでも公的資金の注入との関係で話題となった（みずほ銀行）。公的資金の注入にともなう一般的なモラルハザードもいわれ、金融機関の合理化の遅れが指摘される。UFJ銀行には、金融庁の検査妨害疑惑や、2004年7月には、子会社を住友信託に売却する途中で、一方的にこれを撤回し、東京三菱銀行との合併を発表したことから、住友信託からその差止め請求が行われ、東京地裁がこれを肯定したケースがある（高裁で取消。最高裁も同旨）。2004年9月、アメリカ・シティバンク在日支店は、口座不正開設や業務外取引で、金融庁から一部拠点の認可取消処分をうけた。

公認会計士協会は、04年12月に、IT企業監査に関するプロジェクトチームを設け、実態を調査してきたが、05年4月15日に、会員の監査事務所や会計士に対し、厳格な監査を求める会長通達を出した。IT業界では、無形の資産であるソフトウエアを取引することから、売上高の水増しなどの不正な会計処理が横行しているとされるので、IT企業を監査する際の注意点を具体的に列挙している。収益の計上をめぐる明確な会計基準を設けることも必要といわれる。

2003-04年には、近親者を装う詐欺である、いわゆる「振込詐欺」で利用された銀行の違法口座問題がある。やみ金融や誘拐事件でも、違法な高利や身代金の振込先として、架空あるいは他人名義で売買された口座が利用され、これら口座の管理が課題となっている。

2000年ごろから多発しているピッキングなどの空き巣による銀行預金の払い戻しでは、古典的な印鑑やカードによる払戻の安全性が問題となっているが、銀行は、債権の準占有者に対する弁済や約款に関する古い判例理論に安住し、暗証番号の導入や通帳やカードへの写真の貼付、本人確認といった比較的容易な対策にも、必ずしも積極的ではない。口座開設のおりに本人確認が厳格に行われるのに比してアンバランスといえ、法令順守といっても形式的であり、消費者に向けられていない。つまり、企業のコンプライアンスは、本人確認法による最低限の必要をみたせばたりるとし、自己保身が確保

第1部　私法の発展における倫理と技術

されればたりるとの意味で理解されているようである。〔なお，偽造カードについては，「偽造カード等及び盗難カード等を用いて行われる不整な機械式預貯金払戻し等からの預貯金者の保護等に関する法律」が，05年に成立し，06年2月から施行された。〕

　金融機関が，マネーロンダリングに加担した例としては，クレディ・スイス銀行が，暴力団の五菱会のやみ金融の資金をスイスに逃避させた事件がある。また，2005年4月8日，クレディ・スイス信託銀行は，金融庁から，顧客から預かった信託財産の不適切管理を理由として，1カ月間の一部業務停止命令をうけた。同グループには，99年に，損失隠し商品の販売や検査妨害で免許取り消しなどの行政処分をうけた企業があり，信託銀行も無期限の業務停止命令をうけ，約1年半後に解除されたばかりである。欧米系企業の，外国との二重基準の例でもある。さらに，上場企業でもある武富士会長による盗聴事件（03年12月に会長の逮捕）があった。

　以上のように，業態を問わない企業の不祥事の多発から，内外の企業の多くの社会的責任に対する従来の態度が推察される。すなわち，それは法令を限定解釈しまたは形式的な最小限の遵守を限度とし，それ以上の責任の引受は，企業の側が任意に行う恩恵とみるものである。環境に対する一部の企業の動きを除くと，企業倫理を積極的に形成し経営の基本ともみるものはまれであるということである。

　しかし，このような態度が，現代企業のもつべき経営倫理として十分かどうかには疑問のよちがある。不法行為の領域においては，19世紀的な過失責任主義から無過失責任主義への大規模な転換があり，狭義の「過失なければ責任なし」との原則は過去のものである。危険な業態には，無過失の責任が発生する可能性がある。また報償責任の原則も唱えられており，利益ある活動には，それと不可分の危険をも引き受ける必要が生じる。企業活動が技術化・大規模化するにともない生じる危険性の責任は，たんに狭義の過失の有無だけから判断されるのではたりない。経営そのものがプロフェッショナルなものとして，高い注意義務を求められるにいたっているのである[16]。

44

3 現代型企業の倫理的基礎の必要性

(1) ここでは，現代型企業が，近代市民社会にとって本質的に危険な要素を包含しているとする Großfeld（ミュンスター大学）の指摘をも，あわせて思い起こす必要があろう[17]。以下の指摘は，企業の形態に関するものであるが，上述の企業活動の大規模化の基盤ともなっていることから無視しえない。

すなわち，法人，とくに株式会社の制度は，一方では，種々の経済効率を達成するための有用な装置として位置づけられる。たとえば，株式による資本の集積についての特権的地位や株主の有限責任である。そして，これを法的に保障するものが法人論であった。しかし，他方で，それには負の側面が伴ったのであり，経済効率を追及するあまりに，市場取引秩序とその法的な表現である市民法秩序の基盤をも侵食するにいたっている。とりわけ競争の制限である。

会社制度の経済政策的中立観には問題があり，会社をコントロールするための法的な歯止めが必要である。そのための装置として，かつての設立特許主義と株主総会があった。しかし，特許主義は，すでに設立された法人のコントロールには不十分であり，また準則主義のもとでは決定的に後退している。また，後者については，企業の大規模化に伴い，総会の形骸化が指摘されて久しい。

ここで，株式会社の前提を問い直す必要がある。まず，株主有限責任の原則は，市民法秩序の責任原則からすれば，特権にほかならない。しかも，支配株主にまで責任制限を認めるとすれば，それはいちじるしい特権となる。本来，支配には責任がつきもののはずである。

また，資本の集中は，準則主義の基盤としての競争を排除する。そして，法人は，その不滅性により相続や相続税による経済力の再配分を免れている。支配株主は，その所有を超えて全企業を支配することができる（支配資本の節約）。これは，過半数以下でも全部を支配できることを意味し，支配には所有を原則とする「所有権」とはいちじるしく相違している。

(2) 準則主義の思想的基盤は，競争によるチェックであり，そのかぎりで，株式会社のもつ危険性は除去されるはずであった。しかし，競争による「営

業の自由」は，契約の自由（カルテルなど独占）によって排除された。つまり，準則主義採用の根拠が，「契約の自由」思想によって排除されたのである。

　法の政策中立観は，私法には当事者間の利益調整の役割を与え，公法には市民社会の秩序維持の役割を与えた。しかし，私法の部分的な肥大化は，たんに，私法が政策と無関係であるとの立場を超えて，ひいては権利主体の無責任をもたらしている。

　ここで論者は，会社の効率化も市民法秩序を阻害しないとするべきこと，具体的には競争の維持を重視する。また，会社の政治献金（八幡製鉄事件）のような行為は，準則主義の基盤である競争と無縁であり，かえって市民法秩序の基盤を侵害することが指摘される。そこで，現代の市民法は，競争秩序を，特別法（独禁法）のみに委ねて，みずからを政策中立的に保つことはできない－とするのである[18]。

第4章　むすび

I　新たな倫理

(1)　企業不祥事の本質的な克服のためには，新しい職業倫理の確立が必要である。かねて臓器再生の基礎となるES細胞の入手（人の原型である胚の破棄を必要とする）に関し，3つの倫理が対立した（前述第2章2参照）。(i)広くその採取と利用を認める現実派，(ii)折衷派，(iii)人間の尊厳から反対する厳格派である。これらは，余暇論争の中の，(i)伝統的保守派，(ii)消費の福音派，(iii)経営のプロフェッショナリズムに相当する（前述第2章1参照）。

　近代法の発展との関係では，中世から近代への転換点における倫理の転換が注目される。ここでは，否定されていた利息の徴収が肯定され，基礎となる倫理の転換は大規模であった。倫理の転換はその後もみられるが，19世紀の社会法の生成の時点では，比較的小規模であった（上の分類では，現実派を折衷派にする程度）。プロフェッショナリズムがこの時期に登場したのは，このことと無縁ではない。その意味では，プロフェッショナリズムも折衷派の一部としての性格を失わない[19]。企業防衛やOR（オペレーションズ・リサーチ）の観点も(i)と(ii)の中間に，また，政府の介入を防止するための自由競

争の観点からのプロフェッショナリズムは，(i)と(iii)の折衷に位置するものである。

ところが，とくに1980年代後半のバブル経済とその後の不況のもとで，功利性と経済効率優先主義のみがあまりに強く打ち出された結果，(i)の現実派的な利潤一辺倒となる状態が生じた。そこで，この土台に，コーポレートガバナンスなどを唱えても，口先だけとなることが避けられなくなった。社内の管理指針が形式のみで，実際には機能していない例などは，その反映である（企業が倫理関係部局を形式的に設けても，それは相対的に営業部局などよりも弱体である）。とりわけ日本には，従来（西欧法の継受以降），これに対抗する視点が欠けていたように思われる。

アメリカにおいても，対立軸の存在は必ずしも普遍的ではないが，基本理念の対立が早い時期から現れていたことが注目に値する。すでに早くに経営における自立や人間の尊厳の観点が登場していたのである。企業の社会的責任を担保するものは，法的な責任論だけでは必ずしも十分ではない。新しい倫理，あるいは倫理の転換による土台の構築がなければ，責任は砂上の楼閣となるのである。余暇論争にみられた企業で働く従業員の人間性を重視し人間価値や人間性の回復の視点からの経営責任は，他方における環境問題，企業文化，社会貢献活動などの企業の社会的責任意識と同じバックグラウンドをもつものと位置づけられる（後注26の日本経団連企業行動憲章をも参照）。

日本における企業の社会的責任は，昨今の企業の不祥事の示すところによれば，社会に対して危害を与えないという予防の段階にもしばしば達していない。このような，社会に対して危害を与えないことは，企業が果たすべき最低限の責任にすぎない。より積極的な貢献は，はるかに先にある。

そこで，必ずしも実体がないまま，外国の倫理規定を模範にして採用する例があるが，少なくともアメリカの倫理規定は，場合によっては信条にまでかかわりうるものであるから，たんなるお題目として模倣することの危険性は，そのようなものをもたない場合よりも重大である。不遵守は，悪意を意味し，その企業の存立をも疑問とするからである。やる気のない基準を体裁のためにだけ備えることは悪質でもある。これは，ごく一般的な倫理基準からの逸脱についてもいえる。三菱車の事故隠しのさいにとられたダイムラ

ー・クライスラーの強い拒絶反応は，たんなる情緒的反応とみられるべきものではない。各種の消費者運動の契機ともなりうる性質のものである。

(2) さらに，企業倫理を支え実質化するものとして，つぎがある。

第1に，より積極的な動機を与えるものとして社会的責任投資の運動がある。これは，(1)の分類では，(ii)に近い。完全な利潤至上主義ではないが，長期的な利潤の獲得には，倫理も1つの投資とみる（あるいはその考慮を利用する）ものである。

社会的責任投資は，アメリカの株式投資から始まり，すでに株式投資の1割を超えるともいわれる（2兆3000億ドル相当）。企業の行動や環境や事故（事故そのものだけでなく，公表や謝罪の仕方も含む）に対する取組，労働環境（セクハラ，人権，労働組合，児童労働）をチェックし，投資の適格性の判断とするものである。チェックは，しばしば取引先や下請けや上場しない企業にも及ぶ。金融機関であれば，投資先にも及ぶ。不祥事を未然に防止し，リスク回避に資する。法令遵守や社会的責任が投資になることが自覚され，企業情報の開示にも役立つ。社会における企業の比重が高まり，そのチェックなしには社会崩壊の原因となるとの反省に立っている。この運動は，経営に本質的には包含されていない要素を，投資の外圧のもとで自覚させる点で，規制緩和や市場原理ばかりを強調する経営の保守主義とプロフェッショナリズムの折衷的な性質をもっている。したがって，経営の保守主義とは異なり，企業のチェックを自由競争に放任しない点で，利潤主義への反省に立っている。市民社会の再生を目ざす点で，プロフェッショナリズムとの共通点も有している。理念にとどまらず，各種のNGOによる調査，監視が行われ，実効性が確保される。倫理の担保は世論であるが，それは必ずしも実効性をもたない。これを現実化するのは，社会的責任投資やNGOなどによる監視である[20]。

わがくにでも，株式の持ち合いが解消され，もの言わぬ株主の像が転換されることによって，社会的責任投資の考え方が認容されつつある。2004年6月28日，巨大な機関投資家である厚生年金基金連合会は，同年6月の株主総会において会社側の議案に対する議決権をどのように行使したかの結果を公表した。基金が保有・運用している株式の1286社が出した6233議案の

うち，1743件について反対し，とくに取締役の選任や退職慰労金の支給については当年も前年度並みの5割以上の案件に異議を唱えた。ただし，反対比率は28％となり，前年度の43％に比べると減ったという[21]。

しばしば企業は社会的責任（の遵守）を宣伝するが，必ずしも実体がないことから，投資によるチェックは，これに実質を盛り込む有用な手段となりうる。とくに環境に関連するものとしては，フェアトレード，太陽電池の開発と活用，これらを織り込んだエコファンドの動きがある。

第2に，古典的なものでは，社会的制裁（逆評価の方法）を動機とするものがあり，これも，(ii)の系譜に属する。たとえば，法令に違反した企業や不良企業の公表や，逆に優良企業の表彰である。ほかに，消費者が参加する業界団体の行動基準やpolicyの公表，消費者も参加したガイドラインの形成は，コンプライアンス経営の促進の1動機にはなりえる。間接的には，環境や労働，エネルギーに対する企業の規格化（ISOの獲得）という方法もある[22]。

特殊法人に関するものであるが，一例として，中央省庁などの情報公開を進める特定非営利活動法人（NPO法人）「情報公開市民センター」が，2004年8月にまとめた「特殊法人等の監査体制ランキング」がある。監査結果報告書が実効性のあるものかどうかなどを100点満点で採点したもので，指摘・指導が極めて少なく，チェックした記録もないなど形式的な監査しか行われていないケースが多かったという[23]。

2004年，ISO（国際標準化機構）は，企業の社会的責任の国際規格をつくることになった。ISOはもともと工業品の部品の規格を統一してきたが，その後統一の目標は，品質管理や環境対策の規格化にも拡大された。さらに，これは企業の社会的責任にも拡大され，人権侵害，環境保護，腐敗防止などを実現するといわれる。

経済学でいう「価値」は，利潤や商品の効率性にすぎず，倫理や法でいう「価値」は，正義や善悪の尺度である。標準や基準はそれ自体は価値の評価を含まないものであるが，すべての安全基準を法や倫理によって規制することは，技術革新の時代にはそぐわない。倫理の形成には時間がかかるからである。それに，事故原因をもっぱら「人」のモラルに帰する必要はなく，かなりの部分は「システム」に委ねることができる[24]。ただし，その運用が

形骸化していて実際に機能していないことは，倫理の問題となる。そこで，基準の定立は，倫理の節約と倫理の顕在化という二重の意味において，資するところが多く，決して技術の側面にとどまるものではないのである。また，基準は，その遵守が法や倫理に合致し，長期的には経済効率性にも資するという意味において，法と経済の価値を結合させるものともなる。

　第3に，公認会計士などの公的資格者の監査や宅地建物取引主任者，マンション管理士，金融取引主任者など資格者による関与を利用することもある。後者はたんにサラ金だけではなく，銀行など金融業一般に拡張する必要があろう。高度技術に関しては，危険物や保安に関するボイラー・タービン主任技術者やエネルギー管理者・電気主任技術者などが古くから存在する。ただし，これらの者も，結局，企業から報酬をうることから，その利益に傾くことが避けられない（専門家は主人に弱い）。アメリカの会計不祥事が実例を示したとおりである。したがって，その基礎には，企業からの自主性と企業自体の自立的倫理性を必要とする。さもないと，法令順守は，法令潜脱や脱法となる可能性がある。自律的な自覚を促すことが必要である[25]。また，組織的には，報酬をうける部門と監査部門の完全な分離といった制度的な保障が必要である。〔05年9月，足利銀行やカネボウの粉飾決算では，大手の会計事務所の会計士がこれに加担していたことが明らかとなった。いみじくも「専門家は主人に弱い」ことが実証された。また，05年末には，建築士によるマンションの耐震偽装事件が大量に発覚し，専門家への信頼をくずすものとなった。〕

　なお，経済的な規制と安全上の規制はまったく性格が異なる。規制緩和の対象となるものは，前者のみで，後者は，むしろ強化される必要がある。少なくとも自律的な行為規範の強化が求められる。企業は，たんに形式的に倫理部門をおくだけではなく，それが営業など他の部門を監査できるだけの（優越的な）体制を整える必要がある。そうでない場合には，形式的な意義，社会的な体裁を整えたにすぎないというべきであろう。企業では，伝統的に営業や人事などの部門が強いからである。

　第4に，個別企業の倫理のほかに，団体の倫理を活用する余地もある。個別の企業の利潤至上主義は，業界全体の利益とは必ずしも一致しないから，後者によるチェックが働くからである。法となる以前の個別の集団の規範

の倫理としては、医師会や学会のガイドライン、会告などがある。これらは、わがくにでは、法律の形成がむずかしいことから安易に使われる（法令回避）ことがあるが、たんに法令回避のためばかりではなく、法令順守の1手段となる可能性もある。ただし、法律そのものではないから、一般的・国民的倫理との乖離は問題となりうる[26]。

ドイツでも、医事関係では多くの指針やガイドラインが存在する。そのうち、おおまかにいって、指針＝Richtlinieは、法的な意味で拘束力をもつが、方針あるいはガイドライン＝Leitlinieは、学問的に基礎づけられ、実務的、プロフェッショナルな行為基準にすぎないといわれる[27]。

ただし、団体の倫理には、必ずしも実効性は期待できない。実効性を確保するためには、経営者団体による除名、追放という厳格な措置もありえるが、じっさいには、違法・不良企業の公表にさえ反対することが多く、談合規制のための独禁法の改正にも反対し、政治献金を復活させる程度であるからである。一方で特定の利益に力を貸す団体が、他方で社会倫理を唱えることには無理があるから、そこで唱える倫理は狭く業界利益の倫理であるとの制約を免れないものとなる。倫理・監督部門を切り離すか（独立性の付与）、全体としての強い自制が必要となる。

(3) 重要なことは、プロフェッショナリズムの視点からの倫理のみならず、新たな法的責任の確立にもある。プロフェッショナリズムはたんに倫理にとどまらない可能性をももっている。それは、かねて高い注意義務の概念を提供し、一部の領域において専門家の責任の基礎となったが、その専門家責任の経営一般への拡張が考えられなければならない。説明責任、専門家としての高度な注意義務や責任は、たんに医師や士業などの一部の高度専門家にだけ求められるものではない。たとえば、かつての例では、変額保険やその他の金融商品を扱う者にも一般的に認められる必要がある。さもないと、不必要な融資や顧客の危険による投機、手数料稼ぎの不要な取引の勧誘、自分の損失の転嫁、付け替えなど種々のモラルハザードの原因となる。ただし、この点の詳細については、本稿では立ち入りえない[28]。

中世の例からすれば、利息をとってはいけないとの中世的倫理は、その末期に転換をとげた。そのあとのいわば利息の放任状態は、公序良俗による法

第1部　私法の発展における倫理と技術

規制に服することとなった。同様に先端，巨大技術や産業に関しては，新しい倫理の確立が必要であり，職業倫理一般に関しても，利潤至上主義（第1章(1)(i)の現実派）は，新たな倫理によって修正される必要がある。人権や安全とのかかわりでは，企業や労働者も，倫理的に行動するべきこと，法的にも高い注意義務が課せられることはすでに確立しつつある。公害や製造物責任において，企業に高い注意義務が課せられたのは，この一例にほかならない。複雑な工場の現代技術や産物は，一般の市民にとってはブラックボックス以外のものではないからである。そして，プロフェッショナリズムは，たんに安全や技術に限定されるのではなく，経営一般にあてはまる。新たな倫理の構築と，それに連なる法的手段の確立が必要である。

　一面で，かねて医師や法律家のプロフェッショナリズムは，法的な専門家の責任を先導した。他面で，車，飛行機，原子力など，危険な物の管理に関しては，危険責任の理念がある。経営に対する報償責任の考え方も参考となろう。企業の社会的責任を強化するためには，無過失責任を始めとする責任の強化を要する。しかし，繰り返しになるが，それを裏打ちする倫理の確立（あるいは転換）は無視しえない土台である。

　2　技術と倫理
　⑴　医療や法律職，教職については，伝統的な聖職としての理念がある。このように，仕事そのものに価値をみいだす発想は，中世的な理念からの延長にあり，ほかにも修道院における書物の筆写がある（聖ベネディクトス）。その延長としての出版にも何らかの理念を求めるむきがある。しかも，近代市民社会の基礎となった倫理，とくにカルヴァニズムは，すべての仕事に神の恩寵があるものとした。

　他方，近代市民社会やカルヴァニズムの特徴は，職業の世俗化でもある。宗教改革は，たんに宗教の改革であっただけではなく，中世的な規範の改革でもあった。法との関係では，財産法や契約法の改革であり，職業倫理の改革でもあった。すべての職業に神の恩寵をみいだすことは，決して宗教的倫理の拡大を意味するのではなく，むしろ倫理による規範の拘束なしにする自由な職務の遂行を可能にしたのである。これによって，世俗の職業からの利

得が肯定され，中世の利息の禁止が解かれたことについては，べつの機会にふれたことがある⁽²⁹⁾。

　職業に対する高い規範意識は，従来は，素朴な職業倫理に当然に含まれていた。シャイロック的な人格が排斥されたのは，たんに利息を徴収することだけが理由ではなく，このような職業倫理の束縛をうけないことにもあった。中世においては，職業は自由ではなかったから，ギルドなどの職業団体の規制は，実質的に倫理をも担保していたのである。しかし，近代における職業の世俗化と自由化は，職業に対する規範意識を減退させた（倫理の切断）。これに代わるのが，利潤主義の台頭である。こうして，従来，中世的拘束の影にあった利潤主義の全盛期が登場した。

　カルヴァン自身は，厳格な倫理を前提にジュネーブに神政政治を導入したが，その教えは，倫理性の部分が欠落したまま伝播した。当初から欠けていたとも，教えの主たる受容者である中小生産者層にとって倫理が不要・非生産的と考えられた結果，そうなったとも考えられる。それは，必ずしも教義にとって不可分なものでなく，せいぜい当然の前提にすぎず，移植される場合に欠落したのである。この乖離こそが，企業倫理の欠如の遠因である。そこで，この前提の補充は，当初から必要なものであり，これをたんに西欧基準の倫理と考えてはならない。日本にも固有の職業倫理があったはずであるが，近代化による移植が異質な法の上に行われたために，倫理の欠如が生じた結果，乖離の程度は重大である。

　近代法は，同時に宗教との分離を大前提としたから，この側面からも，倫理は失われた。むしろ，法からの倫理の排除は，意識的にさえ行われた。法をたんなる技術とし，倫理や宗教の拘束を脱することは，近代化にとっては大筋でつごうがよかったのである。現在求められていることは，両者の内在的再結合の視点である⁽³⁰⁾。

　(2)　倫理の欠如は，制度内在的なものであることから，世界的なものでもある。利潤至上主義は，産業革命以降，19世紀末まで支配的であったが，これに対する反省がプロフェッショナリズムである。プロフェッショナリズムが独自のものとなるにいたった理由は，一面では，技術の高度化，巨大化，危険な産業の発展である。科学的な方法が要求されるようになった結果，高

い注意義務（それを担保するのは職業倫理である）なしには技術の遂行もあやうくなったからである。職務が高度化するにともない，その規制も科学的に行う必要が生じた。

　他面では，企業の技術性と無国籍性の問題がある。法人は，かつて中世的倫理を潜脱するためにも利用されたことがある（利息の徴収による宗教上の罪からの脱却）[31]。

　そして，法人の技術性は，近現代においても，地域や国家の拘束を免れる有用な手段となっている。タックス・ヘイブンへの逃避は簡便な回避策の典型的な例であるが，生殖補助技術の国内法的な制限からの回避，投資ヘッジによる為替や相場の操作，危険なサイトをおく地域・国家の選択などもある。企業の技術性と，近時では多国籍化により，企業は，やりやすいところで，やることができるのである。法の選択が可能になるということは，その拘束を最小限まで縮小することにつながる。

　無国籍の企業は，法の基礎にあった倫理の拘束をも免れている。いたるところに，シャイロック的な人格が登場するゆえんである。倫理には，多様なものがあり，医師や法律家，ジャーナリスト，企業家といった様々な人が，それぞれの身分に固有のプロ意識を伴った倫理を携えている。そのうち，一般的な市民がもつ倫理が，コモンセンスの倫理またはコモンセンスの道徳といわれる[32]。そして，倫理には，小規模の団体の倫理から国家レベルの倫理までがあり，一般に大きな団体の倫理ほど共通のものであるが，数は減少する。世界にまたがるレベルの倫理は少なく，これを担保する法も少ない。合意の形成がむずかしいからである。倫理が属人的なものであり，企業が無国籍化し，国家レベルにも帰属しない場合には，倫理による拘束は，事実上失われる[33]。

　こうして，法の回避と倫理の回避が同時に生じる。法の回避自体が当面避けられないとすれば，新しい倫理（失われた倫理の回復でもある）とこれを基礎とした新たな法理の確立が必要となる。すなわち，広い領域における専門家としての自覚，プロフェッショナルな行動の追求と責任である。

　(3)　新たな倫理は，2面において，経営の刷新を求める。第1に，それは，法に欠落し，しかしその前提となっているものを明らかにする役割を果たし，

第2篇　企業倫理と技術―専門家の責任―

　第2に，外見上ないようにみえるが，本来あるべき内在的な法による制約を明らかにする。近代西欧法の伝統と内在的制約は，法の伝統が断絶した継受法のわが法体系に不可欠な観点であるが，内在的制約すらも欠落しているとの観点からは，これに相応した法によるさらなる補充が必要となる。たとえば，利息の禁止が否定されたのちの，新たな法理である公序良俗による高利の制限である。もっとも，法による補充は，錯綜しており，伝統的な利息制限法は，かえって法の伝統が断絶しているわが法やアメリカにおいて存続している。

　隠された法の内在的要素の析出は比較法の，法と現実のそごの指摘は法社会学の課題であるが，法の欠缺を補充することは，法解釈学の課題の1つである。しかし，欠缺した法を補充することは，現実にはむずかしい。タックス・ヘイブンへの逃避はその典型であり，その実効性ある規制は，国際条約の締結1つをとってもむずかしいからである。第4章1の諸方法が登場するゆえんである。しかし，つねに企業や技術の倫理を求めることは，その前提としても，実効性ある法規制を探るためにも，つねに必要となるのである(34)。

　すなわち，必要なことは，経営における専門家としての自覚と責任である。現代の高度技術下の経営には，高度化・近代化の過程で失われた倫理の回復を要するが，それはたんなる飾りなどではなく，科学的な知識と責任を基礎とするものでなければならないのである。

（1）　ただし，倫理は法ではないから，そのまま法の下位規範となることはない。本稿では，法と倫理の一般的問題を対象としない。後述の「先端技術と法」（法の支配134号）107頁参照。
（2）　たとえば，死後の凍結精子による人工授精子については，松山高裁において，2004年7月に，1審判決を取消し，死後認知を認める判決が出された。なお，認知を否定した1審については，小野「子の嫡出性と生物学上の血縁関係の強化」国際商事32巻2号196頁参照（1審判決を疑問とした）。本書第2部11篇所収。
　　　なお，法規実証主義とこれを超える自然法的観点の対立は，過去の論点でもある。
（3）　第2章Iの経営社会学に関する議論は，富澤克美・①「1920年代アメリカにおける余暇・消費問題と労使関係の新たな『精神』の誕生：経営プロフェッショナリズムとアメリカ労働総同盟の『対話』」商論73巻2号27頁以下に依拠している。なお，

55

第 1 部　私法の発展における倫理と技術

　　富澤教授には，近時の経営社会学の多くの観点をご教示いただいた。また，同氏の研究は，経営社会学の新たな境地を切り開くものであり，これを単純に近時の企業倫理の問題と結びつけることは，筆者の思い込みともいえ，同教授の研究にとっては本質的なものではなく，むしろ論外なものかもしれないことを付言しておく。

（4）　同 29 頁以下参照。余暇運動は，過酷な労働の中で，労働を忌避し，余暇に生きがいを求めたことが出発点である。

（5）　同 29−32 頁。および 47−66 頁。

（6）　同 33 頁。1910 年代の経営プロフェッショナリズムについても，富澤克美・②「1910 年代における社会改革派と科学的管理運動修正派」商論 68 巻 4 号 37 頁以下参照。

（7）　同① 61 頁以下。

（8）　同 66 頁以下，82 頁。ただし，経営プロフェッショナリズムも，週 5 日労働制により，労働者の人間的尊厳の回復を余暇活動に求めるという直接的な関連づけには，必ずしも賛成でなかった。

（9）　M. ウェーバー「プロテスタンティズムの倫理と資本主義の精神」（大塚久雄訳・1989 年）289 頁以下，339 頁参照。小野・前掲（法の支配）134 号 116 頁参照。

（10）　前掲富沢論文 40 頁。なお，富澤論文では，協働の精神や労使関係の精神をどう回復するか，あるいは人間性の回復のために労使関係や経営組織をどう改革するかが課題となり，これらがより本質的問題であるが，本稿では立ち入りえない。

（11）　以下の第 2 章 2 のドイツの議論の整理は，おもに Nörr, Zur Transformation von Ethik in Recht, Bemerkungen aus einem aktuellen Anlass, in International Symposium, New Technology and Build of Law Model, Nov.29.2002, S.2ff. による。本論文には，守矢健一訳（2 頁）がある（以下「訳」として引用。なお，原論文は未定稿のため，頁は機械的に付したものである）。同報告のシンポジウムは，北川善太郎教授によって組織され，2002 年 11 月に京都で開催された。生命倫理に関しては，ほかに，高嶌英弘「日本における先端医療と法」(Rechtliche Implikationen von Fortpflanzungsmedizin und Gentechnologie in Theorie und Praxis); Vogel, Progress in Human Genetics - a challenge for our legal system; Wolfslast, Rechtliche Probleme der ES-Zellenforschung がある。

（12）　ただし，このような折衷は，いわば倫理を棚上げし，外国におぶさるものであり，ダブル・スタンダードとの批判が当てはまる。近時の国際的な協定の動向では，これを排している。小野・司法の現代化と民法（2004 年，以下【現代化】と略する）58 頁およびその注 34 参照。1997 年のヨーロッパ法協定の技術草案（2002 年「バイオ医療研究における人由来物質の使用に関する技術草案」【現代化】41 頁）は，人由来物質と個人データは，内国と同等の保護水準を保障したときにのみ外国でも利用可能とする（20 条）。ドイツのような内外格差を認めない趣旨である。

(13) Nörr, a.a.O., S.6f.（訳・3頁）。
(14) Nörr, a.a.O., S.7-10.（訳・3頁以下）。幹細胞の輸入は，倫理を外国に預けている。同様の問題は，わがくににもある。また，AIDにおいて，出自を知る子どもの権利が提唱されているが，これが確立すると，精子の提供者が減る。その代替として精子の輸入に頼る（あるいはアメリカに行って治療する）ようだと，これも倫理を外国に預ける結果となる。たとえば，スイスでは，2001年1月から，身元を明らかにする人しか精子提供はできないこととされた。ここでも，提供者が減ると，アメリカからの輸入が行われると予想されている。逆に，アメリカでは，名前の知られた提供者（スポーツ能力や高学歴など）により商品価値を高めることが意図されている。
(15) Nörr, a.a.O., S.11.（訳・5頁）。つまり，生殖補助のために，試験管の中では積極的に受精が行われるのに反し，胎内から取り出した（あるいは胎内に戻されるべき）胚（余剰胚として）が研究に利用されることである。ときとして一連のプロセスでもあるのに，より成熟したものの人性が否定されるところに矛盾がある。
(16) このような経営そのものに対する新たな責任は，かつての19世紀のヨーロッパにおける社会政策論争，すなわち国家の政策による社会改良主義による資本主義の弊害の是正や価値判断論争を彷彿させる（シュモラーによる資本主義の弊害の是正やこれとM.ウェーバーらの価値判断論争である）。談合については，勝田有恒「談合と指名競争入札―法文化史的アプローチ―」一論111巻1号参照。
(17) これにつき，小野・法学新報110巻1＝2号147頁，【現代化】2頁所収（14頁）。
(18) ミュンスター大学のGroßfeldは，会社の没価値的外見に反する価値的側面に注目した分析を試みた。Großfeld, Aktiengesellschaft, Unternehmenskonzentration und Kleinaktionär, 1968, S.50f., S.105f.; ders., Management and Control of Marketable Share Companies, in: International Encyclopedia of Comparative law, Bd.13, Kap.4, 1973; ders., Probleme der Rechtsvergleichung im Verhältnis Vereinigte Staaten von Amerika-Deutschland, RabelsZ 39 (1975), Heft.1; ders./ Ebke, Probleme der Unternehmensverfassung in rechtshistorischer und rechtsvergleichender Sicht, in: Die Aktiengesellschaft, 1977, S.57. S.92.

　　わがくにでは，久保欣哉教授ほかがこれに注目し，紹介と展開を精力的に行ってきた。久保欣哉・①「株主有限責任原則の限界」青山14巻1号25頁，②「競争的株式会社への展望」（西原寛一先生追悼・企業と法・上・1977年）111頁，③「比較法の若干の問題」一論75巻3号23頁，④「株式会社法と私的自治」一論79巻4号80頁。なお，他の商法関係の論文について，本稿では立ち入りえないので，これらを参照されたい。
(19) その位置づけには争いのよちがあろう。また，経営に対する厳格派は，商業の否定や農本主義にまでいきつく可能性もある。カトリシズムの労働に対する原罪感にもそのような位置づけをなしうる。しかし，中世はもとかく，そのような厳格な否定は，

第1部　私法の発展における倫理と技術

現代社会においてはありえないであろう。
(20)　社会的責任投資について、近時文献は多いが、たとえば麗澤大学企業倫理センターが作成した評価基準 ECS2000 が参考となろう（www.r-bec.org/thesis/ECS2000J.pdf)。
(21)　2004年6月29日朝日新聞。

　〔なお、2005年3月、厚生年金基金連合会は、保有していた西武鉄道株が上場廃止になったことに伴い損失を被ったとして、西武を相手取って損害賠償請求訴訟を起こす方針と伝えられた。請求額は最大で40億円になるという。同連合会によると、同連合会は、西武が有価証券報告書の虚偽記載を公表した昨年10月13日の時点で、運用会社への委託分を含めて同社株190万株を保有していたが、上場廃止の恐れなどから株価が下落し、全株を市場で売却して大幅な損失を被った。西武の行為は、証券取引法上の虚偽記載とともに、民法上の不法行為に当たる、としている。〕
(22)　古いものでは、ベルマーク運動がある。近年は、参加企業の減少が指摘できるが、近時エプソンが消耗品のリサイクルにこれを開始したと報じられた。
(23)　ランキングでは、1位は日本郵政公社で、最下位は新エネルギー・産業技術総合開発機構など5法人であった（2004年8月26日朝日新聞）。
(24)　社会的責任への ISO の拡大については、2004年9月8日同新聞。また、安全をモラルのみにゆだねることなく、基準のもつ防止的機能に期待するとの考え方は、栗原史郎「『スタンダード経営』のススメ―日本的組織の限界」東洋経済 5914 (04.9.11)。
(25)　いわゆる noblesse oblige としての自覚が必要であり、とくに世界標準となった規格をもつ企業は、それを抱き合わせ販売に利用するのではなく、公共財としての認識を必要とするのである。たとえば、世界標準のパソコンの講習会であれば、それは、同時にその企業の機器やソフトの宣伝をも兼ねているのである。逆に、公的機関は、1企業に偏ずることなく、なるべくオープンソースを使うべきということになろう。企業自体も、Acrobat Reader のように、無償のソフトの提供を心がける努力が求められる。もっとも、後者は、第4章I(1)の分類の折衷派的な説明をすれば、そうすることが長期的にはユーザーを増やし、利潤にもつながるから、ということになる。
(26)　このような団体には、ほかに、弁護士会や司法書士会などの法律によるもの、貸金業、宅建業などの業界団体もある。

　一般的な業界の基準としては、つぎの日本経団連企業行動憲章がある。

　「企業は、公正な競争を通じて利潤を追求するという経済的主体であると同時に、広く社会にとって有用な存在でなければならない。そのため企業は、次の10原則に基づき、国の内外を問わず、人権を尊重し、関係法令、国際ルールおよびその精神を遵守するとともに、社会的良識をもって、持続可能な社会の創造に向けて自主的に行動する。

　　1　社会的に有用な製品・サービスを安全性や個人情報・顧客情報の保護に十分配

慮して開発，提供し，消費者・顧客の満足と信頼を獲得する。

2　公正，透明，自由な競争ならびに適正な取引を行う。また，政治，行政との健全かつ正常な関係を保つ。

3　株主はもとより，広く社会とのコミュニケーションを行い，企業情報を積極的かつ公正に開示する。

4　従業員の多様性，人格，個性を尊重するとともに，安全で働きやすい環境を確保し，ゆとりと豊かさを実現する。

5　環境問題への取り組みは人類共通の課題であり，企業の存在と活動に必須の要件であることを認識し，自主的，積極的に行動する。

6　「良き企業市民」として，積極的に社会貢献活動を行う。

7　市民社会の秩序や安全に脅威を与える反社会的勢力および団体とは断固として対決する。

8　国際的な事業活動においては，国際ルールや現地の法律の遵守はもとより，現地の文化や慣習を尊重し，その発展に貢献する経営を行う。

9　経営トップは，本憲章の精神の実現が自らの役割であることを認識し，率先垂範の上，社内に徹底するとともに，グループ企業や取引先に周知させる。また，社内外の声を常時把握し，実効ある社内体制の整備を行うとともに，企業倫理の徹底を図る。

10　本憲章に反するような事態が発生したときには，経営トップ自らが問題解決にあたる姿勢を内外に明らかにし，原因究明，再発防止に努める。また，社会への迅速かつ的確な情報の公開と説明責任を遂行し，権限と責任を明確にした上，自らを含めて厳正な処分を行う」。

実際には，この実効的な運用が課題であろう。

技術的には，表現の訂正のほか，96年改定の憲章では6に相当した従業員条項が4に繰り上がっている。個別の内容については，ここでは立ち入りえない。また，かつての経団連企業行動憲章（96年改定前）は，つぎの3つであった。

(1)企業の社会的役割を果たす7原則，(2)公正なルールを守る5原則，(3)経営トップの責務3原則。

「(1)　企業の社会的役割を果たす7原則

1　社会的に有用な優れた財・サービスの提供に努める。

2　社員のゆとりと豊かさの実現に努め，社員の人間性を尊重する。

3　環境保全に配慮した企業活動を行う。

4　フィランスロピー活動等を通じて積極的に社会貢献に努める。

5　事業活動を通じて地域社会の福祉の向上に努める。

6　社会の秩序や安全に悪影響を与える団体の活動に関わるなど，社会的常識に反する行為は，断固として行わない。

第1部　私法の発展における倫理と技術

　　　7　広報・広聴活動等を通じて常に消費者・生活者とのコミュニケーションを図り，企業の行動原理が社会的常識と整合するよう努める。
　(2)　公正なルールを守る5原則
　　　1　すべての法令および精神を遵守する。
とりわけ自由市場経済の基本ルールである独禁法の趣旨を社内に徹底し，独禁法遵守プログラムを作成する。
また，社員が事業活動上の法律的疑問点について助言を得られる体制を整える。
　　　2　企業行動全般を公正かつ透明なものとする。
違法な行動はもちろん，経済的合理性を欠く過当な競争あるいは不当な手段による利益の追求や，国際的に説明のできないような不透明な行動をしない。
　　　3　自己責任原則を徹底する。
公正・透明・自由な競争を通じ，ビジネス機会を開拓する際の市場行動の結果は各経済主体の利益・損失に公正に反映されるべきであり，自らが負うべきリスクや損失は他者に転嫁しない。
また，いやしくも行政との癒着という誤解を招かないよう行政依存を慎む。
　　　4　情報は公正に入手・使用する。
情報は合法的な手段で入手し，適正な管理基準の下に保管・使用する。
　　　5　国際的に通用する商慣行の形成に努める。
長年にわたって当然のことと考えてきた諸制度・諸慣行も，公正性・透明性の観点から積極的に見直し，国際的に通用するものとなるよう努力する。
　(3)　経営トップの責務3原則
　　　1　企業の経営トップは自らの責務として本憲章の趣旨実現に取り組む。
　　　2　関係する諸法令の遵守と本行動憲章の趣旨を社内に徹底する。
社員が企業人としても社会的常識を逸脱した行動をしないよう，社員教育等の制度を充実し，企業の社会的役割に対する理解を深める。
　　　3　その際，社会貢献活動や企業の社会的評価の向上に寄与する活動を積極的に評価する。
企業行動に関する社内チェック機能を持つ部門を設置し，担当役員を置くなど，企業の実態に応じた社内体制を整備する。
監査機能を強化し，違法・不公正あるいは社会的常識に反する企業行動は，事実の確認により処分対象とする」。

(27)　Vgl. Taupitz, Richtlinien in der Transplantationsmedizin, NJW 2003, S.1145. しかし，この区分が完全であるわけではない。移植医療におけるBÄK（連邦医師会）の指針の多くは，法規範（Rechtsnormen）的な意味をもたないといわれる。結局，その相違は，一般的コンセンサスの基礎をもつもののみが法的な規範として承認されるにすぎないということであろう。

第2篇　企業倫理と技術―専門家の責任―

　　また，企業破綻，犯罪的な企業経営，スキャンダルをうけて，投資への信頼と経営の質への公開の必要性から，企業倫理についても，多くの企業で，行為基準（Verhaltenskodiz）やガイドライン（Leitlinie）が策定されている。基本的には，自主基準の重視を特徴とする（後注30参照）。

(28)　たんに1点だけ指摘しておくと，企業でも，医療関連業務などでは，医師の専門家責任に準じた責任を肯定することに争いは少ないであろう。たとえば，血液などの人由来物質の管理に関するものである。血液は自然の状態でも交換されるサイクルが短く，臓器よりはドナーとの結合関係は弱い面があるが，必ずしも一般の医薬品と同じに扱われるべきものではない。ドナーの善意で成り立つ点からの倫理のしばりがあり，同時に，HIVなどのリスクを伴う血液を排除する必要があり，特別な監視体制が必要だからである。経営と安全に責任をおうシステムが必要であり，安全性が欠ける場合に高度の注意義務を認める必要がある。

(29)　利息制限については，小野・利息制限法と公序良俗（1999年）88頁以下参照。
　　わがくにで，職業選択が自由となったのは，明治初年である（盲人の位職は職業選択の自由の一環として廃止された（1871年＝明治4年11月3日，太政官布告568号）。また，1872年（明治5年）10月2日太政官布告295号は，人身売買の禁止と年期奉公人（娼妓芸妓）の解放をうたっており，著名な同年10月9日の司法省達22号「娼妓芸妓ハ人身ノ権利ヲ失フ者ニテ牛馬ニ異ナラス。人ヨリ牛馬ニ物ノ返済ヲ求ルノ理ナシ。故ニ従来同上ノ娼妓芸妓ヘ借ス所ノ金銀並ニ売掛滞金判等一切債ルヘカラサル事」もこの時期のものである。

(30)　近代法は，倫理や宗教を峻別したが，法律もその根本においては，なんらかの倫理を基礎としなければ，たんなる脅しによる規範にすぎないものとなる。近代法による峻別を前提として，しかし，それを支える基盤にも注目する必要がある。ハーン「虫の研究」（岩波文庫では，「怪談」所収）164頁。「蟻」5の181頁）によれば，人間には「ある種の宗教的信条がなくては，どんな文明も存在することはできないという信念」があり，世の中に道徳観念を根底とする法律，法律を実施する検察庁がなければ，人はみな自分の利益のみを求め，そのために他人の不利益をきたすのが，人間であるとし，他方，蟻の社会が本能によって，人間的な利己心を抑制していることについての記述がある。一面では，宗教と道徳，法律の関係をいいあてたものでもある。
　　Agenda 2010は，2003年3月14日に，ドイツ連邦政府（シュレーダー政権の施政方針演説）が掲げた包括的な構造改革案をさし，社会保障制度と労働市場の近代化を中心とする。賃金附帯コストの削減，内需と投資の拡大，職業斡旋の迅速，労働市場の弾力化などを図るものであり，2003年末には，主要な改革法案が成立した。ひと言でいうと，福祉国家の社会的合意に対する変更であり，これは，技術的には自己責任原則の強化と言い換えることができる。そして，改革は，家族法や刑法の修正や，コーポレートガバナンスの強化（Corporate Governance Kodex），腐敗防止，反差別

第1部　私法の発展における倫理と技術

　　法の制定（Antidiskriminierungsgesetz）など広範な内容を含んでいる。経営の自律や透明性の確保も対象とされ、ここに、法と倫理の再結合の視点をみることもできる（Vgl. Vortrag v.10.02.2005 B (Zypries), MJ - Recht und Ethik）。

(31)　日本法との比較では、西欧法の伝統とそれによる内在的制約はより堅固なものと考えうるが（小野「契約の成立における方式と自由」商論55巻3号43頁以下（87頁））、カルヴァニズムによる法の伝統からの離脱、法や企業の無国籍性はそれよりも堅固なものであろう（法人論に関する【現代化】2頁以下、21頁注28）。つまり、倫理性の欠如は、たんに継受の経過で日本法でのみ生じた特殊な現象というだけではなく（もっとも、現実への法の妥協の現象など日本法に特徴的なものが、この場合にもより強くみられる）、西欧法一般に内在する問題でもある。

　　法の歴史の理論は一種の解釈学でもあるが、内在的制約の検討は同時に比較法の限界の問題でもある。西欧法の伝統は、必ずしも外見的にはみえない規範を探ることが重要（ひいては機能的比較）となるが、無国籍性が前提となれば、もっと露骨な（機械的）法の適用が可能となる。アメリカ型の規範の国際標準としての主張は、一面ではこのような普遍性の主張でもある。ここでは、ヨーロッパ型の法とアメリカ型の法との相違（従来の英米法とドイツ法やフランス法とはべつに）という観点も重要となろう。なお、最後の点については、小野・大学と法曹養成制度（2002年）332頁の比較法の新たなスタンスの部分や【現代化】261頁、271頁の売買の代金確定条項の部分でもふれたことがある。

(32)　Nörr, a.a.O., S.6（訳・3頁）。より一般的に、法的拘束に対する道徳的義務については、Hoerster, Die moralische Pflicht zum Rechtsgehorsam, (hrsg.) Hoerster, Recht und Moral (Reclam), 1987, S.129ff. また、近時、法と道徳の関係につき社会学的な観点を強調したものとして、Raiser, Recht und Moral, soziologisch betrachtet, JZ 2004, S.261 は、宗教により基礎づけられた道徳、倫理による道徳、合意による道徳の区分を説く。倫理の段階性を指摘したものである。

(33)　企業の無国籍性を克服するために、その構成員の倫理を求めるとしても、あまり実効性はないであろう。組織の倫理は、個人の倫理と次元を異にするからである。

　　なお、法律家のプロフェッション性は、現代において、かえって希薄化しつつあるとの指摘がある。山口繁「リーガルプロフェッションの行方(2)」法の支配134号5頁以下。

(34)　形而下のものの過大視、形而上の価値を軽視したことの結果、多様な価値、複数の物差しをもつことの大切さが失われている。グローバル化のもとで失われた多様性、地方、弱者、雇用、環境、社会的責任などへの眼差しを回復することが必要ということでもあろう。

第3篇　過酷な契約における無効と責任制限

I　ドイツ新債務法311b条と公正証書，過酷な契約からの保護規定

(1)　2002年に改定されたドイツ民法典の新債務法（現代化法）311b条は，旧債務法310～313条を1条に統合したものである。その内容は多岐にわたる。その第1項は，旧313条を受け継ぎ，不動産所有権の移転義務の設定に関する方式を定め，契約には公正証書を必要とするとする（1文）。ただし，方式が欠けていても，所有権移転の物権的意思表示（Auflassung）が登記官によって受領され登記された場合には，治癒されるものとする（2文。同条につき，小野「公証人と公証人弁護士」公証138号9頁参照）。不動産譲渡に方式を必要とするものである。不動産のように重要な財産の譲渡・贈与に方式を要することはヨーロッパ法では通常であり，フランス民法典（931条，1715条，および書証の必要性について一般的に1315条以下，1341条など）あるいはスイス民法典でもみられる（657条1項，スイス債務法216条，243条1項など）。契約自由の原則のうち，方式の自由を制限したものであるが，かなり普遍的な場合を明文化したものといえる。

(2)　第2項以下は，これと異なり，よりパターナリスティックな保護法規としての性質を有する。まず，第2項は，将来の財産に関する契約の無効を定め（旧310条），自分の将来の財産あるいはその持分（Bruchteil）を〔包括的に〕譲渡しあるいは用益権を設定する義務を無効とする。これは，民法総則の138条，すなわち良俗規定の具体化であり（わが民法典90条に相当），経済的活動の過度の侵害から締約者の人格の自由を保護しようとするものである（第1草案350条1項，Motive II, S.186 = Mugdan II, Die gesamten Materialien zum Bürgerlichen Gesetzbuch für das Deutsche Reich, 1899, S.102f.; Dauner-Lieb, Schuldrecht, 2002, S.389）。内容的に苛酷であるというだけではなく，現存しない財産に関する契約は軽率に行われる可能性も大きく，そのようなものを期待する相手方を保護する必要性も乏しいからである。

また，第3項は，現在の財産あるいは持分財産を譲渡あるいは用益権を設定する契約には，公正証書を必要とする（旧311条）。軽率からの保護や，いちじるしい危険性を専門的助言により回避し，公正証書により契約につき慎重にさせる警告機能（Warnfunktion）を期待したものである（第1草案350条2項，Motive II, S.188; Dauner-Lieb. a.a.O., S.390）。第2項とは異なり，法は，契約の無効までも求めない。契約は自由であり，相手方もあることから，たんに軽率さを防ぐだけでたりるからである。

(3) 第4項と5項は，生存する第三者の遺産（Nachlass）に関する契約，生存する第三者の遺産にもとづく遺留分（Pflichtteil）や遺贈（Vermächtnis）に関する契約を無効とする（旧312条，第1草案349条，Motive II, S.182 = Mugdan II, S.100f.）。その目的は，軽率につけこんだ危険な行為を予防し，財産の浪費を防止することにある（BGHZ 104, 279, 281; BGH NJW 1995, 448; Dauner-Lieb, a.a.O., S.390）。

もっとも，この制限は，推定法定相続人間において，その中の1人の法定相続分あるいは遺留分に関して締結された契約には適用されない（5項1文）。これは，1924条以下の推定相続人間における遺産分割（Erbauseinandersetzung）の契約を可能にするものである。ただし，この場合でも契約を無効とする必要はないが，慎重さを求める必要はあるから，第3項と同様に公正証書を必要とするのである（第5項2文）。被相続人が同意している場合でも，この方式は必要である（BGH NJW 1995, 448）。相続分や遺留分に関する契約，遺言による相続分や遺贈に関する契約も，同様である（BGHZ 104, 279）。法定相続分を修正するかぎりでは，慎重さを必要とすることに変わりはないからである。

2 継続的債務の保証人の責任

(1) 人がその財産を過度に拘束され，あるいは取引的な自由を失う可能性の大きいのは，譲渡や用益権の設定という直接の方法によるだけではない。より間接的な方法としては，保証の場合がある。これに関する制限は，民法典ではなく，判例によって展開した。わがくにでも，身元保証契約については，民法典の制定後に身元保証法が制定され（1933年），また，商工ローン

問題を契機として1999年に貸金業法の改正が行われ，保証人に対して根保証の極度額や債権額の通知を行うことが義務づけられた（保証人に対する事前の説明の強化＝書面の交付義務，保証人に対する事後の通知＝追加貸付の通知，貸金17条2項〜4項）。

(2) 信用保証が保証人に対して過酷な結果をもたらすことは，外国法でも認識されている。身元保証のような損害担保契約ではなく，主たる債務の存在を前提とした議論であるが，ドイツの銀行実務でも，中小企業に信用を供与するにあたり，取引に経験がなく無資力の債務者の家族を保証人とすることがかなり多く行われてきた。民法典にみられる各種の保護規定にもかかわらず，伝統的に，連邦裁判所（BGH）は，債務の額と保証人の資力の間に不均衡があっても，保証契約の効力を否定することはなかった（138条による制限の否定）。しかし，連邦憲法裁判所の判決は，1980年代からしばしば子の保護の必要性を表明し，とくに1993年10月19日の憲法裁判所の判決は，このような親族上のかつ無資力の保証人の責任を否定したのである（BVerf. G, E. 89,214,I（Nr.18）S.214ff.）。ドイツ法には，権利の濫用に関する一般的規定がなく，信義則（242条），良俗（同138条）によるところが多く，構成のうえでわがくにと異なる点がある（簡単に，小野・利息制限法と公序良俗（1999年）439頁，507頁，詳細には，原田昌和「巨額な共同責任の反良俗性」法学論叢147巻1号，148巻1号参照）。この問題に対する立法的手当は，以下の3の場合につき限定的に行われた。

継続的保証における保証人の責任は，その対象が債務者の不履行責任を前提とするかぎり，損害担保契約と性質を異にすることがしばしば強調される。しかし，保証人の責任の制限は，たんに主たる債務の不存在だけから要請されるものではなく，その責任の過大性と不確実性から生じるものである。そこで，信用保証契約のような継続的保証には，一般的に，損害担保契約の場合と同じ問題があることになり，たんに保証人への救済的観点からだけではなく，貸手責任あるいは契約の正当性（債権者の不適切な態様との関連で，債務者の無資力の危険をいかなる場合に保証人に転嫁できるか）の観点から，保証人の責任を限定する途を探るべきことになる（わがくににおける保証人の責任制限については，小野・前掲書482頁以下，債権総論（共著・2003年改訂版〔小

野・担当部分〕）174頁以下参照）。

3　未成年者の責任制限

(1)　人がその財産を過度に拘束され，あるいは取引的自由を失う可能性の大きい第3の場合として，無能力（あるいは制限能力）の場合がある。もちろん，一般的には，無能力者については，その法定代理人によって能力の補充が行われることが期待されている。しかし，しばしば法定代理人自体の行為によって，無能力者の財産が過度に消費され，あるいは過大な債務が負担されることがある。とりわけ親権の行使として行われる未成年者の負担の引受につき弊害が大きい。第2の場合の一部も未成年者に関する例である。

この問題は，たんに財産法的な保護というだけではなく，家族法的な親権のあり方とも関係する。ここでは，一連の親子法改正が注目される。1998年に，先端医療にかかわる親子法の問題の一部を解決するほか，親子，親権，扶養，姓名，養子の制度を対象とするかなり大規模な一連の親子法の改正が行われた。たとえば，嫡出と非嫡出の子の法的差別を基本的に除去するものである（BGBl.I S.1694; v. 29. 6. 1998）。

しかし，なお不十分な点があり，2003年5月に，連邦政府は，新たな親子法改正法（Kindschaftsrechtsreformgesetz）を上程した。その中心は，離婚後の親の共同責任や扶養義務に関する一般的な監護法（Elterliches Sorgerecht）の修正である。修正は，子と両親との一層の関連づけが望ましいものであるとの考慮にもとづく。たとえば，ドイツ民法典の親権に関する1998年の改正では，婚姻していない親（かつ1998年7月1日以後に分かれた場合を含む）でも，共同親権を行使するとの監護共同の意思表示（Sorgeerklärung）がある場合と両親が婚姻した場合には，子に対する共同親権が行われるとした（1626a条1項）。その他の場合には，母の単独親権となる（同条2項）。この共同親権の規定は，1998年7月1日より前に（未婚の）カップルが分かれた場合には適用されない。そうすると，父が子と共同生活をしてきたことにより，強い感情上の絆が形成されている場合にも，父は親権を取得できない。しかも，当事者間に深刻な紛争がある場合は少なく，合意によるルールが促進される必要がある。そこで，改正法は，それ以前のケースについても，

第3篇　過酷な契約における無効と責任制限

1626a条の規定を適用するとする。当事者にとって有益であるだけではなく，公的負担を軽減するものでもある。2003年1月29日に，連邦憲法裁判所は，同条を合憲としたが，1年以内に，基準日以前にも遡及的に適用する改正が望ましいとの判決を出した（1 BvL 20/99 und 1 BvR 933/01）。改正は，これを実現するためのものである（改正法につき，小野・法の支配132号＝本書第2部3篇所収）。

(2)　1998年の親子法の親権に関する論点の1つに，未成年者の責任制限に関するものがあった（Minderjährigenhaftungsbeschränkungsgesetz - MHbeG v. 25. 8. 1998; BGBl. I S. 2487）。本法によって，おもに民法典の2か条が改正され，未成年の間に親が親権の効力として子を代理して行った子の債務につき，子は，成年となった時における財産の範囲でのみ責任を負担するものとされた（1629a条）。限定承認と同様に（1990条，1991条，Dürftigkeitseinrede des Erben），一種の物的有限責任を定めたものである。これによって，未成年子に過度の債務を負担させる行為は制限され，子は成年となった後，免責を主張しうるようになったのである。とくに組合について規定があるのは，無限責任をおう危険性が高く，特別な告知権を認める必要があるからである。

詳細については，民法典の法文を参照されたい（723条，1629a条）。同様の責任制限は，親権に服する子だけではなく，後見人の代理権のもとにある未成年者にも適用されるが（1793条），成年後見には適用されない（1915条）。したがって，うえの2の問題が完全に解決されたわけではない。なお，手続的規定は省略する。

（参考文献）　Schmidt, Minderjährigen-Haftungsbeschränkung im Unternehmensrecht: Funktioniert das? - Eine Analyse des §1629a BGB mit Rückblick auf BGHZ 92,259 = NJW 1985,136.

〔追記〕最判平16・3・25民集58巻3号753頁，判時1856号150頁。本件は，生命保険契約において，保険者の責任開始の日から1年内に被保険者が自殺した場合に，死亡保険金を支払わない旨の保険約款の解釈が争われた問題で，1年を経過した後でも，もっぱら保険金の取得を目的として自殺した場合には，保険者は免責されるとの原審を破棄自判したケースである。約款の解釈につい

て立ち入るよちはないが，生命保険契約が過大である場合には，上に述べたのとは逆の意味において，不適切な関係が生じることまでも否定されるわけではない。

　過度の損害を将来にわたって負担する契約の不当なことは本文で検討したところであるが，逆に過度の利益を目的とする契約は，それが射幸性と結合すると合理性を欠く場合がありうる。とりわけ同判決も指摘するように，それが公序良俗に反するおそれがある場合である。自殺そのものはこれに当たらないとしても，強制や犯罪の契機となる場合はべつである。いちじるしく高額の保険金は犯罪の契機となる可能性も有するから，相当な額まで引き下げることもありうる。射幸性や保険の基礎を危殆化する場合も考慮に入れられる。物損に関しては，被保険利益は，金銭に見積もることのできる利益に限られ（商法630条），また目的の価額を超過する部分の保険契約は無効となる（同631条）。人の価値が無限定であるというのは，理念的側面であり，また金銭的給付である保険が無限定である必要もないから，平均的額にまで限定することが探られるべきであろう（種々のローンを生命保険で完済させようとするから，過剰融資やこれにまつわる犯罪が発生するのである）。

第4篇　遅延利息の設定における競争条件の統一と消費者信用

I　ドイツ債務法現代化法とEU指令における遅延利息

　ドイツ民法典債務法は，2002年1月1日から大幅に修正された（ドイツ債務法現代化法。これにつき，小野「ドイツの2001年債務法現代化法」国際商事法務29巻7号909頁，8号924頁）。以下は，その中における遅延利息の扱いを，基礎となったEU指令との関係で検討するものである。

　債務法現代化法288条は，金銭債務の遅延利息（Verzugszinsen）に関する規定をおいている。これは，2000年3月30日の満期支払の促進法（Gesetz zur Beschleunigung fälliger Zahlungen; BGBl.I S.330），および支払遅延に対するEU指令（Zahlungsverzugsrichtlinie, 29. 6. 2000, ABl.EG Nr.L 200, S.35），旧消費者信用法11条などを前提とする規定である。旧規定を受け継ぐ規定もあるが，とくに消費者契約に関しない第2項は，新規定である。そこで，相当する規定は，現代化法の基礎となった1992年の債務法改定草案にも存在しない。

　この288条によれば，金銭債務には，遅滞中利息を付さなければならない（1項1文）。遅延利息の利率は，その年の基礎利率（Basiszinssatz, 247条）に年利5％をプラスしたものである（1項2文）。基礎利率の規定は，実質的に従来の法定利率（Gesetzlicher Zinssatz, 民法246条によれば4％）に代わるものであり，現代化法では，流動利率の方式がとられ，利率も拡大された。もっとも，従来の法定利率も，文言上はそのまま存続している。年利4％である。しかし，従来から広範に流動利率の方法が採用されるドイツの実務ではかなり空文と化している。

　ここで利用される基礎利率は，法案の段階で3.62％とされ，毎年1月1日と7月1日に，基礎利率の前回の変動から上昇あるいは下落した関連幅（Bezugröße）の変動分だけ変動する。関連幅は，当該半年の最初の暦日前の

ヨーロッパ中央銀行の最新の主要再貸出（リファイナンス・オペレーション）の利率である（247条1項）。ドイツ連邦銀行は，適用される基礎利率を連邦官報に公示するものとされている（同条2項）。ちなみに，基礎利率を3.62％とすると，288条1項の利率は8.62％，2項の利率は11.62％となる。すなわち，遅延利息の利率は，流動利率の方法により機械的に決定されるのである（金利低下のおりから，連邦銀行によれば，247条の基礎利率は，2003年10月現在は1.22％（7月1日から）。つまり，2001年の法案時の3.62％から，2002年は，2.57％と2.47％，2003年1月1日からは，1.97％へと低下している）。

2 利率の修正

しかし，この利率は，2方面で変更される。消費者が関与しない有償の債権については，基礎利率に年利8％（現代化法の2000年試案では9％であった）をプラスしたものとされる（288条2項）。このような高い利率は，従来のドイツ法にはみられなかったが，商人には，合理的にこの程度の収益が予想されるべきことによる。そこで，消費者がかかわらない，かつ有償の債権，たとえば売買代金，請負代金，有償の消費貸借の債権などが対象とされる。

このような高い利率が規定される必要があったのは，上述のEU指令によるものである。EUは，各国の商取引における競争条件を均一化するために，あまりに低い遅延利息を規制した。ヨーロッパ共同体加盟国の中には，支払期間をあまりに長期間とするもの，またあまりに低利の遅延利息を定めるものがある。これでは，とくに先進国の中小企業にとって，支払をうけられないこと，あるいはそれが遅延することによって重い負担となることがある。このような事態は，域内競争条件の均一化という要請に実質的に反する。EU指令が定めた利率は，関連利率に7％をプラスするものであった（詳細については，EU指令3条1項d参照）。また，不履行のさいに発生した損害に対する債権者への賠償可能性も，明確にされる必要がある。そこで，債権者は，その他の法律上の原因にもとづいて，より高い利息を請求することができることとされた（指令同条3項）。逆に，損害がより小さいとの主張は，現代化法の試案の段階ではできないとされたが，削除された。したがって，実際の損害が立証できれば，より大なる損害の賠償も，逆に減額も請求できる

わけである。そして，債権者は，その他の損害を主張することも妨げられない（同条4項）。

なお，旧法下と同様に，遅延利息への利息は禁じられる（289条1文，keine Zinseszinsen）。ただし，遅滞により生じた損害の賠償を請求する債権者の権利は妨げられない（同条2文）。

3　消費者消費貸借の場合

他方，288条2項の高利規定は，消費者消費貸借について適用されないのみならず，これについては，497条に明文規定がある。旧消費者信用法11条の規定を受け継いだものである。強行法規である点に意義がある（消費者信用法11条につき，小野・利息制限法と公序良俗〔1999年〕182頁参照）。借主は，消費者消費貸借契約により義務づけられた支払を遅滞したときには，288条1項により義務づけられる金額の利息を支払わなければならない（497条1項1文）。すなわち，遅延利息の利率は，基礎利率に5％をプラスしたものに制限されるのである。なお，貸主は損害がこれを上回ることを，借主は損害がこれを下回ることを，証明することができる（3項）。

また，遅滞後に発生した利息は，べつの口座に入れなければならず，貸主の他の債権の額とともに当座勘定の中に組み入れることはできない。この利息については，289条2文により貸主の損害賠償の請求が可能であるが，法定利率（246条）を限度とする（2項）。さらに，借主による支払が，弁済期に達した債務全額の返済に満たないときには，弁済充当の一般規定である367条1項の規定によらずに，まず権利追行のための費用に，つぎにその他の債務額に，最後に利息の順に充当される。貸主は，一部の支払を拒絶することができない（3項）。これも，旧消費者信用法の規定を受け継いだものである。

わが法のもとでは，制限利率そのものが高額なうえに，その1.46倍までの賠償額の予定が認められている（利息制限法4条）。これに比して，ドイツ法の消費者消費貸借における利率制限の仕方は，きわめて示唆的である。ほかにも，現代化法には，期限の利益喪失には，少なくとも2回連続して支払額の10％を超える額を遅滞することを要し，また，貸主は，期限の利益喪

失の意思表示をするには，2週間の催告期間をおかなければならないとの規定がある（498条）。つまり，期限の利益喪失約款の適用も制限され，高金利の仕組みが防止されている点に特徴がある（わがくにでは，遅延利息と期限の利益喪失の形式を利用した高利の仕組みが行われることがある。これにつき，小野「利息制限法理の新たな展開」判評519号2頁，520号6頁参照）。

こうして，債務法現代化法のもとでは，遅延利息の規律は，消費者に関係するものと，否とで2分された。利息の規制には，場合に応じたきめのこまかな対応が必要とされる。

〔追記1〕 支払のモラルは，近時の法と倫理の一課題でもある。企業倫理については，コーポレート・ガバナンスの種々の問題が包含されるが，支払の履行もその課題である。まともな商人は，自分のモラルによって，期日に債務を返還する。しかし，契約は守られるべしとの考え方は，しばしば無視される。特定の分野では，このあたりまえの，債権者に権利を実現させるための法が必要と考えられている。とくに問題なのは，建築と手工業の分野である。中小の請負人の債権の確保が重要とされている。

そのために，請負法が修正され，手工業においても，迅速に対価，とくに分割代金を簡略に請求できる途が検討され，下請負人（Subunternehmen）も請負代金をより簡単に現実化できる途が定められる（なお，消費者保護，とくにクーリングオフ権との調整から，最初の分割金の支払によって，代金確保請求権が成立する）。また，従来，注文者が修補見込みコストの代金を留保する強制割増料（Druckzuschlag）の慣行があったが，過大な額は制限される。手続法も改正され，迅速な債務名義の確保（vollstreckungsfähiger Titel）が定められる。2005年に，すでに債権確保法（Forderungssicherungsgesetz）草案が連邦議会において審議されており，同年中に発効する予定である（vgl.BMJ, Vortrag v.10.02.2005: Recht und Ethik in der Wirtschaft）。

〔追記2〕 2006年2月21日，ブリュッセルのEU司法相会議は，金銭債権の迅速かつ実効性があり，コストのかからない督促手続を導入する決定を行った。数年前に，EU加盟国間での判決の執行手続（Vollstreckung）が軽減された。今回の決定は，その延長として，ヨーロッパ債務名義の獲得を目指している。これにより，執行のさいの認容手続（Anerkennungsverfahren）が不要と

なる。債権者は一定の書式により，ヨーロッパ共通の支払命令（Europäischer Zahlungsbefehl）の発給をうけ，債務者が30日以内に異議を申し立てないと，自動的に執行可能と宣言されるとするものである。国内法化の期間は，2年である。(BMJ u. EU: Unbestrittene Forderungen können leichter geltend gemacht werden.)

第5篇　通信販売と金融サービス給付
―ドイツの新通信取引法―

I　はじめに―金融サービス給付の民法典への組み込み

(1) 2004年1月28日，ドイツ連邦政府は，金融サービス給付に関する通信取引契約（Fernabsatzverträge über Finanzdienstleistungen）の規定の改正法草案を公表した。たとえば，郵便によって信用・融資（Kredit per Post）をえたり，保険や年金保険・養老保険をインターネットで（Versicherung, Rentenvertrag, Altersversorgung im Internet）契約し，あるいは投資をファックスで（Geldanlage per Fax）えようとする者を保護することを目的とする。販売者（Anbieter）は，給付についての情報を包括的に提供しなければならない。他方，消費者は，2週間の撤回権（クーリングオフ権）を取得する。このような撤回権は，一般の通信販売（Versandhandel）や訪問販売（Haustürgeschäfte für entgeltliche Leistung）では，すでに広く定められている（312条以下，355条参照）。

新しい規定は，電話やマウス・クリックによるインターネット取引に対する消費者の信頼を強めようとするものである。これによって，現代的な情報技術を広く実質的に利用する前提が整えられる。直接的な保護だけではなく，給付の提供の質を高め競争を拡大することからも，消費者に資すると考えられている[1]。

わがくにでは，旧訪問販売法および特定商取引に関する法律（1976年）が，その11条以下で通信販売について規定し，とくに16条以下は電話勧誘販売を規制している。その主眼は，指定商品に関し，消費者に対して情報を提供し撤回権を付与（9条，24条）することである。とくに金融商品については，金融商品の販売等に関する法律（2000年）があるが，これによる救済手段は，損害賠償責任に限られる（説明義務違反に対する4条の責任，および損害額の

推定に関する5条参照)。撤回権の付与については，後述(2(4)参照)するような困難があることから，ヨーロッパ法でも長らく見送られてきたのであるが，これを採用した今回の改正は注目される。他の商品やサービス給付と同様に，保護の実をあげるためには不可欠だからである。また，通信取引という遠隔取引の特質から，需要の拡大の予想されるこの分野の規制は，実務的にも興味のあるところであろう。

　(2)　新草案は，2002年9月23日の金融サービス給付の通信取引に関するEU指令（Die Richtline 2002/65/EG des Europäische Parlaments und des Rates vom 23. Sept.2002 über den Fernabsatz von Finanzdienstleistungen an Verbraucher und zur Änderung der Richtlinie 90/619/EWG des Rates und der Richtlinien 97/7/EG und 98/27/EG (ABl.EG Nr.L 271 S.16)）をドイツ法に実体化するために行われる。

　従来の通信取引契約に関する規定は，1997年の一般通信取引指令にそくして，金融サービス給付を除外していた（Richtlinie 97/7/EG des Europäischen Parlaments und des Rates v.20. Mai 1997; ABl. EG Nr.L 144 S.19; Artikel 3 Abs. 1, 1)。金融サービス給付の通信取引に関する新たな指令とその実体化は，この消費者保護規定の欠缺を補充するものである。2002年のEU指令の21条によれば，2004年10月9日までに，これを各EU加盟国において国内法化することが必要となる[2]。草案は，EU指令の具体化であることから，制定までにそう大きな修正はないものと予想される。〔なお，草案は変更なく成立〕

　ヨーロッパでは，EU主導の大きな法領域が形成されつつあり，また，1997年には，必ずしも国家法や条約の領域ではないが，全ヨーロッパ私法の基盤となることをねらったLando委員会の契約法原則（The Principles of European Contract Law, 1997）が公表された。EU指針の有効性にはやや疑問のある場合もあるが（たとえば，1989年の製造物責任法には，基礎となったEUの指針による国際競争力維持の観点が強すぎたことから，妥協の産物となり，因果関係の推定規定の欠如や開発危険の抗弁など種々の限界があった。とくに，1979年EC指令を修正した1985年EC指令に顕著であった)，とりわけ消費者法の領域では，消費者保護と国家間の調整の観点から精力的な努力が続けられている。2002年には，EU指令を契機とするドイツ民法典債務法の大幅な改

正(現代化法)があった。本修正も，消費者保護の観点からの改正の一環である[3]。

2　改正の骨子
(1)　改正の中心は，消費者に対して包括的な情報を供与する義務を事業者に課し（指令3条～5条)，撤回権を付与することにある（EU指令6条)。

　ドイツ法では，すでに2002年の債務法現代化法において，旧通信販売法を民法典に取り込んでいることから，おもに通信販売に関する民法典312b条以下を修正することになる。

　このうち，312b条1項は，通信取引契約の一般規定であり，その対象に，従来からの商品の引渡とサービス給付のほか，金融サービス給付が附加される。そして，1項2文に，金融サービス給付の定義的規定がおかれる。これにあわせて，3項3号では，金融サービス給付を対象とする契約の除外規定が削除され，これにも通信取引契約に関する規定が適用されることになった[4]。この3項3号は，金融サービス給付を通信取引契約の規定の対象としたが，これは同時に撤回権が付与されることを意味する（適用の原則)。旧規定が金融サービス給付を撤回権の対象から除外し（不適用の原則)，とくに消費者消費貸借のように個別の特則がある場合にのみ撤回権を認めていたのとは異なる。

　312b条4項は新設である。後述の条文にみられるようにやや抽象的で分かりにくい。同項では，基本的に1つの合意により締約されるが，時間的に関連して個別の振替契約や預託への個別の送金という形式によって履行される普通預金や預託（Girokonto od. Depot）などの契約を念頭においている。ここでは，情報供与義務や撤回権は，最初の合意にのみ適用され，個別の振替契約や預託への送金契約には，いちいち適用されない。事業者にとっては，手続の軽減となっている。しかし，同種の事項が時間的に関連して起こるために，消費者にとっても必ずしも保護に欠けることはない。ただし，個々の「変化」は，1年を超えずに生じることを要する。1年を超える場合には，この例外は適用されない。長期間を経過した後では，情報の更新が実質的にも必要となるからである。

5項は，2000年6月27日の旧通信販売法（BGBl.I, S.897）1条4項の復活である（2002年の現代化法312b条では削除）。消費者に有利な規定は，本条により影響されないとする。これは，旧法では，312c条4項に相当規定があり，また312b条では，金融サービス給付が広く除外されていたからである（312b条3項3号）[5]。後者の除外規定が廃止されたことから，消費者消費貸借のような特別規定の適用を明らかにすることが必要となったのである。

　(2)　実務においては，新規定による契約のプロセスは，つぎのようになる。たとえば，消費者は，インターネットで，新たに預金口座（Sparkonto）を開設しようとするときには，契約の締結前に事業者の情報を包括的に取得する。たとえば，相手方，商品（利率や告知期間ほか），契約方法などである。この情報は，消費者に書面で，たとえば，紙（郵便やファックス），Eメールでも通知される。もちろん，口座開設のさいに必要となる個人識別（Identifizierung）などの，その他の取引に関する技術的な要件についても，同様である。

　提供されるべき情報には，あらかじめ取得するべき情報（Vorherige Unterrichtung）と書面による情報（Schriftliche Bestätigung der Information）があり，これらについては，すでに現行の312c条にも規定があった。同条は，1997年のEU指令（上述）にもとづいている。ただし，新規定の内容は必ずしも同一ではない。旧指令のもとでは，書面による情報の一部は契約の完全な履行までに提供されるべきものとしていたが（5条），金融サービス給付に関する新たなEU指令は，書面による情報を含むすべての情報が原則として契約の締結前に提供されるべきものとした（3条，5条）[6]。新312c条2項1号と2号は，このEU指令による区別を反映している（後述312c条2項参照）。

　すなわち，消費者への一般的な情報提供義務を定めた312c条1項は，旧法を受け継ぐが，全面的に修正された。従来の通信取引契約のほかに，金融サービス給付の通信契約を包含するためである。そこで，前者にも関係する大部分の規定は文言の修正にとどまる。情報を提供するべき「適時」（rechtzeitig）は，EU指令にも定義されておらず，内容は判例による解釈に委ねられている[7]。

312c条2項は，事業者が消費者に一定の内容をとくに書面により通知することを定めている。上述のように，1号と2号の区別は，EU指令にもとづくものであり，金融サービス給付（1号）と，その他のサービス給付と商品（2号）との区別となっている。現行法と異なるのは，事業者が書面で通知をする時期である。新法では，それは，消費者の意思表示の前に行われなければならない（例外は，2項1号後段だけ）。金融サービス給付以外の，商品の通信取引とサービス給付では，312c条2項2号が旧規定を受け継いでおり，情報提供に関する時期の変更はない。なお，通知義務の対象となるのは，契約の規定と普通取引約款，「民法上の情報義務に関する法律」（BGB-Informationspflichten-Verordnung）の定める情報である（2項本文）[8]。

312c条3項は，消費者の情報請求権を定めている。これも，EU指令を具体化したものである。同条4項は，旧規定のままである。312b条5項が追加されたことから，実質的に同内容の本規定の削除も考えられたが，明確化のために残されたのである[9]。

(3) 312d条1項によれば，消費者は，通信取引契約において，355条以下の撤回権（クーリングオフ権），およびこれに代わる356条の返還権を有する。返還権に相当するものはわがくにには存在しないが，撤回の意思表示をしなくても，物を返還するとの事実によって撤回することができる権利である。

消費者は，原則として2週間内は撤回することができる（355条1項）。しかし，消費者が全情報を規定どおりに事業者からえなかった場合には，撤回権の期間は進行せず，撤回権は制限されない（同条2項）[10]。わがくにのクーリングオフの伝統的な理解によれば，撤回権は，消費者保護法規により特別に創設されたものであり，いわば契約や意思表示の拘束力の例外をなす。期間の徒過や書面の不備は消費者の不利に働くと位置づけられる。しかし，解除と同様に，撤回による救済方法をより一般的なものとみれば，前提としての情報の提供の不備は，広く期間の進行を阻止するものとなりうる。拘束力の前提が欠けるからである[11]。情報提供の不備の場合の撤回期間の伸長は，これを反映する。これにより，撤回権をたんなる創設的・例外的な救済手段ではなく，より一般的救済手段として位置づけることができる。

312d条3項は，サービス給付における撤回権の消滅に関する規定の修正である。2号が従来の規定に対応し，1号が金融サービス給付に関する規定である。撤回権の消滅の前提は，撤回権が行使される前に，消費者の明示の希望によって，双方当事者が完全に履行したことである（1号）。その他の給付の場合には，消費者の同意をえて，事業者が撤回期間中に履行を始めたことを要する（2号）[12]。金融サービス給付では，権利の消滅の要件がより厳格になっている。

4項では，6号の追加がおもな修正である（後述(4)参照）。5項は，撤回権が複数の理由から生じる場合についての規定である。従来の規定の修正であり，そのような場合として495条が追加されたのは，消費者消費貸借が312d条において当然に取り込まれたことにもとづく。

消費者が期間内に撤回権を行使すると，契約は解消される（rückabgewickelt）。その具体的内容は，357条により，契約の解除の効果に関する346条以下が準用されるとする現行法と同様である。上述の預金の例において，消費者がすでに口座に金額を振り込んでいた場合には，同人は，その返還をうける。消費者が消費貸借をうけた場合には，同人はその金額を返還しなければならない。その場合の中間の利息は，あらかじめ撤回権について知らされていたときに支払うだけである。知らせていない危険は，事業者が負担するのである。なお，通知の立証責任は事業者が負担する。

この撤回の効果の特則を定めているのは，312d条6項である。すなわち，金融サービス給付の通信取引契約においては，消費者は，357条1項（撤回権の効果に関する一般規定であり，解除の効果規定を準用。すなわち原物返還を原則とする）とは異なり，現実に履行されたサービス給付の価値を，法定解除の規定に従って返還するのである（346条2項1号と同趣旨）。ただし，上述のように消費者が意思表示の前に〔撤回権の〕法律効果を知らされ，かつ撤回期間の満了前に事業者がサービス給付を開始することにつき，消費者が明示に同意したときに限る[13]。全額返還を義務づけると，撤回権の行使が困難となり，撤回することの意味がないからである。

(4) 従来，金融サービス給付に対する撤回権の付与が見送られてきたのは，その適用範囲の確定がむずかしいことによる。今回の修正でも，一部の契約

については撤回権は認められなかった。しかし，これは，一般的に撤回権を認めない理由とはならないのである。

除外されるのは，価格の変動の激しい一部の金融商品（金融サービス給付）である（312d条4項6号）。たとえば，株式その他の取引可能な有価証券を電話あるいはインターネットで買った場合には，消費者は，撤回権を有しない。というのは，その代価は，撤回期間内でも金融市場で変動（Schwankungen）にさらされるからである。撤回権は，消費者が無思慮な判断をすることに対する保護を与えるだけで，特別な投機の機会を与えるものではない。

312d条4項6号が，この撤回権のない場合に関する規定である。対象となるのは，商品の引渡または金融サービス給付の提供を目的とする契約で，給付の価格の決定につき金融市場において事業者が影響力をもたず，かつ撤回期間内に変動を生じるものである。株式その他の有価証券では，価格は相場の変動にさらされ，また事業者も消費者もそれに影響を与えることはできない。考慮されるべきことは，当事者が双方とも同程度に価格の評価の失敗に対する危険をおうべきことである。撤回権があれば，危険は一方的に事業者におわされ，他人の負担によって，投資することが可能となる[14]。たとえば，100ないしそれ以上に上がると思って買ったところ，50に下がった場合に，撤回権を行使すれば，その損害を転嫁することができる。ほかに，投資会社または外国の投資会社が発行した利札（Anteilsschein），およびその他の取引可能な有価証券，外国為替，デリバティブ，金融市場証券（andere handelbare Wertpapiere, Devise, Derivate oder Geldmarktinstrumente）などが対象となる。

3　ほかの改正

(1) 民法典では，ほかに，355条3項（契約締結から6か月の経過による撤回権の消滅）の末尾に，以下が附加される。【事業者が312c条2項1号による通知義務を適法に履行しない場合にも，金融サービス給付に関する通信取引契約では】〔6か月の消滅期間は進行しない〕。物の引渡が必要な場合には，この期間は，受領時より前には進行しないとすることに対応する規定である。

第5篇　通信販売と金融サービス給付―ドイツの新通信取引法―

すなわち，物の受領時から6か月または通知義務の履行時から6か月経過しなければ，撤回権は消滅しないのである（6-Monats-Frist）。消費者が，受領により目的物を確認し，その時点から撤回権が進行する。撤回期間を保障する趣旨である。

　また，357条1項2文が新設される。【286条3項〔債務者の遅滞〕は，本規定による支払の償還義務についても準用される。そこにおける特定期間〔消費者に請求書が到達した後30日後に遅滞となる〕は，消費者の撤回または返還の意思表示の時から起算する。】357条1項1文によれば，撤回の効果として，解除権の規定が準用される。そこで，受領したものとそれから生じた利益は返還されなければならない。従来の規定は，これを事業者の返還義務についてだけ予定していた[15]。消費者の義務についてもパラレルに規定するものである。

　(2)　民法典以外の改正も多い。実体的なものでは，関連法規である民法典施行法や民法上の情報義務に関する法律に，金融サービス給付の販売に関する特則をおくことである。そこで，これらの法律や関係の政令が改正される。おもに通知義務の具体的な内容や書式を定めた部分である。

　保険契約法（Versicherungsvertragsgesetz），保険監督法（Versicherungsaufsichtsgesetz）も改正される。通信取引による保険契約が，たとえば電話あるいはEメールにより締結されたときにも，情報通知義務がある。これは，民法典のほか，保険契約法の修正によっても規律される。そこで，情報が不完全あるいは欠陥のある場合には，保険契約者は，保険給付を請求していないかぎり，契約を2週間の後でも撤回できる場合がある（保険契約の一般的な撤回権は2週間であるが，生命保険と養老保険では，30日である）。また，最初の年のために支払った保険料と，撤回後に必要でなくなる保険料は返還される。保険の通信取引と関係する紛争については，金融サービス給付監視のための連邦機関または保険オンブズマン（Bundesanstalt für Finanzdienstleistungsaufsicht oder die Versicherungsombudsmänner）による裁判外の紛争仲裁が行われる[16]。

　手続的なものでは，消費者のために裁判外の仲裁手続を創設することが主眼であり，保険契約法の改正は，これにも関係する。とくに，EU指令は，

第1部　私法の発展における倫理と技術

EU 加盟国に，裁判外の仲裁方法を定めることを求めている（同14条）。これについて，従来はドイツ法には規定がなかった。そこで，不作為訴訟法（Unterlassungsklagengesetz），仲裁手続法（Schlichtungsstellenverfahrensordnung）の諸法が改正される[17]。

（1）　新草案につき，BMJ, ① Mehr Verbraucherschutz bei Finanzgeschäften durch Mausklick, 2004, 1, 28; ② Gesetzentwurf der Bundesregierung (Entwurf eines Gesetzes zur Änderung der Vorschriften über Fernabsatzverträge bei Finanzdienstleitungen), 2004, 1, 28. （以下①②で引用する。①は短いので頁数は示しえない）。また，消費者契約における一般的な撤回権は，355条以下に規定されている。これにつき，山本弘明「ドイツにおける消費者保護撤回権の現状」国際商事法務30巻6号743頁参照。
（2）　①，② A, S.1, S.25f.
（3）　小野「司法の現代化とドイツ私法の改革」法の支配132号。本書第2部3篇。現代化法については，小野・国際商事法務29巻7号，8号参照。また，債務法現代化法一般およびその試訳（旧規定）については，岡孝編・契約法における現代化の課題（2002年）203頁以下および半田吉信・ドイツ債務法現代化法概説（2003年）326頁以下，462頁参照。
（4）　② B, S.34. 現行規定については，vgl.Dauner-Lieb, Schuldrecht, 2002, § 312b(S.401ff.); Palandt, BGB,2004, § 312b (S.494ff.)。
（5）　② B, S.38.
（6）　② A, S.26. Dauner-Lieb, a.a.O., § 312c (S.415ff.); Palandt, a.a.O., § 312c (S.496f.)。
（7）　② B, S.40.
（8）　② B, S.41.
（9）　② B, S.42.
（10）　② A, S.27, B, S.34. Dauner-Lieb, a.a.O., § 312d (S.429ff.); Palandt, a.a.O., § 312d (S.497ff.)。
（11）　これに対し，撤回権を創設的なものとすれば，情報の不備の場合でも撤回権の肯定には消極的になる可能性がある。違反の場合の効果を考えるにあたっては，撤回権や解除の統一的な理論が必要となる。わがくににおいても，適用の拡大が考えられるべきであろう。【大学】388頁。
（12）　② B, S.43f.
（13）　② B, S.46f.
（14）　② B, S.44f.
（15）　② B, S.47f. 従来の357条1項は事業者の一方的義務を定めているとする。少なくとも政府見解では，特別な遅滞規定は事業者のみに対するものとした（Reg.-Begr.,

BT-Drs.14/6040, S.199）。Vgl. Dauner-Lieb, a.a.O., S.547. もっとも，もともと双方的な義務と解するよちもある。Vgl. Palandt, a.a.O., S.560f. 前者の一方的義務説は，撤回権の行使される多くの場合には，消費者の返還義務にはほとんど意味がないことをも反映している。また，前述の312d条6項のように，撤回権の通知がなく，そもそも返還義務が免除されている場合も多いのである。

(16)　①，②A, S.1-2. 裁判外の解決や調整基準の設定は，司法の現代化の中でしばしば求められる方法であり，近時では，2001年の賃貸借法の改正でも採用された。小野・国際商事法務29巻11号，12号参照。

(17)　①，②A, S.1-2. 取引につき争いが生じたときには，消費者は，仲裁を求めることができる。このような仲裁機関（Schlichtungsstelle）は，ドイツ連邦銀行（Deutsche Bundesbank）内に設立される。この機関には，従来振込の紛争の仲裁に関与していた信用業者の団体も，関与する。これにより，振込の領域でされていた紛争解決モデルが，拡大されるのである。

〔追記〕金融サービス給付に関する通信取引契約の改正法は，2004年12月8日に発効した。その後の文献としては，Felke und Jordans, Umsetzung der Fernabsatz-Richtlinie für Finanzdienstleistungen, NJW 2005, 710がある。

〔わがくにでも，2006年6月7日，証券取引法を改正した「金融商品取引法」（いわゆる「投資サービス法」）が成立した。〕

新草案による民法典の通信取引契約に関する新規定（312b条，312c条，312d条）

312b条　通信取引契約　（以下【　】内が修正部分である。）

(1) 通信取引契約とは，もっぱら遠隔通信方法を用いて（unter ausschließlicher Verwendung von Fernkommunikationsmitteln），事業者と消費者間で締結される商品の引渡または【金融サービス給付を含む】サービス提供に関する契約をいう。ただし，契約の締結が，通信取引のために組織された商品販売またはサービス提供システムの範囲内において行われないときには，このかぎりでない。〔たとえば，Eメールを使用しても，たまたま旧知の友人がサービス提供に私的に利用したような場合は除外される。〕【第1文の意味での金融サービス給付とは，銀行サービス給付，信用供与，保険，個人の養老保険，投資または支払と関係するサービス給付をいう。】

(2) 遠隔通信方法とは，消費者と事業者間において，契約当事者が同時に物理的に対面することなく（ohne gleichzeitige körperliche Anwesenheit）契約の準備

第1部　私法の発展における倫理と技術

または契約締結のために行われる通信手段をいう。とりわけ，手紙，カタログ，電話，ファックス，Ｅメール，ラジオ，テレビサービスおよびメディアサービス (Rundfunk, Tele- und Mediendienste) をいう。

(3) 通信取引契約に関する規定は，以下の各号の契約には適用しない。

1．通信教育（通信教育保護法1条）

2．居住用建物の〔短期日の〕時間割りの使用（Teilzeitnutzung von Wohngebäuden）（481条）

3．保険ならびにその仲介〔旧規定では，消費貸借仲介契約以外の，金融取引，とくに，銀行取引，金融サービス，有価証券サービスおよび保険ならびにその仲介を一般的に不適用としていた〕。

4．不動産およびそれと同等の権利の譲渡，不動産およびそれと同等の権利に関する物権の設定，譲渡および消滅，ならびに建物工作物の建築

5．消費者の住所，居所または労働場所において，頻繁にかつ定期的な運行によって（im Rahmen häufiger und regelmäßiger Fahrten）事業者から引渡される食料品，飲料その他の日用品の引渡〔つまり契約形態は通信手段であっても，履行のうえで事業者との頻繁な接触がある場合である。〕

6．契約締結のさいに事業者が特定の時点または正確な期間内に履行することを義務づけられている宿泊，運送，料理および飲物の引渡，ならびに余暇の実効利用（Freizeitgestaltung）などにおけるサービス提供

7．以下により締結された契約

　　a　自動販売機（Warenautomaten）または自動化された取引所を利用して締結した場合

　　b　公衆電話の利用を目的とする場合に，それを利用したことによって遠隔通信の事業者と締結した場合〔つまり，公衆電話を通信手段として利用して他の契約をするのではなく，電話契約自体をいう。自動販売機と同じく，ただちに履行され（sofortiger Leistungsaustausch），情報の提供も撤回権も不要だからである。〕

(4) 〔4項，5項は新設である。〕【最初の合意が，それに順次引き続く〔個別の〕事項（mit daran anschließenden aufeinander folgenden Vorgängen）またはそれに続く，時間的に関係する同種の〔個別の〕事項の系列（eine daran anschließende Reihe getrennter, in einem zeitlichen Zusammenhang stehender Vorgänge der gleichen Art）を包含する契約関係においては，通信取引契約に関

する規定は，その最初の合意にのみ適用される。そのような〔個別の〕事項が，合意なしに生じる場合には，事業者の情報義務に関する規定は，最初の〔個別の〕事項にのみ適用される。ただし，1年以上，同種の〔個別の〕事項が生じない場合には，次回の〔個別の〕事項は，2文の意味の新しい系列の最初の〔個別の〕事項とする。】

(5) 消費者保護についてのその他の規定は，変更されない。

312c条　通信取引契約における消費者に対する通知〔本条は全面修正である〕

(1) 事業者は，消費者に対し，意思表示の行われる（Abgabe）前に適時に，利用した遠隔通信方法に適合する手段により，明確，平易にかつ取引の目的であることを示して，民法典施行法240条の規定の定める情報を提供しなければならない。

事業者の側からの電話による会話のさいには（Telefongespräche），そのつど会話の初めに，自己の氏名および接触した取引目的を明確に開示しなければならない。

(2) 事業者は，消費者に対し，普通取引約款を含む契約の定め，および民法典施行法240条による規定の定める情報をも，そこで定められた範囲でかつそこで定める方法により，書面で通知しなければならない。また，

1.金融サービス給付においては，意思表示の行われるまでに適時に，または，消費者の請求により，契約が電話によりあるいは契約の締結の前に書面で通知が行われないその他の遠隔通信方法を利用することにより締結されたときには，通信取引契約の締結後，遅滞なく（unverzüglich），

2.その他のサービス給付の場合と商品の引渡の場合にはただちに（alsbald），遅くとも契約が完全に履行されるまでに，商品の場合には遅くとも消費者への引渡時までに，〔書面による通知をしなければならない。〕

1文2号の通知は，遠隔通信方法により直接に実行されるサービス給付では，給付が一度に実行されかつ遠隔通信方法の事業者（Betreiber der Fernkommunikationsmittel）を通じて清算されたかぎり，不要である。消費者は，この場合には，異議を述べうる事業者の住所につき情報をえることができなければならない。

(3) 金融サービス給付の場合には，消費者は，契約の期間中いつでも，事業者から，普通取引約款を含めた契約の規定を書面で交付するように請求することができる。

第1部　私法の発展における倫理と技術

(4) その他の規定によって，遠隔通信方法の利用をより制限し，またより広範な情報提供義務を生じることは，妨げられない。

312d条　通信取引契約における撤回権および返還権〔おおむね3項以下が修正された〕

(1) 通信取引契約においては，消費者は，355条による撤回権を有する。消費者は，商品引渡契約の場合には，撤回権に代えて，356条による返還権を有する。

(2) 撤回期間は，355条2項1文によらず，312条2項による情報提供義務を履行する前には進行しない。商品の引渡の場合には，受領者への到達日より前には進行しない。同種の商品を回帰的に引渡す場合には最初の引渡の到達日より前には進行しない。また，サービスを提供する場合には，契約締結日より前には進行しない。

(3) 撤回権は，サービス提供の場合には，以下の場合にも消滅する。〔3項1.は新設である。〕

　1.金融サービス給付の場合に，契約が消費者の希望により履行され，両当事者とも完全に履行したとき。

　2.その他のサービス給付の場合に，事業者が消費者の明示の同意をえて撤回期間の終了前にサービス給付を始め，または消費者がこれを求めたとき

(4) 別段の定めがないかぎり，以下の通信取引契約については，撤回権は存しない。

　1.顧客の特質に従って製作された商品，明確に顧客の必要にあわせて製作された商品，その性質上返送に適さない商品，すぐにいたむ商品，あるいは消費期限を超える商品の引渡の契約

　2.消費者に引渡されたオーディオ，ビデオまたはソフトウェアが開封された契約

　3.新聞，雑誌および絵入り雑誌（Illustrierte）の契約

　4.賭事および富くじのサービス給付の契約

　5.競売の方式（156条）で締結された契約

　6.〔6号は新設である。〕【商品の引渡または金融サービス給付の提供を目的とする契約で，その価格が金融市場において，事業者が影響力をもたず撤回期間内に変動を生じるもの。とりわけ株式，投資会社または外国の投資会社が発行した利札（Anteilsschein），およびその他の取引可能な有価証券，外国為替，デリバティブ，金融市場証券（Geldmarktinstrument）】

(5) さらに，消費者が【495条】，499条ないし507条によってすでに，355条または356条により撤回権または返還権を有するときには，通信取引契約によっては撤回権は存在しない。これらの契約では，第2項を準用する。

(6) 〔6項は新設である。〕【金融サービス給付の通信取引契約においては，消費者は，357条1項によらず，履行されたサービス給付の価値賠償を，法定解除の規定に従って履行しなければならない。ただし，消費者が意思表示の前に〔撤回権の〕法律効果を知らされ，かつ撤回期間の満了前に事業者がサービス給付を開始することにつき，消費者が明示に同意したときに限る。】

第6篇　団体の責任と構成員の責任

I　共同企業体の構成員の責任

　数社の建築会社から成る共同企業体（A, B, C）の幹事会社Aが共同企業体を代表して，D社と下請け契約を締結し，Dが工事を行なった後，Aが倒産した場合に，共同企業体の他の構成員（B, C）がDに対し，どのような責任を負担するかは，共同企業体の性質によって決せられる。

　これを民法上の組合とすれば，組合財産は，組合の事業経営という特定の目的のために各組合員個人の他の財産とは独立の特別な目的財産であり，各組合員の個別の財産と混同されることはない。組合は契約的結合関係を生じるにすぎないから，組合の債務も，組合員に合有的に帰属する。あるいは組合の積極財産に関する668条にかんがみ，各組合員全員の負担となる。すなわち，可分の給付を目的とする場合でも，数額的に当然に分割されるのではなく（427条参照），全体として全組合員に帰属し，組合財産から弁済されるのを原則とする（大判昭11・2・25民集15巻281頁）。これと並んで，各組合員も，個人的な責任を負担する。各組合員の個人的な負担は，損失分担の割合によるが，675条は，債権者がこの割合を知らない場合に，均等の割合で債権を分割して行使する権利について規定した。

　最判平10・4・14民集52巻3号813頁は，共同企業体が，基本的に民法上の組合の性質を有するものであり，共同企業体の債務については，共同企業体の財産がその引き当てになるとともに，各構成員がその固有の財産をもって弁済すべき債務をおうことを前提に，「共同企業体の構成員が会社である場合には，会社が共同企業体を結成してその構成員として共同企業体の事業を行う行為は，会社の営業のためにする行為（附属的商行為）にほかならず，共同企業体がその事業のために第三者に対して負担した債務につき構成員が負う債務は，構成員である会社にとって自らの商行為により負担した債務というべきものである。したがって，右の場合には，共同企業体の各構

成員は，共同企業体がその事業のために第三者に対して負担した債務につき，商法511条1項〔多数当事者間の債務の連帯〕により連帯債務を負う」とした。共同企業体の構成員が連帯責任を負担する場合について述べたものである。

もちろん，個別の共同企業体の態様は多彩であるから，企業体がたんに仕事の受注についてのみ構成され，現実の契約は個別の企業が行うにすぎない場合には，それぞれの分割責任が発生するだけである。

また，通常は自然人を構成員とするが，伝統的な概念である権利能力なき社団において，社団の行為によって，構成員の無限責任がもたらされることはない。

2　構成員の責任

他方，法人格ある団体では，その代表者が権限内で行った行為は，法人のみに帰属し，構成員が負担しないことは当然である。たとえば，株式会社の株主の無責任である。しかし，これに対して，市民法秩序の責任原則からすれば，株主有限責任の原則は，いわば特権であることが指摘されなければならない。とくに支配株主にまで責任制限を認めるとすれば，本来支配には責任がつきもののはずであるから，有限責任はいちじるしい特権となる。内部的にも，支配株主は，その所有の株数を超えて全企業を支配することができる。これは，過半数でも全部を支配できることを意味し，支配には所有を原則とする「所有権」とはいちじるしく相違している（ドイツのGroßfeldの指摘，わがくにでは，久保欣哉教授の一連の研究・後掲文献参照）。

従来の団体法の理論のもとでも，法人格が形骸化しあるいは濫用されている場合には，その否認はありえた（法人格否認の法理）。しかし，有限責任の原則は，法人格が有効に機能している場合でも，上述のように常態として過剰に利用されているのである。すなわち，法人格は，その構成員の責任を切断する技術としては必ずしも完全なものではないのではないかとの疑問が生じる。

3　責任の一般化

法人格は，その存在によってつねに構成員の責任を排除するものではなく

(法人格の否認),他方で,法人格のないことがつねに構成員の無限責任を肯定するわけでもないとすれば(権利能力なき社団),両者の必然的な関係は否定される。中間法人法は,後者にも比較的容易な方法で法人格を与えることによって,新たに構成員の責任否定との関係に一致させようとしたものと位置づけられる(有限責任中間法人)。すなわち,構成員の責任の肯定と否定は,必ずしも法人格の有無だけによって決定されるわけではない(無限責任中間法人では,法人格の付与は必ずしも構成員の責任を限定しない)。

かつてドイツ民法(1900年)は,権利能力なき社団につき組合の規定を準用すると定めた(54条)。その結果,構成員の責任を限定する手段として,わが法のように,権利能力なき社団といった準法人的構成をとることは無意味となった。そこで,早くから,責任制限法理としては,法人格や団体性とはべつのものを求める必要が生じたのである。出資割合や経営参加の有無,あるいは団体の負担能力や固有財産の存在などによるもっと直接の制限や固有の限定的な責任論である。これは,逆に,法人格がある場合に構成員の責任を基礎づける法理ともなる(法人格の否認よりも広い一般的な責任の理論である)。企業などの団体の活動がますます増大する中で,特権と責任の調和が求められているのである。

このように,伝統的な考え方は,無限責任を原則とし,法人格による構成員の責任制限を特権とみるものであるが(ただし,この制限は時として過大な特権となる),これとは逆に,構成員の責任制限を場合によっては当然のものとみて,無限責任原則の普遍的妥当性に疑問を呈する見解がある。これは,一面で,組合のような団体の構成員にも,有限責任の可能性をもたらし,他面では,法人の構成員にも,場合に応じた責任をもたらすといった柔軟な方途の可能性を開くのである。

現在,中小企業への個人保証責任の制限が論議されている。中小企業では,会社の資産と経営者個人の財産が厳密に分離されていないことが多く,経営者が重い借金を抱えることを恐れることから,企業の法的整理が遅れて再生も難しくなりがちである。そこで,中小企業の経営者や第三者の行う個人保証のうち,金額と期間が無制限の「包括根保証」について,責任期間を契約後5年程度とし,保証金額にも一定の枠をはめることが,目ざされてい

る。これは，上述の議論（団体の性質上構成員に責任を認めるか）とはやや次元を異にするが（契約によって構成員に責任を認めるもの），法人の責任が個人にまで及ぶとの実態を制限しようとする点で共通する。経営に責任があり債務状況をも把握している経営者本人の責任制限は，資産隠しなどのモラルハザードにつながるおそれもあることから，ここでも，構成員の責任制限の一般理論を確立しておく必要が生じるのである。〔その後，2004年の民法の口語化の機会に，465条の2以下が追加され，貸金等根保証契約に関する規定が新設された。〕

（参考文献）　久保欣哉・①「株主有限責任原則の限界」青山14巻1号25頁，②「競争的株式会社への展望」〔西原寛一先生追悼・企業と法，上・1977年〕111頁，③「比較法の若干の問題」一論75巻3号23頁，④「株式会社法と私的自治」一論79巻4号80頁。小野「団体論・法人論の新課題」法学新報110巻1・2号（小野・司法の現代化と民法〔2004年〕にも再録）。

〔追記〕　2005年（平17）5月　2005年には，有限責任事業組合契約法が成立した。構成員の無限責任を原則とする民法上の組合に対し，責任の限定された組合形態を認めたものである（LLP, Limited Liability Partnership）。この形態は，アメリカ・ワイオミング州から発し，アメリカにおいて，すでに80万件が設立され，旧来の組合（Partership）が120万，株式会社が500万件であるのに対し，相当の数を占めている。専門企業や現代的創業会社，ジョイント・ベンチャーに適した形態といわれる。2001年，イギリスにも同種のものが認められ，弁護士，会計士事務所を中心に，2004年で1万件といわれる。組合は，LLPにシフトしつつある。

　この新たな形態には，①個人同士の共同事業（プロフェッショナルな人材），②企業同士の共同事業（研究活動，製造，販売の結合），建設共同体への需要が見込まれる。さらに，③企業と個人（教授と企業，企業から独立して起業）にも資する。

　わがくにでも，05年には，有限責任事業組合のほか，新会社法の成立とあわせ，有限責任事業会社も認められた（LLC, Limited Liability Company）。こちらは，法人格をもつ点で，組合とは異なるが，従来の会社とも異なり，組織や利益配当の自由度が増した形態である。全体として，多様な団体の形態が認

第1部　私法の発展における倫理と技術

められ，従来の団体の形態の法定主義（numerus clausus）が改められているのである。伝統的な法人格に結合された責任制限が失われつつある場面と位置づけられる。

組合	民法組合	無限責任●	組織や利益配当の自由○	出資者課税	合算課税○
	LLP	有限責任○	○	出資者課税	合算課税○
会社	LLC	有限責任○	○	法人課税　○	法人格が別
	株式会社	有限責任○	法定　　　　　×	法人課税　○	法人格が別

　ただし，06年には，ライブドアの粉飾決算，村上ファンドのインサイダー取引に投資事業組合が使われるなど，企業の不適切な会計処理が問題となったことから，同年に提出される有価証券報告書の審査（金融庁）に当たっては，投資事業組合を用いる投資ファンドや資産流動化などで使われる特別目的会社（SPC）の連結状況に関する調査が強化された。アメリカでも，インサイダー取引に用いられることが，しばしば問題となる。もともとの成立にタックス・ヘイブンへの企業誘致と同様の性格があったことから，匿名性が高く，投資事業組合そのものの適正な情報開示が課題となっている。

第7篇　貸金業法43条と社会倫理

Ⅰ　最高裁判決と貸金業法43条

　利息制限法1条1項と2項は，本来両立しない事項を「任意」弁済の構成で繕っている，「任意」というフィクションを否定し第2項を事実上空文とし，第1項に統一したのが，かねての最高裁大法廷判決であった。判例理論によれば，債務者が超過利息を支払っても，元本が残存すればそれに充当され（最判昭39・11・18民集18巻9号1868頁），また，元本が完済された場合には，不当利得として返還を請求することができる（最判昭43・11・13民集22巻12号2526頁）。

　この利息制限法1条1項の実質的な厳格適用という理論が，1983年の貸金業法の制定により振り出しに戻った。同法43条1項により利息制限法に反する過払い利息の弁済は一定の要件のもとで有効なものとみなされた。しかし，利息制限法1条1項とこの43条1項の間にも，なお同様の矛盾がある。

　この問題に対する従来の最高裁の態度は，必ずしも一貫したものではなかった。当初，最高裁は，最判平2・1・22民集44巻1号332頁において，貸金業法43条1項の「利息として任意に支払った」ことにつき，利息の制限超過部分の契約が無効であることの認識を不要とし，その適用の実質的要件を緩く解した。しかし，形式的要件の具備については，最判平11・1・21民集53巻1号98頁において，貸金業法18条書面の交付につき厳格な解釈を示している（同判決については，森泉章・判評488号，川神裕・判タ1036号，佐久間邦夫・ジュリ1158号，飯塚和之・NBL690号，小野・民法判例百選（5版）参照）。

　そして，最高裁は，2003年の3つの判決において，従来下級審において争いのあった商工ローンの保証会社に対する信用保証料などのみなし利息と仕組み金融における充当に関する判断を行った（最高裁第2小法廷判決平15・

7・18民集57巻7号895頁，平15・9・11第1小法廷判決，平15・9・16第3小法廷判決）。

また，2004年2月の2判決において（最高裁第2小法廷判決平16・2・20民集58巻2号475頁＝平15年（オ）第386号，平成15年（受）第390号，②最高裁平16・2・20＝平14年（受）第912号），貸金業者との間の金銭消費貸借上の約定に基づき利息の天引きがされた場合における天引利息については，貸金業法43条1項の規定の適用はないこと，および貸金業法43条の適用要件に関する新たな判断を行った。さらに，最高裁平16・7・9の判決においても，これが確認された。

2　貸金業法43条の違憲論

貸金業法が制定された昭和58年（1983年）後には，政治に対する司法の無力感が強く，これは前述の最高裁平成2年判決をもたらした（同判決は今日でも解釈の重しになっている）。学界においても，同様の無力感は強く，同法制定後，利息制限法や貸金業法に関する研究は，文言解釈に関するものを除くと激減した。このようなムードは，ほぼ平成15年（2003年）のやみ金融防止のための貸金業法の改正まで継続した。その中で，天引に対する不適用や貸金業法43条の形式的要件を厳格に解する多数の下級審裁判例が，実質的に果たした役割には大きなものがあった。これに対し，昨年（2003年）来の最高裁の諸判決は，最高裁が，利息制限の実質論への回帰の方向性を示したものと位置づけられる。このような回帰には，近年の司法改革や司法消極主義への反省，企業のコンプライアンスの実質化など多様な背景がある。

他方，最高裁判決の新たな展開をうけて，業者側の訴訟代理人は，登録した貸金業者には利息制限法が適用されないとする貸金業法の改正運動を示唆している。ロビー活動への自信とそれによる威嚇を背景とするものである。

しかし，「法」は，国会の多数を得さえすれば（この可能性も多分に疑わしいが），無制限に自由に改正できるというものではない。法は長い時間をかけて形成されてきた民族の精神を体現したものであるとの理論（歴史法学の祖サヴィニー）からは，おのずと生じる制約があるし，そのような精神の人類的規模のものが基本権や人権の理論である。キャンバスに絵を描くように

第7篇　貸金業法43条と社会倫理

好むところに従い，ロビー活動によって法をも変更しうるという考え方そのものが，人権感覚を疑わしめる。また，実定法秩序も，個別の法の上に憲法をおいて，基本権を侵害する法を予防しているのである。

　出資法は，最高利率を109.5％とし，業として行う貸付の最高利率を29.2％としている。弱者保護のために，専門業者の行う利率を強く規制しているのである。このような業者規制と，小口・消費的な貸借で強い規制が加えられることは，世界共通の事例であり，同様の例は，利息制限に限らず，わがくにでも，いわゆる片面的強行法規には多数みられる。これが法の下の平等（憲法14条）に反しないのは，憲法上の他の価値である幸福追求権（同13条）や財産権に対する公共の福祉の制限（同29条）の効果である。これに対し，業者に対してのみ利息制限法の適用を排除するなどということは，強者をとくに保護する論理であり，法の下の平等に反することも著しい。

　現行の貸金業法43条の問題性は多い。その1つは，同条が最高裁判例（上述の昭和39年および43年判決）を骨抜きにするために行われたことである。当時野放し状態だったサラ金を規制することの代償であり，いわば優良業者へのアメとして定められた。そして，当初5年の時限立法的条項のはずが，20年以上も存続してきたのである。

　近代国家は，三権分立の構造をとり，それぞれの権力をたがいにチェックすることとして人権侵害の発生を防止しようとする。わがくにでは，最高裁は，一切の法律，命令，規則または処分の憲法適合性を決定する終審裁判所としての権能を付与されている（憲法81条）。したがって，最高裁判例によって，利息制限法1条2項が制限解釈されることによってのみ合憲性を付与された（つまり制限解釈なしには違憲）とするならば，同条2項と同趣旨の法律を制定することは，司法の違憲審査権を侵害するに等しい。貸金業法43条の違憲論（茆原正道「43条違憲論」消費者法ニュース別冊）が登場するゆえんである。

　三権分立は，権力相互のチェックだけではなく，相互の尊重をも基本とする。A法が違憲（制限合憲）とされたときには，国会はこれを尊重するべきであり，同じ違憲の内容のB法を制定することはおかしい。さらに，B法が制限されるときに，同内容のC法を制定しようなどということは，法治国家

としてありえない現象といわなければならない（なお，拙著「司法の現代化と民法」320頁注4参照）。

3　企業のコンプライアンスと社会的責任

最高裁の昭和39年と43年の判決の流れは，利息制限法1条2項の，制限超過利息の任意の支払が「返還請求できない」ことを否定した（とくに43年判決）。その契機は，超過利息の弁済への充当であった。貸金業法43条は，この最高裁判例に反して，制限超過利息を「有効な利息の債務の弁済とみな」したのである。冒頭に指摘したように，近時の一連の判決において（とくに弁済充当に関するもの），最高裁は，ようやくこの出発点に回帰する方向を示している。

長く継続した超低金利政策の下で，固定した利率によるわが利息制限法そのもの（出資法はいうまでもなく）の規制も，諸外国と比して高利なものとなっている。その低減化は，貸金業法の改正のつど課題となりながらも実現していない。司法の努力だけでは，高利の防止には，不十分な点があることも直視しなければならない。金利規制や小口融資への提言を含んだ貸金業法の改正のおりの国会の附帯決議が放置されていることも問題である。

これに加えて，貸金業法43条は，利息制限法を超える金利を文言上可能としている。同法自体，かなり厳格な形式的要件をおいてはいるが，近時の仕組み金融は，これを回避し自動的に利息制限法の適用を排除することを意図している。しかし，技術は，法やその基礎となっている倫理を回避するものではありえない。技術の進歩が当然に法や倫理を超えると錯覚（意図）してはならないのである。昨今，多様な企業不祥事が多発しているが，1990年代からの利潤至上主義の影響が大きい。企業のコーポレート・ガバナンスは唱えられているが，いわばたんなるお題目となっている。企業のコンプライアンスは，法律の回避や潜脱，事実の隠匿を意味するのではなく，その背景としての実質的な法の遵守と倫理の確立を求めているのである。

〔追記〕　2004年の民法の口語化にあわせて，根保証人の責任の制限が行われた（465条の2以下参照）。とりわけ，中小企業では，会社の資産と経営者個人の

財産が厳密に分離されていないことが多く，経営者が，倒産後も重い借金を抱えることを恐れ，企業の法的整理が遅れて再生も難しくなりがちである。そこで，個人保証を制限するために，金額と期間が無制限の貸金の「根保証」について，保証金額に極度額を定め（同条2項），責任期間を最長で契約後5年とすることとした（465条の3。元本確定期日の制限）。元本確定期日の定めがない場合には，保証契約の締結日から3年を経過する日となる。保証人は，主たる債務の元本，主たる債務に関する利息，違約金，損害賠償その他その債務に従たるすべてのもの，およびその保証債務について約定された違約金または損害賠償額について，極度額を限度として責任をおう。根保証契約は，あらかじめ極度額を設定しないと効力を生じないのである（465条の2第2項）。

もっとも，保証人が改めて保証意思を示せば，元本確定期日の変更はできるが，その場合でも変更日から5年が限度となる（465条の3第3項）。なお，対象となる継続的な保証は，「貸金等根保証契約」であるから，それ以外の継続的な供給契約から生じる債務の保証や，賃借人の債務の保証は対象でなく，立法論として必ずしも十分とはいえない。また，保証契約は，書面ですることが義務づけられたが（446条2項），書面性は，元本確定期日の定めとその変更についてのみ準用された（465条の第4項）。

これに対し，たとえば貸金業法は，保証人に交付されるべき契約書面につき，記載されるべき詳細な内容（商号，名称，住所，保証期間，保証金額など）を法定した（17条2項）。446条2項一般の問題であるが，書面の内容をもっと明確にする必要がある。また，金融機関の追加融資などで保証人の責任が重くなる場合に，書面で通知するべきことも必要であろう。

第8篇　やみ金融対策法の概要

1　はじめに

(1)　長期間の不況を反映して，貸金業者の登録をうけない，いわゆるやみ金融被害が社会問題化してきた[1]。やみ金融への対策を視野にいれて，貸金業法などの法改正が議員提案され，2003年（平成15年）7月25日に法律136号として成立した（8月1日公布）。審議の過程では，自民党のほか民主党の独自案も出され，両者がおおむね一致していたことから，法案の一本化が行われた[2]。

同法によって，貸金業法，出資法の改正が行われた。改正の中心は，貸金業法であり，その骨子は，①登録要件の厳格化，②適切な営業体制の確立，③取立規制の厳格化，④契約の無効，⑤罰則の強化である。

改正法の全面施行は公布から起算して6か月を超えない範囲で政令で定める日とされるが（2004年＝平成16年1月），やみ金融被害の重大性から，罰則部分のみは前倒しで公布後1か月で施行された（2003年＝平成15年9月1日）。

(2)　2003年の改正は，やみ金融被害への対策が焦点となったために，一般的な貸金業の規制といわば両にらみの形（あるいはむしろやみ金融対策を主とする）となっている。すなわち，前回の1999年改正では，出資法について刑罰金利の上限である年利40.004％が，29.2％に引き下げられたが，今回は，超低金利政策が続いている金融情勢にもかかわらず金利に関する修正はなく，また，貸金業法にも，近時，あいついで出された最高裁判決（7月18日，9月11日，9月16日の各判決）やその原審が問題とした仕組み金融への直接の対応もなされなかった。契約の無効規定が新設されたが，元本についての効果が明示されなかったために，必ずしも十分な解決とはなっていない。取立規制は一般的な対策といえるが，罰則は，国会審議中に報道されたやみ金融被害によりいっそう強化された。利息制限法とのグレーゾーンをねらっ

た種々の仕組み金融への対応や消費者消費貸借一般の金利の縮減策は，今後の課題として残されている（附則11条参照）(3)。

2　登録要件の厳格化と費用の引き上げ

(1)　従来から，貸金業を行うには，登録免許税や手数料を納め，国または都道府県に登録するだけで足り，手数料額（4万3000円）も比較的低額で，このような低額の手数料と簡易な登録では不良な貸金業者を排除する機能をもちえなかった。いわゆるやみ金融業者には，登録業者もかなり含まれており，2002年に摘発されたやみ金融業者の4割は登録業者であった。また，やみ金融業者には暴力団関係者も含まれていた。そこで，登録要件が厳格化された。改正にあたっては，貸金業を許可制にする案も主張されたが，行政の負担が増加することから，採用されず，登録制が維持された。

しかし，改正法と合わせて改正される政令による登録手数料や更新料は，15万円に引き上げられる（県の条例事項である知事登録の手数料も，地方公共団体の手数料の標準に関する政令が改正され，引き上げられる）。また，貸金業者の登録免許税も9万円から15万円に引き上げられる(4)。

過去に暴力団歴がある者などの登録制限の強化は，今回の改正の眼目の1つである。過去における登録拒否者への登録拒否の期間は，3年から5年に延長され，暴力団員もしくは暴力団員でなくなってから5年以内の者や，貸金業に関し不正または不誠実な行為をするおそれがあると認めるに足りる相当の理由がある者には，登録が拒否される（貸金6条1項6号，7号）。また，暴力団員が事業活動を支配する者や暴力団員を業務に従事させまたは業務の補助者として使用するおそれのある者も，登録が拒否される（同11号，12号）。

登録申請書の記載事項および貸金業者名簿の登録事項には，貸金業務取扱主任者（後述3参照）の氏名の記載が必要となり，また広告や勧誘をするさいには，営業所または事務所の電話番号その他の連絡先の記載が必要となった（貸金4条1項6号・7号）。そして，登録申請書の添付書類には，運転免許証や旅券その他本人確認に利用できる書類の写し，及び営業所や事務所の所在地を証する書面またはその写しが必要となった（貸金4条2項）。これら

は，携帯電話を利用し，貸主が姿を現さない090金融（あるいは080金融）など事務所の所在を確認できない営業が，やみ金融の温床となっているからである。

(2) さらに，貸金業をするためには，一定の「財産的基礎」を有することが必要となった（貸金6条1項14号）。すなわち内閣府令で定められる一定額以上の資産保有（貸金業を営む個人で300万円，法人で500万円）が義務づけられる[5]。財政的基礎の要件は，不良業者を排除するためのものであるが，営業保証金や許可制の代用としては弱い。それのみでは当然には損害賠償の担保にもならず，あまり少額では不良業者の参入を阻止する意味をもたないので，将来的な強化策の一里塚と位置づけるべきものである。

3 適切な営業体制の確立（貸金業務取扱主任者制度の導入）

(1) 新たに，貸金業務取扱主任者の制度ができ，この主任者をおかない業者には，貸金業の登録が拒否されることになった（貸金6条1項13号）。類似の制度として，かねて宅建業法は，宅地建物取引主任者（宅建15条以下）の制度をおいているが，同様の制度が貸金業にも新設され，適切な営業体制の確立が意図されている。

すなわち，研修をうけた貸金業務取扱主任者の設置が事務所や営業所ごとに義務づけられる（貸金4条1項6号，24条の7第1項）。選任義務に違反した場合には，100万円以下の罰金に処せられる（貸金49条10号）。営業所や事務所には，この主任者の氏名を掲示しなければならない（同14条4号）。また，相手方から請求があったときには，主任者の氏名を明らかにしなければならない（同24条の7第4項）。

(2) 貸金業者は，貸金業務取扱主任者に対し，貸金業務取扱主任者研修を受けさせ（貸金24条の7第5項），受けさせたことを登録した旨を届け出なければならない（貸金24条の7第8項）。この研修は，最初の選任の場合には，選任後6か月以内の事後研修でもたりるが，その後は前回の受講から内閣布令で定める期間が経過するまでに受講しなければならない（貸金24条の7第5項）。貸金業務取扱主任者が貸金業に関する法令に違反し，不適当と認められる場合には，内閣総理大臣または都道府県知事は，貸金業務取扱主任

者の解任を勧告できる（貸金24条の7第9項）。

貸金業者は，貸金業務取扱主任者が，職務を適切に遂行できるよう必要な配慮を行わなければならず，業務に従事する従業者は，貸金業務取扱主任者が行う助言を尊重し，指導に従わなければならない（貸金24条の7第3項）。

4　広告・取立規制の強化

(1)　もともと貸金業の無登録営業は禁じられているが（貸金11条1項），やみ金融の規制には，無登録業者をより効果的に規制することが必要である。無登録営業による被害が出てからでは遅く，広告の段階でも形式的に規制できるとすることに意味がある。無登録業者は，貸金業を営む旨の表示も禁じられる。そして，広告・勧誘が禁止され（貸金11条2項2号），違反者は100万円以下の罰則の対象となる（同49条1項2号）。

広告に記載できる連絡先は制限され，広告には，貸金業者登録簿に登録されたもの以外のものは表示できない。違反者は100万円以下の罰金の対象となる（貸金15条2項，49条6号）。無登録業者は広告そのものが禁止されているが，登録業者も携帯電話では事務所の電話番号としての登録ができないことから，090金融のような携帯電話を利用し貸主が姿を現わさない貸付の形態の防止策となる。また，広告に関る規定が詳細にされ，貸金業者の商号，名称，氏名，登録番号を表示することのほか，電磁的方法に対する規制が設けられた（貸金15条1項，2項）。

誇大広告規制の具体化が行われた（貸金16条2項）。顧客を誘引する目的の商品が業者の中心的な商品であると誤解させる表示や説明，他の貸金業者の利用者や返済能力のない者を対象として勧誘する表示や説明，借入が容易であることを過度に強調し，資金需要者の借入意欲をそそる表示や説明，貸付の利率以外の利率を貸付利率と誤解させる表示や説明が禁止される。

不特定多数人に対する「広告」だけではなく，特定の債務者（とくに多重債務者）を狙い撃ちした「勧誘」も規制される。無登録業者の勧誘の禁止（貸金11条2項），説明義務（同15条1項），貸金業者登録簿に登録のない連絡先の表示の禁止（15条2項），誇大勧誘の禁止（16条各項）のおいて，この旨が明らかにされている。

(2) 貸金業者に禁止される取立行為も，具体的に規定された（貸金21条）。これによって，不適当な時間帯の取立，自宅以外への訪問，第三者への弁済の要求など，禁止される取立行為が具体的に示され罰則の対象となった。従来は，貸金業法には抽象的な規定があるにとどまり（「人を威迫し又はその私生活若しくは業務の平穏を害するような言動により，その者を困惑させてはならない」），具体的基準は金融庁のガイドラインがあるにとどまった。これを法律に取り込んだのである。

直接の取立だけではなく，書面やファックスによる取立によっても，脅迫の可能性がある。そこで，商号や氏名，住所，担当者，貸付の詳細に関する記載義務を定めることによって，脅迫的文書の送付を防止しようとしている（貸金21条2項）。違反には100万円以下の罰金の定めがある（49条8号）。

過剰貸付はもともと禁じられているが，さらに，貸付の契約にかかる債権の管理もしくは取立の業務をするに当たり，偽りその他不正またはいちじるしく不当な手段を用いてはならないとされた（13条2項）。やや抽象的であるが，一部の仕組み金融などはこれに包含されると考えられる。

(3) 取立規制を含む業務についての規定は，無登録業者にも適用される。従来，無登録業者は営業自体が規制されておりこれで十分であるとして，業務規制が及ばなかった。しかし，そうすると無登録業者が不当な活動をしていても，摘発が遅れる可能性がある。そこで，たんなる無登録営業では評価しきれない悪質なものを防止するために，白紙委任状の取得制限，取立行為の規制，債権譲渡の規制の一部を無登録業者や無登録業者から債権を譲受した者にも適用することとした（貸金20条，21条，24条の6）[6]。

(4) 貸金業者は，従業員に，その従業者であることを証する証明書を携帯させなければ，その者を業務に従事させることができない（貸金13条の2）。違反した場合には，100万円以下の罰金が課せられる（49条3号）。とくに，暴力団員を業務に従事させ，または業務の補助者として使用することはできないことが明示されている（同13条の3）。

取立にあたっても，相手方の請求があったときには，貸金業者の商号，氏名および取立をする者の氏名その他の事項を内閣府令で定める方法により，明らかにしなければならない（貸金21条3項）。身分証明書の提示が義務づ

けられることになろう。この点も，宅建業法では，その48条1項で身分証明書の携帯が，同2項で取引関係者の請求があったときに提示する義務が定められている（宅建22条の4による取引主任者証の提示も参考となる）。

(5) 従来から，弁護士への委託によって債務者への直接の請求を制限することは，債務者への執拗な取立に対する有効な抑制手段であった。これに加えて，司法書士への委託が明文化された（「弁護士若しくは弁護士法人若しくは司法書士若しくは司法書士法人に委託」された場合）。司法書士法の改正により，一定額以下の民事紛争につき，司法書士の相談権能が認められ，司法書士に簡易裁判所での訴訟代理権が認められたことに伴う改正である（貸金21条1項6号）。多重債務者に対する司法書士の法的支援にさいして，有効な手段となる。

(6) 貸金業者が債務者に支払を催告する場合には，貸金業者の商号，名称または氏名，住所などのほか，契約年月日，貸付金額，利率，催告額などを記載することとされた（貸金21条2項）。多重債務者には，債権の詳細も不明確なことがあり，詳細の開示は従来からも問題となっていたことから，意味がある[7]。

5　契約の無効

従来，登録業者の多くは，利息制限法と出資法の間のいわゆるグレーゾーン（15〜20％以上，29.2％以下）の利息を定め，収益をあげてきた。他方，いわゆるやみ金融は，出資法の定めをもはるかに超過する高利の定めをしている。

ところが，刑事法である出資法に違反する利息の定めがあっても，必ずしも元本や利息制限法の制限内の利息の債権までが無効とは考えられてこない場合もあった[8]。そこで，出資法の上限金利を超える利息の支払をする契約の効力が，法律案の段階で問題とされ，109.5％を超える割合の利息の契約は禁止され，消費貸借契約は無効となるとされた（貸金42条の2第1項）。利息などの計算については出資法5条4項以下が適用され，違反に対しては，刑事罰が適用される（同第2項）。

高利対策の決め手として，元本の返還請求権を明文で否定することは見送

られた。元本の返還請求をも認める余地がないと，借り手のモラルハザード（返すつもりなしに借りる）をもたらす可能性があるという理由である。条文では，たんに年利109.5％を超える貸し付けについては，契約を無効とするにとどまるから，あとは解釈の問題となる。元本の給付が不法原因給付となれば（民708条），その返還請求も制限されるが，そうでなければ，元本の返還請求は可能となり，実質的に金利部分の無効となるにとどまる。元本の返還請求を認めないことが高金利への抑制となることから，かりに返還請求を認める場合でも，法定利率までの利息を認めるようなことは否定する必要がある。109.5％を超過する暴利は犯罪行為であり，現在の低金利との比較では，法定利率でさえもかなり高率であり，元本にさえ返還の疑問がある場合に，利益の保持を認めるべきではないからである。

また，いうまでもなく，利息制限法の制限利率に違反する金利の約定も，一般の出資法の制限金利である29.2％に違反する約定も無効である。109.5％を超過することのみが，公序良俗や不法原因給付の基準になるわけではないから，貸付の態様によっては，109.5％以下の場合にも返還請求権が制限されるとの解釈はありうる（後述7(3)参照）。

なお，出資法の制限利率そのものについても，引き下げの対象となっていない。実効性のある方法で，利息制限法の制限を超える利息の支払を制限する必要がある。

6 罰則の強化

(1) 出資法の上限金利を超える利息は，従来からも契約も受領も処罰の対象となったが，新たに利息の支払を要求することが刑事罰の対象とされた（出資5条3項）。貸主との共犯関係が十分でない者が取立をする場合に出資法を適用することが容易になる。また，民事上契約が成立していない場合でも，利息の外形があり出資法上利息を請求したと認められる場合も処罰が可能となる。押し貸し対策になる[9]。

(2) 無登録営業や違法営業への罰則について「3年以下の懲役若しくは300万円以下の罰金」は，当初の案では「5年以下の懲役若しくは1000万円以下の罰金」とされたが，悪質被害が多発したことから，罰金は最大1億

円に引き上げられた（貸金47条・51条，出資5条）。

　登録業者による，出資法の規定を超える高金利への罰則も，現行の「3年以下の懲役若しくは300万円以下の罰金」から，「5年以下の懲役若しくは1000万円以下の罰金」とされた（出資5条1項，2項）。法人には，3000万円以下の罰金とされる（出資9条1項1号）。

　取立行為制限に違反した場合にも，現行の「1年以下の懲役若しくは300万円以下の罰金」から「2年以下の懲役若しくは300万円以下の罰金」とされた（同47条の2）。

　書面や受取証書の交付義務違反，白紙委任状の取得制限の違反の罰則も，現行の「100万円以下の罰金」から，「1年以下の懲役若しくは300万円以下の罰金」とされた（貸金48条4号）。

(3)　前述のように，改正法が施行されるのは，2004年であるが，業者の手法が悪質化して深刻な被害が増加していることから，罰則については改正法成立後1か月程度をめどに前倒しで実施される（貸金附則1条一）。

7　むすび

(1)　暴力団排除に関する規定は，全面施行日から全業者に適用される。

　また，財産的基礎に関する要件は，全面施行日の2か月以上前に登録の申請をしておけば，適用されない（貸金附則2条）。

　全面施行日以後に，更新される登録には，財産的基礎の要件を満たすことが必要であるが，施行期日以後6か月間は猶予規定がある（同附則3条）。

　貸金業務取扱主任者は研修をうけることが必要であるが，既存の貸金業者は施行日から10か月以内に受講させればたりる（本来は選任後6か月以内）（同附則5条）。

　平成15年9月1日以降締結される契約には，高金利を定めた契約の無効に関する規定が適用される（同附則8条）。

(2)　個別の論点にいちいち立ち入るよちはないので，契約の無効について簡単にふれるにとどめる。元本の返還請求に関し，一部無効の構成に固執することは，暴利と認められる異常な高利を定めても，制限利率の限界までの利益を認める結果になり，妥当ではない。

また，実効性をあげるには，元本に食い込むほどの罰金といった歯止めが必要であろう。モラルハザードをいう前に，元本といっても現実のものではなく，違法利息の業者間のつけ回しによって生じた架空のものにすぎないことに着目する必要がある。やみ金融にみられる年利1000％による貸付などというのは犯罪であり，一切の利益は残すべきではない[10]。詐欺，脅迫が用いられた場合には，犯罪行為であり，民事上，慰謝料請求の対象ともなるから，元本相当額に食い込むからといって，不当ということにはならない。とくに無登録のやみ金融は，異常な利益をあげる可能性があり，他方で実際の摘発は限定されることから，元本の返還請求をも制限しなければ，やり得との感を生むであろう。

(3) わがくにの公序良俗の適用基準は諸外国に比しても厳格にすぎる[11]。金利に関しては，利息制限法の存在がその理由であり，超過利息のみを無効とする解釈の基礎でもあった。しかし，実質的に利息制限法が機能していない（あるいは潜脱されている）とみられる場合にまで，そのような厳格な制限をする必要はない。まして，出資法の基準にも違反する場合には，犯罪行為であり，公序良俗違反として無効とする必要がある。また，暴利に相当するような貸金や利得の「返還請求」は，権利の行使の外形を伴っていても，権利は存在せず，むしろ相手方に対する苦痛をもたらすものにすぎないから，請求者に対する慰謝料請求を認めなければならない。さらに暴利への対応が，しばしば暴力や脅迫を伴い，またつねに無形の畏怖をともなうことから，そのような請求に対処することが一般人にはむずかしいことをも考慮すると，必ず弁護士費用相当額の賠償をも認める必要がある[12]。異常な金利の請求が不利益しかもたらさないとすることが，もっとも有効なやみ金融問題への対策となるのである。

(1) 金融業者が29.2％の法定金利を超える金利で貸し付けた出資法違反事件の被害者は，2002年は12万人で，その被害額は約144億円に上り（警察庁のまとめ），これは，2001年に比べ，被害者で約2.6倍，被害額で約2倍といわれる。違法金利も，年数百〜数千％が常態化しており，2002年に高金利で逮捕・書類送検された事件は208件となり，前年より41件増加した。容疑者数は374人（うち逮捕276人）で前年比12人増（同36人増），書類送検された法人も2002年は15法人となり，2001年より

9法人増加した。
　　また，貸金業法にもとづく登録をしていない無登録事件や，貸金業に絡む詐欺，暴行，脅迫などを含むやみ金融事件では，2001年に238事件が摘発された。2002年は1999年の約1.6倍となり，摘発の4割は登録業者であった。多重債務者に3万～5万円を反復して貸し付けるケースが多いといわれる（朝日新聞2003年6月17日および27日，7月2日）。
（2）　本法については，奥克彦「貸金法の規制等に関する法律及び出資の受入れ，預り金及び金利等の取締に関する法律の一部を改正する法律」ジュリ1252号85頁参照。
（3）　出資法の上限金利は据え置きで，施行日から3年を目途として見直しをするとされた。1999年の改正にあたっても，衆議院大蔵委員会（平11年12月8日），参議院財政・金融委員会（平11年12月10日）の付帯決議がなされた。従来から付帯決議にはあまり実効性のない場合が多いが（つまり抽象的な美辞麗句にとどまる），上限金利の検討に当たり，資金需要者の利益の保護を配慮すること，グレーゾーンの是非をも検討すること，近時の問題の背景には，中小企業への資金供給に問題があり，わがくにの金融システムのあり方を検討すること，さらに，超低金利時代にありながら，その恩恵に浴せない中小企業などに即応した施策を講じることが内容である。グレーゾーンの検討は，再度あと延ばしされたわけである。なお，2003年改正において，衆議院財務金融委員会と参議院財政金融委員会附帯決議は，やみ金融の撲滅，適切な金利規制の検討をも課題としている。
　　仕組み金融については，小野・判評519号172頁，520号164頁参照。
（4）　手数料などの増額は当然としても，手数料や税額は，これでも低額すぎよう。
（5）　保証金の先例は，公証人（公証19条），宅地建物取引業者（宅建25条）にあるが，公証人は法務大臣が任命し（公証11条），宅建業者も国土交通大臣または都道府県知事の免許が必要である（宅建3条）。資産保有と，免許や保証金の間に必ずしも必然的な関係はないが，資産保有のみでは（またあまり低額では）実効性に疑問が残る。もちろん，当然，登録もしないで行われる無登録業者に対する規制とはならない。
（6）　奥・前掲論文87頁。
（7）　取引経過の開示拒否については，貸金業者の不当な取立行為だけではなく，取引経過の開示を認めることとの関係でも，違法な請求を助長する行為による精神的損害とこれに対する慰謝料請求が認められる。近時の裁判例では，東京高判平14・3・26判時1780号98頁参照（小野・判例評論525号203頁参照）。〔その後，最高裁は，債務者からの取引履歴開示請求に対し，消費者金融業者の開示義務を認めた（最判平17・7・19民集59巻6号1783頁）。本書第1部12篇参照。〕
（8）　小野・利息制限法と公序良俗（1999年）294頁。
　　近時の裁判例では，東京地判平14・9・30判時1815号111頁において，年利750％の利息契約が利息制限法の制限利率の範囲も含め，全体として無効であるとした例が

第1部　私法の発展における倫理と技術

ある。借主Xの受領額と貸主Yに対する支払額の差額金について不当利得の返還請求を認め、また、貸主による不法行為の成立も肯定し、貸主に対する慰謝料請求が認められた。

「本件約定利率は、出資法5条4項の規定に従い、元本額を天引き後の交付額として計算すると、年750％にも上り、平成11年法律第155号（平成12年6月1日施行）による改正前の同法5条2項に規定する利率（年40.004％）の18倍を超えることとなる。そうだとすると、本件利息契約は、暴利行為として公序良俗に反するといえ、しかも、その暴利性の程度は極めて大きいといわざるを得ないから、本件利息契約は、利息制限法所定の制限利率の範囲内にとどまる部分も含め、全体として無効であると解するのが相当である」。

「本件約定利率は、平成11年法律第155号による改正前の出資法5条2項に規定する利率、年40.004％）の18倍を超える年750％にも上るものであるから、YがXとの間で本件利息契約を締結し、これに基づいて、Xから別表三記載のとおり利息を受領したことは、いずれも極めて悪質な犯罪行為であるといえ、したがって、Yのこれらの行為は、私法上も、Xに対する不法行為に該当すると解するのが相当である」。

「Xは、Yの上記三のとおりの行為により、半年以上にわたって支払ういわれのない極めて高利の利息の支払を余儀なくされたものであり、これにより、精神的苦痛を被ったものと認められる」。具体的には、慰謝料10万円の請求が認められた。

（9）　奥・前掲論文88頁。
（10）　かりに元本の返還を否定しないとしても、たとえば、押し貸しとそれに伴う詐欺・脅迫に供された元本は犯罪行為を組成した物、あるいは犯罪行為の用に供した物（刑法19条1号、2号）として没収の対象となる。

それ以外の利得についても、不当利得が返還されることはいうまでもないが、その手続が複雑であると、被害者にとっては意味がうすい。民事事件として処理することは、複雑で時間もかかるからである。アメリカでは、国が刑事事件の被害者に代わって犯罪収益を差し押さえて配分する制度があるが、日本にはない。日本でも、国の没収の制度はあるが、没収しても、被害者に戻るわけではないから、かえって救済の途を閉ざし、かといって没収も返還もなければ、加害者の利得を放任することになる。2005年2月に、東京地裁は、被害者の賠償請求に備えて国の没収を認めない判決を下したが、その後の解決は民事事件に任されているだけである。

（11）　わがくにでは利息制限法と出資法の二重基準があるために、公序良俗の基準にも100％程度を超える暴利が想定されることが多いが、先進各国では、20〜30％の超過を基準とすることが多い。わがくにの利息制限法に相当するものが同時に公序良俗の基準となるのである。小野・前掲書144頁、172頁、294頁、548頁ほか。
（12）　取立行為が、暴利行為に及ぶ場合には、必ず慰謝料請求が認められるべきであろう。また、その額も名目的（10万円程度が多いようであるが）ではなく、過大な請

求に応じて、また過払い金がある場合にはこれに応じてその2～3割程度が目安となるべきであろう。暴利者は元本を無視した過大な請求をしているのであるから、元本の返還を無効とする程度ではたりないと思われる（小野・前掲・判例評論525号203頁参照）。

なお、仕組み金融については、より大胆かつきめの細かい立法措置が必要である。たとえば、2002年1月から施行されたドイツ民法債務法の全面改正では、491条以下に消費者消費貸借について特則規定がおかれた。消費者消費貸借契約では、手形・小切手の利用が制限される（496条2項）。また、遅延利息の利率も制限され、遅滞後に発生した利息は、特別の口座に入れなければならない（497条1項）。弁済充当も一般の規定にはよらずに、まず権利追行のための費用に、つぎにその他の債務額に、最後に利息の順に充当される。一部弁済を拒絶することもできない（同条3項）。これらにより、過大な利息の増大や不当な取立が未然に防止されているのである。

ほかにも、期限の利益喪失には、少なくとも2回連続して支払額の10％を超える額を遅滞することを要し、また、貸主は、期限の利益喪失の意思表示をするには、2週間の催告期間をおかなければならないとの規定がある（498条）。つまり、期限の利益喪失約款の適用も制限され、高金利の仕組みが防止されている点に特徴がある（わがくにでは、手形や、遅延利息と期限の利益喪失の形式を利用した高利の仕組みが行われることがある。これにつき、前掲・判評519号172頁、520号6頁参照）。利息の規制は、新債務法のもとでは、消費者に関係するものと否とで2分された。利息の規制には、消費者法に特有かつ場合に応じたきめのこまかな対応が必要なのである（小野「利息制限法と消費者問題のあり方」消費者法ニュース52号135頁をも参照）。

〔追記1〕　貸金業法は、2004年にも若干改正された。その論点は、年金融資担保に関する罰則規定であった。年金を担保とする融資は、独立行政法人・福祉医療機構など3つの公的機関を例外として、最低生活の保障として禁じられているが、04年12月に貸金業法が改正されるまで罰則がなかった。05年4月に改正後はじめて、年金を担保に違法な貸し付けをした業者が摘発された。年金が振り込まれる銀行口座の通帳やキャッシュカードを担保として取り上げる手口である。

（公的給付に係る預金通帳等の保管等の制限）
　第20条の2　貸金業を営む者は、貸付けの契約について、公的給付（法令（条例を含む。以下同じ。）の規定に基づき国又は地方公共団体がその給付に要する費用又はその給付の事業に関する事務に要する費用の全部又は一部を負担

し，又は補助することとされている給付（給与その他対価の性質を有するものを除く。）であつて，法令の規定により譲り渡し，担保に供し，又は差し押さえることができないこととされているものをいう。以下同じ。）がその受給権者である債務者等又は債務者等の親族その他の者の預金又は貯金の口座に払い込まれた場合に<u>当該預金又は貯金の口座に係る資金から当該貸付けの契約に基づく債権の弁済を受けることを目的として，その者の預金通帳等</u>（当該預金若しくは貯金の口座に係る通帳若しくは引出用のカード若しくは当該預金若しくは貯金の引出し若しくは払込みに必要な情報その他当該預金若しくは貯金の引出し若しくは払込みに必要なものとして政令で定めるもの又は年金証書その他その者が公的給付を受給することができることを証する書面その他のものをいう。）<u>の引渡し若しくは提供を求め，又はこれらを保管してはならない。</u>

〔追記2〕 2006年，金融庁は，貸金業法の改正に着手したと伝えられた。利息制限法と出資法の間のグレーゾーン金利を撤廃することを主眼とする。グレーゾーン金利を事実上否定した06年1月の最高裁判決の流れをうけ，関係法律の見直し案をとりまとめる。約2000万人の利用者のある消費者金融の金利引き下げにつながることから，多重債務者問題も改善される可能性がある。

ただし，貸金業規制法は議員立法で成立し，消費者金融や商工ローンなどを対象とすることから金融庁が管轄するが，出資法と利息制限法は法務省が，クレジットカードなどの割賦販売法は経済産業省の管轄となっている。各省庁で縦割りとなっていることから，改革は，必ずしも容易ではない。

関係法の改正では，(1)貸金業規制法の「みなし弁済」規定の廃止，(2)出資法と利息制限法の上限金利を一致させることが中心となる。当面の対策として，期限の利益喪失条項の特約については，先行的にグレーゾーン金利を適用できなくし，また，債務者への過剰貸付に明確な規制を設け，違反した業者は業務停止命令など行政処分の対象とする。

2006年7月6日に公表された与党の金融調査会，金融問題調査委員会の「貸金業制度等の改革に関する基本的考え方」は，1.貸金業の適正化（参入規制の適正化，自主規制機関の段階的強化，広告規制・行為規制の強化，監督・罰則の適正化），2.過剰貸付の抑制（信用情報機関の充実・強化，カウンセリング体制の充実，総量規制の強化，支払額・返済期間の適正化，金利体系の適正化）を提言した。このうち，金利体系の適正化では，グレーゾーン金利の廃止

が掲げられ，その理由として，支払の任意性と一定の書面交付を要件として有効とみなす現行のみなし弁済の制度は，借り手・貸し手双方にとって問題が多く，不安定な制度であるとする。ただし，グレーゾーン金利廃止後の方向性については，出資法の上限金利を利息制限法の金利水準に引き下げるべきとの意見が大勢であったが，利息制限法の金利の引き上げ，少額短期の貸付への特例を認めるなどの意見が併記されている。法律の見直し時期を今年末に控えていることから，今後の立法作業が注目される。併記された意見により改正案が骨抜きにされないことが必要である。

　これについては，改めて別の機会に検討することにしたい。

第9篇　一連の貸付取引と弁済充当の関係，および取引履歴の開示拒否と不法行為の可否

（東京高判平 14・3・26 判時 1780 号 98 頁）

【事　実】　Xは，貸金業者 Y_1（原審では Y_2 も被告となっているが，論点は同一であるので，以下たんにYとする）から継続的に融資をうけ，利息制限法の制限超過の利息を弁済したとして，過払いの金額を返還請求するとともに（57万円余），YがXの委任した弁護士に取引経過の開示を拒んだことに対して，不法行為を理由として損害賠償を請求した（過払金の1割相当額）。

論点は4つある。Yは16回にわたり貸付を行ったが，この一連の取引では，Yの計算によって前回の未払い分は，次回に借換または借り増しが行われて清算され，複数の債権関係は残らない形式がとられていた。このような形式のとられた場合の充当の関係が問題となる。

① このような借換または借り増しのさいに，Yは，新たな貸付の一部で前回の利息の弁済をうけたこととし，貸金業法17条の書面には，従来の貸金元本のみが借り換えの対象であると記載していた。このような記載が，同法43条のみなし弁済の前提としてたりるかが問題である。

② Yは，各貸付にあたり，返済予定の時期と予定額，返済された場合の利息と元本への充当額を記載した償還表をXに交付した。返済は銀行振込により行われ，Yは，貸金業法18条の書面を交付しなかった。償還表の交付のみで同法43条のみなし弁済の前提としてたりるかが問題である。

③ Xの返済額について，利息制限法を適用すると残元本は減少し，減少した額のみが借り換えの対象となる。元本が減少すると，ついには弁済額が残元本よりも大きくなり，過払いが生じる。そのときに，過払金は，次回の貸付のさいに債務者に交付される額に当然に充当されるか，それとも残存したままでXの相殺の意思表示によりはじめて消滅するかが問題である。

④ Xは，弁護士に債務の整理を依頼し，弁護士AがYに，Xとの取引経

第9篇　一連の貸付取引と弁済充当の関係，および取引履歴の開示拒否と不法行為の可否

過の開示を求めたが，Yはこれを拒否した。このようなYの行為が不法行為を構成するかが問題となる。

一審は，①と②については，みなし弁済を否定したが，③の過払金の充当は認めず，④の不法行為の成立をも認めなかった。X，Y（Y₁のみ）双方から控訴（確定）。

【判　旨】　まず，各取引の一連性に関しては，「上記認定の本件貸付取引の実情からすると，各借換え及びその返済関係につきこれをそれぞれ独立した個別の貸付関係と見るのは相当でなく，一連の取引としてされたものと見るべきである。そして，利息制限法が同法所定の制限利率を超える利息の支払があった場合には残存元本等にこれを充当して債務を減少させることとしている趣旨や，このような借換えを繰り返す場合における当事者の合理的意思を忖度すると，借換えの際に過払いが生じている場合はこれをその時点で存在する別口の債務や，借換えにより新たに生じる債務に充当し，複数の債権債務の関係が存在することによる権利関係の複雑化を防ぐとともに，貸金の利息の利率と過払金返還請求権の利息・損害金の利率の間の大きな格差が存在することによる当事者間の不公平をできる限り是正する意思であったものと解するのが相当である」。

①　貸金業法43条によるみなし弁済の適用の可否の前提である同法17条書面の具備については，「まず，Yは，Xに対し，本件各貸付けにつき，17条書面を交付している旨主張する。しかし，原判決も指摘するとおり貸金業法施行規則13条1項1号カによれば，従前の貸付に基づく債務の残高を貸付金額とする貸付について，17条書面には『従前の貸付けの契約に基づく債務の残高の内訳』を記載するよう求めているが，本件貸付取引のように，従前の貸付の残債務と現実に交付された金員の合計が貸借の目的とされる場合，これが，従前の債務の残高とその内訳（元本，利息，賠償金の別）及び現実の交付額をもってする借換えである旨の記載がなければ，貸金業法17条1項3号の『貸付けの金額』を明らかにしたとはいえないと解すべきである。本件では，Yは，借換えの対象である元本・利息を含めた従前の債務の残高とその内訳を記載していないものと認められるので，17条書面を交付した

113

とはいえない」。

②　貸金業法 18 条書面の具備については，「次に，Y は，貸付けの際に X に交付した償還表をもって 18 条書面に当たる旨主張する。しかし，貸金業法 18 条は，弁済を受けたときはその都度書面を交付することを要件としている。償還表は，あくまで約定の返済方法に従って返済がされた場合の充当関係を明らかにしているにすぎない。したがって，上記の貸金業法 18 条の趣旨からすると貸付けの当初に償還表が交付され，以後，X の弁済が銀行振込みの方法によってされていたとしても，これをもって貸金業法 18 条所定の要件を充たしたことにはならないというべきである。また，償還表を交付していることをもって 18 条書面を交付しなかったことにつき，特段の事情があるということもできない」。

③　本件貸付取引における過払金の充当関係については，「本件貸付取引における各借換え及びその返済関係については，これをそれぞれ独立した個別の貸付と見るのは相当でなく，一連の貸付と見るべきである。そして，借換えに際して過払いとなっている場合には，これを新たな貸付の一部に充当する意思があるものとして充当計算するのが相当である。

そこで，本件貸付取引につき，利息制限法所定の制限利率に引き直して利息を計算し，借換えの際，過払が生じている場合には交付額から過払金額を控除した残金が新たに貸し付けられたものとして，それぞれ充当計算すると，平成 12 年 2 月 28 日時点における X の過払分は，原判決別紙二の(1)記載のとおり，58 万 7823 円〔中略〕となる」（原判決別紙二の(1)記載の平成 12 年 2 月 28 日欄の未払残元本 57 万 4936 円と過払利息計 1 万 2887 円の合計額である）。

④　取引経過の開示と不法行為の成立については，「X のような多重債務者について，債務を整理して経済的更正を図ることは，本人自身の利益にかなうのは勿論のこと，経済的な困窮から起こる犯罪や家庭の崩壊などを防止し，国民全体の利益である公共の安寧秩序を維持する観点からも必要不可欠なことである。そして，社会生活の基礎的な単位である個人及び家庭を経済的に再建することは，当該個人及び家庭だけでなく社会保障費を負担する国民全体にとって極めて重要な関心事であって，その最初の一歩である弁護士による債務の整理は，単なる私益の問題ではなく国民全体，すなわち，公共

の立場で行われているのである。そして，多重債務者について，弁護士の手によって任意に債務を整理しようとする場合，すべての金融業者からその取引経過の開示を受けた上で，各債権者との間の債権債務額を確定し，公平で平等な処理を図るのでなければその目的を達しないことも自明のことである。〔中略〕このような状況〔多重債務者が返済に関する資料を保管せず，業者との間の取引経過を明確にできない場合〕があるときに，金融業者が，過払い金の返還を免れるなどの不法な目的のために，弁護士の手で公共の立場に立って行われる債務の整理に協力せず，取引経過の開示を拒むのは，自己の営業利益は不当な手段によってでもこれを追求する一方，自己の営業の結果として生じる国民全体の不利益はこれを無視しようとする反社会的な行為であり，特段の事情のない限り社会的相当性を欠いた違法な行為であるといわなければならない」。

　そこで，「Yが，弁護士の手で行われる債務整理に協力せず，適時にXに係る取引経過を開示しなかった行為は，社会的相当性を欠いた違法な行為である」から，Yは，Xに対し取引経過を開示しなかったことによってXが被った損害を賠償するべきである。また，Yが，Xが適時に債務を整理する機会を失わせ，Yとの間の本件貸付取引に係る過払金について弁護士に依頼して本訴を提起するにいたらしめたことから，Yは，Xが適時に債務整理できなかったことによる財産上および精神的損害や過払金請求訴訟を提起するための弁護士費用などの損害を賠償するべきものとした。そして，Xが請求した過払金額の約1割に相当する5万7493円はこの損害額の一部に過ぎないとして，損害賠償請求を肯定した。

【評釈】　一　はじめに
　本件の諸論点は，2つに大別できる。第1は，一連の取引で借換，借り増しが行われた場合に，貸金業法43条のみなし弁済が成立するための同法17条，18条書面の具備と，一連の取引において借換の前回の過払金が次回の貸付金に充当されるか，また充当により残元本が消滅したときには，次回の貸付金に充当されるかに関するものであり（①～③），これらについてはすでに，かなりの裁判例の集積がある（詳細については，小野「利息制限法理の

新たな展開」判評 519 号，520 号参照）。

　第 2 は，貸金業者が，多重債務者の債務の整理を受任した弁護士から取引経過の開示を求められた場合に，これに応じる義務があるか，またこれを拒否した行為が不法行為を構成するかに関するものである。後者は，比較的新しい論点である（④）。

　二　みなし弁済の成否

　(1)　論点①は，貸金業法 43 条のみなし弁済が成立するための同法 17 条書面の具備についてである。これを厳格に要求する見解と，基本事項の記載のみでたりるとして緩く解する見解がありうるが，従来の裁判例は，ほぼ一致して前者によるものとしている。同法 43 条は，消費者保護の立場から記載事項を定めたものであり，除外事由はなく，また法の厳格な要件を満たしている優良業者に特典を付与したものと位置づけられ，さらに書面の記載を求めることはそれほどの困難を強いるものではないからである。下級審裁判例は豊富であり，その対象とするところは多様である（諸判決と学説については，小野・利息制限法と公序良俗〔1999 年〕335 頁以下参照。②の論点とも関連するので，後述 2 の諸文献をも参照）。

　本件では，借換のさいに，Y は，17 条の書面に，X に対する新たな貸金の一部で利息の支払をうけたとし，自分の計算で利息の未払がないことにし，従来の貸金の元本だけが借換の対象であると記載していたが，このような記載は，Y の一方的な計算にもとづくにすぎず，正確な取引の経過を明示するにはたりない。

　(2)　論点②は，貸金業法 43 条のみなし弁済が成立するための同法 18 条書面の具備についてである。立法趣旨は，かねて契約書面を交付しない例が多く，紛争が生じたときに正確な把握ができなかったことから，契約内容を明確にするために書面にして把握可能にしたものである。これについても，下級審裁判例が豊富であり，厳格な立場が一般的である（小野・前掲書 335 頁以下参照）。学説も同様である（とくに，近年問題となった銀行口座への振込による弁済について，森泉章編著・貸金業規制法〔1993 年〕295 頁，大森政輔「貸金業法 43 条について」判時 1080 号 11 頁，沢井裕「貸金業法 43 条をめぐって」

法律のひろば36巻9号16頁など，近時では，小野・前掲書363頁，鎌野邦樹・金銭消費貸借と利息の制限〔1999年〕335頁）。

本件では，Yは，各貸付にあたり，返済予定の時期と予定額，返済があった場合の利息と元本への充当額を記載した償還表を交付したのみで，返済は銀行振込により行われ，Yは，18条書面を交付していなかった。返済が銀行口座振込で行われた場合でも，そのつど書面を交付することが必要なことは，すでに最高裁平成11・1・21民集53巻1号98頁において判示されているところである。「貸金業者との間の金銭消費貸借上の利息の契約に基づき，債務者が利息として任意に支払った金銭の額が，利息制限法1条1項に定める制限額を超える場合において，右超過部分の支払が貸金業の規制等に関する法律43条1項によって有効な利息の債務の弁済とみなされるためには，右の支払が貸金業者の預金又は貯金の口座に対する払込みによってされたときであっても，特段の事情のない限り，貸金業者は，右の払込みを受けたことを確認した都度，直ちに，同法18条1項に規定する書面（以下「受取証書」という。）を債務者に交付しなければならないと解するのが相当である。けだし，同法43条1項2号は，受取証書の交付について何らの除外事由を設けておらず，また，債務者は，受取証書の交付を受けることによって，払い込んだ金銭の利息，元本等への充当関係を初めて具体的に把握することができるからである」。同事件についての評釈の多くもこれを肯定する（森泉章・判評488号，川神裕・判タ1036号，佐久間邦夫・ジュリスト1158号，飯塚和之・NBL690号，小野・ジュリスト（民法判例百選II・5版）124頁）。本件においても，償還表の交付ではたりない。償還表はたんに業者の予定を記載したものにすぎず，そのとおりに実行されるわけではなく，受領の事実を確認するものとはいえないからである。

三　一連の取引

論点③は，取引の一連性と過払金の充当の問題である。利息制限法を適用すると，借換のプロセスでも，Xの返済により超過利息が元本に充当されて減少し，減少した分だけが借換の対象となる（東京高判平12・3・29判時1712号137頁。これにつき小野・私法判例リマークス23号46頁参照）。ついで，

減少した残元本が借換の対象となると，ある時点で充当するべき元本がなくなり，返済金は過払となる。

本件において，その時点以降も，Ｙは，自分の計算ではなお元本があるとして貸付を継続していたが，過払金がこの貸付金にも充当されるかが問題である。Ｘに過払金の返還請求権が生じるかぎりでは，必ずしも過払金が貸付金に充当されなくても，Ｘに不利益はないようにもみえるが，充当を否定する立場によると，相殺の意思表示があるまで，貸金も過払金の返還債務も残存し累積していくことになる。そして，貸付金の利率は，不当利得の返還請求権の法定利率（5％）よりもはるかに高利であるから，貸金業者は，低利の過払金をえて高利の貸付をする結果となる。そこで，一連の取引が実質的に借換であり，借り増しにすぎないとすれば，たんに残元本に充当されていくだけではなく，元本が消滅した場合には，前回の過払金が当然に次回の貸付金の元本に充当されていくとみるのが相当である。

先例としては，東京高判平12・9・27金法1604号29頁およびその原審である東京地判平12・6・30（同金法30頁）が過払金は貸付金に充当されることを肯定している。本判決も同様の見解を肯定した。充当せずに複数の債権関係が併存することは，取引の一連性という実体に反し，また法律関係を複雑にし，借換時の当事者の意思にも合致しないであろう。

四　取引経過の開示拒否と不法行為の成立

論点④は，比較的新しい争点である。貸金業法は，19条において，取引の内容を記録・保存するものとして業務の適正化を図っている。また，17条，18条において，契約時の書面，弁済時の受取証書の交付を義務づけ，紛争の未然の防止を図っている。しかし，多重債務者の多くは長期間の借入と弁済を繰り返していることから，契約書や領収書を保管していないことが多い。そこで，貸金業者が，帳簿による債務者との取引経過の開示をしないかぎり，事実上，債務の整理や民事再生手続はなしえないことになる。

貸金業法施行規則は，貸付契約ごとに，返済期日ごとに3年間の帳簿の保管を定め（17条），商法も10年間の商業帳簿の保管を定めている（36条）。業者によっては，前者の3年を根拠としてこれより古い記録の破棄を主張す

第9篇　一連の貸付取引と弁済充当の関係，および取引履歴の開示拒否と不法行為の可否

ることがある。そこで，取引経過の開示請求の可否が問題となる。これを肯定し，また開示の拒否により債務者の債務整理が遅延されたことについての精神的，財産的損害の賠償の請求を認めることにより，同時に開示を促す結果ともなる（金融庁事務ガイドライン 3 − 2 − 3「取引関係の正常化」(1)も，帳簿の記載事項のうち，債務内容の開示に協力するべきことを定めている）。

　先例として，平成 12 年以降，10 件ほどの下級審判決が出され，開示義務を肯定するものと否定するものとでほぼ半ばしている（詳細については，萩野一郎「帳簿の保管義務と取引経過の開示（19 条）」全国クレジット・サラ金問題対策協議会『判例貸金業規制法と救済の実務』〔2002 年〕217 頁以下所収）。

　一般の消費貸借において，過払金の返還請求をするさいには，請求者である借主が貸付と弁済の取引経過を明らかにして過払金の発生を主張・立証しなければならないのが，原則である（これにつき，札幌地判平 13・6・28 判時 1779 号 77 頁）。開示義務を否定する判決は，この原則を重視する（大阪地判平 12・3・23 金判 1129 号 29 頁，大阪高判平 13・1・26 金判 1129 号 26 頁は，開示は有益であるが，これを義務づける実定法上の根拠はないとする）。

　しかし，消費者金融業者のする包括的消費貸借契約において，立証責任の分配に関する原則に固執することには無理がある。すなわち，「消費者金融業者は，消費者に比べ，経済力，情報力のすべての面において著しく優越しており，これを対等な当事者関係とみるのは相当でない。消費者金融業者，とりわけ被告（武富士）を含む大手の消費者金融業者は，全国の消費者との取引経過の詳細をコンピューターで一元的に管理しているのに対し，消費者，とりわけ多重債務に陥り債務整理ないし自己破産を余儀なくされているような消費者は，利息制限法や貸金業規制法の知識に乏しく，領収書なども保存していないのが現実である。この点については，被告を含む大手の消費者金融業者が全国の多数箇所に設置している ATM を利用することにより，消費者はいつでもどこでも返済ができ，残高と次回弁済額が記入された領収書（明細書）を受領できるため，いきおい領収書の保管に熱心でなくなることも多分に影響しているものと考えられ，他方，大手の消費者金融業者は，そのような利便性を強調して顧客を勧誘しており，そのシステムは消費者が負担する高利によって維持されている関係にある」（前述札幌地裁判決）。

119

第1部　私法の発展における倫理と技術

　そこで，同判決は，多重債務者の債務整理にあたっては，債権を確知して，平等な分配をする必要があるが，そのためには金融業者から取引経過の開示をうけることが必須であり，そのさいには，貸金業法19条が貸金業者に帳簿の記載と保存を義務づけ，金融庁が帳簿内容の開示に協力するべきことを定めている趣旨が，消費者との法律関係を考察する場合にも生かされなければならない―とするのである。他方，金融業者の取引経過の開示は，コンピューターによる一元的管理から容易であり，これを拒否するのは「正確な計算ができないために，利息制限法の利率を超える弁済をし，又過払金があるにもかかわらずその返還請求を断念」させようとするものであり，このような意図が相当性を欠くものとする。そして，信義則上，消費者が取引経過の開示を求めたときには，金融業者は合理的理由がないかぎり応じる義務があり，これを拒否した場合には不法行為が成立するものとして，慰謝料と弁護士費用の賠償を認めたのである。同様の信義則上の開示義務を認めたものとして，名古屋地判平13・9・28金判1133号50頁がある。

　本判決も，開示の公益性と容易性，開示しない理由の不当性から，開示義務を肯定した。「Yが取引経過の開示を拒否したのは，過払の状態が明らかになるのを回避し，これを隠蔽する意図があったものと認めざるを得ない（Yにおいては，顧客の取引経過についてはこれをコンピュータで管理していたのであって，その開示は容易であったのである。しかるに，Yが，〔中略〕取引経過の開示に応じられなかったのは資料が倉庫にあって容易に探し出せる状態になかったためであるなどと弁解した。不誠実な対応であったというべきである。）。多重債務者も，適切な時期に各消費者金融業者との間の取引経過を明確にし，残債務の有無，過払金の有無及びその額が明確になれば，早期に債務の整理をして，経済的な更生を図ることができる。過払金返還を求める訴訟が提起されれば，その中で開示されるというのでは，その目的を達しないのである」。

　貸金業者の取立行為については，貸金業法21条に規制があり，これに反する行為が不法行為を構成しうることを認めた裁判例がある（東京高判平9・6・10判時1636号52頁）。弁護士のする債務整理を無視して，いきなり執行に及んだものである（これにつき，小野・前掲書419頁）。これに比して，開示の拒否は間接的なものであるが，超過利息の請求に消極的にせよ寄与する

ものであるから，社会的な相当性を欠くものたることを否定しえない。訴訟上，文書提出命令が出されればたりるというのではたりない（近時取引履歴につき文書提出命令が出された事例として，大阪地決平14・5・16消費者法ニュース52号95頁参照）。消費者問題の一部であり，ほとんど唯一の解決方法であること，非開示がただちに違法な請求を助長することが考慮される必要がある。

そこで，開示義務自体を認めることに異論はないと思われる。ただし，損害賠償までも認めることには異論もあろう。前述の名古屋地裁平13・9・28判決は，具体的判断としては，開示しなかったとしても債務者のおかれた立場に差異がなく，債務整理の遂行とも関係が少ないとして，損害の発生を否定した（事案の特殊性のほか，慰謝料50万円，弁護士費用20万円という請求額が影響したようにも思われる）。損害賠償の判断には，損害賠償は開示のいわば手段にすぎないことが考慮されなければならない。わがくにでは懲罰的損害賠償は認められていないから，損害賠償の過大を恐れ精神的損害の侵害にあまりに消極的になれば，一般論として開示義務を認めた趣旨を没却するおそれがあろう。多少の賠償を払っても（あるいは賠償もなければ），開示しないほうが得との意識を広げるからである（アメリカの消費者信用法であるConsumer Credit Protection US Code, Title 15, Ch 41. は，種々の情報開示や取立規制につき広範に懲罰的損害賠償が伴うものとしている。これがないと，脱法という選択肢を助長するからである。制度的な相違はあるが，考え方としては参考となるであろう。小野・前掲書400頁，418頁）。開示の重要性と結果の重大性からすると，大多数の場合において，開示の拒否になんらの精神的損害も伴わないとみることはできないと思われる。かつ，内容的には，低額で定額化するよりも，悪質性との相関関係で，高額の請求も可とするほうがベターと思われる。

第10篇　信用保証料とみなし利息および一連の取引における制限超過利息の他の借入金債務への充当

（①最（二小）判平 15・7・18 民集 57 巻 7 号 895 頁，
②最（一小）判平 15・9・11，③最（三小）判平 15・9・16）

①判決—平成 15 年 7 月 18 日第 2 小法廷判決（平成 13 年（受）第 1032 号，1033 号不当利得請求事件）民集 57 巻 7 号 895 頁。一部上告棄却，一部破棄差戻。原審・東京高等裁判所（平成 12 年（ネ）第 5749 号），1 審・東京地方裁判所（平成 11 年（ワ）第 13538 号）。

②判決—平成 15 年 9 月 11 日第 1 小法廷判決（平成 12 年（受）第 1000 号不当利得返還等，不当利得返還請求事件）。破棄差戻。原審・福岡高等裁判所（平成 11 年（ネ）第 120 号），1 審・佐賀地方裁判所（平成 8 年（ワ）第 168 号，同第 177 号）。

③判決—平成 15 年 9 月 16 日第 3 小法廷判決（平成 14 年（受）第 622 号過払金返還請求本訴，貸金請求反訴事件）。破棄差戻。原審・広島高等裁判所松江支部（平成 13 年（ネ）第 56 号），1 審・松江地方裁判所益田支部（平成 11 年（ワ）第 1 号，同第 9 号）。（以下，①②③判決という）

【判決要旨】　①②③判決

1　貸金業者甲の受ける利息，調査料及び取立料と甲が 100％出資して設立した子会社である信用保証会社乙の受ける保証料及び事務手数料との合計額が利息制限法所定の制限利率により計算した利息の額を超えていること，乙の受ける保証料等の割合は銀行等の系列信用保証会社の受ける保証料等の割合に比べて非常に高く，乙の受ける保証料等の割合と甲の受ける利息等の割合との合計は乙を設立する以前に甲が受けていた利息等の割合とほぼ同程度であったこと，乙は甲の貸付けに限って保証しており，甲から手形貸付けを受ける場合には乙の保証をつけることが条件とされていること，乙は，甲に対し，保証委託契約の締結業務，保証料の徴収業務，信用調査業務及び保

証の可否の決定業務の委託等をしており，債権回収業務も甲が相当程度代行していたことなど判示の事実関係の下においては，乙の受ける保証料等は，甲の受ける利息制限法3条所定のみなし利息に当たる。

2　同一の貸主と借主との間で基本契約に基づき継続的に貸付けが繰り返される金銭消費貸借取引において，借主が一つの借入金債務につき利息制限法所定の制限を超える利息を任意に支払い，この制限超過部分を元本に充当してもなお過払金が存する場合，この過払金は，当事者間に充当に関する特約が存在するなど特段の事情のない限り，民法489条及び491条の規定に従って，弁済当時存在する他の借入金債務に充当され，当該他の借入金債務の利率が利息制限法所定の制限を超える場合には，貸主は充当されるべき元本に対する約定の期限までの利息を取得することができない。

【事　実】　①事件　（1）　平成5年，Aは，商工ローン業者Yとの間で，元本極度額3000万円の継続的手形貸付契約を締結した。平成9年および同6年，Aの債務につき，Xら（B, C）は，400万円の限度で各自連帯保証し，またD信用保証株式会社が保証した。平成5年から同10年までの間，YはAに対し手形貸付の方法で，利息制限法に反する利率で反復して一連の貸付をした。ただし，Aに交付された金員からは，Yに対する利息，調査料・取立料，Dに対する保証料・事務手数料が控除された。Dは，Yの貸付金取引の借主に対する信用保証を行うために，Yが100％出資して平成3年5月に設立した子会社であり，Yの貸付のみを保証し，Yから手形貸付をうけるさいには，Dからの保証をうけることが条件とされており，債権回収業務もYが相当程度代行していた。Aに対しては，Yから手形貸付の方法で，利息制限法に反する利率で一連の貸付が行われたことから，Xらは，利息制限法に超過する利息の支払によって過払金が生じているとして，過払金の不当利得の返還の請求をした（①の1審，原審については，金判1120号20頁参照）。

（2）　原審は，Dのうける保証料等は，利息制限法3条のみなし利息にあたるとし，またYとAは，基本取引約定と手形貸付取引約定を取り交わし，これにもとづく複数の貸付金取引を並行して行っていたのであるから，Aがそのうちの一つの借入金債務につき法所定の制限を超える利息を支払い，この

制限超過部分を元本に充当した結果生じた過払金については，Yの貸主としての期限の利益を保護した上で他の借入金債務に充当するとすることが，YとAの意思であると合理的に推認され，Yは充当されるべき元本に対する約定の期限までの利息を取得することができるとした。

②事件　(1)　平成元年，商工ローン業者Yは，Eの名称で塗装業を営むAに対し，元本極度額1000万円の継続的手形貸付契約を締結した。同6年，Xら（B, C）は，Aの債務につき，極度額を各600万円と400万円として連帯保証した。平成元年から同7年までの間，Yは，Aに対し手形貸付の方法で，利息制限法に反する利率で反復して一連の貸付をした。ただし，Aに交付された金員からは，Aに対する調査料・取立料，D信用保証株式会社に対する保証料・事務手数料が控除された。Dは，Yの貸付金取引の借主に対する保証を行うために，Yが100％出資して設立した連結子会社であり，Dは，Yの貸付のみを保証し，Yの手形貸付については，Dの保証を付けることが条件とされていた。Aは，平成7年8月4日までの貸付にかかる手形を決済しており，また保証料等も利息制限法のみなし利息にあたることから，利息制限法に超過する利息の支払によって過払金が生じているとして，不当利得の返還の請求をした。Cも，Yに対して支払った金員を不当利得として返還請求した。また，Bも保証債務の履行をしたが，過払金の元本への充当の結果手形金債務がすでに消滅しており，YのBに対する仮差押命令の取得およびその執行は不法行為を構成するとして，不法行為による損害賠償請求権にもとづき慰謝料の支払を求めた。

(2)　原審は，DとYとの関係を考慮しても，Dの法人格が形がい的または濫用的なものであるとはいえず，Dのうける保証料等は，Yのうける利息等とは別個のものであり，これを利息制限法3条所定のみなし利息とみることはできないとし（Yのうける調査料・取立料は，利息制限法3条のみなし利息にあたる），また本件取引における各貸付に対する弁済によって生じた各過払金は，各貸付ごとに生じているものと認められ，他の借入金債務には充当されないとした。

③事件　(1)　平成2年，食品卸売業者Xは，商工ローン業者Yとの間で，元本極度額300万円（のち1000万円に増額）の継続的手形貸付契約を締結し

た。平成2年から同10年までの間、Yは、Xに対し手形貸付の方法で、利息制限法に反する利率で一連の貸付をした。ただし、Xに交付された金員からは、Yに対する利息、調査料・取立料のほか、D信用保証株式会社に対する保証料・事務手数料が控除された。Xの債務を保証したDは、Yが100％出資して設立した子会社であり、Yと役員の一部が共通し、Yの貸付のみを保証し、Yの手形貸付については、Dの保証を付けることが条件とされていた。また、Dは、Yの借主との間の保証委託契約の締結業務・保証料徴収業務をYに委託し、信用調査業務もYが主体となって行い、債権回収業務もYが相当程度代行していた。Xは、利息制限法に超過する利息の支払をしこれを元本に充当すると過払金が生じているとして、過払金の不当利得の返還の請求をした。

(2) 原審は、YとDとは緊密な関係があることは認められるが、Dの法人格が形がい化し、Yと一体であるとまでいうことはできず、Dの保証料等を法3条所定のみなし利息に当たるということはできないとし（Yのうける調査料・取立料は、利息制限法3条のみなし利息にあたる）、また、本件取引上の各貸付に対する弁済によって生じた過払金を他の借入金債務に充当する場合に、Xが期限までの利息を支払う必要があること、各過払金を他の借入金債務に当然充当する旨の合意をうかがわせる事情はなく、各貸付に対する弁済によって生じた過払金は、他の借入金債務には充当されないとした。

【上告理由】 ①では、原審で敗訴した貸主Yと借主Xが上告受理の申立をし（前者は棄却）、②では、原審で敗訴した借主B、Cが上告受理の申立をし、③では、原審で敗訴した借主Xが上告受理の申立をした。

【判決理由】 ①判決は、原審の判断のうち、過払金が他の借入金債務に充当されるとの判断は是認することができるが、この場合に充当されるべき元本に対する約定の期限までの利息をYが取得しうるとの判断は是認しえないとした。

「同一の貸主と借主との間で基本契約に基づき継続的に貸付けとその返済が繰り返される金銭消費貸借取引においては、借主は、借入れ総額の減少を

望み，複数の権利関係が発生するような事態が生じることは望まないのが通常と考えられることから，弁済金のうち制限超過部分を元本に充当した結果当該借入金債務が完済され，これに対する弁済の指定が無意味となる場合には，特段の事情のない限り，弁済当時存在する他の借入金債務に対する弁済を指定したものと推認することができる。また，法1条1項及び2条の規定は，金銭消費貸借上の貸主には，借主が実際に利用することが可能な貸付額とその利用期間とを基礎とする法所定の制限内の利息の取得のみを認め，上記各規定が適用される限りにおいては，民法136条2項ただし書の規定の適用を排除する趣旨と解すべきであるから，過払金が充当される他の借入金債務についての貸主の期限の利益は保護されるものではなく，充当されるべき元本に対する期限までの利息の発生を認めることはできないというべきである。

したがって，同一の貸主と借主との間で基本契約に基づき継続的に貸付けが繰り返される金銭消費貸借取引において，借主がそのうちの一つの借入金債務につき法所定の制限を超える利息を任意に支払い，この制限超過部分を元本に充当してもなお過払金が存する場合，この過払金は，当事者間に充当に関する特約が存在するなど特段の事情のない限り，民法489条及び491条の規定に従って，弁済当時存在する他の借入金債務に充当され，当該他の借入金債務の利率が法所定の制限を超える場合には，貸主は充当されるべき元本に対する約定の期限までの利息を取得することができないと解するのが相当である」。

裁判官全員一致の意見で，一部上告棄却，一部破棄差戻（滝井繁男，福田博，北川弘治，亀山継夫，梶谷　玄）

②判決は，DとYとの関係を考慮しても，Dのうける保証料等は，Yのうける利息等とは別個のもので，利息制限法3条所定のみなし利息とみることはできないとの原審の判断は是認できないとし，「本件の事実関係の下においては，D信用保証株式会社の受ける保証料等は，本件取引に関しYの受ける法3条所定のみなし利息に当たるというべきである（最高裁平成13年（受）第1032号，第1033号同15年7月18日第2小法廷判決・裁判所時報1343号6頁参照）」とした。

また,「本件取引における各貸付けに対する弁済によって生じた各過払金は, 各貸付けごとに生じているものと認められ, 他の借入金債務には充当されない」との原審の判断をも是認できないとし,「同一の貸主と借主との間で基本契約に基づき継続的に貸付けが繰り返される金銭消費貸借取引において, 借主がそのうちの一つの借入金債務につき法所定の制限を超える利息を任意に支払い, この制限超過部分を残元本に充当してもなお過払金が存する場合, この過払金は, 当事者間に充当に関する特約が存在するなど特段の事情のない限り, 民法489条及び491条の規定に従って, 弁済当時存在する他の借入金債務の利息及び元本に充当され, 当該他の借入金債務の利率が法所定の制限を超える場合には, 貸主は充当されるべき元本に対する約定の期限までの利息を取得することができないと解するのが相当である(前掲最高裁平成15年7月18日第2小法廷判決参照)」とした。

裁判官全員一致の意見で, 破棄差戻(泉 徳治, 深澤武久, 横尾和子, 甲斐中辰夫, 島田仁郎)。

③判決も, まず「本件の事実関係の下においては, D信用保証株式会社の受ける保証料等は, 本件取引に関しYの受ける法3条所定のみなし利息に当たるというべきである(最高裁平成13年(受)第1032号, 第1033号同15年7月18日第2小法廷判決・裁判所時報1343号6頁参照)」とした。

また,「同一の貸主と借主との間で基本契約に基づき継続的に貸付けが繰り返される金銭消費貸借取引において, 借主がそのうちの一つの借入金債務につき法所定の制限を超える利息を任意に支払い, この制限超過部分を残元本に充当してもなお過払金が存する場合, この過払金は, 当事者間に充当に関する特約が存在するなど特段の事情のない限り, 民法489条及び491条の規定に従って, 弁済当時存在する他の借入金債務に充当され, 当該他の借入金債務の利率が法所定の制限を超える場合には, 貸主は充当されるべき元本に対する約定の期限までの利息を取得することができないと解するのが相当である(前掲最高裁平成15年7月18日第2小法廷判決参照)」。

裁判官全員一致の意見で, 破棄差戻(濱田邦夫, 金谷利廣, 上田豊三, 藤田宙靖)。

第1部 私法の発展における倫理と技術

【参照条文】 利息制限法1条，2条，3条，民法136条，489条，491条

【評 釈】 一 問題の所在・意義

　最高裁は，2003年の3つの判決において，従来下級審において争いのあった商工ローンの保証会社に対する信用保証料などのみなし利息と仕組み金融における充当に関する判断を行った。3つの小法廷において，それぞれ裁判官一致の判断であり，下級審に与える影響も大きいものと考えられる（①判決については，すでに茆原洋子・消費者法ニュース56号80頁，角田美穂子・法セ587号115頁に簡単な解説がある）。

　おもな論点は2つである。まず，信用保証会社の信用保証料などが貸主の受領する利息とみなされるかが問題となり，①判決では原審判断が維持されたが，②③各判決は原審判断を否定し事案のもとで利息性を肯定した。そこで，①の判決文そのものでは，必ずしも主要な論点となっていない。つぎは，商工ローンが行っている短期の手形を用いて継続的に金融を行う貸付に対する充当の問題である。

　歴史は繰り返すといわれる。利息制限法1条1項と2項は，本来両立しない事項を「任意」弁済の構成で繕っている，実務における「任意」というフィクションを否定し第2項を事実上空文とし，第1項に統一したのが，かねての最高裁の大法廷判決（最判昭39・11・18民集18巻9号1868頁，最判昭43・11・13民集22巻12号2526頁）であった。これが，1983年の貸金業法の制定により振り出しに戻った（同法43条1項による過払い利息の返還義務の免除）。しかし，同じ矛盾は，利息制限法1条1項と貸金業法43条1項の間にもある。ここで，充当法理がかつての最高裁判例の展開する重要な契機だったことが想起される必要があろう。

　また，最高裁は，最判平2・1・22民集44巻1号332頁において，貸金業法43条1項の「利息として任意に支払った」ことにつき，利息の制限超過部分の契約が無効であることの認識を不要とし，その適用の実質的要件を緩く解した。他方で，形式的要件の具備については，最判平11・1・21民集53巻1号98頁において，貸金業法18条書面の交付につき厳格な解釈を示している。これらはいずれも，なお貸金業法固有の問題を扱っていたが，貸

金業法の制定から20年を経て，利息制限法理の本来的な領域との関連がふたたび問い直されているのである（従来の司法消極主義の再検討ともいえる）。

二　仲　介　料

(1)　1999年の貸金業法の改正まで，商工ローンにおいては，債務者の近親者を保証人とし，同時にその無知につけこんで高額の根保証をさせる形態が広く行われた。社会問題ともなったことから，同年の改正により，極度額のある保証の情報開示義務が課せられ，この形態には一応の対策が立てられた（貸金業法17条2項以下）。代わって，従来とは逆に債権者側に保証会社を介在させる新たな形態が発展した。利息制限法3条を潜脱するために，とくに手数料や保証料などの名目で，実質的な利息を自分の提携する信用保証会社に対して支払わせるものである。実際には，支払われた金銭は債権者に還流される。債務者と保証会社との間にいわゆる「一体性」や「密接な」関係がある場合に，同3条の「債権者」に，このような保証業者が包含されることはいうまでもない。

利息制限法3条によるみなし利息に関する先例は，比較的古くからみられる（利息とみなされない費用の債権者の立証責任につき，最判昭46・6・10判時638号70頁参照。出資法5条のみなし利息については，最判昭57・12・21判時1065号191頁）。ここで，たんに債権者との間の利息以外の名義による金銭の授受が包含されるのはいうまでもないが，従来第三者に対する支払が包含されることについての先例は乏しかった。

(2)　なぜなら，いちおう独立した形式の保証会社が関与することは比較的新しいからである。サラ金はもともと無担保・無保証をセールスポイントとしてきたし，これを利用する債務者には信用力が乏しく，本来の意味での保証会社がつくはずはないのである。そこで，古い事例は乏しいが，比較的新しく，第三者に対する仲介料が実質的に利息にあたるとして，利息制限法3条が適用された下級審裁判例が現れるようになってきた（高松高判昭58・5・12判時1101号55頁）。また，貸主と実質的に同一と認められる保証会社に対する保証料が利息制限法3条の利息とされた例もある（広島地判昭59・3・19判時1124号198頁）。近時（この10年間）は，サラ金の信用保証との関係で多数の裁判例がある（後述の東京高判平12・3・29判時1712号137頁ほか。こ

れにつき，小野・私法判例リマークス 2001 年下 46 頁参照）。いずれも，本来の保証というよりも，実質利率を高めるために債権者の地位を転用する保証の形態である。

　ここで，利息とみなすためには，債権者との関係がどの程度あればたりるかが問題である。実質的な子会社，法的な人格として経済的一体性があれば当然である。①判決が認定した状況は多岐にわたる。(i)D信用保証会社は，貸主Ｙの貸付金取引の借主に対する信用保証を行うために，Ｙが100％出資して設立した子会社であり，Ｄの利益は，最終的にはＹに帰属する。(ii)Ｄは，Ｙの貸付に限って保証し，(iii)Ｙから手形貸付をうける場合に，Ｄの保証を付けることが条件とされた。(iv)Ｄのうける保証料などの割合は銀行などの系列信用保証会社のうける保証料などの割合に比べて非常に高く，Ｄの設立後，Ｙは貸付利率の引下げを行ったが，Ｄのうける保証料などの割合とＹのうける利息などの割合との合計はＤを設立する以前にＹがうけていた利息などの割合とほぼ同程度であった。(v)Ｄは，Ｙの借主との間の保証委託契約の締結業務・保証料徴収業務をＹに委託し，信用調査業務についてもＹに任せ，保証の可否の決定業務をも事実上Ｙに委託していた。(vi)信用保証会社が貸付金取引の借主の債務を保証する主たる目的は，借主が返済を怠った場合に，信用保証会社が貸主に対して代位弁済を行い，借主に対して求償金の回収業務を行うことにあるにもかかわらず，Ｄの債権回収業務もＹが相当程度代行し，Ｄには，その組織自体がこのような各業務をみずから行う体制がなかった。

　また，②判決では，ほかに，(vii)Ｄ信用保証会社とＹとの取締役が一部兼任されており，Ｄ本店もＹの旧支店の建物内に置かれ，従業員の多くもＹの元従業員であった。③判決でも，(i)〜(vi)のほか，信用保証会社と貸主との間の役員の一部兼任につきふれている。いずれも，債権者と信用保証会社が一体であることを推察させる事実である。

　しかし，これらは，必ずしも不可欠の要件とみるべきではなく，みなし利息が成立するためのごく一部のメルクマールにすぎない。これらを絶対的な要件ととらえれば，その一部を逸脱することにより容易に適用を回避することになろう。たとえそのような「密接な」関係がなくても，業者間のつけ回しや，債権者の高利実現にある程度継続的に機能している場合には，みなし

利息として肯定することができる。高利規制は公序の問題であり，取引の安全にかかわる法人格の否認の問題とは異なるからである。②③判決においても，「本件の事実関係の下においては」というにとどまる。一応のメルクマールとしているにすぎないとみるべきである。とくに経済的一体性といった抽象的な基準にふれないのは，それにふれることがかえって新たな逸脱形態を生み出すことを鑑みたためであろう。

(3) また，債権者へのみなし利息が成立しないためには，債権者以外の者に現実に支払われたことが必要である。契約では第三者に支払うことを前提としていても，現実には債権者に支払ったというのではたりない。債権者自身が，第三者への手数料名目で天引きしたにすぎない場合には，第三者以前の問題として，もともと利息制限法3条の適用を免れえない。下級審の裁判例によっては，第三者への手数料という名目だけで，差し引かれた保証料込みで元本を計算しているものも，ときにはみられる。しかし，利息制限法3条の「債権者の受ける元本以外の金員」から除外されるには，たんに間接的に第三者に支払われる予定であるとか，形式的にだけ第三者に支払われる契約であるというだけではたらず，債権者以外の者が現実に受領したものでなければならない。そこで，債権者自身が「保証料」の名目で天引きしたときには，受領した元本の額から差し引く必要があり，また債権者が保証人の代わりに受領したり，保証料の受領要員を名目的に子会社である保証会社の従業員に転籍したのでもたりない。すなわち，直接であろうと，間接であろうと，債権者に交付あるいは天引きされた限り，それは「債権者」に支払われたものにすぎない（小野・判評519号2頁参照）。

三　一連の貸付取引と従来の裁判例

(1)　手形を利用する商工ローンの貸付の仕組みは，当初の借入にさいして交付した手形（(i)額面をたとえば10万円とする）の満期直前に，借主Xが貸金業者Yに満期日を4か月先とする同額面の手形（(ii)額面10万円）を送付すると，Yは，額面額から，4か月間の利息などを差し引いた金をXの口座に振込み（金額は天引後の額9万円），Xは，額面額と振込金の差額を他から調達して口座に入金し，当初の手形を決済する（額面10万円を返還）というものである。通常これが数年間にわたり継続する。

第1部　私法の発展における倫理と技術

　この手形(i)(ii)が別個の貸付か一連の貸付かが問題となり，一部の判決は，一連の貸付が繰り返され，各貸付については，実質的には1個の取引契約に基づく一連の1個の貸付取引とみるのが実態に合致しているものとし，「各手形の交付は，支払を確実にするための形式的，手段的なもの」とした（福岡地裁小倉支判平11・10・26判時1711号126頁参照）。また，各貸付を別個のものとした場合に，利息制限法の制限を超過する過払金が自動的に元本に充当されるかが問題となるが，かりに各貸付が「1回ごとの個別の貸付であるとしても，各貸付ごとの利息制限法の利率を超える過払分は，次の貸付の元本に当然に充当されていき（本件取引契約書には充当の特約が存在するが，過払分については同法1条，4条により無効として，合意は存在しないものと扱うべきである），元本が減少していくと考えるのが相当である」とした。

　(2)　手形貸付の方法で継続的に貸付が行われる場合には，みぎの方法が積極的に一種の継続的な仕組みとして利用されている。手形の利用は，たんなる取立の便宜というよりも，借換の外形を遮断するためであり，その実態はなお一種の借換である。そして，3，4か月の短期・少額の手形による貸付の形式をとることから（複数の貸付が生じやすく），借換のさいの充当の判断が不可欠となるのが特徴である。従来「借換」の形式で行われていた「任意弁済」の仮装を，「手形」の切替えの形式で行い，「任意の」弁済の形式を用いて利息制限法超過の利息を獲得することを目的とする。そこで，一連の取引をどのようにとらえるかが問題となる（一連の取引と超過利息の充当につき，前掲判評519号2頁参照）。

　第1は，一連の取引を一つとみて，これを継続する債務の借換とする見解である（たんなる手形の書換や支払期日の延期とみる）。利息制限法の適用にもっとも忠実な結果となる。計算上，超過利息は当然に後期や別口の債務に充当される。第2は，それぞれの取引を個別・独立の取引とみる見解である。前期の利息は，当然には後期の取引に充当されず，過払い分は任意弁済があったものとし，天引分も清算ずみと扱うことが意図されている。貸金業者の構成である。第3は，それぞれの取引を個別の取引とみるが，過払いを他の債務に充当する見解である。借換があっても，利息制限法の適用を厳格に認める。一連の取引を個別取引とすることは，必ずしも充当しないことと直結

するわけではない（たとえば，和歌山地判平12・11・30消費者法ニュース46号5頁参照）。ただし，充当するべき別口の債権がなく不当利得の返還を認めない場合には，その限りでは第2の見解と同じ結果が生じるよちがある。

なお，借換を行わせて，そのおりに過払いの利息が任意に支払われたとみせかける場合には，単純に借換のさいに，新たな貸付の中から旧債務の弁済をさせる場合と，新債務の天引という名目で実質的に旧債務の弁済をさせる場合とがある。しばしば前者が裁判上封じられたことから，近時では，後者の形式をとることが多い。

前述の昭和39年と同43年の最高裁判決の比較からすると，過払金の元本充当の延長に，不当利得の返還請求の肯定があることはいうまでもない。しかし，不当利得の返還請求権は，時効にかかる可能性，行使の必要性，任意弁済の形式をとることにより，比較的容易に潜脱されやすい。そして，貸金の利息は高利であり，不当利得金に付される法定利率とは比較にならない。さらに，貸主は，金融業者であるから，返さないでおいた金額をべつに貸付け，利益を獲得することも可能である。また，継続的取引の債務者には，数口の債務が存在することが通常であり，むしろ過払金を当然に他の債務に充当するとする構成のほうが，これらの欠陥をカバーしやすい。その方途としては，前述のように，一連の取引であれば，これを一体のものとみることがもっとも簡明であるし，実体にもそくしているが，個別のものとみても，みなし弁済の潜脱を否定できれば，結果は同一となる。

たとえば，140万円の利息として，40万円を差し引いて100万円を交付した場合に，1年の期限時に，制限利率15％で支払うべき許容利息は，受領額100万円の15％の15万円となる。そして，2年目に，新たな貸付（140万円）が行われても，天引分をひいた元本は（140万円－40万円は）100万円であり，過払金（債務者の支払った140万円－115万円＝25万円）を新債務に充当すれば，新たな元金は，75万円（100万円－25万円）となる（みぎの第3の見解）。

ここで，業者の計算では，期日に支払うべき金額は140万円で，新たな貸付金額も140万円で，天引きして，100万円となる。債務者が，現実には，期日に40万円支払っているのに，この場合には，期日に任意に弁済されて

いるとして，元本は減少せず，無限に同じ計算が継続することになる（期日ごとに，元本が減少しないままに40万円ずつ支払う）。これは，形式は「天引」であるが，実質的には（少なくとも2回目以降は），最初の貸付の清算にほかならない（第2の見解）。

しかし，最初と2回目の貸付が一連のものとすると，期日に支払うべき金額は，115万円であり，25万円は過払となる。2回目の元本は，当然に25万円減少して，100万円－25万円＝75万円となる（第1の見解）。この場合には，債務者は，140万円支払って，100万円（天引との差額）の貸付をうけたのではなく，端的に差額の40万円を支払ったにすぎないとみることになる。現実にも，債務者が準備した金額はこれだけである。任意弁済の点のみならず，140万円支払って，100万円借りたというのも，フィクションにすぎない。

第1，第3の見解のいずれによっても，2回目の元本は，75万円となる。ただし，第3の見解では，いちおう最初の取引は完結しているとの外形があるから，債務者が140万円支払ったとして，それに対するみなし弁済の可能性が生じる（第2の見解の主張）。これを否定すれば，第1の見解と異ならない結果となる。他方，第1の見解では，当然にこのような可能性を排除することができるのである。

(3) 取引の一連性は，継続的貸付に対する従来の裁判実務の算定方法でもあり，手形はこれを潜脱するための手段として用いられるにすぎない。外形上，複数の貸付において，個々の返還義務の間の関係を切断することによって，実質的な高利を目指す場合がある。ＡＢ……債権の貸付があり，Ａにつき，制限超過利息が支払われ，それにつき不当利得の返還請求権が発生した場合に，これ（Ａ債務）と未履行のＢ債権とが相殺されうることはいうまでもない。また，両者が実質的に同一の債権であれば，Ｂ債権に充当される。さらに，まったく別口の債権であっても，Ａ債務の法定利率とＢ債権の約定利率はかなり不均衡なものであるから，充当しなければ不衡平な結果を生じる。Ａ債務につき，不当利得返還請求権が発生することを理由として，充当を否定することはできない。ここで，制限超過利息につき不当利得返還請求権の発生を指摘するのは，別口のＢ債権が存在しない場合に，充当のみでは

たりないことを補完する意味からにすぎない（最判昭55・1・24民集34巻1号61頁，前掲最高裁昭43年判決参照）。

かねて，最判昭52・6・20民集31巻4号449頁は，拘束された即時両建預金を取引条件とする信用共同組合の貸付が独禁法に違反し，両建預金があるために実質金利が利息制限法の制限利率を超過する場合に，超過する限度で貸付契約の利息，損害金についての約定が無効となるものとした。拘束預金は，預金と貸付が時間的に同時に行われ，いわば並列的に行われる結果，利息制限法の制限を超過した場合であり，他方，継続的な貸付の場合には，逐次的な貸付であり，直列的な原因による超過という差異はあるが，実質的に充当や相殺的な考慮を認めるべき点では異ならない。したがって，借換のさいの充当を行えばたり，とくに一連性の証明を要するとみる必要はなく，むしろこれを否定する場合には，貸主から個別性を立証する必要がある。

(4) 本件と同様の債務の借換の性質について，従来の下級審裁判例には，比較的早くから，過払金の元本への充当をみとめるものが多い。たとえば，大阪地判平2・1・19判タ738号16頁は，XのYに対する貸付で，一部の弁済が行われたのみで，残額に対して反復して新たな貸付が行われた事例である。Xは，貸金業法43条1項によるみなし弁済の成立を主張したが，判決はこれを認めず（借換の事実が記載されていない書面を交付したことから，貸金業法17条の書面がなく，同43条の適用を否定），過払金が残債務に充当されるものとした。また，東京高判平12・9・27金法1604号29頁も，すでに過払いとなっている旧債務の借換につき，新たな貸付金として借主に交付された金員のうち過払額に達する額は，過払金に充当され，その残金が新たな貸付の元金として交付されたにすぎないものと解した。

ここでは，借換のさいに過払金が，「任意に」利息として支払われたとみるか（具体的には否定）が争われるが，書換のさいの「天引」によって新たに高利の過払いが生じる仕組みを示したのが，つぎの東京高判平12・3・29判時1712号137頁である（小野・前掲リマークス参照）。同事件も，XとAとの間で手形貸付の方法で金員を貸付ける継続的貸付である。Xが，Aの連帯保証人であるYに，不渡りになった手形金の保証債務の履行を求めたのに対し，Yは，超過利息の元本充当を主張した。原判決は，XのAに対する一連

の貸付は，旧貸付の書換であるとし，支払った保証料と事務手数料を利息制限法3条により利息とみなしたうえで利息制限法所定の利率による利息の計算を行い，これを超過する部分はそれぞれの貸付ごとに元本に充当されるとして残元本を算出し，残元本とこれに対する利息はYによる供託と弁済により消滅するとし，Xの請求を棄却した。同控訴審判決も，ほぼYの主張を認容した。

「XからAに貸付金が振り込まれた日に天引分名目でAが入金した金員を加えて従前の手形が決済されているから，貸付日当日にはその貸付金に天引分名目の額を加えたものがXに還流している。してみると，形式的には一度XからAに資金が流れるが，実質的にはAが天引分名目で入金した金員だけがXに支払われているとみることができる」。また，Aのような借主は，他からの借り入れによってXに対する債務を返済しえない状況にあることを考えると，「Xは，一定の金額内で一定期間（本件基本契約では最長5年間。更新されれば更に5年間）Aとの取引を継続することを予定し，しかもその間天引分名目で高利の金員をXが受領することができるように考案された1つの仕組みであるということができる」。「XとAとの取引は，一連のものであり，従前の約束手形の決済のために必要とされる以上の金員が貸し付けられた場合には借り増しがあったと解し，また，従前の約束手形の決済のために必要な貸付金が2口に分けられた場合は，借り増しなどに伴いAが支払うべき天引分名目の金銭の額の算出方法や利息支払日などを変更したに過ぎないと解するのが相当である」。そこで，「AがXに支払った天引分名目の金員（後記3のとおり，保証料及び事務手数料を含む。）は，利息の先払い（なお，支払時に未払い利息があるときは，まずそれに充当される。）と解するのが相当であるから，利息制限法所定の利率によって計算された金額は残存元本に対する利息に充当し，支払額から右金額を差し引いた残額は残存元本に充当すべきものである」。

(5) これらの金融の仕組みは，実質とは異なるごく短期の貸付の外形を利用して，満期のつど天引利息につき，任意の支払があったように見せかけるものである。ただし，ここでいう「天引」は形式のみであって，天引きされるのは，旧債務の制限超過利息を包含した額が「任意弁済」された額を含む

から，正確には「天引」とみるべきものではない。超過利息は，本来支払われるべきものではなく，一方的に利息に充当できるわけではないからである。制限内に引き直せば，これは，たんに一方的な超過利息への充当にすぎない。継続的借換において，超過利息が当然に元本に充当されるとすれば，旧債務の超過利息につき天引が可能か否かという問題そのものが生じえない。実質は，借換の問題に還元される。したがって，問題の本質はたんなる天引というよりも，取引の一連性や「任意性」の有無にある。

　直接には天引の可能性を述べたものであるが，間接的にこの趣旨を明らかにした先例としては，東京地判平2・12・10判タ748号169頁がある。同事件は，XのYに対する貸金返還請求事件であり，論点は3つであった。第1に，貸金業法43条1項が，利息制限法1条1項および4条1項の特則であるとされているが，同法2条（利息の天引）に対する特則とはされていないとの形式と，利息の支払が貸付の条件とされ，利息の先払がなければ貸付をうけられない状況で債務者が支払うのは，任意の支払いとはいえないとの実質が指摘され，第2に，返済日の記載が，まちまちあるいは期間が1日や3日などで，先取りする利息を計算する期間の終期を意味するものにすぎず，真の弁済期を意味するものではないとし，貸金業法17条1項6号の「返済期間」の記載がなく，法定の書面の交付がないから，同法43条1項の適用もないとした。第3に，利息を先払いしなければ，期限の猶予や再度の貸付をうけられない状況において債務者が支払うのは，天引利息の支払いと同じく，任意の支払いとはいえないとして，貸金業法43条1項の適用を否定した。第1点と第3点とは関連しており，第1点は，貸金業法43条1項の適用に関する「天引」の形式的な制限の理由であり，第3点は，先払利息の任意性による実質的理由である。

　天引利息については，たんに貸金業法43条1項が，利息制限法1条1項，4条1項の特則であり，同法2条の特則ではないとする形式論のみを展開する裁判例もある。形式論のみでは必ずしも十分とはいえないが，実質論が基礎にあるものと考えるべきであろう（名古屋地判平7・5・30判タ897号213頁ほか多数。なお，受取証書交付の要件については，すでに前述最判平11・1・21民集53巻1号98頁があり，本稿では繰り返さない）。

近時，天引を理由として，貸金業法43条のみなし弁済の適用を肯定した裁判例がみられる（東京高判平14・11・28金判1163号39頁ほか，学説では，一定の前提のもとで，三井哲夫「利息の天引きないし先払と貸金業法43条」NBL714号16頁は適用を肯定）。しかし，みなし弁済の否定は，前述の特殊な貸付の構造に根ざすものであり，形式論理だけの問題ではない。したがって，たんに天引であるからみなし弁済の適用がある（あるいはない）というのは，それだけでは形式的にすぎる。みなし弁済の規定を適用するだけの実質がないことを認識する必要があり，実質をも考慮にいれれば，天引の形式をとっても適用がないというべきであろう。大阪地判平11・3・30判時1700号84頁，大阪高判平11・12・15消費者法ニュース46号7頁，東京高判平13・4・19判タ1072号152頁など下級審裁判例の多数は，貸主が利息を天引きした貸付には，貸金業法43条1項の適用がないとした（近時では，東京高判平15・7・31金判1173号15頁が否定説。東京地判平14・12・26判時1824号65頁は，利息の天引にも貸金業法43条1項の適用可能性を肯定したが，同法17条の書面がないとして，具体的には適用を否定。裁判例については，小野・判評520号4頁およびその注16，実務的観点からは，甲斐道太郎ほか，全国クレジット・サラ金問題対策協議会編「判例貸金業規制法と救済の実務」〔2002年〕3頁以下（茆原洋子「利息制限法と最新判例」参照））。

　四　その他の論点，特段の合意，射程

　(1)　①判決は，利息制限法1条1項および2条の規定は，貸主に，借主が実際に利用することが可能な貸付額とその利用期間とを基礎とする法所定の制限内の利息の取得のみを認め，民法136条2項但書の規定の適用を排除する趣旨と解し，過払金が充当される他の借入金債務についての貸主の期限の利益は保護されるものではなく，充当されるべき元本に対する期限までの利息の発生を認めることはできないとした。文言上，別段の合意のよちもない。さもないと，貸主が期限まで利息をとろうとして受領しないこともありうるし，また貸主はいくらでも契約を長期にできる地位にあるから，充当可能性は無意味に帰する。判決は，充当が貸主の期限の利益により排除されないことを述べたものであり，重要である。また，利息の徴収における元本の実質的利用期間，額の重要性を示したものであり，天引の理論などに対しても参

考となろう。

　①判決は，借主が通常借入れ総額の減少を望むから，弁済金のうち制限超過部分を元本に充当した結果当該借入金債務が完済され，これに対する弁済の指定が無意味となる場合に，特段の事情のない限り，弁済当時存在する他の借入金債務に対する弁済を指定したものと推認する。そして，同一の貸主と借主との間で基本契約に基づき継続的に貸付が繰り返される金銭消費貸借取引において，借主がそのうちの一つの借入金債務につき法所定の制限を超える利息を任意に支払い，この制限超過部分を元本に充当してもなお過払金が存する場合，この過払金は，当事者間に充当に関する特約が存在するなど特段の事情のない限り，民法489条・491条の規定に従って，弁済当時存在する他の借入金債務に充当され，当該他の借入金債務の利率が所定の制限を超える場合には，貸主は充当されるべき元本に対する約定の期限までの利息を取得しえないとした。

　この過払金の他の債務への弁済充当の推定と法定充当は，特約など「特段の事情」により，文言上，排除されうる構成となっている。ここに，前述の第1と第3の見解（前述3⑵参照）の相違がある。この部分の明確化は，残された課題である。もっとも，判決の形式的文言は，あまり重視されるべきではない。計算上債務が消滅している場合に，法定充当に反する「合意」や特段の事情が，認められる余地は乏しい（特約は元本充当を排除する形ではなく，たかだか複数債務の充当の順序を指定する限度で認められるにすぎないであろう）。利息は，借主が実際に利用した貸付額につき発生するとの判決の趣旨が生かされるべきである。

　ここで，貸付の反復・一連性を重視すれば，充当を制限する種々の疑問を払拭することができる。かねて個別の取引を一連のものと認めた福岡高裁小倉支判平12・12・13消費者法ニュース46号5頁は「本件取引契約に基づく手形貸付取引は，実質的には本件取引契約により包括された1個の取引と認めるのが相当であり，右取引は，手形による一括返済をあえて本件取引契約書に明記し，短期間の満期日を設定させた手形をその都度振り出させて手形を介在させることで，新たな貸付という形を取り，貸付の同一性や元本充当の主張を封ずることで（仮に後に過払いが問題とされても，Y（貸主）主張

のように各貸付分の不当利得の累積にすぎないと主張することで，取引額や取引期間に応じて，不当利得額の計算上の差額は相当なものとなる），元本を減らさずに高金利の利息等を長期間にわたって受領できるように考案された1つのシステムと認められる」とし，各貸付については，「取引契約に基づく一連の取引の中で，借り換えや借り増しがあったに過ぎず，各貸付毎の利息制限法を超える過払い部分は当然に次の貸付元本に充当して計算するのが相当である」。そして，「元本充当計算においては（中略）本件取引契約自体が，当初から手形を介在させることで前記のとおり元本充当の主張を封ずる意図の下に考案された1個の契約であり，各貸付が例外的に期日の連続性が切れていても，右契約の性質やYの意図は，1個の本件取引契約に基づいて行なわれていることに変わりはないのであり，当事者間の公平からも，各貸付がいずれも1個の本件貸付契約に包括されている」として，全体を一連の取引として元本充当の計算を行うのが相当とした。

また，取引の「一連」性を肯定したうえで，残債務への充当と不当利得返還請求権の発生を認めた東京高判平12・7・24判時1747号104頁は，利息天引と貸金業法43条の関係については，利息を天引きされた場合には貸金業法43条の適用はなく，利息制限法2条が適用されるとする。そして，数口の貸付があり，1口の貸付への弁済に利息制限法の制限を超過する過払金が生じるときに，それが残存の別口の債権に充当されるかという問題について，「金銭の支払が，ある債権について弁済の効力を持つためには，その支払が当該債権についてされる必要があると解されるが，少なくとも本件のような貸金債権が数口ある場合に，特定の債務への弁済について利息制限法所定の制限利率を適用して計算すれば過払が生ずるとき，債務者が特段の意思を表示しない限り，民法489条，491条に基づいてその過払金は他の別口の債権に充当されると解するのが相当である」とした（ただし，過払を生じた段階で別口の債権が存在しなければ充当の問題は発生せず，新たな他の債権が発生した時点で過払金が当然に新たな債権の元本に充当されることはないとした）。充当の関係では，たんに個別の貸付が残存するのではなく，あたかも借換の場合と同様に，順次充当され，みなし弁済の関係を残さないことを認めている。もっとも，最後の過払分は，別口の債権が存在しなければ充当できない

から，不当利得返還請求権が発生するにとどまる。最高裁判決は，必ずしも下級審裁判例がいうような一連性についてはふれないが，充当に関する実質的帰結は同一となろう（前述第1・第3の見解。なお，同判決は，利率についても，同一日に複数の貸付けがある場合は交付額の合計額を基準として利息制限法所定の制限利率を定めるものとした）。

(2) 本件の諸判決は3つの小法廷の判断が一致しているという点では安定したものであるが，見方によっては，潜脱しやすい可能性をも包含している。第1に，みなし利息の成立する債権者と信用保証会社の関係で「密接」な関係を必要とするとみると，外見上これを除外しようとする方途が際限なく生じよう（なお，みなし利息は法上当然に規制されるのであり，これを除外しようとする場合には債権者＝貸主から主張・立証する必要がある。債権者が受領した場合には，債権者は，これがみなし利息にあたらないと立証する必要があるのは当然である。債権者が実体のない保証人の代行をする多くの場合はこれにあたる。債権者の事務所で債権者の事務員が行っていたという場合に，たんに形式的に保証会社から代理権を付与されていたというだけではあたらない。じっさいに，債権者が受領しなかったことを要する。債権者以外の「保証人」が現実に受領した場合には，債務者が立証する必要が生じるという可能性があるが，みなし利息の主張は，保証人に対してするわけではなく，債権者に対してするのであるから，3条の文言からすると，債務者に立証させるということにはならない。かりに厳密な立証を必要とすると，不可能を強いる可能性が高く，その場合には，その軽減ないし立証責任の転換を要するとの解釈を補充する必要が生じる）。第2に，取引の一連性についても，取引が個別でありまた各取引の間には「任意」の弁済があるとの主張も際限なく生じるよちがある。ともに前述したところに従い，実質的な判断をする必要がある。

2003年の貸金業法の改正の影響も無視できない。同改正は，おもに無登録のやみ金融を対象としたものであり，仕組み金融に関するものは少ない。ただし，貸付の契約にかかる債権の管理もしくは取立の業務をするに当たり，偽りその他不正またはいちじるしく不当な手段を用いてはならないとされた（同法13条2項）。やや抽象的であるが，利息の計算を複雑にし高利を実現しようとする一部の仕組み金融などはこれに包含されると考えられる（小野

「やみ金融対策法の解説」市民と法24号2頁参照。本書第8篇参照)。

なお，同改正には残された課題も多く，とくに手形については，これを効果的に制限する立法的手当が必要である。さらに，比較法的な見地からすれば，少なくとも消費的な小口の消費貸借では，仲介料（みなし利息に当たらない場合でも）なども当然に利息として含めることが考慮されるべきであろう（なお，出資4条，高松高判昭58・5・12判時1101号55頁参照）。利息の徴収には，それが実現されるプロセスを含めて，高利の制限に服させる必要があるからである（2002年のドイツ債務法現代化法は，消費者消費貸借について，491条以下に詳細な規定をおき，また655A条―655D条において，消費者消費貸借の仲介においても，書面の交付を義務づけ，報酬支払義務は現実に仲介により金銭が支払われ，かつクーリングオフができなくなったときのほか生じないとする。法の制限する報酬以外の付随的な対価は禁止され（655d条, Nebenentgelte; außer der Vergütung nach § 655c Satz 1 ein Entgelt nicht vereinbaren.），借換やその範囲も制限される（655c条）。また消費貸借仲介契約は，貸借の申込と結びついてはならないとされ，違反した仲介契約は無効となる（655b条）など）。

第11篇　天引とみなし弁済および貸金業法43条の要件としての書面の記載

（①最（二小）判平16・2・20民集58巻2号475頁，金判1191号14頁，②最（二小）判平16・2・20金判1191号22頁）

①　最高裁平成16年2月20日第2小法廷判決。平成15年(オ)第386号，平成15年(受)第390号不当利得返還請求事件（原審・東京高裁判決金判1163号39頁，控訴棄却）民集58巻2号475頁，金判1191号14頁

②　最高裁平成16年2月20日第2小法廷判決。平成14年(受)第912号不当利得金返還請求事件（原審・札幌高裁判決金判1142号23頁，控訴棄却）金判1191号22頁

【判決要旨】　①　1　貸金業者との間の金銭消費貸借上の約定に基づく天引利息については，貸金業法43条1項の適用はない。

2　貸金業法43条1項の適用要件である債務者に交付すべき同法17条1項に規定する書面に該当するためには，当該書面に同項所定の事項のすべてが記載されていなければならない。

3　貸金業法43条1項の適用要件である同法18条1項所定の事項を記載した書面の債務者に対する交付は，弁済の直後にしなければならない。

②　貸金業者が貸金の弁済を受ける前に振込用紙と一体となった貸金業法18条1項所定の事項が記載されている書面を債務者に交付し，債務者が同書面を利用して利息の払込みをしたとしても，同法43条1項の適用要件である同法18条1項所定の要件を具備した書面の交付があるということはできない。

【事　実】　①事件　(1)　Xは，貸金業を営むY（商工ファンド）との間で，平成7年5月19日，XがYから手形割引，金銭消費貸借の方法で継続的に信用供与をうけるための基本契約を締結した。Xは，Yに対し，基本契約の

合意内容を記載した「手形割引・金銭消費貸借契約等継続取引に関する承諾書並びに限度付根保証承諾書」を差し入れ、その後、Yからの借入金の増額に伴い、5回にわたりこの書面とほぼ同一内容の書面を作成し提出した。Yは、これらの書面の提出をうけるつど、Xにその写しを交付した。

基本契約にもとづき、Yは、Xに対し、平成7年5月19日から同11年8月13日にかけて取引1から30までの貸付を行った。利率を日歩8銭とし、貸付期間中の利息と手数料を天引した。その後、YとXは、平成12年2月4日、取引1、3および14の各貸付を取引31の貸付とし、取引21、23および27の各貸付を取引32の貸付とする準消費貸借契約を締結した。

Yは、Xに対し、(i)取引1から20までおよび取引22の貸付にさいし、XがYに差し入れた借用証書とほぼ同一内容が記載された「お客様控え」と題する各借用証書控えを、(ii)取引21及び取引23から29までの貸付にさいし、XがYに差し入れた債務弁済契約証書の写しを、取引30の貸付にさいし、XがYに差し入れた「金銭消費貸借契約証書」の写しを交付した。そして、いくつかの貸付では、当初の元本の返済期日を1か月ずつそのつど延長することが繰り返された。

Yは、Xに対し、貸付の元本または利息の返済期日である毎月5日の約10日前である前月の25日ごろに、返済期日から先1か月分についての貸付の利息および費用の銀行振込による支払を求める旨の取引明細書を送付した。なお、この利息などの金額は、利息制限法1条1項の制限額を超えていた。Xは、Yに対し貸付の弁済をし、Xによる弁済の日から20日余り経過後に、YからXに送付された取引明細書には、前回の支払についての充当関係が記載されているものがあった。

(2) Xは、Yに対し制限額を超える利息部分を元本に充当すると過払金が生じているとして、不当利得返還請求権にもとづき過払金の返還を求めた。原審は、天引利息に対する貸金業法43条の適用を認め、そのための要件も具備されているとして、みなし弁済の成立を肯定し不当利得返還債権は存在しないとして、Xの請求を棄却した。

【判旨】①事件　最高裁は、Xの上告受理の申立をいれ原判決を破棄

第11篇　天引とみなし弁済および貸金業法43条の要件としての書面の記載

差戻。「(1)利息制限法2条は，貸主が利息を天引きした場合には，その利息が制限利率以下の利率によるものであっても，現実の受領額を元本として同法1条1項所定の利率で計算した金額を超える場合には，その超過部分を元本の支払に充てたものとみなす旨を定めている。そして，法43条1項の規定が利息制限法1条1項についての特則規定であることは，その文言上から明らかであるけれども，上記の同法2条の規定の趣旨からみて，法43条1項の規定は利息制限法2条の特則規定ではないと解するのが相当である。

したがって，貸金業者との間の金銭消費貸借上の約定に基づき利息の天引きがされた場合における天引利息については，法43条1項の規定の適用はないと解すべきである。これと異なる原審の前記3(1)の判断には，判決に影響を及ぼすことが明らかな法令の違反がある。

(2)　法43条1項は，貸金業者が業として行う金銭消費貸借上の利息の契約に基づき，債務者が利息として任意に支払った金銭の額が利息の制限額を超え，利息制限法上，その超過部分につき，その契約が無効とされる場合において，貸金業者が，貸金業に係る業務規制として定められた法17条1項及び18条1項所定の各要件を具備した各書面を交付する義務を遵守したときには，利息制限法1条1項の規定にかかわらず，その支払を有効な利息の債務の弁済とみなす旨を定めている。貸金業者の業務の適正な運営を確保し，資金需要者等の利益の保護を図ること等を目的として，貸金業に対する必要な規制等を定める法の趣旨，目的（法1条）と，上記業務規制に違反した場合の罰則（平成15年法律第136号による改正前の法49条3号）が設けられていること等にかんがみると，法43条1項の規定の適用要件については，これを厳格に解釈すべきものである。

法43条1項の規定の適用要件として，法17条1項所定の事項を記載した書面（以下「17条書面」という。）をその相手方に交付しなければならないものとされているが，17条書面には，法17条1項所定の事項のすべてが記載されていることを要するものであり，その一部が記載されていないときは，法43条1項適用の要件を欠くというべきであって，有効な利息の債務の弁済とみなすことはできない」。

Xは，基本契約を締結したおりに，Yに対し根抵当権設定に必要な書類を

提出した旨を主張し，この主張が認められる場合には，その担保の内容および提出を受けた書面の内容を17条書面に記載しなければならず（平成12年法律第112号による改正前の法17条1項8号，平成12年総理府令・大蔵省令第25号による改正前の貸金業の規制等に関する法律施行規則13条1項1号ハ，ヌ），これが記載されていないときには，貸金業法17条1項所定の事項の一部についての記載がされていないこととなる。しかし，原審は，承諾書写し，借用証書控え，債務弁済契約証書写しおよび金銭消費貸借契約証書写しの交付により，貸付けにつき17条1項の要件を具備した書面の交付があったとした。この原審の判断には，明らかな法令の違反がある。

「(3)法18条1項は，貸金業者が，貸付けの契約に基づく債権の全部又は一部について弁済を受けたときは，その都度，直ちに，同項所定の事項を記載した書面（以下「18条書面」という。）をその弁済をした者に交付しなければならない旨を定めている。

本件各弁済は銀行振込みの方法によってされているが，利息の制限額を超える金銭の支払が貸金業者の預金口座に対する払込みによってされたときであっても，特段の事情のない限り，法18条1項の規定に従い，貸金業者は，この払込みを受けたことを確認した都度，直ちに，18条書面を債務者に交付しなければならないと解すべきである（最高裁平成8年(オ)第250号同11年1月21日第一小法廷判決・民集53巻1号98頁参照）。

そして，17条書面の交付の場合とは異なり，18条書面は弁済の都度，直ちに交付することを義務付けられているのであるから，18条書面の交付は弁済の直後にしなければならないものと解すべきである」。

そこで，Xによる弁済日から20日余りを経過した後に，YからXに送付された取引明細書には，前回の支払についての充当関係が記載されているものがあるが，このような，支払がされてから20日余り経過した後にされた取引明細書の交付をもって，弁済の直後に18条書面の交付がされたものとみることはできない，とした。

【事　実】　②事件　　(1)　Aは，貸金業者Yとの間で，平成5年11月26日，継続的な金銭消費貸借の基本取引約定を締結し，Aの代表取締役Xは，

第11篇　天引とみなし弁済および貸金業法43条の要件としての書面の記載

この約定にもとづきAがYに対して負担する債務について，根保証元本限度額を200万円，保証期間を同10年11月25日までとする連帯保証をした。その後，平成7年9月，AとYは基本取引約定を更新し，XとYも連帯保証契約について，根保証元本限度額を400万円，保証期間を同12年9月26日までに改定した。基本取引約定にもとづき，Yは，Aに対し，(i)平成5年11月26日に200万円を，(ii)同7年9月27日に200万円を，いずれも日歩8銭（年利29.2％＝出資法の制限利率）の利率で貸し付けた。各貸付の元本の返済期日は，1か月ずつそのつど延長されることが繰り返された。

Yは，毎月，Aに対し，本件各貸付の元本の返済期日である毎月5日の約10日前である前月25日ころに，返済期日から先1か月分についての貸付利息および費用の銀行振込による支払を求める旨の請求書を送付した。利息の金額は，利息制限法1条1項の制限額を超えていた。また，請求書には，利息などとして支払われる金額の充当関係などの貸金業法18条1項に掲げる事項の記載がされていた。Xは，債務の弁済として，A名義で計算書の番号2から22までおよび24から77までの金額を弁済した。

(2)　Xは，Yに対し，制限額を超える利息部分の元本充当から生じる過払金は，実質的にはXが負担したものであるとして不当利得返還請求権にもとづき，またAによる返済と認められる部分があれば，その部分については，主債務者であるAに対する求償債権を保全するため，AがYに対して有する不当利得返還請求権をXが代位行使するとして，債権者代位権にもとづき過払金の返還を求めたが，原審は，貸金業法43条のみなし弁済の成立するための要件の具備を肯定し，不当利得返還債権は存在しないとして，Xの請求を棄却した。

【判　旨】　②事件　最高裁は，Xの上告受理の申立をいれ原判決を破毀差戻。貸金業「法43条1項は，貸金業者が業として行う金銭消費貸借上の利息の契約に基づき，債務者が利息として任意に支払った金銭の額が，利息の制限額を超え，利息制限法上，その超過部分につき，その契約が無効とされる場合において，貸金業者が，貸金業に係る業務規制として定められた法17条1項及び18条1項所定の各要件を具備した各書面を交付する**義務を遵**

守しているときには，利息制限法1条1項の規定にかかわらず，その支払を有効な利息の債務の弁済とみなす旨を定めている。貸金業者の業務の適正な運営を確保し，資金需要者等の利益の保護を図ること等を目的として，貸金業に対する必要な規制等を定める法の趣旨，目的（法1条）と，上記業務規制に違反した場合の罰則（平成15年法律第136号による改正前の法49条3号）が設けられていること等にかんがみると，法43条1項の規定の適用要件については，これを厳格に解釈すべきものである。

　また，利息の制限額を超える金銭の支払が貸金業者の預金口座に対する払込みによってされたときであっても，特段の事情のない限り，法18条1項の規定に従い，貸金業者は，この払込みを受けたことを確認した都度，直ちに，18条書面を債務者に交付しなければならないと解すべきである（最高裁平成8年(オ)第250号同11年1月21日第一小法廷判決・民集53巻1号98頁参照）。

　そして，18条書面は，弁済を受けた都度，直ちに交付することが義務付けられていることに照らすと，貸金業者が弁済を受ける前にその弁済があった場合の法18条1項所定の事項が記載されている書面を債務者に交付したとしても，これをもって法18条1項所定の要件を具備した書面の交付があったということはできない。したがって，本件各請求書のように，その返済期日の弁済があった場合の法18条1項所定の事項が記載されている書面で貸金業者の銀行口座への振込用紙と一体となったものが返済期日前に債務者に交付され，債務者がこの書面を利用して貸金業者の銀行口座に対する払込みの方法によって利息の支払をしたとしても，法18条1項所定の要件を具備した書面の交付があって法43条1項の規定の適用要件を満たすものということはできないし，同項の適用を肯定すべき特段の事情があるということもできない。」

【評　釈】　一　はじめに

　利息制限法1条1項と2項は，本来両立しない事項を「任意」弁済の構成で繕っている，「任意」というフィクションを否定し第2項を事実上空文とし，第1項に統一したのが，かねての最高裁大法廷判決であった。判例理論

によれば、債務者が超過利息を支払っても、元本が残存すればそれに充当され（最判昭39・11・18民集18巻9号1868頁）、また、元本が完済された場合には、不当利得として返還を請求することができる（最判昭43・11・13民集22巻12号2526頁）。

これが、1983年の貸金業法の制定により振り出しに戻った。同法43条1項により利息制限法に反する過払い利息は一定の要件のもとで有効なものとみなされた。しかし、利息制限法1条1項とこの43条1項の間にも、同様の矛盾がある。

最高裁は、最判平2・1・22民集44巻1号332頁において、貸金業法43条1項の「利息として任意に支払った」ことにつき、利息の制限超過部分の契約が無効であることの認識を不要とし、その適用の実質的要件を緩く解した。他方で、形式的要件の具備については、最判平11・1・21民集53巻1号98頁において、貸金業法18条書面の交付につき厳格な解釈を示している（同判決については、森泉章・判評488号、川神裕・判タ1036号、佐久間邦夫・ジュリ1158号、飯塚和之・NBL690号、小野・民法判例百選（5版）参照）。本件①②判決は、一面で、後者に連なるものでもある。

利息の天引は、利息制限法2条により制限されている。①判決は、形式的には、これと貸金業法43条との関係を問題としたものであるが、実質的には、平成2年判決の射程にも関係している。

二　天　　引

(1) 利息制限法2条は、債務者の受領額を元本として制限利率を算定し、超過部分は元本の支払にあてたとみなして、天引を制限している。この規定を排除して、貸金業法43条のみなし弁済規定が適用されるのかには争いがあり、同43条の適用を肯定する場合には、さらに、その適用要件としての貸金業法17条の契約書面ないし同18条の受取証書の交付が問題となる。

本件①原審は、みなし弁済規定の適用を否定した一審を否定した（つまり適用）。他方、②事件の一審、原審は、天引きの場合に、みなし弁済規定の適用を否定した。そこで、②判決文では、弁済期間延長後の利息の支払に関し、貸金業法43条の適用要件の部分のみが問題とされたのである。

天引の効力は、近時下級審において判断が分かれていた。圧倒的に多数

の判決は，天引には，貸金業法 43 条 1 項の適用がないものとした。(i)形式的な理由としては，貸金業法 43 条と利息制限法の文言，(ii)実質的な理由としては，任意性と天引の関係である。たとえば，東京高判平 13・4・19 判タ 1072 号 152 頁によれば「貸金業法 43 条 1 項が利息制限法 1 条 1 項及び 4 条 1 項の特則とされ，同法 2 条（利息の天引）に対する特則とされていないことは，規定上明らかであるから，利息が天引された場合には，貸金業法 43 条 1 項の適用はない（利息制限法 2 条が適用される。）と解される。これは，貸金業法 43 条 1 項の『債務者が利息として……支払った』との文言に，基本的には金銭の現実の交付を要する趣旨を汲み取ることができ，利息の天引はこれに当たらないものである上，利息の天引は貸付の条件とされていることが一般的であって，利息を先払いするのでなければ貸付を受けられない状況で債務者が支払うのは『任意に支払った』とはいえないことに根拠があるものと解される」。

　天引額のみなし弁済を制限することについて，形式的理由だけではなく，より実質的な理由づけにふみこんだものである（ほかに東京地判平 2・12・10 判タ 748 号 169 頁，名古屋地判平 7・5・30 判タ 897 号 213 頁，大阪地判平 11・3・30 判時 1700 号 84 頁，大阪高判平 11・12・15 消費者法ニュース 46 号 7 頁，東京高判平 12・7・24 判時 1747 号 104 頁，東京高判平 13・4・19 判タ 1072 号 152 頁など多数。近時では，東京高判平 15・7・31 金判 1173 号 15 頁。また，東京地判平 14・12・26 判時 1824 号 65 頁は，利息の天引にも貸金業法 43 条 1 項の適用可能性を肯定したが，同法 17 条の書面がないとして，具体的には適用を否定。裁判例については，小野・判評 520 号 4 頁およびその注 16 参照。実務的観点からは，甲斐道太郎ほか，全国クレジット・サラ金問題対策協議会編「判例貸金業規制法と救済の実務」〔2002 年〕3 頁以下（茜原洋子「利息制限法と最新判例」））。

　法の文言の形式と，実質的には支払の「任意」性を疑問として，みなし弁済を否定するものである（金銭の現実の交付の必要性）。とくに後者の観点からは，債務者がした「元本の支払いもこれを怠れば銀行取引停止処分を受ける危険性を背景としたものであって任意のものといえるかどうかにつき疑問もあり，貸金業法 43 条の適用の余地はない」とするものもある（前掲大阪地判平 11・3・30）。

(2) 他方，近時，さいたま地裁平13・11・30金判1136号32頁（学説では，一定の前提のもとで，三井哲夫「利息の天引きないし先払と貸金業規制法43条」NBL714号16頁，また業者側の代理人でもある吉野庄三郎「利息天引と貸金業法43条」銀行法務21第591号50頁，同「貸金業法43条と最高裁判決」銀行法務21第631号4頁）は適用を肯定した。

そして，①判決の原審は，高裁判決としては初めて，天引にもみなし弁済の適用があることを肯定した。すなわち，利息制限法2条は，利息の天引きがされた場合の同法1条1項の規定の適用の仕方，すなわち，受領額を元本として計算した場合の約定利率が同項の制限に服することを定めているから，貸金業法43条1項が一定の要件の下に利息制限法1条1項の規定の適用を排除しているのは，同法2条の規定の適用をも排除する趣旨と解され，利息の天引についても，債務者が利息の契約にもとづく利息の支払に充当されることを認識した上でこれを支払えば，法43条1項の規定の適用対象となる任意の弁済に当たるとする。ほかの理由，天引がそれ自体，任意性に反するとはいえないとするものもある（上述のさいたま地判）。

しかし，貸金業法43条という特別な利益を付与する規定の解釈にあたっては，とりわけ任意性の確認が必要であることから，明文なくしては制限されているといえるのである。また，天引は，利息制限法超過の利息を自動的に徴収するために利用されている点（仕組み金融の性質）が問題なのであるから，合法的に低利で行われる取引一般の天引の問題に解消するべきではない。

(3) 貸金業法43条が制定された政治的経過からすれば，みなし弁済は，貸金業者の利益のために，昭和39年以降の最高裁判例を骨抜きにするために行われたものであり，天引にも適用されることを前提にしていたといえなくもない。とくにこの場合のみを除外する意図は，少なくとも政治的には窺われない。また，貸金業法が制定された昭和58年後には，政治に対する司法の無力感が強く，これは最高裁平成2年判決をもたらした（同判決は今日でも解釈の重しになっている）。このようなムードは，ほぼ平成15年のやみ金融防止のための貸金業法の改正まで継続した。その中で，天引に対する不適用や貸金業法43条の形式的要件を厳格に解する多数の下級審裁判例が，実

質的に果たした役割には大きなものがあったといえる。

　貸金業法43条は，利息制限法1条1項，4条1項を排除する特則として，高利の実現に寄与している。これに対する制限解釈は，2つありうる。第1は，正面から，みなし弁済の適用があるには，利息制限法違反の利息と認識して「任意に」弁済することが必要であるとするものであるが，この任意性による解釈は平成2年判決により，制限された。したがって，下級審裁判例は，第2の，43条の形式的要件の厳格解釈という側面的な解釈をとらざるをえなかったのである。他方，立法上，利息制限法2条の適用の有無は必ずしも明確ではなかった。そこで，この場合には，ただちに，43条の厳格解釈という脇道によらなくても，制限解釈のよちが残されていたのである。まだ任意性を解釈にいれるよちがあり，これが天引の禁止の理論である。したがって，天引の可否は，たんに技術的な面だけではなく，利息制限の追求のあり方にかかわる問題なのである。

　利息制限法2条の天引へのみなし弁済の制限は，同1条1項，4条1項の場合と同じく，厳格解釈の方法によっても多くは達成可能であり，見方によっては一貫したものともなろう。しかし，それは，形式的・あら探し的であり，20年前の無力感と司法消極主義の延長にある。天引が制限されるのが，もっと実質的で一般的なものでなければならないとすれば，それが，元本充当の可能性，「任意性」をいちじるしく損なうからであり，後払いの場合とは異なることを理由としなければならない。変わるべきは，後払いの場合の解釈であるから，これを基準とすることには意味がない。

　天引が違法な利息を正当化するしくみとして組み込まれる場合には，自動的に貸金業法43条を適用しようと意図している点において任意性がないといえるのである。弁済の段階で，選択のよちがないという意味で，任意性はない。反対論がいうように，天引でも契約したという意味での任意性はありうるが，むしろ弁済時の任意性のよちが問題である。契約時のそれと問題をすり替えるべきではない。

　(4)　本判決は，天引利息については，貸金業法43条1項の適用がないことを明言した。形式的な理由のみをあげているが，上述の実質的理由もその基礎にあるとみるべきであろう。みなし弁済の否定は，特殊な貸付の構造

に根ざすものであり、必ずしも形式論理だけの問題ではない。したがって、たんに天引であるからみなし弁済の適用がある（あるいはない）というのは、それだけでは形式的にすぎる。みなし弁済の規定を適用するだけの実質がないことを認識する必要があり、実質をも考慮にいれれば、天引の形式をとっても適用がないというべきであろう。

　実質的な理由にふれないのは、最判平2・1・22民集44巻1号332頁との抵触を考慮したためではないかと思われる。利息としての「認識」を緩く解する同判決は、任意性を重視する天引の制限理論には必ずしも調和的ではないからである。ただし、滝井補足意見では、「任意の弁済とは、債務者が自己の自由な意思に基づいて支払ったことをいうべきところ、本件のような天引きが行われたときは、債務者が天引き分を自己の自由な意思に基づいて利息として支払ったものということはできないから、この点からも、天引きされた部分に関する限り法43条1項の適用を受けることはできない」と明解である。

　なお、最高裁は、同一の貸主と借主との間で基本契約にもとづき継続的に貸付けとその返済が繰り返される金銭消費貸借取引において、過払金が充当される他の借入金債務についての貸主の期限の利益は保護されるものではなく、充当されるべき元本に対する期限までの利息の発生を認めることはできないとする理由として、当事者の意思解釈のほか、利息制限法1条1項と2条の規定は、金銭消費貸借上の貸主には、借主が実際に利用することが可能な貸付額とその利用期間とを基礎とする法所定の制限内の利息の取得のみを認め、民法136条2項但書の規定の適用を排除する趣旨と解した（最判平15・7・18民集57巻7号895頁）。同じ第2小法廷の判断であり、利息の徴収における元本の実質的利用期間、額の重要性を示したものであり、天引の理論にも参考となろう（小野・民商129巻6号853頁参照）。弁済期日の延長後の利息の前払いにも、天引と同じみなし弁済規定の適用の問題がある。そして、前払いには、利息制限法2条のような規定がないので、その任意性のみが問題となる。①最高裁判決も明示していないが、現実の利用可能性を重視することからすると、天引と同様にみなし弁済の適用を制限する趣旨とみることができる。

三　貸金業法17条，18条書面について

(1)　貸金業法43条1項の妥当性については，立法当初から議論があった。立法趣旨としては，同法による種々の業務規制に対する優良業者の地位の安定ということがいわれているが，同条自体も無制限なものではなく，適用にはかなり厳格な要件を置いている。実質的要件としての「任意性」（43条1項本文），形式的な要件としての契約書面の交付（同条1項1号），受取証書の交付（同2号），その他の消極的要件（43条2項各号）である。

前掲最高裁平成11年判決は，このうちの受取証書の交付に関わる。みなし弁済が成立し，超過利息の返還を要しないとするには，貸金業法18条所定の受取証書の交付が必要である。他方，18条1項は，貸金業者の受取証書交付義務を定めたが，同条2項によれば，預金口座への払込の方法で弁済が行われる場合には，弁済した者の請求がなければ交付義務はないとされている。弁済が行われたという事実のみの証明としては，銀行の払込の領収書もあり，必ずしも必要ではないからである。

しかし，18条2項の規定が，同条1項の交付義務の免除を超えて，43条1項2号のみなし弁済の要件をも免除しているかが問題となる。論理的には，17条の書面が具備されていない場合に，18条書面の存否が問題となるが，平成11年判決を初めとして，従来，18条書面に関する議論が豊富であり参考となるべきであるから，これを先に論じる。

(2)　18条書面については，従来から2つの考え方がある。

第1は，18条2項による免除は，43条1項2号の義務を免除しないとするものである。すなわち，貸金業者が43条1項の適用をうけるには，預金口座への入金を知りうる時点で，そのつど，ただちに受取証書を交付しなければならないとする。受取証書の交付は43条1項2号の要件であり除外事由がなく，また，実質的にも，債務者は受取証書が交付されてはじめて，法律上，弁済の元利充当関係が明らかになるからとするものである。たんに，金融機関からの受取書によって弁済の事実を明らかにするのではたりない。受取証書が交付されてはじめて利息制限法に違反する事実が明らかになり，貸金業者に対する主張も可能となる。また，18条2項の規定は，口座払込の場合に，弁済者の請求がないかぎり，受取証書を交付しなくても刑罰

第11篇　天引とみなし弁済および貸金業法43条の要件としての書面の記載

を課せられないというだけのことであり，貸主が受取証書を交付しなくても，同法43条1項の利益をうけられるとまでは規定していない。

学説上多数説であり（森泉章編著・新貸金業規制法〔2003年〕325頁，大森政輔「貸金業規制法43条について」判時1080号11頁，沢井裕「貸金業法43条をめぐって」法律のひろば36巻9号16頁など。近時では，小野・利息制限法と公序良俗〔1999年〕363頁，鎌野邦樹・金銭消費貸借と利息の制限〔1999年〕335頁），従前の下級審裁判例の多くもこれによる（京都簡判昭59・8・8判時1152号158頁。大阪地判昭61・9・26判タ652号246頁，大阪高判平1・3・14判タ705号175頁，名古屋地判平7・5・30判タ897号213頁，東京高判平9・6・10金判1037号16頁など多数。最高裁事務総局・貸金業関係事件執務資料〔民事裁判資料159号〕55頁の方向に従うものである）。また，東京高判平9・11・13判タ995号171頁が，銀行振込による弁済につき，受取証書の交付を必要とし，弁済者があらかじめ書面を要しないと申し出た場合でも同様とした。

第2は，不要説であり，18条2項の場合には，受取証書の交付の請求がなければ，同条1項の適用がないから，43条1項2号の要件をみたす必要がなく，それ以外の要件があれば，超過部分の弁済は，有効な利息の弁済とみなされるとする。弁済者は，金融機関からの証明書によって，弁済の事実を証明できるから，保護に欠けるところがないことが実質的な理由である。交付必要説とは異なり，元利充当関係の明確化を重視しない（非公式の立法担当者の見解，および神前禎「貸金業法43条の『みなし弁済』」ジュリ942号116頁）。本件のYの主張も，これによっている。

なお，第3説として，弁済者から受取証書の交付請求がなければ，43条1項の適用がないとの説がありうる（18条2項の場合には，弁済者の請求がなければ，同条1項の適用もないから，貸金業者が任意に受取証書を交付しても，43条1項にいう18条1項の受取証書の交付にあたらないとするものである。大森・前掲論文11頁が可能性として示唆）。

前掲平成11年判決は，口座払込の方法で弁済が行われたときにも，貸金業法所定の受取証書の交付を必要とする従来の下級審・多数説の立場を最高裁が採用した点で意義深く，実務への影響も大きい。理由づけは，法43条1項2号の解釈と充当関係の明確性による。不要説との対比では，みなし弁

済の効力を認める場合には，貸金業法43条所定の要件を厳格に要求するという下級審裁判例の一般的傾向に沿ったものでもあった。

(3) これに反し，本件①②事件の原審は，従来の下級審判例の動向と異なり，緩い解釈を認めた。

①事件の原審は，みなし弁済の成立を認めた。その理由は，Yは，Xに対し，承諾書写しのほか，借用証書控え，債務弁済契約証書写しまたは金銭消費貸借契約証書写しなどを交付し，これらには，貸金業法17条1項の記載事項が記載され，これらの書面の交付により，同条の要件を具備した書面の交付がされたとする。

Xの弁済の日から20日余り後に，YからXに送付された取引明細書には，前回の支払についての充当関係が記載されているものがある。Yがその支払を確認するためにはある程度の時間を要し，また予定される次回の支払期限の前には，取引明細書も送付されており，Xが次回の支払をするに当たって，具体的に既払金の充当関係やこの支払後の残元本の額などを知ることができたことから，支払から20日余り経過後にその充当関係が記載された取引明細書が送付されたとしても，18条1項所定の要件を具備した書面の交付がされたものとする。

②事件の原審も，みなし弁済の成立を認めた。その理由は，貸金業者が，18条1項所定の事項を記載した書面を返済期日の前に債務者に交付し，しかもこの書面が貸金業者の銀行口座への振込用紙と一体となって作成されている場合には，債務者が銀行振込みの方式により払い込む以上，債務者は，振込と同時かその直後の時期に，弁済額の具体的な充当の内訳等を漏れなく認識できる。したがって，振込後に，貸金業者がさらに18条書面の交付をしなくとも同項所定の要件を満たすとする。

また，本件では，貸付の返済期日の約10日前ごとに，YからAに対し，18条1項所定の事項の記載がある請求書が交付され，Xが請求書と一体となった振込用紙を利用して振り込んだ支払については，同項所定の要件を満たすから，Xによってされた制限額を超える金銭の支払は，43条1項により有効な利息の債務の弁済とみなされるとする。

いずれの原審も，間接的あるいはかなりの時間を経ていても，書面の解釈

によって充当関係を理解できればたりるとするものであるが，上述の立法趣旨や利息制限法との整合性からは疑問が残り，最高裁がこれらを破棄した意義は大きい。

(4) 本①②判決の 18 条書面に関する判断は，理論的には，平成 11 年判決を確認するものであるが，①判決の 17 条書面に関する判断は，文言上新しい。しかし，正確な契約と弁済の状態を理解する必要性という観点からすれば，貸金業法 43 条の定める要件を厳格に解する必要性に相違があるはずはなく，17 条書面も 18 条書面も同じく厳格に解されるべきものであり，内容的には当然の帰結であろう。平成 2 年判決には，法の趣旨に合致した契約書面・受取証書の交付でたり，債務者が認識できればたりるとも読める曖昧さがあった。①判決は，17 条書面についても，同条 1 項所定の事項のすべてが記載されていることを要し，その一部が記載されていないときには，同法 43 条 1 項適用の要件を欠くことを明言した。

17 条書面，18 条書面の具備とも，最終的には事実認定の問題となるが，それは貸金業法 43 条の適用を左右するものであるから，法律解釈を抜きに判断することはできない。本①②判決が平成 11 年判決に従い，厳格解釈の方法を採用したことは貸金業法 43 条の位置づけをも左右するものである。

本判決によれば，「貸金業者の業務の適正な運営を確保し，資金需要者等の利益の保護を図ること等を目的として，貸金業に対する必要な規制等を定める法の趣旨，目的（法 1 条）と，上記業務規制に違反した場合の罰則（平成 15 年法律第 136 号による改正前の法 49 条 3 号）が設けられていること等にかんがみると，法 43 条 1 項の規定の適用要件については，これを厳格に解釈すべきものである」。立法目的として評価できるのは，1 条だけであり，43 条は厳格解釈するとの位置づけは，新たに生じうる解釈一般に対する指針となろう。17 条書面の記載の厳格性，「直ちに」が「弁済の直後」であること (20 日では不可) などの具体的な結論は，この帰結にすぎない。なお，前掲平 11 年判決が，受取証書の交付時期を，弁済を「確認した都度，直ちに」としていたのに対し，①判決は，「弁済の直後」としたことから，より明確化した点が注目される（平 11 判決では，債権者の確認行為が遅れると，その後「直ちに」受取証書を交付することも可能と解するよちが，少なくとも文言

第1部　私法の発展における倫理と技術

上はあった。この限りでは厳格化ともいえる。もちろん，平11判決のもとでも，このような主観的な対応は考慮されなかったと解される）。

四　むすび

(1)　本件①事件の滝井繁男裁判長の補足意見には，法廷意見を明確化し，将来の指針たるべき点が包含されている。

第1に，17条書面が本来1通の書面によるべき点である。17条書面および18条書面は，「単に所定の事項がすべて記載されていなければならないというにとどまらず，所定の事項が正確かつ容易に債務者に理解できるように記載されていることが求められている」とし，17条書面は，本来，一通の書面によるべきこと，例外的に複数の書面による場合でも，各文書間の相互の関連が明らかになっていて，その記載内容が債務者に正確かつ容易に理解しえることを要するとする。また，①事件で，契約時に約1か月後に元本を一括弁済するとの定めがあり，別に交付された本件各承諾書写しには，Yが認めた場合には，別途送付される取引明細書記載の利息を支払うことを条件に，所定の期間継続取引ができるとの約定があり，後者の約定によって1か月ごとの取引の延長を繰り返しているものがあり，こうした延長がされた場合は，契約内容に変更があったものとみるべきであり，その変更内容を記載した17条書面の交付が必要であるともしている。

第2に，滝井補足意見では，期限の利益喪失約款についても，①事件に，利息の制限額を超える部分を含む利息等を1か月ごとに前払することとし，その支払を怠れば，期限の利益を失い，債務全額を即時弁済することを求められるとともに，年40.004％の割合による損害金を支払わなければならないとの内容の条項があり，このような条項を含む取引においては，約定に従って利息の支払がされた場合でも，その支払は，その支払がなければ当初の契約において定められた期限の利益を失い，遅延損害金を支払わなければならないという不利益を避けるためにされたものであり，債務者が自己の自由な意思に従ったものとはいえないとする。

下級審判決には，制限超過利息の約定をしないと期限の利益を喪失するとの記載は，虚偽記載となり17条書面の要件を満たさないとし，あるいは債務者が支払わなければならないとの錯誤に陥って，強い心理的強制をうける

第11篇　天引とみなし弁済および貸金業法43条の要件としての書面の記載

場合には，支払の任意性がないとしたものがある（小倉簡判平14・9・25および本判決後の山口簡判平16・2・19判例集未登載）。滝井補足意見は，もっと端的に，天引と同様に任意性の問題にするものと考えられる。

(2)　貸金業法43条1項のみなし弁済が成立するには，より実質的な要件として弁済の「任意性」が見直される必要がある。債務者が超過利息の弁済が無効であることを知って弁済することが「任意」性の前提となるとすると，かなりの制限解釈のよちが生じる。しかし，前掲の最判平2・1・22民集44巻1号332頁は，同法43条1項・3項によって有効な利息または損害金の債務の弁済とみなされるには，「債務者が利息の契約に基づく利息又は賠償額の予定に基づく賠償金の支払に充当されることを認識した上，自己の自由な意思によってこれらを支払ったこと」で足りるとし，また，「債務者において，その支払った金銭の額が利息制限法1条1項又は4条1項に定める利息又は賠償額の予定の制限額を超えていることあるいは当該超過部分の契約が無効であることまで認識していることを要しないと解するのが相当である」とした。そして，貸金業者にした支払が，債務者が利息の契約にもとづく利息または賠償額の予定にもとづく賠償金の支払に充当されることを認識したうえ，自己の自由な意思でされたものとしたのである。こうした実質的要件の遵守には薄く，書面具備のような形式的要件のみを重視する方向性にはバランスの上からは疑問も残るところである（この点につき，小野・司法の現代化と民法（2004年）320頁注6参照）。本件①判決には，この点を実質的に修正する契機が含まれており，今後の動向が注目される。

〔追記〕　脱稿後，最高裁は，平成16年7月9日の判決においても，本件①判決に従い，貸金業者との間の金銭消費貸借上の約定にもとづき利息の天引きがされた場合における天引利息について，貸金業法43条1項の規定の適用はないとし，また同法18条書面は弁済の都度，直ちに交付することを要し，18条書面の交付は弁済の直後にしなければならないとした。同じく第二小法廷判決による。

第12篇　債務者からの取引履歴開示請求と消費者金融業者の開示義務

（最判平17・7・19金判1221号2頁，民集59巻6号1783頁）

最高裁平成17年4月19日第3小法廷判決。平成16年（受）第965号過払金等請求事件

【事　実】　(1)　貸金業法3条所定の登録を受けて貸金業を営む貸金業者であるYは，平成4年2月26日から平成14年10月10日まで，109回にわたってXに金銭を貸し付け，129回にわたってXから弁済を受けた。その場合の各貸付の約定利率は，利息制限法1条1項所定の制限利率を超過していた。

A弁護士は，平成14年10月，Xから債務整理を依頼されたことから，同年11月1日付け通知書で，Yに対し，Xの代理人となる旨の通知をし，XとYとの間の全取引の明細が整わないと返済の計画を立てることができず，返済案の提示が遅れることを付記し，過去の全取引履歴の開示を要請した。しかし，Yが，取引履歴を開示しなかったので，Aは，その後数回，電話および書面で全取引履歴の開示を求めたが，Yは応じなかった。

この取引履歴開示請求書には，B弁護士もXの代理人になること，同年3月20日までに取引履歴の開示を求めることが記載されていたので，Yは，Bに和解を申し出たが，Bは，取引履歴の開示を求め，その後もYに対して取引履歴の開示を求めた。Yは，みなし弁済の規定の適用を主張し，取引履歴の開示を否定した。その後も，Yは取引履歴の開示を否定したので，結局，Xは，本件訴訟を提起した。

(2)　Xは，Yに対し，各貸付につき支払われた利息について，利息制限法1条1項に定める利息の制限額を超える部分を元本に充当すると過払金が生じているとして，不当利得返還請求権にもとづき，過払金の返還を求め，また貸金業者であるYには，貸金業法等の法令または契約関係から生じる信義

第12篇　債務者からの取引履歴開示請求と消費者金融業者の開示義務

誠実の原則に基づき取引履歴の開示義務があるにもかかわらず，合理的な理由なくXからの開示要求に応じなかったものであり，そのためにXの債務整理が遅れ，Xは精神的に不安定な立場に置かれたとして，不法行為による慰謝料の支払を求めた。Yは，第1審においてXとの間の全取引履歴の開示をした。

過払金の返還請求は，第1審で認容され，Yはこれに対して不服を申し立てなかった。一審，原審は，Xの不法行為についての請求を棄却，最高裁は，原判決を破棄差戻した。

【判　旨】「貸金業法は，罰則をもって貸金業者に業務帳簿の作成・備付け義務を課すことによって，貸金業の適正な運営を確保して貸金業者から貸付けを受ける債務者の利益の保護を図るとともに，債務内容に疑義が生じた場合は，これを業務帳簿によって明らかにし，みなし弁済をめぐる紛争も含めて，貸金業者と債務者との間の貸付けに関する紛争の発生を未然に防止し又は生じた紛争を速やかに解決することを図ったものと解するのが相当である。金融庁事務ガイドライン3－2－3（現在は3－2－7）が，貸金業者の監督に当たっての留意事項として，『債務者，保証人その他の債務の弁済を行おうとする者から，帳簿の記載事項のうち，当該弁済に係る債務の内容について開示を求められたときに協力すること。』と記載し，貸金業者の監督に当たる者に対して，債務内容の開示要求に協力するように貸金業者に促すことを求めている（貸金業法施行時には，大蔵省銀行局長通達（昭和58年9月30日付蔵銀第2602号）『貸金業者の業務運営に関する基本事項について』第2の4(1)ロ㈲に，貸金業者が業務帳簿の備付け及び記載事項の開示に関して執るべき措置として，債務内容の開示要求に協力しなければならない旨記載されていた。）のも，このような貸金業法の趣旨を踏まえたものと解される。

(5)　以上のような貸金業法の趣旨に加えて，一般に，債務者は，債務内容を正確に把握できない場合には，弁済計画を立てることが困難となったり，過払金があるのにその返還を請求できないばかりか，更に弁済を求められてこれに応ずることを余儀なくされるなど，大きな不利益を被る可能性があるのに対して，貸金業者が保存している業務帳簿に基づいて債務内容を開示す

ることは容易であり，貸金業者に特段の負担は生じないことにかんがみると，貸金業者は，債務者から取引履歴の開示を求められた場合には，その開示要求が濫用にわたると認められるなど特段の事情のない限り，貸金業法の適用を受ける金銭消費貸借契約の付随義務として，信義則上，保存している業務帳簿（保存期間を経過して保存しているものを含む。）に基づいて取引履歴を開示すべき義務を負うものと解すべきである。そして，貸金業者がこの義務に違反して取引履歴の開示を拒絶したときは，その行為は，違法性を有し，不法行為を構成するものというべきである」。

そして，事実関係から，Ｘの取引履歴の開示要求に特段の事情はなく，Ｙの開示拒絶行為は違法性を有し，「これによってＸが被った精神的損害については，過払金返還請求が認められることにより損害がてん補される関係には立たず，不法行為による損害賠償が認められなければならない」として，原判決を破棄し，慰謝料の額について審理を尽くさせるため，原審に差し戻した。

【評　釈】　一　取引履歴の開示

消費者金融の取引は，一回限りで行われることは稀で，多数の取引が継続して行われることが多い（また，そのような場合に履歴開示が問題となる）。通常，基本契約を締結したうえ，小口の貸借が継続的に多数回行われ，また，最近ではＡＴＭを利用した貸出，返済も介在するために，厳密に領収書を保管しておくことは実質的にあまり期待しえない。しかも，利息制限法に違反した超過利息の清算にあたっては，継続した取引の借換を一連のものとして評価する場合もある（最判平15・7・18民集57巻7号895頁参照）。そのような一連の取引で借換，借増が行われた場合に，貸金業法43条のみなし弁済が成立するための同法17条，18条書面の具備と，一連の取引において借換する前の過払金が次回の貸付金に充当されるか，また充当により残元本が消滅したときには，次回の貸付金に充当されるかについては，すでにかなりの裁判例の集積がある（詳細については，小野「利息制限法理の新たな展開」判評519号，520号参照）。

そのための評価には，取引履歴の詳細な検討が必要となる。しかし，多重

第12篇　債務者からの取引履歴開示請求と消費者金融業者の開示義務

債務者は長期間の借入と弁済を繰り返していることから，契約書や領収書を保管していないことが多い。そこで，貸金業者が，帳簿による債務者との取引経過の開示をしないかぎり，事実上，債務の整理や民事再生手続はなしえないことになる。

ここで，貸金業者が，多重債務者の債務の整理を受任した弁護士から取引経過の開示を求められた場合に，これに応じる義務があるか，またこれを拒否した行為が不法行為を構成するかに関しては争いがある。比較的新しい論点であり，一連性の承認により元本充当の可能性が広く認められてから，より実際的な意義をもち始めたところである。そして，取引履歴の開示は，利息制限法に違反する超過利息の引き直しの根拠となり，場合によっては，過払い利息の返還請求の機会を与えることにもあることから，消費者金融業者は，これに応じることに消極的である。

従来の下級審の裁判例にも，取引履歴開示につき，積極的なものと消極的なものとがあり，対立していた。本件は，最高裁が初めて，正面からこれを肯定した事例であり，実務に与える意義は大きい（本件の解説として，塩崎勤・民事法情報 229 号 72 頁参照）。

二　先　例

(1)　貸金業法は，19 条において，取引の内容を記録・保存するものとして業務の適正化を図り，また，17 条，18 条において，契約時の書面，弁済時の受取証書の交付を義務づけ，紛争の未然の防止を図っている。そして，貸金業法施行規則も，貸付契約ごとに，返済期日ごとに 3 年間の帳簿の保管を定め（17 条），商法も 10 年間の商業帳簿の保管を定めている（36 条）。業者によっては，前者の 3 年を根拠としてこれより古い記録の破棄を主張することもある。

これらの記録保存に関する評価は分かれる。一方では，取引経過の開示請求を積極的に肯定し，また開示の拒否により債務者の債務整理が遅延されたことについての精神的，財産的損害の賠償の請求を認めると，開示を促す結果となる。金融庁事務ガイドライン 3 − 2 − 3 「取引関係の正常化」(1) も，帳簿の記載事項のうち，債務内容の開示に協力するべきことを定めていた（現 3 − 2 − 7）。

他方，一般の消費貸借において過払金の返還請求をするさいには，請求者である借主が貸付と弁済の取引経過を明らかにして過払金の発生を主張・立証しなければならない（札幌地判平13・6・28判時1779号77頁参照。同事件につき，金田洋一・判タ1125号70頁）。この原則を重視すると，開示義務を否定しやすくなる（大阪地判平12・3・23金判1129号29頁，大阪高判平13・1・26金判1129号26頁など）。

　(2)　先例として，平成12年以降，20件ほどの下級審判決が公にされ，同14年ごろまでは，開示義務を肯定するものと否定するものとでほぼ半ばしていた。近時は，肯定説が有力であった。

　取引履歴の開示につき，積極的である裁判例には，(a)上述の貸金業法19条，および金融庁ガイドラインを根拠とするもの，(b)信義則を理由とするもの，(c)付随義務を理由とするものがある。

　(a)　比較的早い裁判例では，業者の不開示が，不当な請求（強制執行や保全処分）と積極的に結合していたことが特徴である。たとえば，和解案を検討すると答えておきながら，開示しないまま公正証書により給料の差押をした行為を違法とし，損害賠償を認めた富山地判平4・10・15判時1463号144頁がある（退職をおそれた結果，業者の言いなりの額で払った）。あるいは債務整理で開示依頼があったのに，いきなり給料を差押えた行為を不法行為としたものである（東京高判平9・6・10判時1636号52頁，札幌地判平10・12・18判タ1042号176頁，後者は，借主の連帯保証人に対する仮差押である）。取引の実際を知らない保証人に弁済を求める場合には，その債務内容を明らかにすることが必要であるから，開示は当然の義務であり，また差押も不法行為たりうる（札幌地決平11・12・6消費者法ニュース42号34頁）。

　(b)　しかし，その後，より広く信義則を根拠として，取引経過を開示しないこと自体を不法行為とする裁判例がみられるようになった。必ずしも強制執行などを伴わない場合でも，不開示の不法行為そのものを認めるものである（地裁段階の裁判例は多いので省略し，公刊された高裁判決では，大阪高裁平13・3・21消費者法ニュース47巻45頁，大阪高裁平13・4・12消費者法ニュース48号50頁，名古屋高裁平13・11・20消費者法ニュース50号17頁，大阪高判平15・9・25金法1695号6頁がある）。

信義則の具体的な理由は，必ずしも明確ではないが，金融庁ガイドライン等の諸規定の趣旨と，公益，およびこれを課さないと実質的に違法な利息の支払を強制する結果に陥る危険性である。これにつき，東京高判平 14・3・26 判時 1780 号 98 頁，金判 1148 号 16 頁（同件につき，小野・判評 525 号 203 頁）は，比較的詳細な理由づけを行い，過払金額の概ね 1 割に相当する 5 万円余の慰謝料請求を肯定した。債務整理の公共性（個人および家庭を経済的に再建することと，債権者の平等），「過払い金の返還を免れるなどの不法な目的」のために取引経過の開示を拒むのは，「自己の営業利益は不当な手段によってでもこれを追求する一方，自己の営業の結果として生じる国民全体の不利益はこれを無視しようとする反社会的な行為であり，特段の事情のない限り社会的相当性を欠いた違法な行為である」とする。

そこで，消費者金融業者 Y が「弁護士の手で行われる債務整理に協力せず，適時に借主 X に係る取引経過を開示しなかった行為は，社会的相当性を欠いた違法な行為である」から，Y は，取引経過を開示しなかったことによって X が被った損害を賠償するべきであり，また，X が適時に債務を整理する機会を失わせ，Y との間の本件貸付取引に係る過払金について弁護士に依頼して本訴を提起するにいたらしめたことから，Y は，X が適時に債務整理できなかったことによる財産上および精神的損害や過払金請求訴訟を提起するための弁護士費用などの損害を賠償するべきものとした。そして，X が請求した過払金額の約 1 割に相当する 5 万 7493 円の損害賠償請求を肯定したのである。

また，裁判例には，消費貸借に伴う付随義務を理由とするものもある（大分地判平 14・2・18 判例集未登載）。「貸金業者は，契約の付随義務として，借主ないしは保証人から全取引明細の開示を求められたときには，必要もないのに開示請求をした場合とか，貸主において開示を拒絶する合理的な理由がある場合でない限り，開示要求に応じるべき信義則上の義務を負う」。本件最高裁判決の理由づけは，上述のガイドライン，信義則，付随義務など，これらの理由の集大成ともいえるものである。

(c) 信義則を考慮する場合の具体的な根拠としては，①多重債務者の更生による法秩序の回復，②情報格差と能力・システム上の不均衡，③過払金返

還を免れるための目的，④債務整理の衡平などがある。立証責任との関係では，消費者金融業者と債務者の能力やシステム上の格差が開示請求の理由とされることもある（前述札幌地裁判決。なお，近時，銀行の情報開示義務が問題とされる裁判例が散見されるが，開示内容および取引や事件の形態等に相違が大きく，消費者金融の場合とは，ただちには同列に扱いえないであろう。銀行の開示義務については，浅生重機「預金者の取引経過開示請求権の有無」金法1700号73頁が詳細である）。

　学説は，従来あまり詳述していないが，森泉章・貸金業規制法130頁（1993年）は，貸金業法19条の趣旨に照らし，債務者等からの閲覧謄写請求が明らかに正当な理由にもとづかないと認められる場合を除き応じる義務があるとし，小田部胤明＝阪岡誠・貸金業規制法43条（1992年）180頁，391頁は，委任された弁護士・債務者，保証人などに対し，返済の状況を開示する義務があるとする（同旨，井上元「取引履歴開示と過払い金返還請求の到達点」全国クレジット・サラ金問題対策協議会『高金利・悪質金融とのたたかい方』(2004年）128頁以下参照。後述の大阪高判平13・1・26に関し，芦澤俊明・判タ1096号64頁は，開示に関する諸般の事情を斟酌するべしとする）。

　(3)　これに対し，消極説に立つ裁判例も従来かなりあった。まず，ガイドライン等を開示業務の理由とすることに対しては，これらは，大蔵省や金融庁の基本方針であって，貸金業者と債務者の間の法律関係を規律するものではないとし，また，貸金業者が取引経過を明らかにすることなく一方的に貸金の返還を請求し，仮差押等の法的手段を執ることは，社会的相当性を欠き，信義則に反する権利の行使に当たるが，貸金業者が債務者等の求めに応じて全取引経過を開示すべき法的義務を負うとは認められないとする。おおむね，訴訟中に当事者照会に対する回答をすればたりるとするものである（前掲大阪高判平13・1・26参照）。

　もっとも消極説も，必ずしも全面的な否定ではなく，不開示のまま弁済を請求する行為が違法な権利の行使になることは肯定するが，消極的に開示を拒否する場合には責任はないとする。また，貸金業者が取引経過を開示することは容易であるが，事務処理上の負担，煩雑も否定できず，不開示は，必ずしも過払金の請求を免れようとの法的保護に値しない動機のみではない

というものもある（名古屋高判平14・2・20消費者法ニュース57号62頁。なお，最一決平15・3・13消費者法ニュース57号65頁は，この名古屋高裁に対する上告を受理しない決定をしたが，上告受理申立の否定は，民訴法312条1項・2項所定の上告理由の不備を理由とし，開示義務の判断があったわけではなかった）。

　本件の一審および原審も，消極説であるが，内容的に完全に開示義務を否定するわけではない。すなわち，「債務者の取引履歴開示請求の態様，その際の債務者の置かれた客観的状況，貸金業者の対応等諸般の事情によっては，貸金業者の取引経過に関する情報の不開示が，信義則に著しく反し，社会通念上容認できないものとして，違法と評価される場合もあり得るものというべきである」とし，本件についても，「取引履歴開示に応じない合理的な理由があったとはいえない（しかし，合理的な理由なく開示に応じなかったことが直ちに不法行為として違法になると解することは，一般的な開示義務を課するのと変わらないことになるから相当ではない。)」。そして，本件は，債務整理というより，過払金返還請求を目的とした開示請求であり，「過払金返還請求を目的とする場合には，取引履歴開示義務を認める必要性は後退する」とした。そして，「本件においては，Yに取引履歴開示に応じない合理的な理由があったとはいえず，本件訴訟提起前から，Yが取引履歴開示に応じることが望ましかったというべきであるが，これに応じなかったYの行為をもって，信義則に著しく反するとか，社会通念上容認できないものとして，違法と評価される場合に当たるとまでいい切れない」としたのである。

　三　請求の態様

　積極説と消極説の相違は，比較的限定的である。ある意味では，請求の態様に左右されているともいえ，開示義務の可能性自体にそう異論があるわけではない。その区別の基準が問題となる。積極的な請求に比して，開示の拒否は間接的なものであるが，超過利息の請求に消極的にせよ寄与するものであるから，社会的な相当性を欠くものたることを否定しえない。訴訟上，文書提出命令が出されればたりるというものではない（取引履歴につき文書提出命令が出された事例として，大阪地決平14・5・16消費者法ニュース52号95頁参照）。虚偽の開示も，欺いて弁済させることに等しく，また，黙示のまま請求する場合も，違法となろう。これらの場合は，いずれも経済的損失が

ありうる場合で、債務の帰趨が弁済により左右される利息制限法や貸金業法の特質にもとづくものである（欺いて権利を消滅させた場合には、不法行為の成立がありうるが、これは、弁済が「任意」でもないことに着目すれば、貸金業法43条のみなし弁済が成立しないこととも一致する）。

争いがあるのは、貸金業者からは積極的な請求はないのに、借主側から開示を求める場合である。消極説からすると、まだ、財産的損害はないし、立証責任の所在を変えてまで認める必要はないということであろう。しかし、貸金業法の特質から、請求され弁済してから情報をえるのでは遅いのである。外見的には、消極的であっても、開示を拒絶し、従来の請求を維持することは、取立行為を維持する行為とみることができるから、消極説がいう「ただちに」違法な場合とそれほど異なるものではない。また、貸金業法43条のみなし弁済は、いわゆる優良業者への恩恵にすぎない。情報の開示を拒絶し、必ずしも任意とはいえない弁済を強要する場合にまで配慮することは不要である。積極的な請求の場合と消極的な防御の場合とで、開示義務の所在を異にするとみるのは、利息制限法1条2項や貸金業法43条の無批判な容認となりうる。具体的な損害が生じてからでは、救済手段としては遅いのである。消費者問題の一部であり、ほとんど唯一の解決方法であること、非開示がただちに違法な請求を助長することが考慮される必要がある（小野・前掲判評525号203頁参照）。

　四　財産的損害の有無

より根本的な問題は、消極的防御の場合には、形式的には財産的損害がなお生じていないことである。財産権に関する紛争において、必ずしも財産的損害がなく、人格的侵害のみの場合に、どのような損害が生じるかが疑問となる。また、慰謝料の請求であるから不法行為構成がとられているが、開示という債務内容の確定には信義則が必要であり（債務不履行的な構成）、この点も、形式的には必ずしも一貫していない。本稿では立ち入りえないが、請求権の規範統合の一形態とみるべきであろう。

近時の慰謝料の分野に関する先例では、地震保険に関する最判平15・12・9民集57巻11号1887頁では、事案で行われた以上の情報提供義務が否定されたが、他方、公団住宅の値下げ訴訟に関する最判平16・11・18民集58

巻8号2225頁では，自己決定権の侵害による慰謝料請求が肯定された。後者は，事案の特殊性とほとんど詐欺に近いものとして，財産権侵害がない場合にも，慰謝料の請求が認められたのである（これらも，規範統合の場合である）。

わが民法の慰謝料に関する規定（710条）には，とくに明文の限定はないが，財産権侵害が問題とされたケースにおいて財産権上の損害がない（あるいは填補される）とされる場合に，さらに精神的損害の賠償である慰謝料の請求ができることは破格である。民法典の起草方針上，起草者は当然の事項については規定しなかったが，制限を当然の前提にしていたと思われる。たとえば，ドイツ民法は，この旨を明示しており，(1)金銭賠償である慰謝料は，法律の定めがある場合にのみ請求することができ，しかし，(2)身体，健康，自由または性的な自己決定を侵害した場合（つまり人格的侵害）には，これが可能とする（253条。後者にあたる2項は，02年改正で追加された）。

上述3のような利息制限法や貸金業法の構造や消費者金融の一般的な状況からすると，取引履歴開示の事件が，説明義務を尽くした場合（地震保険のケース）とはほど遠いものであることは明らかである。しかも，詐欺性の高い公団住宅の値下げ訴訟と同様に，開示拒否の不当性は高い。拒否はそれにとどまらず，自動的に違法な利息を要求することにつながっているからである。高利による消費者金融被害の社会的な暗部も，公知である。不開示による精神的損害について，単純に過払金返還請求が認められることにより損害がてん補されるとはいえない。その他の当事者間で考慮されるべき事情も，最高裁判例指摘のとおりである。最高裁が，不法行為による損害賠償を認める裁判例の多数と同じ立場に立ったことは当然の帰結であろう。

第13篇　偽造登記済権利証の看過と司法書士の責任
　　　　　（東京地判平 13・5・10 判時 1768 号 100 頁）

　【事　実】　1　不動産業者であるXは，分譲販売するために，A名義の土地を3億円で購入することとし，取引への立ち会いと所有権移転登記の申請手続を司法書士Yに委託した。Yは，平成11年7月9日，Xの取引金融業者Bの事務所で，取引に立ち会い，自称Aから登記済証などの登記申請書類の提示をうけ確認した上で，申請添付書類に不備のない旨を告げた。そこで，Xは，自称Aとの間で，売買契約を締結し，Bから借りうけた金員から，売買代金2億7000万円，仲介業者Cへの仲介手数料840万円，Yに対しては登録免許税などの諸費用788万円余，司法書士手数料14万4900円を支払った。Yは，東京司法書士会に所属する司法書士であり，平成7年ごろからXの顧問司法書士として不動産取引業務に関連する登記についての相談および申請手続などを継続的に行っていた。
　　Yは，取引日に東京法務局城南出張所において，AとXの間の売買を原因とする土地所有権移転登記の申請手続をし，翌10日その旨の登記が経由された。また，Bは，Xに対する債権を担保するために，本件土地に極度額3億6000万円の根抵当権の設定をうけ，Yの申請手続により登記を了した。しかし，Yが，同月24日に，東京法務局城南出張所に登記済証の受領にいったところ，売買にさいして受領した登記済証が偽造であることを告げられ，自称Aから金員を騙取されたことが明らかとなった。
　　Aは，Xに対しては土地の所有権移転登記の抹消を，Bに対しては，根抵当権設定登記の抹消登記手続を求め，訴えを提起し，平成12年2月17日，その請求は認容され，所有権移転登記，根抵当権設定登記は抹消された。
　　2　そこで，XはYに対して，Yが委任契約上の善管注意義務に違反し登記申請書類の確認および適切な調査助言を行わなかったとして，売買代金などとして支出した2億8958万円余から，その後塡補をうけた854万円（C

への仲介手数料840万円については，不動産保証協会から宅建業法所定の弁済業務保証金による弁済として支払をうけ，またYに対する手数料の塡補をうけた）を控除した2億8104万円とその1割に相当する弁護士費用2810万円の合計3億914万円余を，債務不履行にもとづく損害賠償として請求した。

　これに対し，Yは，司法書士は実質的法律関係に関する事項を取り扱うことはできず，通常の調査・助言をしたから債務不履行はないと抗弁し，かりに債務不履行があるとしてもXにも過失がある，として過失相殺を主張した。

【判　旨】「司法書士は，……一般に不動産登記手続に関する代理業務について委任を受けた場合，登記が実体的権利変動に符号するものとして有効にされるために真に登記原因たる法律行為等がされたか否かをその職務上収集し得る限りの資料に基づいて調査すべき義務を負うことは格別，その範囲を超えて，登記原因に関連する実体的法律関係の全般についてまで調査すべき義務を負うものではないというべきであり，現に司法書士とその依頼者との間で委任契約が締結される際の両当事者の認識もそのようであると解される。

　したがって，司法書士は，登記手続に関する委任契約において登記原因の前提的事項や付随的事項についてまで当然に調査義務を負うものではなく，これを行うことが委任契約上の債務となるためには契約当事者間において特に委任事務の内容として合意することが必要である」。

　「(1)　司法書士が不動産登記の申請手続きを受任した場合，実体的権利変動に符合した有効な登記がされるように登記原因たる法律行為等について調査すべき義務を負うことがあるのは前判示のとおりであるが，その職務上知り得る事実関係及び法律関係については自ら限界があるから，あくまでもその職責を遂行する上で収集し得る資料に基づいて調査すれば足りると考えられる。その反面，不動産登記手続を適正に行うことをその本来の職務とするからには，申請手続を行うに際して取り扱う各種資料については，その体裁や記載内容を調査すれば，不合理な点があるか否かを知り得るはずであるし，また，手続に関与する者に不自然な点があるか否かも経験上比較的容易に判明するはずである。したがって，司法書士は，依頼された登記手続を遂行す

る過程において，申請添付書類，殊に登記義務者の権利に関する登記済証のように重要な書類が真正に成立したものであるか否かについては慎重に検討し，その職務上の知識及び経験に照らして，一見して直ちに分かるような記載内容について不合理な点があれば，これを調査して依頼者に告げるべき義務があるというべきである。

(2) ところで，東京法務局管内の登記所においては平成8年12月以降登記済印の下部に7桁のコード番号が付記される取扱いがされており，Yにおいてもこれを知っていたことは前判示第二の一の(5)及び第三の一の(1)オのとおりであるところ，本件登記済証には，このような取扱いに反して登記済証の下部にコード番号が記載されていない。また，〈証拠略〉によれば，真正な登記済証には登記済印の受付年として「平成拾壱年」と記載されていることが認められるところ，本件登記済証には「平成壱壱年」と記載されていることは前判示第二の一の(5)のとおりである。これらは，いずれもYがXからの委任に基づき所有権移転登記手続を行う上で，申請添付書類として取り扱った資料の記載内容に存する不合理な点であり，偽造であることを窺わせる徴憑であるとみることができる。そして，本件登記済証の登記済印の下部にコード番号が付記されていないことは一見して明らかであるから，前記のような調査義務を要求される司法書士がこれを確認した場合に，本件登記済証が偽造されたものであることを認識することはさほど困難でなかったとみることができるし，また，受付年の表示についても，該当欄を子細に観察すれば，その記載に疑念を抱くことができたと考えられる。

(3) しかるに，Yは，本件売買契約に立ち会い，本件登記済証の記載内容を確認したにもかかわらず，前記の偽造を窺わせる事情を看過してその偽造に気付かず，Xに対して本件登記済証に不備がないと告げたのであるから，前記注意義務に違反し債務の本旨に従った履行をしなかったということができる」。

そこで，判決は，Yには委任契約上の債務不履行にもとづきこれと相当因果関係にある損害を賠償する義務があるとし，しかし，Xにも不動産業者として相当の調査をするべきであるのにこれを行わず軽率であり，Xにも落ち度があったとし，6割の過失相殺をし，1億1728万円余の請求を認めた。

【評釈】　一　はじめに

　司法書士は，登記または供託に関する手続を代理することや裁判所に提出する書類を作成することをその主要な業務とする（司書2条1項）。登記申請のプロセスでは，登記に必要な書類を依頼者に督促したり，書類の保管，作成，印鑑の管理をなし，代理権や本人の確認，登記申請添付書類の調査をするなど，種々の業務を行うこととなる。

　従来の学説・判例によれば，司法書士は，その職務の性質からみて，依頼者から交付をうけた登記申請の添付書類の真正について，特段の事情がなければ調査義務をおうものではないとされる。そして，特段の事情とは，当該書類が偽造または変造されたものであることが一見して明白な場合や，とくに依頼人からその成立の真否についての調査を委託された場合に限られるとされる（東京高判昭48・1・31判タ302号197頁，林豊「司法書士の不法行為責任」裁判実務大系（16巻不法行為訴訟(2)・1987年）365頁以下，373頁）。

　二　専門家の責任

　(1)　従来の伝統的な考え方によれば，司法書士の職務は限定されており，その反面として責任も，狭く書類作成上の注意義務に違反した場合に生じるにすぎない。責任は，書類の保管，作成，印鑑の管理など，職務上当然に要求される事項に限定され，代理権や本人の確認，登記申請添付書類の調査などについて限定的解釈をするべきこととなる。

　しかし，1980年代から，弁護士，司法書士，宅地建物取引業者，建築士，公認会計士といった職業的な専門家の民事責任（Professional Liability）が問われる事例が増大してきた。専門家の概念は広く，古典的なものとしては医師や交通機関の運転手も含まれるが，主として法律にもとづいて行われる特殊な職業人の責任を指していわれることが多く，登記官，公証人や鑑定人の責任も含まれる。また，法律の規定にもとづくわけではないが，銀行や信用調査会社などが情報を提供する場合も含まれることがある。これらの者は，おもに委任契約にもとづいて，依頼者に対して専門領域の高度な情報を提供し，事務を処理することを業とする。

　これらの者が依頼者あるいは第三者に対しておう責任が専門家の責任といわれる。その根拠はおもに委任でありときに請負であるが，専門領域の高度

な知識を有することから，事務処理に必要な注意義務が高度化される。契約責任以外に不法行為責任が問題となることもあるが（誤った情報を作成・提供したことに対する責任），その場合の注意義務もおおむね高度化される。責任の効果はおもに損害賠償義務であるが，拡大損害が問題となることも多い。また，登記官，公証人や鑑定人では，国家賠償法上の責任を生じることもある（これらにつき，川井健編・専門家の責任〔1993年〕3頁以下参照，司法書士の責任については，327頁以下。後者に加筆したものとして，小野・専門家の責任と権能〔2000年〕11頁以下）。

　(2)　司法書士の責任についても考え方にはかなりの変遷があり，古い考え方の下では，依頼された内容をたんに依頼者の指図に従って処理することのみがその職責とされ，その場合には，適切な説明，積極的な助言義務などは特段の事情がないかぎり生じないこととなる。しかし，司法書士をも登記の専門家としてみれば，依頼者に対して適切な説明・助言をし，損害を回避するようにする義務をおうこととなる。この場合には，依頼者に説明・助言する義務，偽造の登記を防止し，登記の申請を確保するための義務，必要な場合には，登記に関連する実体関係の調査も視野に含まれる。司法書士の責任は，司法書士法の数度にわたる改正を経て，また登記の専門家，ひいては準法曹としての地位が強調されるに従って（司法書士界にも，専門家としての権能の拡張とその反面としての責任に積極的な見解がみられる。たとえば，本件への解説である「司法書士執務のための最新重要判例解説」市民と法17号59頁），より積極的な専門家としての注意・説明義務へと拡大されるにいたっているのである（鎌田薫「わが国における専門家責任の実情」別冊NBL28号〔1994年〕63頁以下。昭和62年までの裁判例については，山崎敏彦・登記代理委任契約論〔1988年〕85頁以下。裁判例については，林・前掲論文参照。また，司法書士像との関係で，住吉博・不動産登記と司法書士職能〔1986年〕260頁以下をも参照）。

　三　裁　判　例

　(1)　古い裁判例では，司法書士の責任をたんなる依頼人の手足とみてごく限定的に解するものが多くみられた（前掲東京高裁昭48・1・31判決，大阪地判昭61・1・27判時1208号96頁など）。依頼者や第三者による登記用書類の偽造や担保設定意思の確認について先例が多い。この類型では，比較的広く

第三者に対する責任も問題となる点が特徴である。偽造の対象となるのは，登記済権利証と登記簿謄本，委任状，戸籍，印鑑証明書が多い（小野・前掲書19頁以下，38頁参照）。

しかし，1980年代後半からの裁判例には積極的なものがみられる。大阪地判昭62・2・26判時1253号83頁は，司法書士の公共的性格から，登記書類の真否についての注意義務を肯定し，「殊に依頼者から関係書類の真否について調査を依頼された場合及び関係書類の偽造を疑わしめるに足りる相当の理由を司法書士が有する場合には，かかる特段の事情のない通常の場合以上に関係書類を仔細に検討し，或いはその結果必要に応じてその他の調査をなすなどしてその信義を確認する注意義務がある」とした。

また，東京地判平3・3・25判時1403号47頁がある。XがAから不動産を買いうけ代金3億6000万円を支払ったが，取引前にBの仮差押登記がなされ，司法書士Yは，これを不知のまま取引させた。Xが，仮差押登記の抹消のために1200万円の損害を被り，Yに委任契約の債務不履行にもとづく損害賠償を請求した事件である。判決は，Yの責任を認めた。同事件の詳細な認定から，「司法書士としては，そもそも，最初から，不動産業者が，最新の登記簿謄本を持参することを当てにするべきではないのであり，仮にこれを予測するのであれば，事前にその持参の有無を業者に確かめてしかるべきである。しかし，Yは，そのような確認を怠った。また，最終の登記簿謄本の日付から4カ月以上経過しているのであるから，根抵当権などの付着した物件である以上，その間およそ登記簿の権利関係に異動がないであろうと考えることは，司法書士としては許されず，専門家としては，むしろ，登記簿を確認するまで取引を延ばすべきこと，未確認で取引するのであれば，自分としては，責任が持てないことを業者及びXに対し，強く主張すべきであった」。しかし，そのまま取引を行わせたことは，「専門家に要求される高度の注意義務の点からは，これを尽くさなかったといわざるを得ない」（ただし，5割の過失相殺。本件の判例評釈として，栗田哲男・判タ792号79頁がある）。

ほかに，東京地判平9・5・30判時1633号102頁は，「委任者の一方又は双方から，登記申請手続に関し特定の事項について指示があった場合においても，その指示に合理的理由がなく，これに従うことにより，委任者の一

方の利益が著しく害され〔る〕……虞があることが明らかであるときは，司法書士は，当該委任者に対し，右指示事項に関する登記法上の効果を説明し，これに関する誤解がないことを確認する注意義務がある」とする。また，大阪地判昭 63・5・25 判時 1316 号 107 頁，大阪高判平 9・12・12 判時 1683 号 120 頁も司法書士の積極的な説明責任を肯定している。

(2) 古い裁判例においても，必ずしもすべての場合に，司法書士の責任が限定的に考えられていたわけではない。とりわけ，登記済証に代わる保証書の作成については，古くから司法書士の責任を厳格に認める多数の裁判例がある。大判昭 20・12・22 民集 24 巻 3 号 137 頁がリーディングケースである。保証書は権利証に代わるものであり，慎重を要する登記手続書類の中でも，とくに厳格に扱うことが必要である。保証について要求される善管注意義務は，相当程度の高いものでなければならない。近時でも，保証書を作成した司法書士の責任を肯定した浦和地判平 4・7・28 判時 1464 号 112 頁，東京地判平 2・3・23 判時 1371 号 113 頁がある（逆に，保証書を作成しなかったことが債務不履行責任を生じないとした東京地判平 3・11・21 判時 1433 号 87 頁もある）。登記義務者が権利証を持参して登記手続を申請することは，登記義務者が権利を処分しようとする意思を明らかにするものであるから，これに代えて保証書による場合にも，同じ程度の確実性を担保するものであることが必要である。そこで，たんに申請名義人と登記簿上の権利名義人とが一致し人違いがないというだけではたらず，登記簿上の権利名義人が登記義務者として申請していることを明らかにするものでなければならない。

代理権の存在については，依頼者の代理権の存在を疑うにたりる事情がある場合に，登記義務者本人について代理権授与の有無を確かめる義務の存在が認められている（最判昭 50・11・28 金法 722 号 24 頁）。「司法書士は，登記義務者の代理人と称する者の依頼を受け所有権移転の登記申請をするにあたり，依頼者の代理権の存在を疑うに足りる事情がある場合には，登記義務者本人について代理権授与の有無を確め，不正な登記がされることがないように注意を払う義務があるものというべきである。また，このような場合には，保証人として不動産登記法 44 条の保証書を作成する者も，同様の義務があるものというべきである」。東京高判平 2・1・29 判時 1347 号 49 頁も，代

理人と称する者から登記申請の依頼をうけた場合には，司法書士は，「その代理人と称する者の言動，提出された書類の性格，形状，内容等に照らして，登記義務者本人の意思もしくはその代理人と称する者に対する授権の存在を疑うに足りる事情が認められる場合には，登記義務者本人に当るなどしてその確認をなずべき義務がある」とした（具体的には否定）。

登記権利者の承諾なしに，登記義務者に登記済証を交付した場合については，最判昭53・7・10民集32巻5号868頁があり，司法書士が登記義務者から交付をうけた登記書類を一方的に返還した場合について，それが「同時に登記権利者のためにも保管するべきもの」であり，返還を求められても，それを「拒むべき義務がある」とし，それを返還した結果，登記権利者への登記手続が不能となれば，委任契約の債務不履行の責任が生じるものとしている。同種の下級審裁判例も多い（小野・前掲書48頁以下）。

もちろん，取引上の判断そのものは，当事者がみずから行うべきであり，たとえば債務者から提供された物件を担保として金銭の消費貸借契約を締結するかどうかは，債権者がみずから判断するべきところであり，その責任で行うべきである。そのプロセスで司法書士が，債権者の判断を誤らせる説明をしたり情報を提供したのでなければ，司法書士が責任をおわないことは当然である（仙台高判平10・9・30判時1680号90頁。融資のための根抵当権設定当時，担保物件の時価が7609万円のところ，先順位の担保権が1億7500万円以上存在した。先順位の抵当権登記の存在は指摘したが，具体的な中味については言及しなかったとされている）。また，大阪高判平4・3・27判時1441号82頁では，XがAから建物を買うさいに，権利証の交付なしに売買代金4000万円を先払いすることの危険性を司法書士Yが告知する義務を否定したが（権利証交付がなかった結果BがAよりも先に保存登記した），これも，同時履行の判断に関する事項であり，債権者Xがみずから判断するべきものである。

四　むすび

(1)　司法書士の責任を考慮する上で，これを専門家の責任として位置づけるにせよ，例外的な責任と位置づけるにせよ，いくつかの共通する場合がある。後者の立場をとっても，通常の事務処理や取引の上で明らかな矛盾が生じる場合にまで，受任者としての責任を否定するものではありえないからで

ある。

　まず，とくに依頼者から専門的知識と助言を求められた場合に，それを適切に処理することが必要なことはいうまでもない。このような事例は明示的に求められるだけではなく，消極的に推断されることもある。立合を求められる場合の多くは（後述の代金決済と保証の連動の場合など），このような積極的な役割を果たすことが期待されているものといえる。前述の東京地判平3・3・25の事案も，このような場合である。

　つぎは，登記書類や当事者の委任状などに外見上明らかな矛盾がある場合である。本件は，この事例について，専門家の責任の新たな事案を追加したものとして評価できる。継続的な取引関係にあり，立会を求められた司法書士としては，とりわけ慎重な処理が要求されるといえよう。偽造の書類には，しばしば本件のような種々の欠陥がみられる。ほかに，印鑑登録証や身分証明書の偽造が問題となる。登記済証の偽造に関する事案は多いが，登記済証に代わるべき保証書に関する厳格な判例を参考とすると，同様の厳格な扱いがバランス上求められる。偽造の看過は，司法書士への信頼を基礎として，新たな権利関係が構築される出発点となるからである。

　さらに，通常の取引の形態として，明らかな異常がある場合がある。これは，書類の偽造の場合と併存することが多いが，書類といったハード面だけに着目するのではなく，取引全体の相当性にも注目することが必要である。とくに，複数の登記手続が一括処理される場合（いわゆる連件一括処理事案の場合。栗田・前掲論文82頁，山崎・前掲書231頁以下参照）や複雑な案件にみられ，司法書士の関与が求められる典型的な場合である。経済的には，代金決済と保証が連動する場合である。ここでは，売主や買主に金融機関が関係していることも多く，売主が売却不動産に付されている抵当権を抹消し，買主が購入資金のために抵当権を設定する場合には，旧抵当権の抹消，所有権移転，新抵当権の設定という3つの登記手続と決済が同時に行われる。金融機関は売買の当事者ではないが，登記に関しては登記権利者・義務者となり，売買に密接に関係している（前述の東京地判平9・5・30判時1633号号102頁も，XがY$_1$に融資し，Y$_1$がY$_2$から土地を買い，Y$_2$がXの融資の物上保証人になるケースであった）。このような場合に，売主の抵当権が単純に抹消されるの

みで，登記簿上存在する抵当権者である金融機関の代理人がまったく登場せず，あるいはその代理人と称する者が身分を証明できないのに，単純に抹消の書類のみが準備されるような場合は，かなり異常である。変動した登記関係は，公けの信頼を築いていくものであるから，司法書士には，保証書の作成の場合と同様に慎重な扱いが要求される。このような場合には，立合が求められることが多いが（栗田・前掲論文83頁は，立合いの場合には，司法書士はたんなる傍観者ではなく，代金決済の可否についての積極的な判定義務をおうとする），そうでない場合でも，取引の中止を求めるか（そもそも金融機関や買主が決済の確実性を求めないことがおかしい），他の証明を求めるか，金融機関への照会といった手続が必要となることもあろう。

(2)　現在のところ，司法書士の責任を認めた場合でも，かなり大幅な過失相殺の行われることが多い。前掲大阪地裁昭63・5・25判決と東京地裁平3・3・25判決では5割，前掲東京地裁平9・5・30判決では8割を過失相殺し，前掲大阪高裁平9・12・12判決では5000万円の損害賠償請求のうち認容額は300万円のみである。事案の態様によることはいうまでもないが，専門家責任の認容と同様に，依頼者の指図からの独立性が拡大するにつれて責任の内容も厳格化するものとなろう。過失相殺と司法書士の業務事故保険を考慮にいれても，本件の1億1728万円余の損害賠償額は，かなり厳格なものといえる。

第14篇　賃貸借の保証金返還請求権に対する質権設定と，賃貸借契約書の原本および保証金預り証の原本の交付

（東京高判平13・1・31判時1743号67頁）

【事　実】　(1)　本件は，BのCに対する保証金返還請求権の質権者であるXが，同じ請求権の質権者であるYに対し，保証金返還請求権について自分が質権を有することの確認を求めた事件である。

　Bは，Cとの間の賃貸借契約（昭和63年6月27日）において，Cに保証金を差し入れた。昭和63年8月19日，Aは，Bからこの保証金の返還請求権に質権の設定をうけ，Bから賃貸借契約書のコピーの交付をうけた。昭和63年10月18日，CはAに対し，確定日付ある証書により，この質権（第1質権）の設定を承諾した。ついで，平成9年1月16日，右質権は，AからXに譲渡された（債権譲渡および質権譲渡の対抗要件具備）。

　他方，Yは，平成7年5月1日，Bとの間で質権設定契約を締結し，Bから賃貸借契約書の原本と保証金預り証2通の原本の交付をうけ，BがCに対して平成10年7月8日付けの内容証明郵便によって質権設定を通知した。このYの主張に対し，Xが保証金返還請求権について質権を有することの確認を求めた。

　(2)　1審は，賃貸借契約書は，保証金返還請求権についての具体的内容をも記載したものであるから，保証金返還請求権の存在を証する書面として，民法363条〔平15年の改正前。債権証書の交付を要件としたもの〕所定の債権証書ということができるが，預り証は，保証金返還請求権の内容についての具体的な記載がないから，債権証書ということはできない。また，賃貸借契約書は，賃貸借契約全般についての具体的内容と保証金返還請求権についての具体的内容とを記載したもので，全体として両者が一体となったものであり，賃貸借契約書から保証金返還請求権に関する部分を物理的に分離し，こ

れを交付することはできないから，賃貸借契約書の原本の交付をうけなくても質権設定契約は有効に成立するとして，Xの請求を認容した。

Yの控訴に対し，原判決取消，請求棄却。

【判　旨】「1　民法363条が，債権をもって質権の目的とする場合に，債権証書があるときは，質権設定者から質権者に対する債権証書の交付をもって質権設定の成立要件とした趣旨は，質権の目的となる債権証書を質権設定者から質権者に交付させて，質権設定契約の成立要件としての要物性（民法344条参照）を貫いて，質権設定者から当該債権を処分する権能を奪い，又は質権設定者がこれを処分することを困難とし，質権の成立を公示しようとするところにあるものであるから，右の債権証書とは，債権の成立及び存在を証する文書であり，かつ，その原本をいうものと解するのが相当である。

2　ところで，本件保証金返還請求権は，指名債権であるところ，これにつき質権設定契約を締結する場合に契約当事者間で交付されるべき民法363条所定の債権証書とは，本件賃貸借契約書の原本及び本件保証金預り証の原本の両者であると解される。けだし，本件保証金の支払及び返還に関する合意は本件賃貸借契約の重要な内容となっており，本件保証金の支払金額と支払時期及び返還金額と返還時期など本件保証金の支払と返還に関する基本的な合意の内容が前記第二の二1（二）のとおり本件賃貸借契約書中に明記されているから，本件賃貸借契約書は，本件保証金の支払及び返還の合意の成立を証する文書であるというべきであり，かつ，本件保証金預り証は，右の合意に従って本件保証金が支払われた事実を証する文書であるとともに，本件保証金返還請求権の成立を証する文書でもあるというべきであるから，本件賃貸借契約書の原本及び本件保証金預り証の原本の両者が一体となって，本件保証金返還請求権の成立及び存在を証する文書となっているものというべきであるからである」。

「本件賃貸借契約書の原本及び本件保証金預り証の原本は，その両者が一体となって，本件保証金返還請求権の成立及び存在を証する文書となっているものであるから，本件第一質権設定契約が成立したというためには，質権者であるAが質権設定者であるBから本件賃貸借契約書の原本及び本件保証

金預り証の原本の交付を受けることが必要というべきである」。

【評　釈】　一　はじめに

　本件の争点は，債権質の成立と第三者との優先関係である。しかし，当事者の主張により，争点が矮小化されている点が問題である。すなわち，363条と364条の適用関係を問題とするべきであるのに，もっぱら363条の「証書」の内容と存在（債権質の成立）の次元の問題としてのみ扱われている。

　363条の問題は，第1に，保証金返還請求権について，質権設定契約を締結する場合に，民法363条の要件とされている「債権ノ証書」とは何か，第2に，建物賃貸借契約における保証金返還請求権に対する質権設定が有効に成立するための要件は，何かである。本件では，保証金返還請求権の成立および存在を証する文書として，賃貸借契約書の原本と保証金預り証の原本が存在するので，その原本の交付が必要かどうかである。

　Xは，363条の債権証書を，保証金の返還の合意が定められた部分と解し，保証金預り証は，これに当たらないとし，また，賃貸借契約書の原本の交付がなくても質権が成立することを主張し，他方，Yは，賃貸借契約書は保証金の支払の合意の存在を証明し，保証金預り証は保証金が支払われた事実を証明するものであり，両者が一体となって，保証金返還請求権の存在を証する債権証書となるとし，また，質権が設定されるためには，質権設定者のBから，質権者Aが賃貸借契約書の原本および保証金預り証の原本の交付をうけることが必要であると主張した。

　第1審は，基本的にこのXの主張をいれたものである。他方，本判決は，Yの主張をいれたものである。

　しかし，債権質の成立と効力については，363条だけではなく，364条の存在をも考慮することが必要であり，必ずしも正面からの検討とはいえない。363条の要物性の要求には，本件判決がいうのとは異なり，質権設定者から債権の処分権能を奪い質権の成立を公示するものといえるかには，多大の疑問があり，債権質の成立の基準とも優劣決定の基準ともいえないからである。

　二　学説・判例

（1）従来の下級審裁判例では，証書が第三者の手にあり交付できない場合

第14篇　賃貸借の保証金返還請求権に対する質権設定と，賃貸借契約書の原本および保証金預り証の原本の交付

に，質権設定者の合意のみでたりるとするものがある（長崎控判昭 13・4・6 新聞 4275 号 11 頁。証書の交付は「交付スルコトノ可能ナル場合ニ限ラル」）。また，裁判上の保証供託金取戻請求権に質権を設定する場合に，債権証書である供託書が裁判所に保管され，質権設定者が任意に質権者に交付できないときに，交付がなくても質権が設定通知のみで有効に成立するとした裁判例がある（福井地判昭 51・3・19 訟務 22 巻 5 号 1169 頁）。

　大阪地判平 8・3・29 金法 1451 号 50 頁では，A が，Y_1 から事務所を賃借し，保証金 878 万円を預託したが，A は，Y_2 銀行に対しその返還請求権に質権を設定し，Y_1 もこれを確定日付ある書面で承諾した。A が破産し，X が，破産管財人に選任され，賃貸借契約を解除し，Y_2 に質権の無効確認を求めたものである。Y_2 が，質権設定にさいし，A から賃貸借契約書も保証金の「預り・領収書」の交付もうけていなかったことを理由とする。判決は，「預り・領収書」は，債権質成立に必要な債権証書とはいえず，むしろ賃貸借契約書がこれにあたるが，賃貸借「契約書中から保証金の返還請求権に関する部分を分離し，それを交付する」ことはできず，Y_2 が契約書の交付をうけていなくても，債権証書がない場合に準じ，質権設定の効力が認められるとした。

　神戸地判平 8・9・4 判タ 936 号 223 頁は，A が B から店舗を賃借し，敷金として 4139 万円を差入れた。ビルは Y に譲渡され，Y は B の貸主としての地位も承継した。賃貸借契約解消後，X は債権質権者として（対抗要件具備），Y に敷金のうち 535 万円の支払を求めた。判決は，本件賃貸借契約が敷金の返還に関わる基本的な約定を記載していることから，敷金返還請求権の存在を証する書面であり，事案ではそのコピーが交付されたにすぎず，363 条の債権証書は，原本をさすから，「写しの交付を受けるのみでは債権質は成立しない」とした（本件には，野口恵三・NBL621 号 60 頁があり，判決に反対）。

　(2)　学説では，早くに，我妻博士は，指図債権以外の債権では，証書の交付は，質権設定者から債権を処分する権能を奪うものではなく，質権の成立を公示するに十分なものではないから，占有改定禁止の規定（345 条）の準用はなく，また証書の返還は質権の消滅を招来するものではないとした。そして，ドイツ民法が，証券の交付をもって質権の効力発生要件とも対抗要件

ともしていないことを指摘する（我妻栄・民法講義Ⅲ〔1968年〕183頁）。また，林博士も，債権の処分・行使に証書は必要でなく，公示に役立つものでもなく，公示方法としては，通知・承諾という対抗要件があり，権利質に証書の交付を要求することには，意味が少ないとする（林良平編・注釈民法(8)〔1965年〕344頁〔林良平〕）。ただし，質権設定者が債権証書がないと偽った場合に，明文に反してまで有効とすることには「躊躇する」とするが，薬師寺博士は，その場合でも，質権は有効とする（権利質〔総合判例研究叢書民法19〕127頁）。近時の見解も，おおむね証書の交付を厳格に解するべきではないとする（川井健・民法概論2〔1997年〕347頁参照）。

三　立法趣旨，比較法

(1) 旧民法債権担保編103条1項は，「質物カ債権ノ記名証券ナルトキハ質取債権者ハ其証券ヲ占有スルコトヲ要ス」とし，これが現行363条の母規定となった。そして，同条2項は，「債権ノ譲渡ヲ告知スル通常ノ方式ヲ以テ第三債務者ニ其設定ヲ告知シ又ハ其第三債務者カ任意ニテ之ニ参加スルコトヲ要ス」，同3項は，「又財産編第347条の規定ハ右ノ場合ニ之ヲ適用ス」としていた。第3項で引用されている財産編347条は，記名債権の譲渡の対抗要件に関する規定であり，現行467条に相当するから，担保編103条2項，3項は，ほぼ現行364条に相当する。

現行の363条は，旧民法をうけついだものであるが，旧民法が，証書の交付を質権の成立要件とせずに「第三者ニ対抗スル要件ト見テ居ルヤウニ解」されるのに対し，動産質と不動産質において物の引渡を成立要件としたこととの均衡と，質権の性質に適合するものとして，証書の交付を要件としたと説明されている（法典調査会・民法議事速記録〔法務図書館版〕第6冊57頁，〔商事法務版〕2巻698頁。原案360条，起草担当は富井政章）。要物性の補完をねらった規定として位置づけられる。

しかし，法典調査会の審議の中でも，本条はかなり争われた。証書がない場合の質入の方法と，証書があるのに，ないものとしてその交付なくして質を設定した場合がおもな争点である（横田国臣発言・前掲速記録59頁，61頁）。後者が本件に関係する。富井政章は，証書があればその交付により，なければ合意だけで債権質が成立するとする。証券の交付がないと，第三者に対抗

しえないとの論点に関しては，それを361条（現行364条）の問題とする（梅謙次郎発言）。これに対し，逆に，証券の交付をより強化して，証券がない債権は質入ができないとの提案もされた（土方寧提案・前掲速記録64頁。否決された）。しかし，証券の交付ということは，当事者間の問題にすぎず（田部芳発言・前掲速記録64頁），したがって継続して交付しておくことも必要ではないとされた（梅謙次郎発言・前掲速記録66頁）。証券の交付を厳格に要求したところで，第三者に対する公示方法とならないからである（梅謙次郎・民法要義2巻〔1911年，1984年復刻〕487頁）。

債権質は直接に物を支配する権利ではないから，その成立には当事者の合意があればたり，債権の証書の交付の要件は例外にすぎない（富井政章・民法原論2巻〔1923年，1985年復刻〕517頁）。しかし，それにもかかわらず証書の交付を必要とした理由は，証書が債権の存在を認知させ（富井・前掲書517頁），債務者は証書の返還をうけなければ弁済をしないのが通常であり，証書を質権者に交付するのは，債権そのものを交付したに「均シ」いからである（梅・前掲要義487頁）。

ここで，363条には，364条の不十分さを補完する意味のみがおかれていた点が注目される。すなわち，364条の公示方法についても，起草者自身は，第三債務者の「聞合」に依存することから，動産の引渡や不動産の登記に比して，「実ニ不充分ナモノテアル」としている（原案361条に関する富井政章発言，前掲書（第6冊）71頁参照）。それにもかかわらず，このような方法がとられたのは，「是ニ優ツタ確実ノ方法ヲ見着ケナイ，然ウシテ是テモマダ無イヨリハ遙ニ優ル」という理由であった。しかし，法典調査会の審議では，本条の争点は比較的技術的な点にとどまっている。

(2) フランス民法典旧2075条（1980年に改正されたが，その前の1972年にも，2075－1条の追加がある），2076条は，それぞれ現行日本民法典の364条，363条に相当する。この2076条は，いかなる場合にも（Dans tous les cas），質権の効力成立（subsiste sur le gage）には，質物の引渡と占有の継続を要件とする。文言上債権質をも包含する。しかし，これは，無体物については疑問とされ，かなり早くから，債権質の成立（s'établit sur des meubles incorporels）に債権譲渡の通知または承諾（la signification et l'acceptation）

に関する1690条を準用する2075条（1980年改正により，1690条に合わせて，2075条にも通知のほか承諾の方法が認められた）との整合性が争われていた（Planiol et Ripert, Traité pratique de Droit civil Français, XII, 1953, n os 93 et s.）。ちなみに，現在では，2075条の優先が認められており，質権の有効性を対抗するには，つねに通知または承諾が必要とされる（Mazeaud et Chabas, Leçon de Droit civi., III-1, 1988, n° 72）。債権質の成立は証書の交付からしだいに通知または承諾の方法に転換され（たんなる対抗要件にとどまらない），前者の意味は限定されている。

　ボアソナードの草案は，このような論争をうけていた。ボアソナードは，原案1107条において，フランス民法典2076条をもとに，一般の質権成立の要件として，占有の移転を必要としたこと（Boissonade, Projet de Coce civil pour l'Empire du Japon, IV, 1889 (ré-éd.1983), n°s 228）に加えて，原案1108条1項では，とくに記名債権（créance nominative）の質入には，公正証書または私署証書の占有（possession du titre authentique ou privé）が必要とした。また，同条2項は，フランス民法典2075条をもとに，このほかに，債権譲渡（notifications de transports-cessions）の方式を必要とした。証書の交付を要件としたのは，これにより債務者の処分を制限することはできないが，しないよりも処分を困難にするとの付随的な意味からであった（Boissonade, op.cit., n°s 231）。しかし，これが不十分であることをも認識したうえで，2項の債権譲渡の通知が必要としたのである。つまり，もともと債権質における証書交付の要件は，限定された効力をもつにすぎないと考えられていた。この説明は，日本の現行民法典の起草者の説明にもひきつがれている。

　(3)　ドイツ民法典1274条1項1文は，権利質の設定は，権利の譲渡の規定に従うとする（つまり，第三債務者への通知があるときにのみ有効となる。1280条参照）。権利の譲渡に物の引渡を要するときには，1205条（質権の設定には物の引渡を要する）の規定が準用される（同条1項2文）。そして，権利の譲渡に物の引渡を要するというのは，証券上の権利のことと解される（Palandt, BGB, 1998, §1274, 1, b）。証券的債権の質権設定については裏書と引渡が必要である（1292条）。そこで，他の債権質については，債権譲渡の方式が優先的に適用されるのである（vgl. Quack-Damrau, Münchn. Komm. z. BGB

Bd. 6, 1997, § 1274 III 5 (S.2104))。

　スイス法は，フランス法の古い形に近い。スイス民法典900条では，証書の存在しない権利質の設定には，質権契約の書面の作成と関連書類（Urkundeはなくても，Schuldscheinがある場合）の引渡が必要とされる（1項）。質権者と設定者は，債務者に対して質権設定を通知することができる（2項）。書面の引渡が要件として貫かれ，債務者に対する通知は，文言上は任意の要件とされているにとどまる（解釈には争いがある）。

　　四　む　す　び
　(1)　起草担当者の意思のうえから，363条の証書の交付には，当初からそれほどの意義が期待されていなかったことは明らかである（補充的意味）。もっとも，ここで評価は2つありうる。あまり意義はないとされていることから，それゆえ最低限の保障として要求するか，もともと不完全なものと認識されていたのであり，基本的には364条の方法によるとするべきかである。プログラム的な意味において（いわば行為規範として），証書が存在する場合に，なるべくその交付を義務づけ（かつ厳格に解し），質権設定者の処分をいく分かでも困難にさせることに意義がないわけではない。しかし，そのことと，それに規範的な意義をどこまで盛り込むかはべつの問題である。後者の評価には，当事者の利益のいっそうの衡量が必要であり，形式的な「証書」要件の厳格化では不十分である。

　まず，証書を厳格に求めることは，証書が存在しない場合にはできない。起草担当者も，合意だけでたりるものとしている。証書がなければ債権質ができないとすることは，本末転倒である（法典調査会で否定された土方提案）。当初から債権証書がない場合だけではなく，紛失したり，滅失した場合も同様である。また，債権証書があっても，交付不能な場合に要求しえないことも当然であろう（前述の福井地裁昭和51年判決ほか）。さらに，証書がある場合とない場合との均衡も考慮するべき要素となる。

　つぎに，証書の要求は，質権設定者の処分を困難にするためのものにすぎず，質権設定者の言い逃れの根拠となるべきものではない。質権が設定される債権を発生させた契約そのものは自由であり（方式の自由），債権には必ずしも証書が伴うものではないから，証書の存在は明確ではない。そのような

場合でも，一義的に質権が成立する途が必要である。あまりに厳格な交付の要件は，かえって，設定者に言い逃れの材料を与えるものとなる。存在しない，あるいは喪失したといいながら，後順位者に交付する可能性があるからである（信義則をも考慮にいれる必要がある）。ここに，364条の存在意義が存する。そして，証書の交付の要件は，364条の存在に障害であってはなるまい。

とりわけ第三債務者との関係では，質権設定者の証書の交付と無関係に明確に質権が成立することが必要である。先順位の質権が，証書の不備から効力を失うとすれば，二重弁済を余儀なくされる可能性が生じるからである。諾成契約である債権譲渡とパラレルに考えるべきであり，そこで証書の譲渡が問題にならないのと同じく，債権質の設定でも同様でなければならない。第三債務者への通知または承諾が優先的な基準たるべきである。363条で証書により質権が成立するのは，一般原則というより，質権設定の当事者間の限定的な場合の補充にすぎない。証書の不交付による不成立は，第三者に対抗しえるものではない。そこで，証書の交付という要件は，厳格に解するべきものではない。

(2) 以上の考慮は，従来の裁判例の中にも，必ずしも反映されていないわけではない。すなわち，前掲神戸地判平 8・9・4 は，債権証書の交付がないとして，債権質の効力を否定してはいるが，これは，ビルの譲渡により包括的に敷金の返還請求権を引きうけた者Yと，質権者との関係にすぎず，質権者相互の争いではない。単純な当事者間，あるいはその延長である当事者類似の関係では，363条のプログラム的な主張を重視することは，あながち不当ではない。この事案では，質権成立を第三債務者が争うことに意味がないわけではない（なお，店舗の所有権を取得して賃貸人の地位を承継したYが，敷金関係が承継されないと主張することにも意味はあるが，判例によれば，賃貸人変更の場合には，敷金返還請求権は新賃貸人に承継される。最判昭 44・7・17 民集 23 巻 8 号 1610 頁）。ただし，その理由は，証書の存在ではなく，もっぱら対抗要件の具備が論点たるべきである（したがって，証書がなくても単純に有効たるべしとすることには疑問がある）。

これに対し，前掲大阪地判平 8・3・29 は，おもに質権者 Y_2 と，質権設定

者であるAの破産管財人Xの争いである。Xは，Aの承継人であるが，他面では，Aの他の債権者の利益をも代表しているから，この場合に，債権質の成立を厳格に解するかどうかは，債権者相互の問題に，かかわっていたのである。

　363条が債権質の成立の要件を定め，それを前提に364条が第三者への対抗要件を規定したとすることは一見論理的ではあるが，364条をも考慮にいれて363条を解することが，立法者の意思により合致するものである。363条と364条の対象を峻別し，対抗要件が効力要件を前提にして存在するということは，法律要件の解釈に自然的理解をもちこむものであり，かねてキップが無効と取消の二重効において批判した自然科学的・有形的理解と同様の問題がある。むしろ，364条は，効力要件の発生をも当然の前提とするとみる必要がある。現在では対抗要件が具備されることが通常であり（いわば364条が原則），363条の要件はこれを妨げない，補充的な規定にすぎない。

　以上のような363条の規範構造からすると，質権者は，証書がある場合には，なんらかの形でその交付があったことを証明する必要があるが（ない場合には不要。質権設定者がないといった場合やなくしたといった場合，滅失した場合も不要。不備なものを引渡した場合も同様である），質権設定者は，証書の不交付や不備を主張するだけではたりず，進んで364条の通知または承諾がなかったことまで主張，立証しなければならない（動産質と異なり，債権質には，つねに第三債務者が存在することから，364条は，要件が具備されるかぎり，質権設定者と質権者の間においても優先的に適用される）。両条は規範的に関連しているのであり，たんに363条の証書の交付のわく内で，その範囲や不備を主張するだけではたりず，裁判所もそのような当事者の主張にとらわれてはならない。条文の解釈は，必ずしも単一の条文のみで完結しているとは限らないからである。起草者の意思もそのように解される。本件のように，証書の不存在，不備を理由とする質権不成立の主張は，優先権を主張する他の質権者からも，質権設定者および第三債務者からも（第三債務者はもともと364条で規律される。第三債務者が主張できるのは，質権ではなく，自分の債務の不成立だけである），認める必要はない。なお，立法論的には，もっと一元的に364条の方式によるべきであろう（363条の要件緩和。諾成契約である）。

第1部　私法の発展における倫理と技術

〔追記〕　その後，2003年（平15年）第156回国会で成立した担保・執行法改正において，債権質権の設定の効力発生のために債権証書の交付を要件とすることは，債権譲渡に証書の交付が必要な債権（証券的債権）に限定することとされた（民363条）。ドイツ法と同様である。したがって，その他の指名債権には，債権証書がある場合でもその交付は必要ではないこととされた。本件のように，対抗要件が具備されているにもかかわらず，交付される債権証書の範囲が不明なために質権の成立が否定されることはなくなった。債務者が証書の存在を秘匿している場合にも，質権の成立が左右される。立法論として当然であろう。詳細については，繰り返さない。

以下は，04年の改正で，口語化された条文である。

「第363条　債権であって<u>これを譲り渡すにはその証書を交付することを要するものを質権の目的とするとき</u>は，質権の設定は，その証書を交付することによって，その効力を生ずる。

（指名債権を目的とする質権の対抗要件）

第364条　指名債権を質権の目的としたときは，第467条の規定に従い，第三債務者に質権の設定を通知し，又は第三債務者がこれを承諾しなければ，これをもって第三債務者その他の第三者に対抗することができない。

2　前項の規定は，株式については，適用しない。」

第2部　私法の新たな展開

第1篇　所有権概念の変容と私権の体系
　　－ドイツの期間割りの居住権契約との関係で－

I　はじめに

(1)　所有権の絶対的構成は，今日修正されている。その最大の契機は，公共の福祉との関係である。「所有権は義務づける」(GG § 14, 2, Eigentum verpflichtet. Sein Gebrauch soll zugleich dem Wohle der Allgemeinheit dienen.) の理念は，早くにワイマール期に確立され，わがくにでも早くに承認されている（信玄公旗掛松事件，宇奈月温泉事件など）。絶対的な所有権は，しばしば土地や企業の所有者の濫用的主張をもたらし，その制限が必要とされたからである（初期のものとして，ワイマール憲法153条。現行のドイツ基本法では，vgl. GG §14, 1, Das Eigentum und das Erbrecht werden gewärleistet. Inhalt und Schranken werden durch die Gesetze bestimmt. これに対する古典的な所有権概念は，フランス人権宣言にみられる。すなわち，所有権の絶対・不可侵性である。Art.17, Déclaration des Droits de l'homme et du Citoyn, 1789, La propriété étant un droit inviolable et sacré. 本書第3部4篇参照）。

同様に，近代法がもつ私的自治や契約自由も，それが形式的な平等主義にもとづくものであり，附合契約が発展することにより空文に帰したことから，消費者問題を生じさせ，片面的強行法規や社会法の生成を促した。これらの制度の変容が行われて久しく，今日，絶対性の修正そのものが疑われることは少ない。本稿がこれらの変容について繰り返す必要性は乏しい。

しかし，私法の基本的構成には，なお理念上の「絶対的」な所有権を基礎としている面があることから，所有権の呪縛や債権との差別化は不必要に強く残されている。以下では，その束縛と，その背後における変容と課題を検討しよう。

(2)　民法の財産法は，いわゆるパンデクテン・システム（Pandektensystem）を採用している。パンデクテン・システムは物権と債権の峻別を特徴の1つ

とし，所有権は，物権の中心概念の1つである。したがって，物権のモデルは，完全な権利としての所有権に集中する。他方，債権のモデルは，金銭債権と動産売買であり，それゆえ不動産に関する債権（賃借権）は，その辺境に位置するのである。他の体系であるインスティテューティオネス・システム（Institutionessystem）においても，所有権は人の法と物の法の峻別のうち，後者の基礎となる。さらに，英米法のPropertyシステムのもとにおいても，所有権がその中心概念となることから，所有権の基礎的な性格は，必ずしもパンデクテン・システムに特有のものとはいえない。すなわち，所有権の絶対性は，私的所有制度の根幹にもとづく概念である。

(3) ところで，所有権の絶対性，いいかえれば基本権的構成は，必ずしも法的観念のみの産物ではない。権利には，国家による生成と承認という契機が不可欠であり，実定法の創造的効力により生じた産物という側面もあるからである。ここで，自然的な所有権を観念するには，近代法の特質を考慮することが必要である。近代法は，近代市民社会，その理論的な基礎づけとしては近代自然法による概念を根底に有している。他人や国家による一方的支配や権威のみを理由としないことが必要である。法技術的には，権利の基礎として，契約もしくは自己の意思による引き受け（契約の場合）あるいは自然や神に由来する基本権（所有権の場合）であることが必要となる。

ちなみに，この構成には，カルヴァニズムの影響が大きい。カルヴァニズムは，自己の良心以外の現世の権威を認めなかったから，世俗の権威に依存する権利の位置づけには疎遠である。外部的な権威を否定することは，法的な権威の内部的再構成，すなわち契約的な構成（社会契約説）や基本権的な構成への道を開いた。その構成は，封建的拘束に反対する近代市民社会に有用な道具を与えたのである（小野「私法におけるカノン法の適用」『利息制限法と公序良俗』〔1999年〕11頁以下，50頁注1）。

カトリシズムの権威は，地上における神の代理人であるとされる教皇に由来するが，カルヴァニズムのもとでは，聖職者の特殊な地位は認められず，個人は直接神に向きあうほかはない。同じ信仰に結ばれた者の団体が教会であり，世俗の権威である国家（Eidgenossenschaft）もこれに従い，すべての拘束は，基本的に内心の義務からのみ発する。その理念は，あらゆる機会に，

世俗の権威をも否定するのである(奉仕の観点からの国家の関与はありうる)。依って立つべき国家をもたないことが,カルヴァニズムの特徴であり,かつ世界的な伝播性の根源である。近代資本主義社会と企業の無国籍性は,これに由来するのである。

このような基本権的あるいは契約的な構成は,国際化,無国籍化にとっても有用であり,法技術として抽象化された近代法に,世界的な伝播力を与えたのである。

(4) これに対し,所有権の義務づけは,たんに抽象的な公共の福祉にとどまるものではなく,近代国民国家の確立による,権利概念の変容をうけたものである。したがって,所有権への制限は,基本権的な所有権とは異なり,地域的・国家的な多様性を伴うものとなっている。たとえば,賃借権による所有権への制限は,各国において多様であり,ヨーロッパ的な強い制限を伴うものから,アメリカ的なごく弱いものまでがある(ただし,これには,アメリカが基本的に未開地を多く有し,土地の供給量が多く,また,比較的新しい国家であり,不動産への拘束が弱かったことに起因する)。また,物権と債権の体系的な構造には,しばしば各国における多様性が反映されている。

2 所有権の変容と私権の体系

(1) 私権の体系も,外見ほどには確固としたものではない。古典的なものでは,賃借権の物権化にみられるような物権と債権との中間的権利の生成があり,また,より古くには,Jus ad rem の展開と消滅という現象もみられた。そして,比較的新しくは人格権や形成権の承認という現象もある。

かつての Jus ad rem は,以下の体系的地位を占めていた。

```
jus personale      ┌ jus personale in specie   [obl.ad facere    為す債務]
  (obligationis)   ┤                           [obl. ad dare     与える債務]
                   └ jus ad rem
```

jus reale, jus in re   〔物権〕

早くに解釈論で問題となったのは,物権法定主義との関係で,多様な慣習法上の物権をどう扱うかであった。これには,まず,民法制定以前からの温

泉権や甘土権のような慣習法上の権利が問題となり，ついで，民法制定後に，とくに民法典の不十分さから発展した各種の変態担保（譲渡担保など）の生成という現象がある。各種の利用権は，所有権の内容を実質的に奪うという意味では，所有権の外延を確定するものである。また，知的財産権は，逆に所有権モデルの拡張ともいえる。たとえば，絵の所有権は，本来，その使用，収益，処分にのみ向けられたものであるが（206条），複製や肖像（たとえば，モナリザ）に対する権利をも創設するからである。そして，所有権の**義務づけ**は，所有権にのみあてはまるのではなく，より普遍的な価値であり，所有権をモデルとする知的財産権をも義務づけるのである。

　(2)　臓器やES細胞においては，その物性と人性の区別が課題となる。同様の問題では，かねて遺骨や遺骸の所有権が争点となったことがあり，そこでは，「埋葬管理及祭祀供養ノ客体タル」所有権が肯定されている（大判昭2・5・27民集6巻307頁）。遺骸に対する相続人の所有権といっても，その機能は限定され，放棄は許されない。その理由は，放棄は「祖先ノ祭祀供養ヲ廃スルコトト為リ善良ノ風俗ニ反スル」からであるとされる。遺骨に対しては，物としての単純化には，反感が残されているのである。判決は，「事物ノ性質上他ノ財貨ニ対スル所有権ト大ニ趣ヲ異ニシ特殊ノ制限ニ服スルコト論ヲ俟タス」とし，特殊な所有権を肯定したのである。

　先端医療の発展とともに，受精卵や臓器などの身体の一部に対する権利が有価値となり，これらの主体性と所有権性が問題となる。法律的には，これらを，権利の主体とみるか客体と扱うかの問題に遡る。人格権や所有権の再構成が必要であるが，たんなる物権というよりも，人格権との中間的な権利としての性格をもつものと位置づけられる必要がある。パンデクテン・システムの人と物の区別が十分に機能しえない類型に由来するともいえる。

　(3)　個別に立ち入る余裕はないが，新たな財産権の形態としては，ほかにも以下のものがある。これらは，公法と私法の峻別・分離の曖昧さや，物権と債権の峻別の曖昧さに由来する。

　分譲マンションは，形式は所有権でありながら，半面では利用権的な性格を残している。マンションの所有権は，所有権というよりも，しばしば利用権にすぎない。正面からこれをとらえ，中間的な権利と位置づける必要があ

る。形式と実質の乖離が，管理や建替えのさいの障害となっているのである。

　賃借権については，長らくその物権化が指摘され，不動産賃借権は，債権でありながらも，強い準物権的保護のあることが強調されてきた（その敷地所有権は，逆に賃料＝金銭債権化）。これに対し，マンション所有権の研究には，いまだこのような視点が欠けている。物権でありながらも，継続性や共有性から生じる債権化が正面からとらえられる必要がある。

　近時では，マンション管理費の時効に関する最判平 16・4・23 民集 58 巻 4 号 959 頁，金判 1196 号 16 頁が一例である。判決は，マンションの管理費等は「定期給付債権」であるから 5 年の短期消滅時効にかかるものとした。その理由として，管理費等は管理規約の規定にもとづいて発生し，具体的な額は総会の決議によって確定して月ごとに支払われるものであるから，基本権である定期金債権から派生する支分権として民法 169 条の定期給付債権に当たり，5 年の短期消滅時効に服するとする。「本件の管理費等の債権は，前記のとおり，管理規約の規定に基づいて，区分所有者に対して発生するものであり，その具体的な額は総会の決議によって確定し，月ごとに所定の方法で支払われるものである。このような本件の管理費等の債権は，基本権たる定期金債権から派生する支分権として，民法 169 条所定の債権に当たるものというべきである。その具体的な額が共用部分等の管理に要する費用の増減に伴い，総会の決議により増減することがあるとしても，そのことは，上記の結論を左右するものではない」。

　一審，原審は，管理費等の額は総会決議に依存し，つねに一定するわけでもないから，基本権たる定期金債権から発生する支分権としての性質をもたないとして，169 条の適用を否定したのである（本書第 2 部 2 篇参照）。

　本稿において解釈論の詳細に立ち入る余裕はないが，現象的には，賃貸マンションの賃料と同じ扱いである（最高裁判決）。しかし，民法の本来予定しない形態を対象とする。とくに，修繕費は，マンション所有権と密接不可分であり，本来自分自身の積み立てと同様の経済的意味をもっているはずである。そこで，その不払いは所有者たる人ではなく，建物自体の負担になるとしたのが，区分所有法 8 条による承継の制度である。これを単純に，賃貸マンションの賃料と同じ短期時効の対象としてしまったことに，マンション所

有権の賃貸借的な性格が窺えるのである。賃料は，賃貸マンションでは，賃貸人に対する債務であるが，分譲マンションの修繕費には，実質的には債権者はおらず（管理組合は形式的な回収機構にすぎない），いわば自分（共同所有者）に対する義務であり，権利の裏側のはずである。義務からの一時的な免脱を認めることは，同時に所有権をも形骸化しているのである。所有権は，強い権限であり，負担も伴うとすることが，一貫した態度であり，いわば弱い権利である債権において，防御的な権限である時効を行使することには親しまない（つまり，管理費などは区分所有権を有することにもとづいて不可分的に派生する債権であり，基本たる債権にもとづいて毎期に生じる支分権たる債権ではない）。つまり，権利の性質の把握があまりに場当たり的である。一面では，これは現行のマンション所有権を反映するものともいえるが，権利の体系との関係できちんと位置づける作業が必要であろう。

　物の利用権に対する財産化であるゴルフ会員権にも，同じ問題がある。もっとも，ゴルフ会員権は，もともと会員が組織するゴルフクラブの組織形態が多様であることから（社団法人制，預託金制，株式会社制など），それに伴う会員権の法的相違は比較的認識されてきたようである。これは，マンションが一面的に所有権的に把握されてきた（ただし，その実質性には上述のような問題がある）のとは異なる。

　(4)　近時，欧米では，余暇活用型の建物の使用権の売買が問題となっている。休暇の比較的長い欧米では余暇に投下される資金と時間は大きく，早くから利用権付の建物の分譲が行われてきた。その形態には多様なものがあり，たんなる一時的な利用権にとどまらず，賃借権によるもの，物権によるものがあり，その長期性と高額性から，また建物が比較的遠隔地にあり，とくに消費者保護の必要性の高いことが認識されている。

　EUは，早くに1994年に最初の保護指令を出しており，これを国内法化する動きも，各国で早くからみられた。ドイツでも，2002年の債務法現代化法によって，従来個別法であった期間割りの居住権契約法・タイムシェア法（Teilzeit-Wohnrechtegesetz, TzWrG）は，民法典に取り込まれた。その大部分は，民法典481条以下に置き換えられたのである（旧1条から3条，5条，7条，9条）。その他の，旧4条は，民法典施行法242条をもととする情

第1篇　所有権概念の変容と私権の体系－ドイツの期間割りの居住権契約との関係で－

定期（期間割りの）居住権法（Teilzeit-Wohnrechtegesetz）
現代化法との対照表

現代化法	旧規定	1992年草案，内容
481	1	同一内容・定義規定
482	2	同一内容・情報提供義務
483	2, 3	同一内容・契約上の言語
484	3, 4	同一内容・書式　Informationspflichtenverordnung
		→民法典施行法242条，情報提供法
485	5	同一内容・撤回権　クーリングオフ
358I, III	6	同一内容・結合契約
486	7	修正　・内金の禁止
（削除）	8	→民法典施行法に附加された29a条
487	9	同一内容・別段の合意
削除	10－12	→民法典施行法229条§4

報提供法（Informationspflichtenverordnung）の2条に入れられ（通知義務の方式を具体化する規定），旧6条は，358条において，また旧11条は，民法典施行法229条§4において考慮される。これらの修正により，消費者にとって見通しのよい体系ができるものと考えられている。

この居住用建物の期間割りの使用（Teilzeitnutzung von Wohngebäude）は，ときに物権と債権の中間的な性質を帯びる利用を，その形式的な性質によらずに保護する点に特徴を有し，新たな利用権規制のモデルとなりうるものである。

なお，ドイツ法には，もう1つ物権と債権の中間的な性質を有する利用権についての規制がある。これは，おもに，旧東ドイツの休暇用の土地の利用権に関する（der kleingärtnerisch genutzten Grundstück, der Erholungs- oder Freizeitgrundstück）。あまり立ち入る余裕はないが，旧東ドイツには，レクリエーションや家庭菜園，余暇，週末利用の家として使用される土地などが多数あった。旧東ドイツの家庭の半分以上がこのような土地を利用していたとされる（ロシアのダーチャと同じである）。これらは，物権によるだけではなく，賃貸借によっても行われた。そして，賃貸借による使用契約も，期限による制限はなく，週末利用の家は，動産に準じた特殊な「建物所有権」によったのである（旧東ドイツ民法296条参照）。

199

第 2 部　私法の新たな展開

　統一後は，このような土地の利用関係をも，連邦（西ドイツ）法に適合させることが必要となり，物権とするものと債権とするものとの振り分けが行われた。利用者が，法的地位の永続性を信頼して，土地にかなり多大な投資をした場合には，物権としての保護が行われたが（地上権，Erbbaurecht），債権とされたものは期間の保護を除き，比較的容易に消滅するものとされた（小野・国際商事法務 27 巻 1 号 9 頁以下，14 頁）。このうち，地上権が付与された物権は，旧東ドイツ法による物権の形式的な存否によらず認められたから（いわゆる事実的物権による保護），物権と債権という法の形式的区分によらずに，利用権に保護を与えるとの方式は，期間割りの居住権法に先立って広範囲に採用されていたのである。

3　期間割りの居住権・タイムシェア

　(1)　期間割りの居住権（time share）は，もともとアメリカ法で発展した概念であり，ヨーロッパにおいても，南ヨーロッパのリゾート地（イタリア，スペイン，ギリシアなど）の建物を対象として設定されていることが多い。他方で，権利者は，広く外国（北欧から，イギリス，ドイツ，フランスなど）にいる場合が多い。そこで，全ヨーロッパ的な規制が必要となり，EU は，早くも 1994 年に指令を発した（EU の期間割り＝タイムシェア指令＝ Time-Sharing-Richtlinie 94/47/EG (1994.10.26). BT-Drucksache. 13/4185）。

　売却される居住権には，種々のものがありうる。売買や賃貸借，組合のような債権法的なものも，物権的なものも，会社，信託的な形式によるものもある。多様性の点では，わがくにのゴルフ会員権と類似する。しかし，期間割りの居住権の基本モデルは，少なくとも 3 年間にわたって，全代金の支払と交換に，期間割りの居住権を取得することであるから，法的性質は，権利の売買（Rechtskauf）である。

　ちなみに，このような包括的な規制の方法は，物権的な概念には立ち入らないとの統一法や EU 指令の一般的な性格にもよるところがある。債権法の領域とは異なり，物権的な概念には各国に特有なものも多く，法統一の障害となることから，なるべくその定義には立ち入らないことが通常である。統一売買法などでも，同様の立場がとられている。

(2) タイムシェアは，これを対象とする独立した法律（旧・期間割りの居住権契約法）から，2002年の債務法現代化法によって，民法典に組み込まれた（481条以下）。訪問販売法，通信販売法，約款法，消費者信用法などの特別法とともに，民法典債務法の現代化の作業の一環として取り込まれたのである（これにつき，小野・国際商事法務29巻8号925頁参照）。

481条は，期間割りの居住権契約の定義規定である。旧1条に相当するが，内容的な変更は行われていない。旧・期間割りの居住権契約法は，1997年1月1日から適用されてきた。前述のEUのタイムシェア指令(Time-Sharing-Richtlinie 94/47/EG; 1994.10.26）を国内法化し，消費者保護法規として起草されたものである。同じレジャーに関する規制である一括払いの旅行に関する指針（Pauschalreiserichtlinie）とは異なり，1997年4月20日の国内法化の期限前に制定された。もっとも，指令11条の最低限のスタンダードを超える規定（国内法化にさいし，より消費者の保護を厚くする）の修正は，行われなかった。

旧法以前にも，タイムシェアの保護がなかったわけではない。1997年1月1日前にも，訪問販売法（HausTG）5条は，撤回権に関する一般的規定を有し，また同法2条1項4文は，撤回権に関する情報提供が行われていない場合につき，双方当事者が完全に履行してから1か月後に初めて撤回権が消滅するとしていた。期間割りの売買では，最後の契約年に休暇のために目的物件を供することによって初めて契約の完全な履行が行われるから，撤回権の消滅は，そう簡単には行われなかったのである。

国際的な消費者保護に関しては，旧法8条が，外国の事件にも一定の要件のもとで，ドイツの期間割りの居住権契約法が適用されるとした。同条は，通信販売法（Fernabs G）により廃止され，2000年6月30日からは，民法典施行法に附加された29a条により代替された。

契約当事者に関する表現は，2002年の現代化法に先立って，2000年6月30日に修正された（旧1条2項）。すなわち，「事業者と消費者」(Unternehmer und Verbraucher）が，「譲渡人と取得人」（Veräußerer und Erwerber）の代わりに採用されたのである（BGBl. 2000, I, S.897）。これによって，タイムシェア法の消費者保護的な性質が明らかにされたものといえる。

481条では，休暇または居住目的で，1年の特定の期間，最低3年間にわたり有償で住居の利用に関する契約を規制している。期間割りの居住権契約は，権利の譲渡と対価の支払により履行される権利の売買である（Dauner-Lieb (Niehuus), S.633. 参考文献参照）。

これより短期のものは，たんなる賃貸借など，個別の契約の扱いによる。投資される金額も限定されるからである。

(3) 482条は，事業者の契約前の情報提供義務を定めている（旧2条に相当）。契約締結前の消費者は，いまだ直接の利害関係を有するわけではないが，情報提供は，その者に対しても必要である。義務違反の場合には，485条による撤回権の期間が伸長され，損害賠償請求権も発生する。

2002年の債務法現代化法は，民法典の13条と14条に，消費者と事業者の定義規定をおいた。これと多数の消費者保護規定が債権法に組み込まれたことによって，当事者の形式的平等を旨とする民法典の立場には大きな変動が生じたものと目されるが，13条と14条の規定によって，本条1項は，旧法2条1項を簡略にすることが可能となった。また，481条1項1文に期間割りの居住権契約の概念をおいたことから，482条は，この場合の情報提供義務のみを定めうるようになったのである。

第2項は，提供されるべき情報の内容を定める（旧2条2項に相当）。たんに情報内容に関する旧4条に相当する規定を参照するのではなく，民法典施行法242条による特別法・情報提供法（Informationspflichtenverordnung）を参照している。内容的には，後者も，提供するべき情報のカタログを示し，旧4条を受け継いでいる。

第3項によって，事業者は，契約締結前に，説明書に含まれる記載事項のうち，みずからが影響を及ぼしえない事情により必要となった変更を行うことができる。事情変更に対応するためである。

(4) 483条1項は，契約上の言語を扱っている（旧2条1項2文から4文，および3条1項2文から4文に相当し，内容的にも異ならない）。2項は，旧3条2項1文に，3項は，旧3条1項5文と2項2文に相当し，旧法では，契約で使用できる言語に関し違反があるときには，民法125条が準用された（方式の必要な場合にこれを欠くことは，法律行為の無効を生じる）。しかし，

125条を準用して契約の無効を定めると迂遠となるので，直接に無効が規定されたのである。内容的に異なるわけではない。旧3条1項1文，3条3項と4項は，484条に規定された。多言語組織であるEUに特有の規制であるが，国外レジャーの増大に従い，わがくにでも参照に値しよう。

(5) 484条は居住権契約の締結には，書式を必要とする（旧3条1項1文，2文および3項に相当）。ここでも，方式に関する125条を準用することは，廃止された。1項1文に規定された方式の違反のさいの無効という効果は，法の体系上明白だからである。2項は，旧3条4項に相当する。

(6) (a) 485条1項は，撤回権（クーリングオフ権）を定める（旧5条1項に相当）。内容的には，撤回権に関する355条によっている。2項は，旧5条2項1文にあたる。旧5条2項2文の3か月の撤回権の制限期間は削除された。というのは，一般規定である355条3項に，契約締結から最長6か月の統一的な制限期間（最長の消滅期間）が規定されているからである。3項は，旧5条3項を含んでいる。4項は，旧5項に相当する。新規定では，情報提供法（Informationspflichtenverordnung）により求められる事項が参照されている。期間の規定に関する，従来の5条4項の後半（spätestens jedoch...）は，355条3項に統一的な期間の定めがあることから削除された。5項は，旧5条5項に相当する。

旧5条は，2000年6月27日法により修正された（BGBl. 2000, I S.897）。消費者には，意思表示を消滅させることにより有効な契約を清算の関係に転換する解除権が付与されたのである。

(b) 485条による撤回権は，355条1項2文に従い，2週間内のクーリングオフ期間内に行使しなければならないが，撤回権が告知されていない場合には，3項により1か月内にしなければならない。

立法過程において，4項による撤回期間の開始に関する注目するべき修正が行われた。すなわち，連邦参議院の発議により，撤回期間が進行するためには，482条2項の求める事項すべてが契約に含まれているべきか，あるいは94/47/EG指針の5条の求める事項のみが，契約書面に含まれているべきかの検討が必要とされたのである（Dauner-Lieb (Niehuus), S.634）。

旧5条4項の規定では，撤回期間の開始には，たんに旧4条の事項（重要

事項）が包含されていることを要件としたにすぎない。これは，EU の統一基準である 94/47/EG 指針とも一致していた。しかし，485 条 4 項の規定は，撤回期間の開始には，法の求める事項すべてが備わっていなければならないと定め，この要件をより厳格にしている。撤回期間の開始のために 485 条 4 項が定めたこと（要件の厳格化）は，当初，連邦参議院でも，消費者保護のために必要とは考えられなかった。というのは，あまり重要でない情報の付与が問題となることもあるからである。

　これをうけ，連邦政府は，たとえ要件が 94/47/EG 指針を超えるものであっても，4 項の提案された規定を維持すべきかを検討した。その結果，撤回期間の開始を 482 条 2 項，情報提供法 2 条に反するすべての場合に遅らせるものとしたのである。たしかに，情報提供法 2 条の事項すべてが，消費者にとって同じ重要性をもつわけではなく，事業者は，482 条 2 項により，そのすべてを説明書に書く必要がある。しかし，特定の事項のない場合にだけ撤回期間の開始が遅れるとされると，重要性に係わりなく情報提供義務に関する法 2 条のすべての事項を対象とすることが害される。むしろ，説明書に同 2 条のすべてを記載しない企業者が強行法に反していることから，期間の延期を期待することができる。消費者の撤回権が，355 条 3 項の統一期間に従い，期間割りの居住権契約においても，遅くても締約から 6 か月後に消滅するとすることも考慮に入れられる。撤回権は，契約書面を交付して初めて消滅するから，事業者にとって旧 5 条よりも厳しくなる。これとの均衡から，4 項の厳格化が正当化されるのである。

　政府草案（法文も同じ）では，消費者保護により有利となった。情報提供義務に違反した場合には，その重要性によらず，撤回権は存続するのである（ちなみに，この経過は，わが法では，貸金業法 43 条のみなし弁済の成立に，その要件である同法 17 条，18 条の書面を厳格に要求するかとの議論に通じるところがある。最判平 16・2・20 民集 58 巻 2 号 475 頁参照）。

　(7)　486 条は，撤回期間中，内金の支払を請求することを禁じる（旧 7 条に相当）。従来は，契約から最初の 10 日間の支払だけが禁じられていた。しかし，10 日の期間制限では不十分であることから，内金支払の禁止（Anzahlungsverbot）は，撤回の全期間に拡張された。撤回期間が経過する前

に消費者の支払を請求し，あるいはこれを受領してはならないのである。

486条は，撤回期間の経過前の支払があると，その返還が不安定になり，撤回権の行使が妨げられることを防止するための規定であり，消費者に有利な定めを妨げない。

(8) 487条は，脱法行為を禁じている（旧9条に相当する）。文言は，312f条，506条，655e条などの他の消費者保護規定（訪問販売や消費者消費貸借）に合わせられた。脱法は，客観的に生じればたり，脱法の意図を必要としない（Dauner-Lieb (Niehuus), S.635）。

（参考文献）Dauner-Lieb (Niehuus), Schuldrecht, 2002, S.631-635; Palandt, BGB, 2004, S.672-676. 法文については，岡孝編・契約法における現代化の課題（2002年）481頁以下，半田吉信・ドイツ債務法現代化法概説（2003年）490頁以下参照。

タイムシェア法は，2002年1月の現代化法により民法典に組み込まれ，その後，2002年7月23日法により，483条，484条，485条につき修正が行われた。

〔追記〕その後の文献として，Kelp, Time-Sharing-Verträge, 2005.

時間割り・期間割りの居住権契約（民法の法文）
481条　期間割りの居住権契約の概念
(1) 期間割りの居住権契約・タイムシェア契約（Teilzeit-Wohnrechtevertrag）とは，事業者が消費者に対して，対価全額の支払と引換えに，最短でも3年間の継続期間で，1年のうちの特定の期間あるいは特定すべき期間にわたり〔たとえば，夏の保養地であれば，7,8,9の3か月の貸借を毎年繰り返すのである。わが借地借家法上の臨時的な一時使用とは異なる。いわばリゾートマンション利用権の期限付き譲渡である。利用権の形態は，契約でも物権でもかまわない〕，建物を保養あるいは居住の目的で使用させる権利を与え（für die *Dauer von mindestens drei Jahren* ein Wohngebäude *jeweils für einen bestimmten oder zu bestimmenden Zeitraum des Jahres* zu Erholungs- oder Wohnzwecken zu nutzen），またはこうした権利を与えることを約束する契約をいう。この権利が，物権その他の権利，とくに社団の構成員としてあるいは組合の持分により（durch eine

Mitgliedschaft in einem Verein oder einen Anteil an einer Gesellschaft）認められた場合も，同様である。

(2) この権利は，建物の使用が複数の建物の中から選択される場合も，同様である。〔保養地の複数の建物の中から選択する形式の場合である〕

(3) 建物の一部も建物と同じ取扱いをうける。〔保養地の建物の1室の貸借の場合である〕

482条　期間割りの居住権契約における情報提供義務

(1) 事業として期間割りの居住契約の締結を提供する者は，関心をもった消費者に対して，説明書（Prospekt）を交付しなければならない。〔契約締結前の消費者は，いまだ利害関係はもっていないが，その者に対しても必要である〕

(2) 前項の説明書は，建物やその基礎的な状況（Bestand）に関する一般的記載および民法施行法242条の規定で定められた記載事項を含まなければならない。

(3) 事業者は，契約締結前に，説明書に含まれる記載事項のうち，みずからが影響を及ぼしえない事情により必要となった変更を行うことができる。

(4) 期間割りの居住権契約の締結のための広告には，説明書を入手できること，およびどこで説明書を求めることができるかを示さなければならない。

483条　期間割りの居住権契約における契約および説明書の言語

(1) 契約は，公用語により，あるいは複数の公用語があるときには，消費者の住所地のEU加盟国もしくはEU経済圏の協定加盟国における，消費者の選択した公用語で書かれなければならない。消費者が〔住所を有する国とは異なる〕加盟国の国民であるときには，その消費者は，住所地の国の言語に代えて，自己が所属する国の公用語，あるいはその国の公用語の1つを選択することができる。説明書についても，第1文と第2文を準用する。

(2) 契約がドイツの公証人によって書面に作成されるべきときには，公証人により1項によって選択された言語で翻訳された契約が消費者に交付される方法で，公証法5条および16条が適用される。

(3) 1項1文および2文，あるいは2項に従わない期間割りの居住権契約は，無効とする。

484条　期間割りの居住権契約における書式

(1) 期間割りの居住権契約は，より厳格な方式を定めた特段の定めがないかぎり，書式（schriftliche Form）を必要とする。電子的方式（elektronische Form）による契約の締結は許されない。482条に定められ，消費者に交付された説明書

に含まれる事項は，契約の内容となる。ただし，当事者が，明示的にかつ説明書と異なることを示した上で，〔説明書と〕異なる合意をしたときには，この限りではない。このような変更は，消費者に，契約の締結前に通知されなければならない。3文による説明書の事項の効力にかかわらず，契約書は，482条2項の規定の定める事項を含まなければならない。

(2) 事業者は，消費者に，契約書あるいは契約書の写し（eine Vertragsurkunde oder Abschrift der Vertragsurkunde）を交付しなければならない。また，同人は，契約に用いられた言語と，居住建物のある国の言語とが異なるときには，建物が存在するEUもしくはEU経済圏の協定加盟国の公用語あるいはその国の公用語の1つで認証された翻訳を消費者に交付しなければならない。使用権が，異なる国にある建物と関連している場合には，認証された翻訳を交付する義務はない。

485条　期間割りの居住権契約における撤回権

(1)　期間割りの居住権の契約において，消費者は，355条〔消費者契約における撤回権の一般規定である〕にもとづく撤回権を有する。

(2)　撤回権に関する説明は，5項2文による撤回のさいに消費者が支払うべき費用についての説明も含むことを要する。

(3)　消費者が，482条に定める説明書が契約締結前に交付されず，あるいは483条の定めた言語によって交付されていないときには，355条1項2文の規定〔一般的には2週間である〕と異なり，撤回権行使の期間は1か月とする。

(4)　契約において，482条2項の規定により定められた事項の説明がないときには，撤回権行使の期間は，その説明が書面により消費者に通知された時から起算する。

(5)　提供されたサービスに対する報酬および建物の使用に対する報酬は，357条1項および3項の規定と異なり，請求することができない。契約が公正証書の作成を要件とする場合には，消費者は，事業者に対して書面作成の費用を支払わなければならない。ただし，契約に明示されていることを要する。第3項および第4項の場合には，〔書面作成の費用を〕支払う義務はない。消費者は，事業者に対して契約費用の賠償を求めることができる。

486条　期間割りの居住権契約における内金（Anzahlung，分割払いの最初の支払金）の禁止

事業者は，撤回期間が経過する前に消費者の支払を請求し，あるいはこれを受

領してはならない。〔本条の定めは，〕消費者により有利な規定の適用を妨げない。

487条　別段の合意

　この款〔第2款・481条－487条である〕に定める規定に反するような消費者に不利な特約は，認められない。この款の規定は，別段の定めがないかぎり，その規定が他の方法で回避されている場合にも，適用される。

第2篇　マンション管理費および特別修繕費の債権の時効期間

（最判平16・4・23民集58巻4号959頁）

【事　実】　(1) X（原告・被上告人）は，Aマンションの管理組合（建物の区分所有等に関する法律3条前段所定の区分所有者全員を構成員とする団体）である。Yは，平成10年3月，B会社から本件マンション1室の区分所有権を買い，同年5月，その旨の所有権移転登記手続を経由した。

B会社は，平成4年1月分から平成10年4月分までの6年間の管理費等を滞納し，その合計額は173万9920円に達した。Xは，遅延した管理費等の支払義務はYに承継されたとして（建物の区分所有等に関する法律8条），平成12年12月，Xに対し，これら管理費等の支払を求める旨の支払督促を越谷簡易裁判所に申し立てたが，この督促事件は，Yが督促異議の申立てをしたことにより本件訴訟に移行した。

Yは，本件訴訟において，本件の管理費等の債権は民法169条所定の債権に該当し，同条所定の5年間の短期消滅時効により消滅する旨主張して，管理費等のうち支払期限から5年を経過した平成7年12月分までのもの（合計104万0200円）につき消滅時効を援用した。

(2)　一審，原審は，Xの請求を認容するべきものとした。その理由は，本件の管理費等は，原則的には毎月一定額を支払う形になってはいるが，共用部分の管理の必要に応じて，総会の決議によりその額が決定され，毎年必要とされる経費の変化に応じて年単位でその増額，減額等がされることが予定されているものであって，その年額が毎年一定となるものではない。したがって，Xが区分所有者に対して管理費等の納入を求めることができる権利は，基本権たる定期金債権の性質を有するものではなく，本件の管理費等の債権についても，基本権たる定期金債権から発生する支分権としての性質を有するものとはいえず，民法169条所定の定期給付債権には該当しないから，同

条所定の短期消滅時効の適用はないというものである。

【判　旨】　一部上告棄却，一部破棄自判。

「本件の管理費等の債権は，前記のとおり，管理規約の規定に基づいて，区分所有者に対して発生するものであり，その具体的な額は総会の決議によって確定し，月ごとに所定の方法で支払われるものである。このような本件の管理費等の債権は，基本権たる定期金債権から派生する支分権として，民法169条所定の債権に当たるものというべきである。その具体的な額が共用部分等の管理に要する費用の増減に伴い，総会の決議により増減することがあるとしても，そのことは，上記の結論を左右するものではない」。

そこで，本件管理費等のうち平成4年1月分から平成7年12月分までのもの（合計104万0200円）については，消滅時効が完成していることになるから，Xの請求は，上記時効完成分を除いた69万9720円及びこれに対する支払督促の送達の日の翌日である平成12年12月13日から支払済みまで年5分の割合による遅延損害金の支払を求める限度で認容するべきであるとした。

なお，福田博裁判官の補足意見がある。「論旨は，管理費及び特別修繕費の双方について実体的に一体のものとして民法169条に基づく短期消滅時効を主張しており，現行法の解釈としては，法廷意見が述べるとおり，これを首肯せざるを得ない」。

「しかし，マンション等の区分所有建物においては，経常的な経費を賄うために徴収される通常の管理費とは別に，共用部分の経年劣化等に対処するための修繕費用は必ず必要となるものであって，これを区分所有者全員で負担しなければならないことはいうまでもない。そのために要する費用は往々にして多額に上ることから，これを修繕を行う際に一度に徴収することは実際的とはいい難い。そこで，管理組合が長期的な収支見通しの下で計画的な積立てを行ってこれに備えるのが修繕積立金と呼ばれるものであり，将来への備えとして，このような対応が必要となることは当然のことというべきである。このような修繕積立金は，区分所有建物の資産価値を維持保全するためのものであり，究極的には個々の区分所有者の利益に還元されるのであり，

また，区分所有関係を維持していくために必要不可欠の負担ということもできる。修繕積立金のこのような性質にかんがみると，短期消滅時効の適用により，不誠実な一部の滞納者がその納付義務を容易に免れる結果とならないようにするための適切な方策が，立法措置を含め十分に検討されるべきものと考える」。

【評釈】 一 はじめに

本件の論点は，マンション管理費および修繕費にかかる債権の性質である。最高裁は，これを民法169条所定の定期給付債権とし，原審は否定した。この債権の時効期間を，債権の性質論から形式論理的にのみ決定されるものとみるべきか，マンションの所有形態との関係から，もっと物権と債権の本質に遡った検討が必要とみるかが問題である。

争点となっているＸが定めたマンションの管理規約には，管理費と特別修繕費（管理費等）に関して，次のような規定がある。「組合員である区分所有者は，敷地及共用部分等の管理に要する経費に充てるため，管理費等をＸに納入しなければならず，その額については，各区分所有者の共用部分の共有持分に応じて算出し，毎会計年度の収支予算案により，総会の承認を受けるものとする（25条）。特別修繕費は修繕積立金として積み立てるものとする（28条1項）。Ｘは，管理費等について，組合員が各自開設する預金口座からの自動振替の方法等により翌月分を毎月末日までに一括して受け入れる方法により徴収するものとする（58条1項）。管理費等の額，賦課徴収方法等については，総会の決議を経なければならない（47条）」。

区分所有法8条は，区分所有者の同7条の債務について，特定承継人も責任をおうとする。1983年の改正で新設された規定であり，旧15条や共有物に関する民法254条の規定を区分所有建物の共用部分に応用した規定を拡大し，債権の保護を図ったものである。この場合の前区分所有者と特定承継人の関係は，一般に，不真正連帯債務とされるが，これに対しては，特定承継人の責任は，前区分所有者の管理費に対する債務に比して補充的であり，保証債務と解する見解もある（稲本洋之助＝鎌野邦樹・コンメンタールマンション区分所有法〔2004年〕63頁）。Ｘは，これら規定にもとづいて，Ｙに対しＡ

の滞納管理費等を請求したのである。

二　定期給付債権

(1)　169条のいう定期給付債権は，基本権たる定期金債権から発生する支分権であって，かつその支分権の発生に要する期間が1年以下であるものをいう。たとえば，利息，賃料，小作料，俸給，給料などである（我妻栄・民法講義Ⅰ〔1965年〕491頁，平井宜雄・注釈民法〔5巻・1967年〕338頁）。立法理由は，169条所定の債権は，「厳重ニ弁済ヲ為ササレハ忽チ債権者ノ為メニ支障ヲ生スヘキ」もので，慣習上債権者も長く請求を怠ることが少なく，債務者も長く弁済を怠ることが少ない，額も通常多くなく，受取証書も保存しないので，短期の時効を定めたとする（梅謙次郎・民法要義1巻〔1911年〕428頁，法典調査会・民法議事速記録（原案170条。法務図書館版(2)228頁，商事法務版(1)548頁。起草担当は梅）。旧民法証拠編156条と同じ趣旨とする）。

169条に関する裁判例では，賃料への適用を認めた古い下級審判決がある（東京控判明44・7・14新聞740号27頁，東京控判大11・7・15新聞2059号15頁，小作料に関し，東京控判明40・7・10新聞466号5頁）。利息も同様に169条の適用をうける（大判大11・9・23新聞2060号21頁）。傍論では，年金または扶養料にも169条が適用される（大判明35・12・11民録8輯11巻49頁。具体的には分割債権として否定）。

一般には，判例は，賃料，小作料，利息，年金または扶養料などに169条を適用するという説明が多いが，実際には，傍論において，利息・借賃・給料・扶養料などにふれたにすぎないものが多いのが特徴である。また，比較的古いものが多く，否定例が多いのも特徴である。

すなわち，弁済期が1年以内に到来する債権というだけではたりない（大判明36・6・26民録9輯802頁は，借用金自体への適用を否定）。また，弁済の期間が1年以下でもたんなる貸金には適用がない（大判明36・9・29民録9輯1022頁）。そして，元本の弁済期に一括して支払う利息，一回の弁済で消滅する消費貸借の元利金債権は，169条の適用をうけない（大判大10・6・4民録27輯1062頁）。これらは，定期の給付を目的としないからである。

周期的に支払われるものでも，たんに「分割弁済ノ約アル」債権にも適用がない（前掲大判明35・12・11，大判明36・11・12民録9輯1240頁）。「民法

第169条ノ規定ハ原院ノ説明セシ如ク時ノ経過ニ由リ遞次ニ發生スヘキモノニシテ年又ハ之ヨリ短キ時期毎ニ支払フヘキコトヲ目的トスル債權即チ利息定期金給料等ノ如キ債權ニ適用スヘキモノニシテ單一ニ發生シタル債務ニ於ケル分割弁済ノ如キ場合ノ債權ニ適用スヘキモノニアラス」（同旨，大判明37・3・29民録10輯335頁）。これは，基本権たる債権の存在を前提としないからである（ほかにも講の掛金につき，大判昭10・2・21新聞3814号17頁，大判昭11・4・2新聞3979号9頁）。

さらに，債務不履行による損害賠償債権については民法169条の適用がない（大判明42・5・28民録15輯536頁，大判明42・11・6民録15輯851頁，大判明44・2・13民録17輯49頁，大判大6・7・21民録23輯1175頁，大判大7・10・9民録24輯1886頁，大判昭12・1・28新聞4109号9頁）。遅延利息は，利息の形式でも損害賠償債権にもとづくものであり，基本権たる利息債権にもとづくものではないからである（川島・民法総則〔1965年〕527頁は実質論から反対）。もっとも，前述の旧民法証拠編156条1号は，遅延利息にも，短期時効の適用があると明文上定めていた。

その後，169条の適用を問題とする裁判例は乏しく，下級審において，管理人の管理組合に対する管理人手当の請求債権につき169条の適用を肯定したものがあるにとどまる（東京地判平8・11・29判時1599号96頁）。

比較的新しいものでは，最判平13・11・27民集55巻6号1334頁は，弁済供託における供託金取戻請求権の消滅時効は，供託者が免責の効果をうける必要が消滅した時から進行するとしたが，過失なくして債権者を確知することができないことを原因として賃料債務についてなされた弁済供託については，同債務の弁済期の翌日から169条所定の5年の時効期間が経過した時が，供託金取戻請求権の消滅時効の起算点であることを前提とする。

(2) 賃貸マンションの賃料や管理費が，169条のいう定期給付債権に属することに争いのよちはない。問題は，所有マンションの管理費や修繕費がそうであるかである。

本件最高裁判決は，この場合をもたんなる169条の債権へのあてはめの問題と考えた（金判1196号13頁コメント参照）。そして，管理費等の具体的な額が毎年の総会決議により確定するとされていても，各区分所有者が管理費

等の納入義務をおうこと自体は管理規約に定められており，またそれが月ごとに支払われるものとして管理規約上規定されていることから，管理規約が基本権としての定期金債権を定め，他方月々の管理費等の債権は，この基本権から派生する支分権として発生するものとした。

これに対し，本件の一審，原審は，管理費等は，毎月一定額を支払う形態であっても，総会の決議によりその額が決定され，毎年要する経費の変化に応じて年単位で増減され，毎年一定のものではなく，その徴収権原はそのつど総会の決議により創設的に成立することから，基本権たる定期金債権から発生する支分権としての性質を有するものではないとした。

とくに本件の原審は，169条の法的性質だけではなく，169条の目的や適用した場合の実質的効果を詳述した。すなわち，管理費等が共用部分の管理の必要に応じて，総会の決議によりその額が決定されること，その弁済がなくてもただちに債権者に深刻な支障が生ぜず，自動振替の方法によることから証拠方法の保全も困難ではないこと，また，マンション管理組合が，未払の管理費等を訴訟上請求するためには，総会の決議を経ることを要することから（区分所有26条4項），費用を投じて請求し未収分の回収を図ることは，困難を伴い相当の時間を要し，債権を短期の消滅時効にかからせることは，管理組合，ひいては遅滞なく管理費等を支払っている善良な区分所有者の負担・犠牲において，管理費等を遅滞している区分所有者を不当に利することになるので，管理費等を短期消滅時効にかからせることは169条の立法目的に沿うものではないとしたのである。

三　判例・学説

(1)　先例としては，判例集未登載の最判平5・9・10は，169条の規定による短期消滅時効の適用を認めた原判決を是認したといわれる（前記コメント参照）。詳細は明らかではないが，マンションの管理費について，169条の定期給付債権にあたることを肯定したものである。そこで，マンション管理の手引き書には，この最高裁平成5年判決を引用して，169条の適用を肯定し，対策を述べるものもあるようである。

従来マンション管理費に関する下級審判決には対立があった。まず否定例では，大阪地判昭62・6・23判時1258号102頁は，管理費等は区分所有権

を有することにもとづいて、その都度生じる債権であり、基本たる債権にもとづいて毎期に生じる支分権たる債権ではないとし、また、東京地判平9・8・29判タ985号188頁も、管理費等は会計年度ごとに総会の決議によって決定され、賦課されるものであるとして、定期金債権であることを否定した。同旨としては、本件一審のさいたま地判越谷支平13・6・14と、本件原審の東京高判平13・10・31がある。

他方、肯定例では、最判平5・9・10前掲の原審である大阪高判平3・1・31と、判例集未登載の東京高判平14・6・12（前記コメントによる）がある。

(2) 学説では、必ずしも詳細に論じられたところではないが（前掲東京地平成9年判決に関して、奥川貴弥・マンションの裁判例〔玉田弘毅・米倉喜一郎編・1999年・2版〕208頁が169条の適用を肯定）、本件判決と原審を契機とするものでは、169条の適用を認めるものと（塩崎勉・民事法情報190号99頁、原田剛・法セ596号112頁）、否定するものとがある（野口恵三・NBL741号72頁、原審に対するもの）。加藤新太郎・NBL798号69頁は、原審の指摘する実質論には理解できるところがあるとしながらも、支分権たる債権が、具体額が増減することによって基本権たる定期金債権の要素を欠くことになる（原審）ことの解釈論的な説明が不十分とする。

四　むすび

(1) 169条の形式的な適用と当てはめという方法で争うなら、判旨のようになろう。債権の種類という区分によれば、基本権たる法律上の権原のうえに派生する債権であることは否定しえず、賃貸マンションの管理費とのバランスや類推からも、そう解しやすいからである。また、Xが、管理費と特別修繕積立金を一括して請求した点から、同様に解されるよちが大きかったものともいえる。

もっとも、たんなる管理費と修繕積立金にはかなり性質の相違がある。管理費には、事務管理費、管理人人件費、公租公課、保険料、共益費＝廊下の電気や水道、清掃費、エレベーター、ボイラーの運転費、資本的支出でない小口の修繕費など、多様なものがあり、それらには、169条の債権に適合的なものが多い。他方、修繕積立金は、かりに大修繕のために、総会で決議して一括して徴収する場合には、定期の給付にあたらないことはいうまでもな

い。そこで，分割して徴収する場合には，定期の給付となるが，債権の分割弁済にすぎない場合には，169条は適用されない。原審などの基礎には，これへの考慮があるものと思われる。たんに額が一定しないところに不適用の根拠があるのではない。額を決めたあとで分割すれば，分割債権，あらかじめ徴収すると169条が適用されるのでは，アンバランスとなるので，バランス上，分割債権に従うものである。

福田補足意見は，この違いを認識しようとしているものと位置づけられる。ただし，まったくの立法論か，管理費と修繕費につき，別個の主張をすれば，解釈論になるのかは必ずしも明確ではない。

169条が沿革上基礎としたフランス法の解釈に着目し（弁済していないことを立証できれば，短期時効が適用されないこともある），短期の消滅時効が，弱小債権者の法的保護の拒否につながることから，短期消滅時効にかかる債権の種類を少なくするべしとし，解釈論としても，適用される範囲をできるだけ狭くするとの解釈もあり（平井・前掲書336頁），民法の立法者の予定しない類型とすれば，適用否定説も解釈論として成り立たないわけではない。また，ドイツ民法は，2002年の現代化法において，全体的な時効期間の短縮とともに，政策的な短期時効の制度を廃している。

(2) マンションには，所有権としての性質と，賃借権としての性質が混在しており，判決には，後者が強調されすぎていることを指摘しうる。169条の債権は，一方的な負担を前提にした債権であり，他方，分譲マンションから生じる債権は，時効により負担を免れるだけではなく，逆に所有権へのプラスを伴う。一種物権的な請求権の性質を帯びるとみるよちがある。169条とパラレルに，定期給付の基本権に関する168条においても，永小作権や賃借権など，同条の時効にかからないものがあることは認められている。また，区分所有法8条による承継人による負担も，この物権的な性格を反映するものと位置づけられる。つまり，同条により物権的把握の必要性が肯定されながら，不徹底なのである。

(3) そこで，事案は必ずしも形式論理だけではなく，より実質的に考察される必要がある。管理費の滞納につき，素人集団で回り持ちの管理組合をパターナリスティックにとらえるか，もっと自己責任的にとらえるかが判断の

また，本件における特殊性も見逃しえない。Yは，Xの請求を権利の濫用と主張し，原審はこれを排斥した。その認定によれば，Yは，Bから買い受ける時に，管理費はBがXとの間で処理する旨合意している。滞納金額は，売買時に，重要事項説明書により表示され，その滞納を前提に代金額が決定されるから，買主が不測の損害を被る危険はない。BY の間で，BがXとの間で処理する合意をしているが，この場合のBの不履行は，XよりもYの危険というべきであろう。この事実からすると，おそらくXがまったく放置していたわけではなく，権利の濫用は買主・Yの側にこそありうる（とくに値引きをうけていたような場合）。事案の特質が見逃され，いきなり169条の一般論だけに転換され，原判決が破棄され自判されてしまったことには疑問も残る。

他方，時効期間にはそれが一義的に定まっていること自体に意義があるとの面もあり，老朽マンションの増大と建替えなどの必要が増大するおりから，事例判決ではあるが，本判決は，実務上重要な意義をもつ。また，一般的な基準を立てていることから，多くのマンション管理組合に及ぶことになろう。そして，管理費の滞納は，最高裁の判断によれば，自己責任の優先によることになるから，管理組合や理事の責任が増大することになろう。あわせて管理会社の責任も生じうるが，技術的管理に限定され，訴訟まで丸投げというわけにはいかないから，これは限定的というべきであろう。

なお，管理組合が機能していない場合に，各区分所有者が管理費の滞納者に対し，未納管理費を請求できるかとの問題があり，立替え払いをした各区分所有者の損失に相当する未納の利得相当額を不当利得として請求することを認めた裁判例がある（東京地判昭56・9・30判時1038号321頁）。本件の射程には包含されないが，管理組合の独自性と自己責任性を強調する（最高裁の）論理によれば，これも消極的に解することになろう。

第3篇　司法の現代化とドイツ私法の改革

第1章　はじめに

I　法典の現代化

(1)　司法の現代化は，20世紀の初頭までに整備された種々の法分野において，この100年間の判例と学説の集積によって見通しの悪いものとなった体系を新たに構築しなおす作業である。基本的に産業革命初期のものである近代法の体系が，情報化や国際化，社会の流動化の結果必ずしも現代社会に適合しなくなったことによる。

1789年のフランス革命時（フランス民法典は1804年制定），すなわち近代国民国家の成立からほぼ200年を経過し，近代法には，社会法による変容を経たものの，種々の側面において制度疲労と社会への不適合がみられる。形式的平等を前提とした近代法が社会法によって変容した時代を第2段階とすれば，情報化や持続的な発展，国際化などをキーワードとする法の発展の第3段階と位置づけられる（これにつき，本書第3部4篇参照）。

比較的遅れた法典編纂の産物であるドイツ民法典においては，1900年の施行からほぼ100年しか経ていないが，そのなかでも，多くの変化が生じてきた。そこで，その現代化が，20世紀の末から意識され精力的に行われてきた。たとえば，民法の個別の分野である賃貸借法，債務法，物権法，家族法，相続法のほか，医事法と生命科学に関する法，登記法，法曹養成制度，環境法や会社法・経済法の改革などである。また，情報法や特許法などにおける新しい分野の体系化作業もある。これに伴う法の全面的な修正が行われている。その方向性は多様であり，本稿がすべてを対象とすることはできない[1]。現代化に関する同様な問題の提起は，わがくににも共通のものであろう。

(2) 法の現代化を成文にするにさいしては，独立した個別法規による場合と，法典に組み込む場合とがある。日本法は，おもに個別法規の制定をする手法にとどまるが（借地借家法，利息制限法など），ドイツ法（あるいはフランス法も）は，基本法典，たとえば民法典に直接組み込むことを特徴とする。もちろん，個別法規も存在しないわけではないが，法典への不断の組み込みが行われてきたことが特徴である。後述の債務法現代化法の過程でも，消費者信用法や約款法の民法典への組み込みが行われた。法典化と個別法規の制定との優劣は，成文化の迅速性などの点において，かならずしも優劣はつけがたいが，法典化，体系化は，しばしば既存の法の確認にとどまらず，法の革新の契機ともなっている。全体的な革新を意図するのでない場合においても，体系化のさいには，相互の矛盾を克服したり，従来あいまいであった部分を明確にすることがある[2]。

　ドイツ法にはもともと体系の改修という強い契機がみられたが，現代化はこれにとどまらない。法の刷新に関する性質上の区分からすれば，現代化作業は，個別の修正に対応する改正の段階を超えて，新たな体系化を目ざしたものである。個別法規の制定やたんなる体系への組み込みにとどまらず，体系の構築や新たな組み換えを伴っている。20世紀の間，不断に行われた法の刷新が，比較的小規模であり部分的なものであったのと異なる。

2　国際化と法典
(1) また，国民国家万能の時代から，国際化が進展し，ヨーロッパにおいては，ヨーロッパ共同体（EU）指令がもつ各国法を規律する機能が進展した。第1，第2段階の法の発展が国民国家を基礎としていたのに対し，第3段階の法は，国際化を基盤とする特徴をもっている。ヨーロッパでは，EU主導の大きな法領域が形成されつつあり，また，1990年代には，必ずしも国家法や条約の領域ではないが，全ヨーロッパ私法の基盤となることをねらったLandoの契約法原則が公表された。そして，国連の作業としては，同じく契約法の基準となるUNIDROITの法原則（Principles of International Commercial Contracts 1994, 2004）が公表されている。より早い国際的な法統一の試みとしては，1964年のハーグ統一国際動産売買法や1980年のウィーン統一国際

動産売買法がある。

　近時の立法提案である Lando 委員会のヨーロッパ契約法原則（The Principles of European Contract Law, 1997）は，1995 年にその前半が公表され，1997 年に後半部分を追加して，全体の法文の移動も行われた（1998/99 に改定）。本原則は，たんに新しいというだけではなく，大陸法と英米法に関する包括的な言及をともなっていることを特徴とする。

　Lando 委員会のヨーロッパ法原則は，EU のインフラストラクチュアの一部として，EU に共通する契約法を確定するために作成された。これによって，域内の取引が容易にされ，単一市場の強化に資するものとされている。この原則は，ただちに立法化されるものではないが，長期的な観点から，各国の立法や司法へのガイドラインとなることが期待されている。大陸法の国別の相違の克服だけではなく，大陸法とコモンローの調整たることも期待されているのである。のみならず，EU 以外の諸国においても，法の解釈や立法のモデルとしての意義が大きいのである[3]。

　(2) ドイツの 1990 年前後の重要な立法に，1989 年の製造物責任法と 1990 年の環境責任法がある。このうち，製造物責任法（Produkthaftungsgesetz, 1989; BGBl.I, S.2198）は，外国との競争を視野に入れ，いわば妥協の産物であったが，環境責任法（Umwelthaftungsgesetz, 1990; BGBl.I, S.2634）は，到達度の高い包括的な環境立法であった。すなわち，前者は，基礎となった EU の指針による国際競争力維持の観点が強すぎたことから，妥協の産物となり，救済手段（因果関係の推定の欠如や開発危険の抗弁など）には種々の限界があった（1979 年 EC 指令を修正した 1985 年 EC 指令に顕著であった）。これに対し，後者は，一般的な排出者責任を定め，ヨーロッパ的な循環経済思想の先駆となった。これは，1992 年のリオ・デ・ジャネイロの地球環境サミットにも引き継がれている。わがくには，1970 年代において公害事例の豊富さおよび公害責任に関する理論と対策では先進国の中でもかなり先進的であったが，1980 年代では停滞し，1990 年代には完成度において決定的に遅れてしまったのである[4]。

　したがって，EU 指針の有効性には疑問のある場合もあるが（上述の製造物責任法），とりわけ消費者法の領域では，各国間の調整の観点から精力的

な努力が続けられている。個別のものについては,立ち入るよちはないが,近時では,後述する債務法現代化法の契機となったことが注目される。

　EU指針(Richtlinie)の増大と分野の多様化にもいちじるしいものがある。たとえば,男女同権に関する指令(Rat zur Verwirklichung des Grundsatzes der Gleichbehandlung von Männern und Frauen, hinsichtlich des Zugangs zur Beschäftigung, zur Berufsbildung und zum beruflichen Aufstieg sowie in bezug auf die Arbeitsbedingungen, 1976.2.9; 76/207/EWG)である。消費者保護も,包括的なものから,電子取引,パック旅行,年間1週間以上数か月の不動産の利用権の取得契約(Teilzeitnutzungsrecht,タイムシェア法)に関するものなど多様な対象が含まれるにいたっている[5]。

3　東西ドイツの再統一

　近時のドイツ法においては,法の刷新には,1990年の東西ドイツの再統一がしばしば重要な契機となっている。変化は,つねに周辺から現れる。東ドイツ地域の改革には,たんに東側の法システムの西側への転換というだけではなく,国際的な投資条件の整備という課題が伴っていたことから,国際化に注目する側面は,かえって西ドイツ地域よりも先行した。労働市場の流動性,投資の刺激などである。また,地域の特殊性と20世紀末の環境意識の高まりを反映して,環境保護の観点が強調されつつある[6]。

　さらに,西側の法の旧東地域への適用が必要となったことから,西側の法をより明確化,体系化したものが考えられたのである。これは,かつて複雑な判例法にもとづくイギリス法が当時の植民地であったインドに応用されたさいなどにもみられた現象である。動産売買法典は,イギリス本国では,ようやく1893年に法典化されたが,当時の植民地であったインドでは,1872年に売買法を含む広範なインド契約法典が成立し(第7章　動産売買),契約法は早くに法典化された。その契約法典は,契約の成立や瑕疵,債務不履行などの債権総論に相当する部分をも含む包括的な法典であった[7]。実効性はともかく,後進地域の法は,しばしば大胆かつ先進的である(本国でできない改革を試験的に行うからである)。

　本稿は,この司法の現代化作業をおもにドイツ法の進展から概観しようと

するものである。とくに取り上げるのは，2001年の賃貸借法の改正，債務法の現代化法と近時の家族法の改正作業である。もちろん，内容の詳細に立ち入るよちはない。

第2章　2001年賃貸借法改正

1　賃貸借法の刷新

2001年3月29日，ドイツ連邦議会は，賃貸借法の改正を可決した。この賃貸借法は，2000年11月9日に，政府草案として提出された「賃貸借法の整理，簡素化および改革に関する草案」（Entwurf eines Gesetzes zur Neugliederung, Vereinfachung und Reform des Mietrechts（Mietrechtreformgesetz）を修正したものである。2001年に改正が予定された2つの重要な民法改正のうちの1つである[8]。草案は，その後，連邦参議院（Bundesrat）の賛同をえて成立した。新法は，2001年9月1日から施行された（BGBl. 2001, I, Nr.28, S.1149）。

2　個別法の一元化

（1）　現行の賃貸借法制度は，すでに内容的に古く，また多くの修正の結果，見通しの悪いものとなっている。全面的な改正は，すでに1974年から意図されていた（政府に対する連邦議会の決議）。改正は，1998年10月の総選挙で，SPD〔社会民主党〕と緑の党の連立政権が成立するさいの合意事項の1つでもあった。もっとも，その基礎は，1996年の連邦と州のワーキンググループ（Bund-Länder-Arbeitsgruppe）の提案にあった。その間に，CDU・CSU〔キリスト教民主・社会同盟〕のコール政権からSPD・緑の党連立のシュレーダー政権への交代があったことから，いくつかの修正が図られ，多様な内容となっている[9]。

改正法により，従来の個別の附属法規は，一元的に民法典に統一され，整理される。これにより，賃貸借の成立から告知にいたるプロセスが包括的に規定される。近時の社会変動が考慮され，関連する判例による解釈も明文化される。改正法は，賃貸人と賃借人の利益の調整と契約による自己責任の拡

大を目的としており，これにより，年間約30万件に及ぶ賃貸借関係の訴訟が減少するものと予想された。

(2) 2001年の改正法は，民法の賃貸借法の部分のほか，関連する重要法規である賃料制限法（Das Gesetz zur Regelung der Miethöhe vom 18.12.1974（BGBl.I, S.3603f. 最近では，1998年6月9日に改正），住居供給の不足地域における社会条項法（Das Gesetz über eine Sozialklausel in Gebieten mit gefährdeter Wohnungsversorgung vom 22.4.1993（BGBl.I, S.446, 487））など6つの法律を廃し（Artikel 10），民法規定として取りこんだ。また，1954年の経済刑法の賃料規定を改正するなど，50近くの関連法規を修正した（Artikeln 1〜5, 7）。

この改正には，1990年代初めからの東ドイツ地域の改革の影響がみられる。東ドイツ地域の財産法の改革は，財産権の私有化や自由経済の導入という目的をもっていたが，東地域の改革は，その目的や地域を超えて，種々の新たな思潮をもたらし西地域の諸制度にもはねかえりつつある。たとえば，環境や労働問題，賃借人保護と投資の関連などの観点である[10]。

3　賃貸借法への新たな視点

改正法のもとでは，たんに弱者たる賃借人の保護という観点だけではなく，労働市場の必要性，投資の刺激，環境保護の機会という従来賃貸借とは無縁と思われた新たな観点が結合されるものとされている[11]。

まず，低所得者向けの集合住宅の居住者に対する賃料の値上げ率の制限が強化され，30％から20％に縮減された。また，障害のある賃借人は，住居や階段をバリアフリーに改造する権利を取得した。さらに，賃借人が死亡したときには，同居人や共同居住者は，賃貸借契約を引き継ぐことができる。これは，従来は配偶者にのみ認められていた。他方，多様な賃貸借にそくして，完全な定期賃貸借も可能となり，当事者の自由が拡大された。特殊な賃貸借（Index- und Staffelmiete）では，賃料改定の期限制限も緩和された（このIndex- und Staffelmieteは，公的な指標や契約形態によって賃料改定の時期が制限されるものである。考え方としては，わが借地借家法32条が契約の拘束力の例外として賃料の増減請求権を規定したことに一部対応する。ドイツ法の賃料制限は，かなり厳格なものであるが，これを緩和したものである）。

新法は，労働市場の流動性をも考慮し，新たな契約からは，賃借人は，3か月の告知期間でたりることになった。従来からある契約でも，別段の合意がないかぎり，これが適用される。賃貸人には，賃貸借の期間によって異なる告知期間が適用されるが，最長期間は，12か月から9か月に縮小された。また，賃料は，つねに先払い，遅くとも各支払期間の3日目までに支払うものとされる（556b条1項）。旧551条では，任意法規ではあったが，後払いと規定されていた（日本の614条と同じ）。これを，一般的な契約実務に合わせたのである。

環境保護の観点から，持続的にエネルギーを節約する方法が賃貸借でも採用可能となった。賃料こみの賃貸借における電気や暖房などの付随費用は，改正法では，使用によって算定されるようになり，施設の近代化は賃借人にも有利に反映される。

4　定期賃貸借，居住権の再構成

みぎの諸改革との比較では，部分的には，日本の賃貸借法の改正のほうが先行している点もある。たとえば，1991年（平3年）の借地借家法で採用された定期賃貸借（同38条）や古く1966年（昭41年改正）で採用された内縁の妻の居住権（借家法7条ノ2，借地借家法36条）である。しかし，種々の新しい観点もあり，注目に値いするものがある。居住権の承継についても，相続人との関係を新たに規定しており，これも参考に値いする点である。

第3章　2002年債務法現代化法

I　債務法の変化

2000年8月4日，ドイツ連邦司法省は，債務法現代化法の試案（Diskussionsentwurf eines Schuldrechtsmodernisierungsgesetzes）を公表した。かねて1992年に公表されたドイツ債務法改定草案（Abschlußbericht der Kommission zur Überarbeitung des Schuldrechts, 1992）は，給付障害法の改正を中心として，債務法のいくつかの構成を根本的に修正した[12]。たとえば，給付障害法の中心概念を「義務違反」（Pflichtverletzung，§280 BGB-KE Abs. 1 für den Fall des

Schadensersatzes, § 323 BGB-KE Abs. 1 für Rücktritt) に転換し，損害賠償，解除の新たな要件としたのである。従来の中心概念であった不能，遅滞，積極的契約侵害の区別は廃止され，とくに「不能」概念の克服が試みられた[13]。また，債務法の体系を見通しよくするための多数の改革が行われた。

さらに，売買法においては，債務不履行の特則としての瑕疵担保法は廃止され，一般の給付障害法に吸収された。瑕疵のある物の給付は義務違反となり，瑕疵のない物の給付義務が生じる。買主に瑕疵の追完請求権が発生することから，請負法の一部も改定されることと合わせ，売買と請負との基本的な救済システムのそごは除去された。さらに，消滅時効法も改定され，従来の種々の消滅時効期間の整理が行われた。

この1992年改定草案により，全体として，伝統的なドイツ法の体系は，世界的な統一法の体系に引き寄せられたと位置づけることができる。ハーグ国際動産売買統一法（1964年），ウィーン国際動産売買統一法（1980年）などの国際的な統一法が示したモデルに比較的忠実なものである。そして，1994年の第60回のドイツ法曹会議は，多くの点でこの草案に賛同した[14]。

2　改正のプロセス

しかし，伝統主義的なドイツ法の解釈論には，実務を中心になお根強いものがあり，新たな立法化は必ずしも容易ではなかった。内容のみならず，1990年の再統一の余波もあり，司法省や議会に余裕がなかったこともあった[15]。ここ数年は，1992年改定草案に関する研究も減少した。この間，世界的には，他の新しい国際的な法統一の動きがみられた。前述した1994年のユニドロワ原則，1997年のヨーロッパ契約法原則である。それらでは，給付障害法において1992年改定草案とも共通する不履行（non-performance）概念を中心とする体系が採用されている。

このような経緯を経て，2000年，連邦司法省は，債務法現代化法の試案を公表したのである。この数年間の空白を埋めるものである。試案は，1999年のＥＵ指令にもとづき（25.Mai 1999, ABl. EG [Amtsblatt der Europäischen Gemeinschaften] Nr. L 171 S.12），ドイツが2001年12月31日までに，消費物の売買と保証に関する法の改定をしなければならないことを契機とする[16]。

売買法の改正が必要なことから，消費者保護規定の整備だけではなく，1992年の改定草案の成果をも視野にいれ，売買法だけではなく，債務法一般，時効法，その他の改正を意図するものである。債務法改定の部分は，1992年改定草案の基本線によったものであるが，消費者法の観点からさらに付け加えられた修正もある。

2001年5月9日，試案はさらにかなり修正されて，政府案草案（Entwurf eines Gesetzes zur Modernisierung des Schuldrechts）が公表された。消費者保護規定は，より詳細にされ，また，給付障害法では，「不能」概念，「危険負担」の原則規定，送付売買の危険負担規定が復活するなど，伝統的法律学への回帰も部分的にはみられた。立法化が真剣に意図されていたものとみることができる。もっとも，1992年改定草案で打ち出された新しい体系を変更するほどのものとはいえない。

若干の修正を経て，2001年中に政府案草案は議会を通過し，債務法現代化法は，2002年1月1日から施行された。法改正が大幅であることから，一部からは疑問視されていたにもかかわらず，EUレベルの消費者保護法規の整備にあわせた大幅な改正が実現したのである[17]。

3　改正のおもな対象

本改正の対象は，かなり広範囲なものであるが，給付障害法と売買法の基本的部分に限定して言及すると，現代化法は，1992年の債務法改定草案を大幅にとりいれているものの，消費者保護に関する規定には新設のものも多く，かなり膨大なものとなっている。1990年の消費者信用法や約款法，その他の特別法や撤回法（訪問販売法などの）の内容を民法規定として整理しとりいれた。日本法にとっては，個別的な規定の意義のみならず，基本法典への特別法の，あるいは大陸法への英米法的概念の接合という視点や比較法的観点からも興味のある改定である。とくに，どのように民法典に組み込まれているかが重要である。前述のように，改正は，時効や請負に関しても修正を行った。また，2001年には賃貸借法の改正も行われたことから，債権総論と契約法の主要部分は大幅に改正され，債務法は，全体としてほとんど新法典といえるものとなったのである。

現代化法は，基本的には，1992年改定草案のカバーした分野に関するかぎり，文言の修正（しばしば1992年改定草案と同一）にすぎず，本質的な相違はないといってもよい[18]。ただし，本草案には，1992年改定草案や試案にもみられない修正もある。大部なことから，詳細には言及しえず，また，評価の分かれる部分や種々の妥協もあることを指摘しておかなければならない。

第4章　家族法の現代化

I　家族法と家庭裁判所

　(1)　家族法においても，社会のグローバル化，流動化，経済的変化，技術的進歩によって，種々の法の改変が求められている。変化は，同時に不安をもたらし，人々は，安定性，安全，信頼を求めている。もっとも，この作業はなお途上であり，財産法に新たな体系が成立しつつあるのとは異なる。わが法でも，ほぼ同時期にこれに対応する改正の動向があることが興味深い。具体的には，制度・手続法と実体法の改革が課題である。また，しばしば民法と他の法，社会法や刑法との関連づけが必要となることがあり，これも刷新の遅れの原因である。いわば伝統的な私法と公法の峻別論そのものの見直しが迫られている分野である。

　まず，現行の家族手続法は，わかりやすさと使いやすさに欠けるものとされている。これに代えて，見通しのよい，使いやすい手続が必要となる。日本でも，2003年に行われた人事訴訟の家庭裁判所への移管問題があるが，一部はこれに対応するものである[19]。

　(2)　ドイツでは，区裁判所の中に家族部がおかれ，これは，婚姻事件，嫡出子の親権に関する規定，子どもの取戻，子に対する法定の扶養義務に関する紛争，婚姻による扶養義務の紛争，夫婦財産に関する請求権の紛争などの親族法上の事件を限定的に管轄する（裁判所構成法23b条，非訟事件手続法=FGG64条）。この部が家庭裁判所と呼ばれる。同様に，後見に関する事件を管轄する部は後見裁判所と呼ばれる（FGG35条以下）。統一された家庭裁判所（Großes Familiengericht）の導入が課題とされる。関連する紛争を，関

連させたまま解決する「1事件1手続」(Ein Fall, ein Verfahren)を採用するためには，家庭裁判所の権能の拡大が必要であり，同様の試みは，かつて1970年代の末から80年代の初めに小規模には行われたが，現在は，全面的な修正が求められているのである。

第1に，家庭裁判所の管轄権を後見裁判所の管轄にまで拡大することが必要となる。後見裁判所は，もともと行為能力制限の宣告や後見人の選任などの監督を行うことになっているが，後見法（成年後見）の制定以来，区裁判所による後見はほぼ未成年後見に限定されてきた（FGG65条）。未成年後見は，親の監護と一対をなすものであり，むしろ家庭裁判所の管轄に属するから，物的な関連性を重視する観点からは一元化が必要である。

第2に，より広い家庭裁判所の権限の拡大が求められる。従来は，家族事件には，一般の訴訟裁判所による管轄と家庭裁判所による管轄が区分されていた。しかし，その区分は複雑であり，明確なルールが欠けていた。そこで，管轄の分裂を回避し，対象との近さ(Sachnähe)によって家庭裁判所の管轄を決定することが必要となる。つまり，夫婦と家族によって関連する紛争を包括的に決しうることである。当事者に負担や重複をもたらすことを回避するには，財産法的な紛争(Familienvermögenssachen，家族財産事件)をすべて，家庭裁判所の管轄とすることが必要である。その場合には，夫婦や親族間の共同債務の調整，夫婦の支出の清算もこれに含まれる[20]。

2　家族手続法

現在の家庭裁判所の手続は，当事者主義による民事訴訟法の手続(Parteimaxime unterliegenden ZPO-Verfahrens)と職権主義による非訟事件の手続(Amtsermittlungsgrundsatz geprägten Verfahrens der FGH)，さらに婚姻住居の手続(Hausratsverordnung，非訟事件)の混合である。固有の手続法によらないために，参照，準用条文が多く，いわば手続法の張り合わせとなっている。解釈のみによる適合化は，将来的な解決としては十分ではなく，透明性を欠く。わかりやすい統一的な家族手続法が課題となる。新しい法が，非訟事件手続法の独立した各論として起草される必要がある。

非訟事件手続法（FGG）の一部としての家族手続法は，民事訴訟法（ZPO）

の当事者主義から離れ，職権探知主義をもって原則とする必要がある。しかし，家庭裁判所の手続のすべてで，職権探知主義をとるべきか。いわゆるZPO家族事件においてもそうなのか（財産制や扶養手続）は，なお問題となる。家族手続法を統一したとしても，その中に2つの異なった手続原則をおくこともありうる。もっとも，その場合には，職権探知主義原則と当事者主義の原則のいずれをどの範囲でとるか，具体的な対象の区分が問題となる[21]。

3 家族実体法

(1) 家族の実体法にも，現代の家族の多様な形態を反映するものが求められる。たとえば，現代の子どもは，母子あるいは父子といった2人だけの家族，継家族や養家族の中にいることが多い。いわば，パッチワークの家族（patchwork-Familie）が一般化しており，家族法も，この多様性を反映する必要がある。年間の婚姻数は40万件であるのに対し，離婚数は20万件に達する。正式な婚姻に至らない場合も多いが，その実態は必ずしも明らかではない。

1998年に，先端医療にかかわる親子法の問題の一部を解決するほか，親子，親権，扶養，姓名，養子の制度を対象とするかなり大規模な親子法の改正が行われた。そこでは，嫡出と非嫡出の子の法的差別も基本的に除去された。しかし，なお不十分な点があり，2003年5月に，連邦政府は，新たな親子法改正法（Kindschaftsrechtsreformgesetz）を上程した。その中心は，離婚後の親の共同責任や扶養義務に関する一般的な監護法（Elterliches Sorgerecht）の修正である。修正は，子と両親との一層の関連づけが望ましいものであるとの考慮にもとづく。たとえば，ドイツ民法典の親権に関する1998年の改正では，婚姻していない親（かつ1998年7月1日以後に分かれた場合を含む）でも，共同親権を行使するとの監護共同の意思表示（Sorgeerklärung）がある場合と両親が婚姻した場合には，子に対する共同親権が行われるとした（1626a条1項）。その他の場合には，母の単独親権となる（同条2項）。この共同親権の規定は，1998年7月1日より前に（未婚の）カップルが分かれた場合には適用されない。そうすると，父が子と共同生活をしてきたことに

より，強い感情上の絆が形成されている場合にも，父は親権を取得できない。しかも，当事者間に深刻な紛争がある場合は少なく，合意によるルールが促進される必要がある。そこで，改正法は，それ以前のケースについても，1626a 条の規定を適用するとする。当事者にとって有益であるだけでなく，公的負担を軽減するものでもある。2003 年 1 月 29 日に，連邦憲法裁判所は，同条を合憲としたが，1 年以内に，基準日以前にも遡及的に適用する改正が望ましいとの判決を出した（1 BvL 20/99 und 1 BvR 933/01）。改正は，これを実現するためのものである[22]。

(2) 家族的な拘束は，国境によって限定されない。流動化が増大している現代ヨーロッパではとくにそうである。国境を超えた家族紛争（Grenzüberschreitende Familienkonflikte）が多く，つまり家族法の国際化は現代的課題とされる[23]。

また，家族の弱者である子どもの保護，とくに暴力からの保護が課題である。これについては，すでに部分的な法改正が行われている（養育中の暴力に対する法，Gesetz zur Ächtung der Gewalt in der Erziehung）。子どもを暴力のない養育環境におくための家庭内暴力対策法は，最初の試みであり，2000 年 11 月に発効した。その結果，養育上の暴力は，1990 年代に比較して明らかに減少した。この法律はアピール効果も高く，2002 年の調査では，1992 年には家庭の 30％にあった未成年者に対する殴打は，3％に減少した。軽い形態の体罰である頬への平手打ちも，81％から 69％へと減少した。親の意識のうえにも変化があった。1996 年には親の 3 分の 2 が平手打ちのような軽微な身体罰を肯定し，現在でも 53％がこれを肯定しているが，重大な方法での暴力の行使について肯定するものは 2％以下となったのである[24]。

家族内の暴力に対する法は，これのみではない。夫婦間の家庭内暴力には，暴力保護法（Das Gesetz zur Verbesserung des zivilgerichtlichen Schutzes bei Gewalttäten und Nachstellungen sowie zur Erleichterung der Überlassung der Ehewohnung bei Trennung）があり，本法は，2002 年 1 月に発効した。同法 1 条は，従来とは異なった観点から，暴力をふるった者が出ていくという原則を包括的に規定した（„Der Schläger geht, das Opfer bleibt."）。従来とくに妻には避難所（Frauenhaus）にいく，つまり自分が出ていくという選択しかな

かったのであるが，この法によれば，暴力の被害者は，相手方に対し家庭から出ていくことを請求できる。また，それと並んで，裁判所は，より具体的かつ補完的な保護方法を命じることができるようになった。たとえば，家族に迷惑をかけ，接触し，あるいは近寄ること（Belästigungs-, Kontakt- und Näherungsverbote）をも禁じることができる。また，警察も，具体的な場所にたいする指示（Platzverweis）を与えることができるようになった。最大の州である Nordrhein-Westfalen 州では，この適用件数は 2002 年に，4894 件に達した[25]。

さらに，子どもに対する性的な濫用（暴行）の問題（sexueller Missbrauch von Kindern）は，隠された社会問題であり，これについては，性的脅迫と強姦，抵抗力のない者，とくに障害者への性的濫用（暴行）とともに，重大犯罪の不通告罪に関する刑法規定の改正が計画されている（刑法 138 条）。また，従来の規定は加重され（刑法 176 条 1 項の法定刑は 6 か月から 10 年までが，8 か月から 10 年までの自由刑となる），特別に重大な犯罪（同条 3 項，同衾など）では，最低刑は 1 年の自由刑となっている。たんなる刑罰規定の加重のみではなく，たとえば，隣人などの警察，少年局（Jugendamt）への通報やその他の方法による阻止が可能となり，これは予防的効果をもつものと期待されている[26]。

4　扶養のシステム変更

(1)　扶養を含む扶助のシステムの調整や清算（Versorgungsausgleich）は，現代社会において根本的な修正をせまられている分野である。老人保護システム（Alterssicherungssystem）には，社会保険との有機的連携が必要であり，基礎的な変更を必要とする。もっとも，保険の構造改革（Strukturreform）が必要であり，家族法のみでは，短期には実現できない。個別的な修正はある。たとえば，連邦裁判所の 2001 年 9 月 5 日の判決（BGHZ 148, 351=FamRZ 2001, 1695）は，給付金規則（Barwert-Verordnung）を違憲とし，2003 年 1 月 1 日からはその適用が違法とされた。規則が基礎としている保険統計的な算定ファクターの採用（biometrische Annahme）が古すぎるというのが理由であった。そこで，算定方法の改善が行われ，改正法は，2003 年 5 月に公布

され，1月1日に遡って適用された（ド民1587a条3項2号，4項）[27]。

　(2)　扶養法（Unterhaltsrecht）も，改革を要する分野である。これは，2003年9月の家庭裁判所大会の議題の1つとなった。1998年には，新たな児童扶養法（Kindesunterhaltsgesetz; BGBl.I, S.666）が制定されたが，法は，子どもの扶養の問題のすべてに答えたわけではない。とくに，児童手当（Kindergeld）の算定に関する民法1612b条が問題となる。改正法により新設された同条は，新たな問題を提起した。すなわち，未成年の子は，家計をともにしない親に対し基準所得表規則（Regelbetrag-Verordnung）に従った扶養請求をなしうる（1612a条1項）。他方，子どもには児童手当の支給が行われるが，これは扶養法的な出発点をとることから，種々の事由で減額される（1612b条1項，3項）。しかし，基準所得表規則の額を135％超過した扶養が行われない場合には，減額は行われない（同条5項）。この基準が問題となる。135％という算定の制限が2001年に強化されたことについては，要扶養の子どもを不当に疎外するとの批判がある。連邦憲法裁判所は，2003年4月9日の判決で，この1612b条5項は違憲ではないとしたが，税法，社会法，家族法における児童手当の概念には，相互的な明確性と理解可能性の点において疑念があるとした（1 BvL 1/01 und 1 BvR 1749/01）。これをうけて，すでに連邦財務省は，所得税法の規定の再検討に着手した。

　(3)　扶養法の根本的な改革には，その理念の明確化と，税法，社会法，家族法の横の連絡が必要と考えられている。しかし，扶養法の改正をむずかしくしているのは，社会法を分離できないことである。そして，社会法そのものにはより重大な改革が予定されている。介護保険，基礎保険（Pflegeversicherung, bedarfsorientierte Grundsicherung）の改革である。また，生活保護（Sozialhilfe），失業保険（Arbeitlosenhilfe）の改革も課題となっている[28]。

　扶養請求権の順位づけを調和させることもむずかしい。とくに，離婚した夫が子どもとともに新しい家庭を築くと，ジレンマに陥る。従来は，前妻の扶養請求権が優先した。連邦憲法裁判所も，この順位，すなわち前妻が新妻に優先することを合憲とした。新妻は，婚姻時に存在する関係を知っていたからである。しかし，未成年子は，もっとも保護を必要とするから，子ども

がいる場合には必ずしも同様にはいかない。その場合には，前妻の権利も，新家族のために削減されるとするよちもある。扶養法の改革には，だれに負担を期待しうるか（zumutbar）を確定する必要がある(29)。

(4) 離婚後の扶養請求権と同じ考慮が，婚姻関係にない共同生活者の事実上の分離後にも認められるべきかが問題となる。民法典の不法行為上の公平規定（Billigkeitsregelung，ド民 829 条）によって，例外的に給付が行われるだけでは十分ではない。しかし，この疑問の前には，婚姻関係にない共同生活者の関係をどう処理するか，という根本的な問題が横たわっている。この問題に関し，法は十分ではない。社会には多様な生活形態があり，いつから，ある生活共同体で保護の必要が生じるのかは，具体的には不明である。特定日から保護の必要性が生じるのか，あるいは週末のみいっしょに暮らすとか，もっと不定期に同居と別居を繰り返す（living apart together）といった中間形態（Zwischenformen）をどうするのか，疑問である。共同生活関係の弱者であるパートナーを保護する必要性は高い。また，子どもの保護は，親子法改正（Kindschaftsrechtsreform）の対象である。しかし，弱いパートナーを保護するために「登録」（Registrierung）を要求することでは解決とはならない。悪意あるパートナーは，そのような登録を妨げるからである。他方，当事者が望んでいない保護を与えるようなパターナリズムを回避することが必要であり，拘束をうけたくない双方当事者に拘束を強いるようなことは否定される。しかし，その区別は実際にはそう容易ではない(30)。

第 5 章　結びに代えて

I　現代化の多様性

　司法の現代化作業は，人，物，金の流動化に伴い，あらゆる法分野でせまられており，同時に，現代的な技術の進展からも必然的に要請される。たとえば，登記制度の刷新と情報関係法の整備である。また，新しい理念である環境や循環経済理念は，公害・環境法と廃棄物法の進展をもたらした。ここには，1990 年代の立法である製造物責任法との関係がみられる。そして，民法の財産法と家族法に限らず，相続法や刑法などにおいても，広範な改革

233

が行われていることも指摘しておこう。

　先端医療の発展は，法，とくに医事法と家族法に新たな局面をもたらした。生命倫理に関しては，EUの共通指針であるヨーロッパ法協定（1997年），ドイツでは2003年の「患者のための医事憲章」がある。前者については，2002年にその技術的付属草案が，2003年に補充議定書案が作成され，現在その批准が課題となっている。さらに，会社法，経済法，特許法など，多様な法分野においても，種々の改革が行われているのである（本書第2部4篇参照）。

　これらのすべてに立ち入ることはできないので，以下では，登記制度の改革について，簡単にふれるにとどめよう。ドイツの登記簿の電子化作業は，財政的な理由から，あまり内容的な刷新を伴うものとはならなかったことが特徴である。したがって，改革はつねに進歩を伴うというわけでもない。

2　登記制度の刷新と情報関係法

　(1)　登記簿の電子化作業は，わがくにでも1988年から開始され，登記簿をパソコン通信で閲覧できる制度も導入されている。電子化は，登記の量的増大への対処や事務処理の迅速化とともに，登記簿の抜取りや改ざんなどの不正を防止できることにもメリットがある。コンピュータ化の作業では，全国の2億7000万筆におよぶ（土地・建物の）登記情報を，順次電磁的な記録に置き換えることが目ざされている。さらに，近時は，登記簿のオンライン申請も日程にあがっている[31]。

　コンピュータ化による変化は，基本的な事務処理の方法を変更するものではないが，制度的な変化をも伴う。たとえば，登記簿の謄抄本交付の制度が登記事項証明書の交付に変わり（不登151条ノ3第1項），登記簿の閲覧の制度が登記簿の摘要を記載した登記事項要約書の交付の制度に変わる（同151条ノ3第5項）ことなどである。また，機械化による技術上必然的に生じる変化もある。〔2004年（平16年）に全面改正された不動産登記法は，当初から電子登記を前提としている（登記事項証明書は119条）。〕

　(2)　登記簿を電子化することは，かねてドイツでも検討されてきた。その最初の試みは，1970年代初めの連邦司法省の電子登記簿ワーキング・グル

ープによるものである。その成果は，1975年と1980年に2つの報告書にまとめられた。登記簿の表題部（Bestandsverzeichnis）を土地台帳（Kataster）と結合するとすれば，その当時，年間に約100万件にも及んだ，変更に関する相互の通知が簡略化できるとした。第2の報告書のあと，1982年には，不動産登記法の修正に関する草案も立案されたが，財政的な理由から挫折した。この草案では，従来の登記簿の第2部と第3部を結合して，新たな第2部（わがくにの登記簿の乙区に相当するもの）を作るものとしていた。そして，当時の計算では，およそ1000人の人員で10年間にわたり約1700万の登記簿用紙（西ドイツ地域のみ）を新たに転換し直すことになっていたのである[32]。

　1990年代には，他のヨーロッパ諸国でも，登記簿の電子化が進展した。オーストリアでは，登記簿は完全に電子化された（EDV-Grundbuch）。また，イギリスとアイルランド，スペインでも，コンピューター化された登記簿が広範囲に採用されている。従来，人的編成主義をとってきたフランスでも，コンピュータ化による物的な編成の効果が指摘され，順次の電子化が行われている。

　(3)　ドイツでも，1993年に，登記手続促進法（Registerverfahrenbeschleunigungsgesetz, BGBl.I, S.2182; 1993. Dez. 24）が成立し，登記法その他の関係する法律の修正によって，登記簿の電子化が推進されることになった。そして，これをうけいれたパイロット・プロジェクトに参加した数州では，電子化が完了し，その本格的な運用も開始されている。当初の計画より約10年の遅れがみられるが，その間に，各州での実務的な改良もみられたのである[33]。

　伝統的な紙の登記簿は，現在の情報化社会に対応しがたくなっており，閲覧や参照，管理に高い人的コストがかかり，スペースも問題となる。また，ドイツでは，登記簿と課税のための土地台帳がなお分離されていることから，相互の連絡という問題も指摘される。

　しかし，電子登記簿への転換には膨大なコストを要することから，その導入には，多くの困難が指摘されてきた。これに影響を与えたのは，1990年10月3日のドイツ再統一である。旧東ドイツは，1952年以来，不動産登記と土地台帳を統一した書式で作成し，1987年からは，登記簿の表題部と台

帳の索引をも一元化してきた。そして，これらの作業は，統一時の1989年にはほぼ完了していた。統一後，東ドイツ地域には，西ドイツ地域との整合性から，新たな修正を伴う登記簿の整備が必要となった。そこで，コストの削減に役立つことから電子化が計画された。西ドイツ地域と比較すると，登記簿の絶対量が少ないことも有利と考えられた。他方，西ドイツでも，1980年代から，同様の総合索引や電子登記簿の計画が繰り返されてきた[34]。

また，1980年代から10年の間に，スキャンやネットワークなどのコンピュータ技術のいちじるしい進歩があったことも，電子化の契機となった。さらに，この10年前の技術では種々の困難（とくに記憶容量の不足，安全性保持機能の不確立など）があったことも有利と思われた。

そこで，上述の登記手続促進法によって，不動産，商業，船舶などの登記簿の完全な電子化と従来の紙の登記簿の廃止の計画が新たに進展した。電子化は，経済的なインフラストラクチュアの整備とそれにともなうドイツの経済的な立地の安定化に資するものとされている。とくに東ドイツ地域には，登記簿の電子化は，21世紀のデータ技術の要求にそくした登記簿を形成する可能性を開くものとされている。東ドイツ地域には，統一後の機能的な登記システムの必要性が指摘されていたからである。

そして，促進法は，パイロット・プロジェクトとして，東西（各2州）の合計4州の登記簿の転換を計画した。この計画は，もともとバイエルンから開始された。すなわち，ミュンヘンの登記所の改修にあたって，登記データを紙の登記簿とパラレルに電子化し，情報的事業を可能なものとする計画をしたのである。東ドイツ地域のザクセンも，この計画に参入した。そして，計画は，登記簿の運営を完全に電子化することに拡大された。そして，ハンブルク州と東ドイツ地域のザクセン・アンハルト州も，計画に参加したのである[35]。さらに，計画のシステムは，最終的には全州が参加できるものとされた。2001年までに，プロジェクトの諸州の電子化の作業は完了した[36]。

(4) パイロット・プロジェクトのいくつかの特徴のみをあげると，このシステムは，2つの方式（Version）で実現されるとされた。すなわち，独立的な方式では，各登記所のコンピュータで，保存と処理が可能なこと（独立方式）とされ，また，ネットワーク化された方式では，登記簿データ・センタ

第3篇　司法の現代化とドイツ私法の改革

ーのコンピュータで保存・処理でき，またセンターのコンピュータとネットで結合している登記所のコンピュータでも，一定の機能の初期処理と経過処理ができること（分散方式）とされた。

　また，データの書込が簡単であることにも重点がおかれた。文字情報化されない情報として，すなわち登記簿用紙の現物どおりのコピーとしても，文字の記入の方法によっても可能であるとされた。しかし，電子登記簿の完成後の新たな登記は，文字情報としてのみ行われた[37]。1980年代の登記簿のコンピュータ化が失敗した理由は，データの最初の記入のための高コストにあった。その後の技術的な進歩は，他の記入の方法をもたらし（スキャンと新たなデータの保存方法），コストをいちじるしく低減化した。西ドイツ地域の多くのデータは，スキャナーで現物どおりのコピーとして変換される。これは，登記簿に公信力を認めるドイツ法にとって，とりわけ重要なことである。もっとも，電子登記簿への転換後，新たに行われる登記は，最初から文字情報として作成される。また，新たにシステムを構築する東ドイツ地域では，初めから文字情報が導入される[38]。

　さらに，電子化によって，登記簿の形式や内容に変更を加えない点が特徴である。紙の登記簿と同じく，表題部と従来の3部の構成とされる。所有者の権利に関する第1部のほか，従来の第2部と第3部を統合して，すべての制限物権のための統一的な負担の部を作ることや台帳との一元化は行われなかった。これと画像データを採用した点が，1983年に挫折した計画とは大きく異なる。さもないと，従来の2500万（1990年が東西の再統一）におよぶ登記簿の転換は，きわめて困難であるからである。

　ほかに，技術的な工夫もされ，登記官による電子署名も導入された。抹消登記の朱書にも変更が行われた。そして，一律，統一的な導入を求めない点が，今回の特徴である。各州は，予算に従って，いつから転換するかをみずから決定することができ，個々の区域，都市ごとでも可能である。したがって，全国的な電子化の完成する時期は明確ではない。実体法的，手続的な登記の要件は，電子登記簿でも，紙の場合と基本的に同じである[39]。

　（1）すでに，べつの著作において検討したテーマもあるが，対象は多様であり，包括

第2部　私法の新たな展開

的な検討には多数人の協力を必要としよう。その一部は，別著「司法の現代化と民法」(2004年) で扱う。
(2) 法の単純化はすべての法典編纂の主要な動機でありリステイトメントなどを作成するのも同様の動機による。法を見通しのよいものとする必要があるからである。Ono, Comparative Law and the Civil Code of Japan, (2), Hitotsubashi Journal of Law and Politics, vol.25, 1997, p.34 & note 19. また，法典の体系化にも，たんなる民法典だけではなく，スイスやイタリアでは，商法・労働法をも包含した民商統一法典という形式が存在する。
(3) Lando, The Principles of European Contract Law, 1995, pp.xv-xxi; UNIDROIT, Principles of International Commercial Contracts 1994, pp.vii-ix. これらにつき，小野・大学と法曹養成制度 (2001年) 340頁参照。また，1999年に，ヨーロッパ売買法の試案が出され，ほかに，不法行為法，不当利得法，消費者法などについても検討が行われている。
(4) Cf. Ono, Modern Development in Environment and Product Liability, Hitotsubashi Journal of Law and Politics, vol.27, 1999, p.18.
(5) たとえば，かつて BGB (Beck'sche Textausgaben), 105.Aufl. 1999 には，収録された32法令の中に，7つの Richtlinie があったが，それはすべて国内法化されたものに付属していたにすぎない。しかし，同106. Aufl, 2003 では，収録された35法令のうち，国内法化されたものを省略しても，13の Richtlinie がある。国内法としての付属法規は19で，その中には Richtlinie 由来の製造物責任法も含まれる。新たな立法の源がかなり異なってきているのである。なお，附属法規の減少は，消費者信用法や約款法が民法の債務法に組み込まれたことにもよる。

　　EU 指針の増大の結果，EU 加盟のヨーロッパ各国の議会は，独自の法を作るというよりも，EU 指針の国内法化を主要な任務としつつあるといっても過言ではない。
(6) 小野・土地法の研究 (2003年) 4頁，109頁以下。
(7) ツヴァイゲルト＝ケッツ・比較法概論・原論下 (1974年・大木雅夫訳) 434頁。この契約法典から，のちの1893年に動産売買法が分離した。小野・危険負担の研究 (1995年) 72頁参照。包括的な契約法典は，イギリスでは，今日なお成立していない。また，アメリカ植民地に文献による学術的な継受がしばしば行われたのも (Pothier, Savigny など)，コモンローの判例法体系の複雑さと見通しの悪さによったものである。わが民法典も，その成立は (1896/98)，ドイツ民法典 (1900年) に先立つのである。
(8) 当初の政府草案は，BT Drs. 14/4553，また修正された法案 (および両者の対照) は，BT Drs. 14/5663 に詳しい。これらを，それぞれ A，B とする。理由書も付されている。なお，もう1つの重要な改正である債務法現代化については，小野「ドイツの2001年債務法現代化法」国際商事法務 29巻7号，8号参照。
(9) 改正法については，ほかに，vgl. Horst, Mietrechtsreform 2001, MDR 2001, S.721.

また，Das Mietrechtsreformgesetz -Geschichte, Überblick über die Rechtsänderungen und synoptische Darstellung, Beilage zu NJW Heft 25/2001, S.1．1974 年 10 月 17 日の連邦議会決議については，BT Drs.7/2629.

(10) 東ドイツ地域の所有権改革のプロセスにおける賃借人保護と投資保護については，小野・国際商事法務 27 巻 1 号参照。ほかに，近時，出されている種々の大学改革の議論にも，10 年来の東ドイツ地域の大学改革が契機となっているところが多い。小野・前掲書（大学）17 頁以下参照。

(11) 簡単には，A, S.34ff.; Bundesministerium der Justiz, Mitteilungen, 11.5.2001, 4 a-n; Horst, a.a.O. (MDR), S.721. ドイツ法においても，伝統的な賃貸借法（民法に組み込まれたもの）が賃借人保護をおもな内容として，賃借権への対抗力の付与，期間の保護，告知権の制限などを定めていたことはいうまでもない。A, S.63f.

(12) 1992 年改定草案については，下森定＝岡孝編・ドイツ債務法改定委員会草案の研究（1996 年）がまとまった成果である。制定の経過については，その総論（好美清光）参照。Abschulßbericht は，1992 年に連邦司法省から出された。2000 年の司法省試案と 2001 年の政府草案には，それぞれ条文のほか詳細な理由書がある（以下，A, B という）。

(13) 給付障害法の最近の展開について，簡単に，小野「不完全履行と積極的契約侵害－現代的展開－」一橋論叢 126 巻 1 号（2001 年）参照。

(14) Verhandlungen des 60. Deutschen Juristentages (DJT), 1994, Bd.I, A.; 60.Deutscher Juristentag in Münster, Redaktionsbeilage zu NJW oder/und JuS (Sonderheft). なお，国際統一売買法については，曽野和明＝山手正史・国際売買法〔1993 年〕，甲斐道太郎＝石田喜久夫＝田中英司編・注釈国際統一売買法〔2000 年〕がまとまっている。本稿では，個別に立ち入りえない。

給付障害法の比較法的検討として，Ono, Die Entwicklung des Leistungsstörungsrechts in Japan aus rechtsvergleichender Sicht, Hitotsubashi Journal of Law and Politics, vol.30, 2002, S.15.

(15) 再統一に伴う財産権の返還が，この 10 年間の重い課題であった。小野「財産権の返還と投資の保護－東ドイツ地域の改革」国際商事法務 27 巻 1 号（1999 年）参照。前掲・土地法の研究 109 頁所収。

(16) ほかに，2000 年の支払遅滞に関する指令，電子取引に関する指令（29. Juni 2000, ABl.EG Nr.L 200, S.35; 8 Juni 2000, ABl. EG Nr.L 178, S.1). などが契機となっている。本試案についての比較的早い検討として，Honsell, Die EU-Richtlinie über den Verbrauchsgüterkauf und ihre Umsetzung ins BGB, JZ 2001, S.278; Wilhelm und Deeg, Nachträgliche Unmöglichkeit und nachträgliche Unvermögen, JZ 2001, S.223.

(17) 改正法や 92 年草案については，個別の研究は列挙するいとまがないが，半田吉信・ドイツ債務法現代化法概説（2003 年）が比較的包括的な研究である。ドイツ法

第 2 部　私法の新たな展開

の文献も，多数にのぼる。

　著名な Kirchmann (1802 〜 84) の言が彷彿される (drei berichtigende Worte des Gesetzgebers und ganze Bibliotheken werden zu Makulatur.)。1848 年の「学問としての法律学の無価値性について」(Die Wertlosigkeit der Jurisprudenz als Wissenschaft, 1848, p.29) である。もっとも，新たな立法は，従来の法律学の具体化であり，反映でもあるから，旧法に関する研究がすべてが無用になる，というわけではない。

(18)　1992 年改定草案そのものについては，立ち入らない（前注 12 の文献参照。なお，小野「ドイツ債務法改定草案における清算」，「ドイツ債務法改定—解除と危険負担，給付障害論」給付障害と危険の法理（1996 年）212 頁，405 頁所収は，給付障害論に関する改定部分に言及している）。また，前注 8 の A, B には詳しい解説がある。

(19)　Vortrag der Bundesministerin der Justiz B.Zypries „Das Familienrecht - Wegweiser für eine moderne Gesellschaft oder Bewahrer überholter Lebensmodelle?" (BMJ, 2003,9.17), S.2.

　わがくにの人事訴訟事件の家庭裁判所への移管は，2003 年（平 15 年）156 回国会で人事訴訟法の制定によって成立した。ここで，詳細にふれる必要はないであろう。

(20)　Ib., S.3. これについても，従来も，個別には専門家グループによる検討はあった。現在，全面的な考察が求められている。

(21)　Ib., S.4. 区分に対する実際的な解決の基準は，たとえば遅延・欠席判決が出せるかである（Versäumnisurteil）。職権探知主義のもとでは，欠席判決を出すことはできないが，財産法的な紛争，扶養手続では可能である。後者では権利の処分が当事者に委ねられているからである。しかし，訴訟促進の要素も考慮される必要がある。

(22)　Ib., S.1, S.5; BMJ, Kabinett beschließt Übergangsregelung zum Kinderschaftsrechts-reformgesetz, am 28.5.2003. 他方，わがくにの従来の実務や精神分析学的な考察によれば，親相互の葛藤は子の福祉に反するとのステレオタイプの観念が強かったと思われる。これに対し，本文の改正の議論では，むしろ葛藤や相剋から学ぶことの重要性も強調される。このような変遷は家族が静止・安定していた時代から離れ，ますます分解，多様化し，離婚後の子にとって単一の親の庇護ではたりなくなってきたことの反映でもある。すなわち，離婚後のあるいは（婚姻もしていない）親の責任の強化である。

(23)　Ib., S.5.

(24)　Ib., S.6-7. Zypries: Schutz der Kinder verbessert (BMJ, 2003.9.19).

(25)　Ib., S.7-8. 改正法の運用の実態について，2003 年に中間報告，2004 年秋までに最終報告が予定されている。簡単には，Zypries, a.a.O.（前注24）。わがくにでも，ストーカー規制法（2000 年）や DV 防止法（配偶者からの暴力の防止及び被害者の保護に関する法律，2001 年）がつきまといの禁止や退去を命じる同様の保護をおいているが，家庭内暴力はいっそうの保護を要する課題である。

(26) Ib., S.9. 民法 825 条にも，不法行為としての性的行為（sexuelle Handlungen）に関する規定があるが，これは成年女性をも対象とする規定である。また，簡単に，(BMJ), Rede von Frau Bundesministerin der Justiz Brigitte Zypries in der Plenarsitzung des Bundestages am 30. Januar 2003; Erste Lesung des Entwurfs eines Gesetzes zur Änderung der Vorschriften über die Straftaten gegen die Sexuelle Selbstbestimmung und zur Änderung anderer Vorschriften. 刑法の改正は，連邦議会では可決ずみで，連邦参議院で審議中である。ほかに，子どものポルノ規制の強化も検討中である。わがくにの児童虐待防止法（2000 年）はより包括的であるが，反面で規制は必ずしも強くなく，児童相談所の権限の確認という意味あいが強い。

(27) Ib., S.10. Vgl. BGH, NJW 02.S.300. ド民 1587a 条 3 項 2 号， 4 項。Vgl. Jauernig, BGB, 2003, § 1587a Nr.17 (S.1477).

(28) Ib., S.10-11. もっとも，これらは，直接には，連邦司法省ではなく，むしろ連邦社会省の課題である。ド民 1612b 条については，vgl. Jauernig, a.a.O., § 1612b Nr.4 (S.1520).

(29) Ib., S.11-12; BMJ, Das Familienrecht, S.17.

(30) Ib., S.12-13.

(31) わがくにの登記簿のコンピュータ化については，すでに多くの文献があるので，立ち入らない。また，ドイツのそれについては，小野「ドイツにおける登記簿のコンピューター化」国際商事法務 27 巻 10 号，11 号参照。専門家の責任と権能（2000 年）255 頁所収。登記簿の書式などについても，後者を参照されたい。さらに，登記簿のオンライン申請についても立ち入らない。

(32) これについても，多数の文献があるが，本稿では，いちいち立ち入らない。Schmidt-Räntsch, Das EDV-Grundbuch, VIZ 1997, S.83; ders., Das neue Grundbuch, 1994, S.8; Grziwotz, Das EDV-Grundbuch, CR [NJW-Computerrecht] 95, S.68; Böhringer, Neue Entwicklungen im Grundbuchbereich, insbesondere beim „Computer-Grundbuch", Zeitschrift für das Notariat in Baden-Württemberg (BWNotZ), 94, S.25; von Baldur, Franz, Textverarbeitung und Textbearbeitung im Grundbuch, BWNotZ 88, S.58 (-61); Schweiger, Der Wandel der Rechtspflegertätigkeit durch den Einsatz von Informationstechnologie- Das Beispiel Grundbuchamt, Jur 88, S.58 (-62); Keim, Das EDV-Grundbuch, DNotZ 84, S.724.

(33) Schmidt-Räntsch, a.a.O., S.88. ミュンヘンの登記所では，1 年ごとに，登記行為に関する書類が 600 立方メートルずつ増加するといわれた。これを減少させるには，デジタル化のほかに，選別の方法があるが，選別自体が新たな手間とコストを生み出すのである。

(34) Göttlinger, Pilotprojekt Elektronisches Grundbuch: Einsatz in Sachsen, DNotZ 95, 370; Schmidt-Räntsch, a.a.O., S.83. 東ドイツ地域のザクセン州には，旧ライヒ時代の

第2部　私法の新たな展開

登記簿とそれ以前のザクセン式の登記簿，東ドイツ時代の登記簿とが混在し，そのうえ統一後新たな登記簿を調製するとすれば，4つの方式が混在する可能性があった。
　　しかも，旧東ドイツは，土地所有権を形骸化する目的で，特殊な物権である「建物所有権」を肯定したから，建物登記簿も存在した。一般に，建物が土地に吸収されるのがヨーロッパの法体系であるから，独立の建物登記簿がべつに存在することはない。再統一後には，建物所有権は廃止され，建物登記簿も存続しない。しかし，建物所有権の解消は，統一後の重い課題となった。前掲・土地法の研究120頁，152頁，165頁，179頁参照。

(35)　Göttlinger, a.a.O., S.370f. なお，バイエルンとザクセン（ともに旧王国）は，伝統的にプロイセンに対抗する立場上関係が密接であり，そのような親密性は，再統一後，近時でもみられる。たとえば，旧東ドイツ地域であるザクセン州の大学再建にバイエルン州が協力したことである。小野「東ドイツ地域の大学再建問題」一論109巻1号18頁参照。

(36)　Bund-Länder-Kommission: Erfahrungen mit dem automatisierten Abrufverfahren beim maschinell geführten Grundbuch und Perspektiven（簡単には，Viefhues, Deutscher EDV-Gerichtstag, Informationstechnik für die Justiz, 1998, DRiZ 98, 276）。プロジェクト外のバーデン・ヴュルテンベルク州でも，2002年からオンラインでの電子登記簿での情報提供がされている。連邦全体でも，比較的早い時期に完成すると予想されている。本文で述べたように，登記簿の量そのものは，わがくにに比してはるかに少ない。

(37)　Göttlinger, a.a.O., S.372. スキャンによる画像情報をいれることは，のちのデータ処理の点では劣るが，正確さと処理の簡単さから優る。電子的な文字変換はアルファベットを対象とした場合により容易なはずであるが，わがくにと異なり，画像の方法が採用されたのは，簡易というだけではなく，登記簿に公信力を認め（ド民892条）より正確さが要求されたことにもよる。

(38)　Böhringer, Einführung des EDV-Grundbuchs jetzt möglich, DtZ 93, S.203. 当初は，スキャンによる画像データと文字データが混在することになるが，長期的には文字データのシステムが達成されることになる。

(39)　Böhringer, a.a.O. (DtZ 93), S.203. Schmidt-Räntsch, a.a.O., S.84. 1980年代の挫折の原因は，電子化の一律の強制，それを機会として，登記簿と台帳を統合しようとしたこと，負担部分の統合など，新たな要素を盛りこんだことにあった。そこで，今回は，この3つの要素を放棄した。これによって，財政的または法的限界を回避したのである。

242

第4篇 構造改革，年金，家族法改革

1 Agenda 2010

　Agenda 2010 は，2003年3月14日に，ドイツ・シュレーダー政権（施政方針演説）が掲げた包括的な構造改革案をさし，社会保障制度と労働市場の近代化を中心とする。賃金附帯コストの削減，内需と投資の拡大，職業斡旋の迅速，労働市場の弾力化などを図る。2003年末には，一連の改革法案が成立した。ひと言でいうと，福祉国家の社会的合意に対する変更であり，これは，技術的には自己責任原則の強化と言い換えることができる。政府（SPD/Grüne）と，野党（CDU/CSU）は，それぞれ諮問委員会を設置し，委員会により社会保障制度と労働に関する各種の提言が行われた。前者では，フォルクスワーゲン社の人事取締役のハルツを座長とする委員会が，労働関係の提言を行い，リュールップ教授を委員長とする委員会は，社会保障制度に関する提言を行った。後者では，元連邦大統領のヘルツォークを座長とする委員会が提言を行った。構造改革法案は，2003年12月の両院協議会で，与野党が合意し成立した。〔なお，その後，2005年10月，CDU・CSU と SPD の大連立政権（Merkel）の協議が行われ，11月に発足した。折衷案にもとづく Agenda の骨子は，基本的に維持される。〕

　本書にとって意味のあるのは，社会保障と医療制度改革であるが，相互に関係している点もあることから，労働市場と税制の改革にもふれる。司法の現代化に対しても，種々の影響がある。家族法，刑法の改革やコーポレートガバナンスなどの新たな倫理である。

2 改革の骨子
(1) 改革案の骨子は，つぎのように整理される。
　① 税制改革は，税率の引き下げであり，150億ユーロの減税（1ユーロ100円換算で，およそ1兆5000億円）が行われる。2004年から，最高税率は，

1998年の旧コール政権からシュレーダー政権への交代時の53％から45％に（05年から42％），また最低税率も，25.9％から16％に引き下げられた（同15％）。これは，企業の国際競争力を維持するためのものであるが，長期的には税収の増額をももたらすものと期待される。

② 税制改革が連邦の財政危機に対応するものだとすれば，地方自治体改革は，市町村など地方自治体の財政危機に対応するものである。再統一による支出の増大は，国や州の債務を拡大させただけではない。東西の再統一は，その後の世界的な不況ともあいまって，国と自治体に多大な財政負担をもたらし，構造改革の1因となった。1990年代のヨーロッパの不況は，世界経済への旧東側世界の組み込みという社会構造の変化を一般的に反映したものであったが，ドイツにおいては，東西の再統一というより直接的な契機が存在した。また，少子高齢化に伴う制度的な変化も大きかった。

2003年12月19日には，財政改革のために，営業税改革法が成立した。これは，市町村と連邦・州の営業税の配分比率の見直しによるものであり，04年の市町村の歳入は，250億ユーロ増大する（05年からはプラス30億ユーロ）。学校，道路などの公共投資の可能性が増大した。

③ 医療制度改革は，個人の金銭的負担の増加を中心とする。公的医療保険への加入が従来から義務づけられており，そこでは一定の所得額以下の被用者がすべて対象となり，人口の89％は公的医療保険に加入してきた。保険料は，労使が半額ずつ負担し，医療コストが増大する反面，高齢化と少子化などによる人口構成の変化により，保険料負担者が減少するとの問題が生じている。

そこで，政府によって設置されたリュールップ委員会は，全国民を強制加入させる皆保険モデルを提示し，現在の，保険料を所得に連動させる方式を，定額化する定額保険料のモデルを提示し，介護保険の民営化の方針も打ち出した。失業手当の最初の1か月の支給額を4分の1減額することや，雇用創出措置（ABM）の廃止も，法案に盛り込まれた。

2004年1月1日に発効した「公的医療保険の近代化法」は，競争と自己責任を基本思想とし，患者の薬価負担の増加，4半期ごとに1回の診療料10ユーロの負担などから，04年度に100億ユーロの保険負担の軽減が意図

されている（07年の予想では，230億ユーロの軽減を予想）。医療保険率は，04年には13.6％，05年には13％以下に引き下げられる。また，義歯が公的医療保険の対象からはずされるなどの改革のために，追加保険への加入が義務づけられる（民間保険のほか，10ユーロ程度の公的保険もある）。薬の規制緩和も行われ，04年からは通信販売により薬を購入できるようになる。

④　老齢年金改革も，社会保険の責任主体を個人とする。ここでも，部分的民営化が採り入れられ，平均寿命の延びと雇用を考慮した社会保障が再構成される。2050年の予想では，国民の3人に1人が65歳以上となり，全人口に占める就労人口は，54.3％に低下する。負担者が減少し，他方，少子高齢化の進展により，年金財政は危機に瀕する。改革のため，02年から，国の補助の付いた確定拠出型の任意の個人年金（リースター年金）が導入された。将来の公的年金の給付水準の低下を補完するためである。02年の年金給付水準は，68.2％であった（現役世代の平均手取り賃金に対する比率）。

さらに，リュールップ委員会は，支給開始年齢を2011年から，現行の65歳から67歳とする提言をした。ほかに，年金給付水準の引き下げ，年金額算定に「持続可能性ファクター」が採り入れられる。年金制度の持続的な確保を目的とするものである。年金スライドを抑制し長期的には給付水準を引き下げる。

これらの提言に従い，2003年12月19日には，04年7月1日の年金スライドを1年間見送り，新規受給者への年金支給日を月初から月末に繰り下げる法案が可決された。また，2004年年金改革の政府案によれば，受給の最低年齢を，06年から段階的に引き上げられ（60歳から63歳），04年の年金保険料率は，19.5％に据え置かれる。そして，04年3月11日，ドイツ連邦議会は，公的年金の給付水準を現在の平均収入（社会保障費を除く）の53％から，2030年までに最大43％まで段階的に引き下げる年金改革法を連立与党の賛成多数で可決，成立させた（連邦参議院の承認は不要）。失業手当の削減や医療費の負担増に続く社会保障改革である。他方，保険料率は，19.5％（労使折半）から，2030年までに最大22.0％に引き上げられる。

(2)　労働市場改革は，以下の4つからなる。

⑤　解雇保護規定の緩和，小規模事業所での緩和

労働市場改革法は，04年1月1日に施行。解雇保護の適用をうけない小規模事業所を「被用者5人以下」から「10人以下」とした。新規に会社を設立する場合に，最初の4年間は，特別な理由なしに期限つきの雇用契約（4年まで）を締結することが自由となった。これにより，小企業や新企業が，受注に応じて新規の雇用をしやすくしている。この適用をうける企業は，ドイツ全体の企業の80％，170万社といわれる。

⑥ 失業者への給付（ハルツ第Ⅳ法）

ドイツの被用者の労働時間は，他国との比較で短く，年金への移行年齢も低い。これを失業手当（給付水準は，失業前の手取り賃金の60％）の面から見直すのが，ハルツⅣ法である。失業手当の給付期間は，06年2月から，12か月に短縮される（55歳以上は，最高18か月，なお現行は32か月である）。従来の失業扶助（保険給付としての失業手当が切れた後に連邦予算から支給される）と社会扶助（同じく市町村の予算から支給される）は統合され，新たに失業手当Ⅱとなる（05年1月から）。また，就業能力がありながら，職業紹介に応じない長期失業者には，より厳格に給付の削減が行われる。老齢年金の負担を軽減するために，賃金付帯コストを削減するものである。

⑦ 職業安定所（ハルツ第Ⅰ・Ⅲ法）

連邦雇用庁は，連邦雇用公社・エージェンシーとなる。民営化の前段階としての公社化である。公社の先例としては，1990年代に，東ドイツ地域の公有財産を私有化した信託公社（Treuhandanstalt）の例がある。雇用公社のもとでは，失業者の派遣業務を扱う「人材サービス局」が，各地の職業安定所に併設され，また，求人・求職情報を活性化するためにインターネット上には「バーチャル労働市場」が開設される。インターネット上でも職業紹介が行われる。従来，職業安定所では，職員1人が求職者400人を担当してきたが，これは75人規模となり，きめの細かいサービスが期待される。

⑧ ミニジョップ，私会社（ハルツⅡ法），手工業法改正

従来の労働市場の閉鎖性を打破するために，手工業では，94の業種に適用されてきた独立開業規制を，53業種では廃止し，規制の残る，危険性の高いあるいは職業訓練に時間のかかる業種（配管，電気義歯，眼鏡職人など）でも，一定の条件（職業経験6年）により，マイスターの資格なしに開業で

第4篇　構造改革，年金，家族法改革

きることとなった。

　ミニジョブは，アルバイトの奨励であり，月収400ユーロ以下の低賃金労働をいい，被用者の税や社会保険料の支払が免除される（使用者は，賃金の25％を納付）。社会保険に加入する義務のある本業についている場合も同じ扱いとなる。03年4月1日のⅡ法の施行後，100万以上のミニジョブが創出された。

　私会社は，失業者がみずから会社を起こし自営となると，職業安定所から3年間にわたり，無税で返還義務のない補助金（1年目月額600ユーロ，2年目360ユーロ，3年目240ユーロ）を受給できる。起業のリスクを分散し，起業をするきっかけとなる。

(3)　そ　の　他

⑨　補助金の削減

　住宅助成金は，居住住宅を新築あるいは購入する者に国が支給する補助金で，従来は，8年間に毎年2556ユーロ（新築），1278ユーロ（中古）であった。子どもがいれば，1人あれば，767ユーロが加給されていた。04年1月から30％削減，子どもによる加給も一律800ユーロとなった。

　通勤費控除は，勤労者に，職場と自宅の距離に応じて通勤費控除を認めていた（1キロあたり36または40セント）。04年1月から1キロ30セントとなった。

　これらの福祉国家の再検討，労働市場，医療制度改革につづき，教育，研究分野の改革が予定されている。国際競争力の増進，アメリカのエリート大学をモデルとするものである。また，バイオテクノロジーなどの研究の足かせとなる倫理規制の緩和も意図されている。

　（参考文献）　Agenda 2010; Zeitschrift Deutschland, 2004, 2/3, S.6.

第5篇　東ドイツ地域における財産問題とヨーロッパ人権裁判所

（2004年1月22日・Jahn小法廷判決）

I　はじめに

1990年10月3日に，東西ドイツが再統一され，旧東ドイツ地域には，旧西ドイツ法（連邦法）が導入され（統一条約8条），また，旧東ドイツ時代における財産関係の大幅な修正が行われた（同条約21条以下，とくに25条）。

旧東ドイツ時代に収用された財産権が旧所有者に返還されることは，すでに旧東ドイツの時代の末に方針がうちだされており，東西ドイツの統一条約にも盛り込まれ確認されていた（統一条約41条）。同条約が，財産権の返還問題についての出発点となる。

統一条約41条「(1)　ドイツ連邦共和国政府とドイツ民主共和国政府〔東ドイツ〕によってされた1990年6月15日の，未解決の財産問題に関する共同宣言は，この条約の一部となる。

(2)　当該の土地または建物が投資目的のために必要なとき，とくに営業地の建築に用いられ，予定された投資の実現が国民経済的に促進する価値のあるとき，とりわけ雇用の場所を創設しまたは確保するときには，特別の法規によって，土地または建物の所有権の返還がなされないものとすることができる。投資者は，〔投資〕意図の重要なメルクマールの示された計画を遂行し，この基礎の上に意図を遂行する義務をおう。旧所有者への補償は，法律で規定する。　(3)　省略」。

内容的には，旧東ドイツ時代に収用された財産の所有権は，返還されることが原則とされ，返還されないのは，投資のために必要な場合の例外と位置づけられた。

しかし，返還は，過去40年間の財産関係を清算することを意味し複雑な関係をもたらした。「新たな連邦諸州〔5つの州としてドイツ連邦共和国＝西

ドイツに編入された旧東ドイツ地域〕における未解決の財産問題」(die offene Vermögensfragen in den neuen Bundesländern) といわれる。とくに，旧東ドイツ成立以前の，占領中の収用財産につき返還の制限が定められたことから，統一後に，関連する法律の合憲性が争われ，連邦憲法裁判所は，2つの判決においてその合憲性を承認した (BVerfGE 84,90,I, Urt.vom 23, April 1991; BVerfGE 94,12 I, Urt.vom 18. April 1996)。これによって，ドイツ国内での問題は解決したかに思われた。しかし，財産問題は，新たにヨーロッパ・レベルのヨーロッパ人権裁判所 (ECHR or HUDOC, The European Court of Human Rights) にもちだされたのである。

2 未解決の財産問題と人権

(1) 2004年1月29日に，シュトラスブルクのヨーロッパ人権裁判所は，ドイツ政府を相手方として個人から提起された訴訟 (Beschwerde) に対する口頭弁論を開いた (application nos. 71916/01, 71917/01 and 10260/02, von Maltzan 事件という)。1994年9月27日の〔占領による収用に対する〕補償法 (Entschädigungs- und Ausgleichsleistungsgesetz) が旧東ドイツの不動産と企業に対する金銭的な補償請求権を定めたことに反対し，ヨーロッパ人権宣言 (1950年) によれば，原物の返還または取引価格による財産の賠償が認められるべきである，とする主張に関するものである。財産の旧所有者 (Alteigentümer) は，かねてより1945から1949年の占領期間中に土地改革 (Bodenreform) によって財産権を失ったとして，その回復を求めている。

ヨーロッパ人権裁判所は，2004年1月22日には，別件のJahn事件に関する判決を行っている。この事件は，いわゆる新農民 (Neubauern) の相続人の訴えによるものであり，土地改革による収用地を取得したことを前提とするものである (後述3参照)。

(2) 未解決の財産問題の訴えは，土地改革によって1945年から1949年の間に，ソ連の占領地で収用され失った権利の旧所有者による主張を主とする。また，1949年から1990年の間に，旧東ドイツ政府によりいちじるしく法治国家的な手続に反して収用された者を含んでいる。原告らは，収用された財産の返還が妨げられている点を問題とする。これは，東西ドイツ政府と第2

249

次大戦の戦勝国との間でされたドイツ再統一に関する交渉の結果であり，そこでの原則は，1990年6月15日の東西ドイツ政府の共同宣言となり，宣言は統一条約の一部ともなったのである。そこで，原告らは，ドイツ連邦政府には，収用された土地または取引価値での損害賠償をする義務があるものと主張する。

返還請求権は，財産法（Vermögensgesetz, 1990 u. 1992）に根拠をもつ。同法によれば，占領期間中の収用には返還は行われない。1949年の占領終了後のいちじるしく法治国家的な手続に反する収用では，原則として収用財産の返還が行われる。もっとも，一定の場合，たとえば，不動産が善意取得された場合には，返還は行われない。占領期間中の1945年から1949年の土地改革の全数量は，およそ330万ヘクタールにのぼる。

ソ連占領地域や旧東ドイツにおいて損害をこうむった者は，返還が行われない場合には，連邦政府からの補償（Wiedergutmachungsleistung）をえることができる。この補償の額は，補償法（Entschädigungs- und Ausgleichsleistungsgesetz, 1994）により定められる。給付の水準は，いずれの原告についても等しい。

(3) 連邦政府は，ヨーロッパ人権裁判所の手続において，つぎのように主張した。

原告らは，再統一の時点ですでにずっと以前からソ連占領地域あるいは東ドイツ地域において財産権を失っていたものである。東ドイツ国家の存在する間は，収用がくつがえることは誰にも期待できなかったし，国際法的にも，そのような主張をするよちはなかった。再統一の交渉においても，なんらの新たな権利は認められなかったのである。交渉の相手方であるソ連も東ドイツも，そのようなことを否定したからである。そこで，原告らは，1990年の統一条約の時点においてすでに，またその後も，ヨーロッパ人権宣言（Europäische Konvention für Menschenrechte, Artikel 1 des 1.Protokolls）の意味する所有権を有していない。そのような期待は法的に保護されるものではない。連邦政府は，1990年にも，その後も，所有権に関する人権を侵害しているものではない。

東ドイツにおいていちじるしく法治国家的な手続に反して収用された者が

失った財産の返還をうけることができ，それ以外の者は補償をえるにすぎないとしても，差別的な不平等とはいえない。この区別は，事実にそくして（sachlich）正当とされる。なぜなら，第三者が土地を善意取得したり，家を建築したときにも，返還は不能となり，補償のみが与えられるからである（ただし，この説明には，技術的理由で，返還しないことの本質を言い繕っている感がある）。

連邦政府は，補償法によって，他国が原因となっている不法に対して補償する可能性をも与えている。しかし，ここでは，社会国家的（sozialstaatlich）な支払が問題となっているのであり〔つまり裁量的〕，収用に対する〔全額〕賠償が問題なのではない（vgl.BVerfGE 1 BvR 2307/94, Urt.vom 22, Nov. 2000）。

補償額の算定にあたって，ドイツの立法者は，原告らの主張するような，失った財産の現在の取引価値を基準とすることはできず，他の補償をうける戦争被害者との比較によらざるをえなかった。たとえば，旧ドイツ領からの難民などであり，彼らもたんなる補償のみを受領したのである。東ドイツにおいて身体，生命，健康，自由につき損害をこうむった者との比較も重要である。補償は平等に行われなければならず，財産損害をうけた者だけを有利に扱うことはできない。

最後に，立法者は，ドイツ再統一にともなう全財産的な負担をも考慮しなければならない。統一ドイツは，旧東ドイツの財産からは，全損害を賠償するのにたる十分な財産的価値を引き継いだわけではない。旧東ドイツの残債務の償還と東への資金移転を考慮すると，この負担は，引き継いだ財産をはるかに超えるものである。

3　Heidi Jahn 判決（2004 年 1 月 22 日, application nos. 46720/99, 72203/01 and 72552/01）

(1)　ドイツ連邦政府は，2004 年 1 月 22 日のヨーロッパ人権裁判所の判決（いわゆる Jahn 判決）に対する上告を行った（4 月 21 日）。ヨーロッパ人権宣言によれば，法律問題につき重大な疑問がある場合には，ヨーロッパ人権裁判所の大法廷（Große Kammer）に，3 か月以内に上告することが可能であり，2 月 26 日に，連邦政府と東ドイツ地域の 6 州（統一のさいの東ドイツ 5 州に

251

ベルリン州を含む) は上告のための会合が行われた。

　同判決は，東ドイツの時代に土地改革 (Bodenreform) によって利益をうけた者の相続人に関するものである。前述2の1945年から1949年の占領期間中の収用の効力に関するものとは異なる。

　同日の小法廷の判決は，原告Jahnの所有権が，賠償なき剥奪によって侵害されているとした。原告らは，いわゆる新農民 (Neubauern) の相続人である。新農民とは，1949年以後，旧東ドイツの土地改革によって農地を取得した者をいう。そして，この土地を，原告らは，東ドイツの時代に相続した。東ドイツの土地改革は，当該土地の農業的な利用を目的とし，東ドイツ法によれば，取得者が農業をしない場合には，土地改革により取得した土地は，国家の土地基金に返還されなければならなかった。そして，原告らは，農業をしていなかった。しかし，東ドイツの時代に，当時なお有効な東ドイツ法に反して，当局は，その土地を再度国有の土地基金に取り戻すことを怠っていたのである。統一後の1992年7月14日の第2次の財産法改正法は，これを正した (旧東ドイツ法の一部は統一条約により効力を存続している)。そこで，原告らは，相続したはずの所有権を喪失したのである。そこで，私法的な優先権者がないかぎり，事案において，所有権は，東ドイツに再建された諸州に帰した。

　原告らが補償をうけるべきかどうかについて，人権裁判所の判断はなかった。本判決に従うとすれば，補償の準備金を必要とするとの財政的な影響がある。土地改革により取得された所有権が東ドイツ時代に相続され，その相続人が農業をしていない土地は，10万ヘクタールにのぼると見積もられる。

　(2) 連邦政府は，新たに，人権の専門家であるFrowein教授に訴訟代理人を委任した。同教授は，1973年から93年まで，ヨーロッパ人権委員会 (Europäische Menschenrechtskommission) のメンバーであり，1981年から93年は副委員長であった。同委員会は，ヨーロッパ人権裁判所が設立されるまで，人権条約による上訴救済手続 (Beschwerdeverfahren nach der Menschenrechtskonvention) を担当していたのである。訴訟に対する政府の力の入れ方がうかがえよう。

第5篇　東ドイツ地域における財産問題とヨーロッパ人権裁判所

4　むすび

　以上の von Maltzan 事件はかつての土地改革の無効を，Jahn 事件はその有効（統一後の一部失効）を前提とし，方向性は異なる。しかし，いずれも，国内に与える影響は大きく，ドイツ連邦政府の主張が否定されることになると，再統一後の財産（とくに土地）政策が根底から覆ることになる。かりに大規模な返還の可能性が示されれば，すでに再統一から10年以上を経て積み上げられた財産関係に大きな影響を与え，東ドイツ地域への投資抑制要因となる。また，価値補償の拡大ということになったとしても，その額の巨大さから今後いちじるしい財政負担をもたらし，財政再建の足かせとなると予測される。注目されるとともに，未解決の財産問題の深刻さを示すものである（なお，2004年3月12日に，von Maltzan 事件は，当事者の合意により大法廷に移送された。人権宣言30条，裁判所規則72条参照）。

　（参考文献）　BMJ, Bundesregierung prüft Rechtsmittel gegen Urteil aus Straßburg (2004.1.22); Straßburg verhandelt über Beschwerden von Alteigentümern (2004.1.29); Rechtsmittel gegen Neubauern-Urteil des EGMR (2004.2.26); Bodenreformurteil des EGMR: Rechtsmittel eingelegt (2004.4.21), 小野「財産権の返還と投資の保護」国際商事法務27巻1号9頁，同・土地法の研究（2003年）11頁以下参照。

　〔追記〕　2004年4月28日，ヨーロッパ会議の議事会（The Parliamentary Assembly of the Council of Europe）は，ヨーロッパ人権裁判所の5人の新裁判官を選出し，13人の裁判官を再任した（Belgium, Croatia, the Czech Republic, Estonia, Finland, France, Greece, Ireland, Liechtenstein, Poland, Russia, Sweden and the United Kingdom）。裁判官は，各国の指名した3人の候補者名簿の中から議事会により選出される。任期は6年で，再任が可能である。新裁判官のうち，ドイツの Renate Jaeger は，1987年から94年まで連邦憲法裁判所の裁判官であった。アイスランドの David Thór Björgvinsson，リトアニアの Danuté Jocien é，オランダの Egbert Myjer は，大学教授，ノルウェーの Sverre Jebens は，高裁判事であった。

　Jaeger は，憲法裁判所の第2判決（BVerfGE 94,12 I (Nr.2); Urt.vom 18. April 1996）のさいの裁判官でもあった。

253

第6篇　東ドイツ地域の財産問題とヨーロッパ人権裁判所 2005 年 3 月 30 日判決

I　財産権の返還問題の確定

　2005 年 3 月 30 日，ヨーロッパ人権裁判所（ECHR, The European Court of Human Rights）大法廷は，いわゆる von Maltzan 事件ほか 2 件（application nos. 71916/01, 71917/01 and 10260/02，以下①事件という）に対する判決を下した。東ドイツの財産権の返還問題に関しては，ヨーロッパ人権裁判所において，同事件のほか，2004 年 1 月 22 日に小法廷で判決が下ったいわゆる Jahn 事件（application nos. 46720/99, 72203/01 and 72552/01，以下②事件という）が係属している（同事件についても，小法廷で敗訴したドイツ連邦政府は，2004 年 4 月 21 日に大法廷への上告を行った）。両事件に関する簡単な紹介は，すでに，国際商事法務 32 巻 6 号 770 頁で行っている。

　3 月 30 日の判決は，ドイツ連邦政府の主張を容れ，原告らによる財産権の返還請求，およびそれを前提とする賠償の請求を棄却した。これによって，およそ 330 万ヘクタールにのぼる占領期間中（1945 年から 49 年）に行われた土地改革の効果（有効性）が最終的に確定した。1990 年の東西の再統一以来，ドイツ国内で連邦憲法裁判所で 2 回の重要判決を導き，さらにヨーロッパ人権裁判所にまでもちだされた財産問題が決着したことにより，かつて収用された不動産と企業に関する投資の不安定要因が取り除かれたのである。なお，Jahn 判決の対象となる不動産も，10 万ヘクタールにのぼるが，2004 年に続いて，かりに大法廷において連邦政府が敗訴するとしても，その影響はそれほど大きなものではない。

　しかし，再統一から 15 年の期間は長く，東ドイツ地域において，不動産の不安定要因が継続したことの意味は大きい。この間，EU には，1986 年までの 12 か国のほか，1995 年にオーストリア，スウェーデン，フィンランドが加盟し，2004 年には，ラトビア，エストニア，リトアニア，ハンガリー，

第6篇　東ドイツ地域の財産問題とヨーロッパ人権裁判所 2005 年 3 月 30 日判決

ポーランド，チェコ，スロバキア，スロベニア，キプロス，マルタの 10 か国が加わり，25 か国となり，東方に拡大した。グローバル化が進展し，投資の対象先が拡大したことから，東ドイツ地域には強力な競争者が出現したのである。

　もっとも，他の東ヨーロッパ地域の国々にも，必ずしも同様の財産問題がないわけではない。財産権の私有化の方法（返還や金銭賠償か，たんなる売却か）が必ずしも定まらなかったからである（たとえば，ポーランドとハンガリー）。東ドイツの問題は，その先駆けとも位置づけることができる。

2　両判決の意義

　3 月 30 日判決（①事件）は，2004 年 1 月 22 日判決（②事件）とは，内容的に正反対の状況を前提としている。①事件の原告（旧所有者，Alteeigentümer）は，1945 から 49 年の間に土地改革（Bodenreform）により土地を失った者（もとの大地主など）である。占領政策によって行われた土地改革は，彼らにとって財産権の喪失を意味する。原告らは，再統一後における土地改革の無効を前提として，これを有効とし土地改革により所有権を失った者に対する補償を定めた 1994 年 9 月 27 日の補償法に異義を唱えているのである。補償法は，東ドイツにおいて収用された土地と企業に対し，所定の要件のもとでのみ金銭的な請求権を付与し，いわば土地改革の無効の主張を制限しているからである。これに対し，原告らは，ヨーロッパ人権条約により，返還請求が可能なことを主張し，少なくとも財産の取引価値による賠償を求めた（2001 年 5 月 18 日に連邦政府を相手方として提訴）。現行の補償法では，取引価値以下の補償がえられるにすぎないからである。

　原告らには，1945 年から 49 年の土地改革により財産を収用された者のほか，1949 年から 1990 年までに，東ドイツ政府によって財産を収用された者も包含される。収用された財産やその価値の返還については，東西ドイツと第 2 次大戦の戦勝 4 か国との協議にそった原則が，1990 年 6 月 15 日の東西ドイツの共同宣言により確定し（1990 年 6 月 15 日），この共同宣言は，のちに東西ドイツの統一条約（1990 年 8 月 31 日）の一部ともなっている。

　共同宣言は，1990 年 9 月 23 日の財産法（Vermögensgesetz）により具体化

されているが，これによれば，占領時代の収用には，返還請求は認められないが，1949年以降に行われたいちじるしく反法治国家的な収用の場合には，返還請求は可能である。ただし，後者の場合でも，財産権が第三者によって善意取得されたなど一定の場合には返還は行われない。そして，いずれの被害者も，返還請求できない場合には，連邦政府による価値補償をえることができる。この価値補償の額は，補償法に規定されている。しかし，この補償は，返還の価値的補償ではなく，いわば救済的な補償（社会国家的な補償）である。連邦政府は，占領政策によって行われた収用に対し本来責任をおわないからである。補償は，補償法によって創設されたものである。そこで，原告らは，その額が取引価格に満たないことをもって，連邦政府の責任を追及することはできない，とされたのである。

　他方，土地改革により土地をえた者もある。②事件では，いわゆる新農民（Neubauern）の相続人が原告となっている。原告 Jahn は，所有権が賠償なき剥奪によって侵害されていると主張した。新農民とは，1949年以後，旧東ドイツの土地改革によって農地を取得した者をいう。そして，この土地を，原告らは，東ドイツの時代に相続したのである。東ドイツの土地改革は，当該土地の農業的な利用を目的とし，東ドイツ法によれば，受益者が農業をしない場合には，土地改革による土地は，国家の土地基金に返還されなければならなかった。そして，原告らは，農業をしていなかった。しかし，東ドイツの時代に，当時なお有効な東ドイツ法に反して，当局は，その土地を再度国有の土地基金に取り戻すことを怠っていたのである。統一後の1992年7月14日の第2次の財産法改正法は，これを正した（旧東ドイツ法の一部は統一条約により効力を存続している）。そこで，原告らは，相続したはずの所有権を喪失したのである。そして，私法的な優先権者がないかぎり，事案において，所有権は，東ドイツに再建された諸州に帰した。したがって，財産権の返還は，土地改革の有効性を前提とし，その後の東ドイツ法の承認の問題に帰するのである。

　②事件についても，2005年中に最終の大法廷判決が予定されている。

3　東ドイツ地域における未解決の財産問題 (die offene Vermögensfragen in den neuen Bundesländern) の終結

　財産権の返還問題は，再統一までの40年間の財産関係を清算することを意味し複雑な関係をもたらした。東ドイツ地域における「未解決の財産問題」といわれ，過去15年にわたり激しく争われ，投資の障害となった。とくに，旧東ドイツ成立以前の，占領中の収用財産につき返還の制限が定められたことから，統一後に，関連する法律の合憲性が争われ，連邦憲法裁判所は，2つの判決においてその合憲性を承認した (BVerfGE 84, 90, I, Urt. vom 23.4.1991; BVerfGE 94, 12 I, Urt.vom 18.4.1996)。また，補償の性質についても，2000年11月22日の判決が補償法の合憲性を肯定した (BVerG, 1 BvR 2307/94 vom 22.11.2000)。しかし，それでもなお決着をみずに，ヨーロッパ人権裁判所にもちだされていたのである。

　財産権の返還や補償に関する請求は，当初の財産法（および返還申請法）では，1990年10月までとされていたが，数次にわたって延期され，最終的には，2004年6月16日が最終期限とされた (BMJ, 2004,5,25; Frist für Entschädigungsansprüche wegen Enteignung in ehemaliger DDR endet am 16.Juni)。

　2004年1月の敗訴をうけて，連邦政府は，人権裁判所を重視するものとし，未解決の財産問題に関連して，いちじるしく力をいれた。そして，もとヨーロッパ人権委員会（ヨーロッパ人権裁判所が設立されるまで，人権条約による上訴救済手続を担当）のメンバーであった Frowein 教授に訴訟代理人を委任し，また，人権裁判所には，大物を送り込んだ。すなわち，2004年4月28日，ヨーロッパ会議の議事会 (The Parliamentary Assembly of the Council of Europe) が選出した5人の新裁判官のうちの1人は，ドイツの Renate Jaeger であり，同人は，1987年から94年まで連邦憲法裁判所の裁判官であった。裁判官は，各国の指名した3人の候補者名簿の中から議事会により選出されるのである。人権裁判所裁判官の任期は6年で，再任が可能である（13人の裁判官は再任。総員は45人程度）。大法廷は，17人の裁判官と少なくとも3人の補助裁判官から構成され，人権裁判所長官と副長官，および4つの小法廷の裁判長を包含するものとされる（人権裁判所規則24条。Jaeger は，人権裁判所では第3小法廷所属。小法廷は所属の10人から11人の中から選ばれた7

第 2 部　私法の新たな展開

人の裁判官で構成)。なお，Jaeger は，憲法裁判所の第 2 判決（BVerfGE 94, 12 I）のさいの裁判官でもあり，本判決そのものには関与しえなかった（同規則 28 条 2 項(b)）。

　判決と同日，連邦政府は，未解決の財産問題が最終的に解決され，法的安定性が確保されたことを歓迎する旨の声明を発した（BMJ, Beschwerden von Alteigentümern）。

　(参考文献) 本文に掲げたもののほか，小野・国際商事法務 27 巻 1 号。ドイツ以外の東ヨーロッパについては，小野「財産権の返還と私有化―東ヨーロッパにおける私有化」土地法の研究（2003 年）133 頁，143 頁参照。

第7篇　東ドイツ地域の財産問題とヨーロッパ人権裁判所の第2判決
（2005年6月30日・Jahn大法廷判決）

1　Heidi Jahn（小法廷）判決の破棄

　ヨーロッパ人権裁判所（ECHR, The European Court of Human Rights）の大法廷は，2005年6月30日，いわゆるJahn事件（application nos. 46720/99, 72203/01 and 72552/01）に関する2004年1月22日の小法廷判決を破棄した。この大法廷判決は，最終判決であり（人権条約44条），これによって，東西ドイツの再統一後の所有権の帰属をめぐる論争で同人権裁判所に係属したものは，すべて解決した。

　Jahn事件に関する簡単な紹介は，すでに，国際商事法務32巻6号770頁で行っている。ヨーロッパ人権条約によれば，法律問題につき重大な疑問がある場合には，ヨーロッパ人権裁判所の大法廷（Große Kammer）に，3か月以内に上訴することが可能であり（43条），かねて小法廷で敗訴したドイツ連邦政府は，2004年4月21日に大法廷への上訴を行っていたのである。大法廷は，17人の裁判官から構成され，人権裁判所長官と副長官，および4つの小法廷の裁判長を包含するものとされる（人権裁判所規則24条）。

　2004年の小法廷の判決は，原告Jahnの所有権が，補償なき剥奪によって侵害されていると認めたものであり，再統一後の所有権の帰属を少なからず不安定にするものであった。すなわち，原告らは，いわゆる新農民（Neubauern）の相続人である。新農民とは，1949年以後，旧東ドイツの土地改革によって農地を取得した者をいう。そして，この土地を，原告らは，東ドイツの時代に相続した。東ドイツの土地改革は，当該土地の農業的な利用を目的とし，東ドイツ法によれば，取得者が農業をしない場合には，土地

改革により取得した土地は，国家の土地基金に返還されなければならなかった。そして，原告らは，農業をしていなかった。しかし，東ドイツの時代に，当時なお有効な東ドイツ法に反して，当局は，その土地を再度国有の土地基金に取り戻すことを怠っていたのである。そして，そのまま，東ヨーロッパの民主化後の 1990 年 3 月 16 日のモドロウ法（Gesetz über die Rechte der Eigentümer von Grundstücken aus der Bodenreform）によって，東ドイツにおける土地の私有化が行われた（旧東ドイツ法の一部は統一条約により効力を存続している）。統一後の 1992 年 7 月 14 日の第 2 次の財産法改正法は，旧東ドイツ法に従い，これを正した（土地基金への回収）。その結果，原告らは，相続したはずの所有権を喪失したのである。そこで，私法的な優先権者がないかぎり，所有権は，東ドイツに再建された諸州に帰した。

原告らが金銭的な補償をうけるべきかどうかについて，2004 年の人権裁判所の判断はなかった。同判決に従い，さらに補償を必要とすれば，補償に多額の準備金を必要とするとの財政的な影響もありうる。土地改革により取得された所有権が東ドイツ時代に相続され，その相続人が農業をしていない土地は，10 万ヘクタールにのぼると見積もられた。最初の申立は，1996 年 9 月 2 日，ヨーロッパ人権委員会に対して行われ，1998 年 11 月 1 日に人権裁判所に移管された。訴えは，2002 年 4 月 25 日に受理された。そして，前述の小法廷判決のあと，2004 年 6 月 14 日，大法廷は，上告を受理した。

2 大法廷判決

(1) Jahn 事件の大法廷判決は，ヨーロッパ人権裁判所が，ドイツ再統一に関わる所有権の帰属につき下した 2 度目の判断である。

すでに，2005 年 3 月 30 日，ヨーロッパ人権裁判所大法廷は，いわゆる von Maltzan 事件ほか 2 件（application nos. 71916/01, 71917/01 and 10260/02, 以下①事件という）に対する判決を下した。3 月 30 日の判決は，ドイツ連邦政府の主張を容れ，原告らによる財産権の返還請求，およびそれを前提とする賠償の請求を棄却した。これによって，およそ 330 万ヘクタールにのぼる占領期間中（1945 年から 49 年）に行われた土地改革の効果（有効性）が最終的に確定した。1990 年の東西の再統一以来，ドイツ国内で連邦憲法裁判所に

おいて2回の重要判決を導き，さらにヨーロッパ人権裁判所にまでもちださ
れた財産問題が決着したことにより，かつて収用された不動産と企業に関す
る投資の不安定要因が取り除かれたのである（これについては，国際商事法務
33巻6号参照）。

　戦争を契機として不明になった所有権の返還は，わがくににも必ずしも無
縁の問題ではない。沖縄には，なお約84万平方メートルの所有者不明の土
地がある（02年。かつては100万平方メートルを超えていた）。第2次大戦末期
の地上戦のために土地登記簿が失われたことにより，特別措置によって，県
や市町村の管理下にある。法律的な問題のみならず，関係者の死亡や，物理
的にも激しい砲撃のために地形が変わっているところがあり，確定は必ずし
も容易ではない。所有権の回復には，2000年までは確定判決が必要とされ
たが，01年からは隣接地の地主の証明でもたりることになり，01年に1万
5800平方メートルが返還された。

　(2)　Jahn事件の大法廷判決（以下②判決という）は，東ドイツの時代に土
地改革（Bodenreform）によって利益をうけた者の相続人に関するものである。
前述(1)の1945年から1949年の占領期間中の収用の効力に関するものとは異
なる。

　2004年1月22日の小法廷判決では，ドイツの再統一という例外的な場合
であっても，補償のない収用は，財産権の保護と公共の利益のバランスを
くずすものと解され，議定書1の1条（財産権の保障）に違反するとされた。
しかし，同14条（差別の禁止）を考慮する必要はないとされた。

　大法廷は，小法廷とは異なり，以下の点を考慮した。

　補償なしの収用が議定書1の1条（財産権の保障）のもとで正当とされる
のは，例外の場合だけとした。ここで考慮されるのは，ドイツ再統一の特殊
性と，事案がこの特殊な場合として正当化されるかである。

　第1に，大法廷は，民主的に選挙されたのではない議会によってモドロウ
法が制定されたとの状況を考察した。また，それが行われたのは，統一まで
の政権間の不安定な過渡期であり，原告らが形式的には所有権を取得したと
いっても，その法的な地位が維持されることは必ずしも期待できない場合で
あったとする。

第2部　私法の新たな展開

　第2に，大法廷は，ドイツ再統一と第2次財産法改正法との間が短期間であることをも考察した。そして，ドイツの立法者が直面した多くの事項，とくに民主的な市場経済体制への過渡期に，所有権に関する多数の複雑な事項を処理しなければならなかったことを考慮すると，ドイツ議会は，相当な時間内において，モドロウ法の不当な効果を是正することができるべきであるとする。

　第3に，大法廷は，第2次財産法改正法の立法理由も考察さるべき決定的なファクターだと考えた。土地改革によりえた土地の相続人の完全な所有権の取得が，当時の東ドイツ政府の行為にも不作為にも依存しないようにするために，議会が，モドロウ法の効果を，社会的正当性の理由から是正することが義務であると考えたことは不合理ではない。原告らが，土地改革により土地をえた相続人に適用されるルールのもとで，モドロウ法の結果としてうける思いがけない幸運を考えると，これが補償なしに行われても不釣り合いとはいえない。

　こうして，相続人の法的地位の不確定性，社会的正義の理由から，裁判所は，ドイツ再統一の特殊な事情を考慮し（in the unique context, vor dem einmaligen Hintergrund der deutschen Wiedervereinigung），補償がなくても，所有権の保護と公共の利益のフェアーバランス（fair balance, gerechte Abwägung）を覆すものではないと結論づけたのである（eine gerechten Abwägung zwischen dem Schutz des Eigentums und den Erfordernissen des Allgemeininteresses）。そこで，議定書1の1条の違反は否定された。

　さらに，裁判所は，1992年7月14日の第2次財産法改正法の目的は，土地改革によりえた土地の相続人間の扱いの平等性を確保するために，モドロウ法の効果を矯正することにあったとする。すなわち，モドロウ法が制定される前に土地が新たに第3者に割り当てられた者，または国に返還した者，割り当ての条件を満たさなかった者などがあり，これらの者は権利を失う。すると，たんに東ドイツ当局が適切に行為をしなかったことにより，望外の権利をえる者があってはならない。1992年法は，客観的かつ合理的な理由にもとづいていることから，裁判所は，議定書1の1条とともに14条の違反もないと結論づけたのである。

3　評価と展望

　大法廷の裁判官のうち，Barreto（ポルトガル），Pavlovschi（モルドヴァ）両裁判官は，一部反対，Costa（フランス），Borrege（スペイン）両裁判官は，反対意見を述べ，Botoucharova（ブルガリア）裁判官が，これに加わった。Ress（ドイツ）裁判官も，反対意見を述べた。すなわち，17 裁判官のうち，6 裁判官の反対となった（議定書1の1条の部分，4条の部分は，反対は2人のみ）。すなわち，賛成者は，長官の Wildhaber (Swiss), Rozakis (Greek), Bratza (British), Bïrsan (Romanian); Butkevych (Ukrainian), Vaji (Croatian), Pellonpää (Finnish), Steiner (Austrian), Garlicki (Polish), Hajiyev (Azerbaijani), Mijovi (Bosnia and Herzegovina) であった。

　出身国による顕著な相違はないが，主要国のうち，ドイツ，フランス出身の裁判官と，イギリス出身の裁判官の判断が分かれたところが特徴である。ちなみに，2004 年 1 月 22 日の第 3 小法廷の裁判官は，Barreto（裁判長），Ress, Caflisch (Swiss), Kuris (?), Hedigan (Irish), Tsatsa-Nikolovska (Macedonia), Traja (Albanian) の 7 人であった。Barreto 裁判官の一部補足および反対意見があるほか，全員一致であった。小法廷と重複している Barreto, Ress 両裁判官が，今回反対意見（小法廷の多数意見）に回ったのが注目される。つまり，判決の変更は，もっぱら大法廷の裁判官の多くが小法廷と異なったことによるのである。

　また，同じ大法廷でも，von Maltzan 事件の判断では，目立った反対意見はなかった（長官の Wildhaber のほか，とくに Jahn 事件の小法廷では多数派であった Ress, Caflisch, Hedigan, Traja 裁判官や，同大法廷の反対意見の Costa 裁判官も含まれている。ほかに，Rozakis, Jungwiert (Czech), Casadevall (Andorran), Zupancic (Slovenian), Pellonpää, Greve (?), Baka (Hungarian), Maruste (Estonian), Steiner, Fura-Sandström (Swedish), Gyulumyan (Armenian) の各裁判官）。土地改革が戦後の占領政策の結果であり，かつすでに半世紀も前のことであり，その効力をくつがえしえない点で，たかだか 10 年前の法令に関する Jahn 事件と異なり，判断は分かれえなかったのである。この評価は，その他の東ヨーロッパ諸国にも潜在的に存在する，かつての土地改革や収用の効力についても，安定性を推察させる要素となる。第 2 次大戦後のそれらの効力が，今後

第2部　私法の新たな展開

左右される可能性は乏しい。旧CIS諸国（ウクライナなど）では，もっと古くロシア革命時の改革も存在するが，これらが覆される余地は，人権裁判所のレベルでは限りなく小さい。本判決は，東ヨーロッパ地域における投資障害要因の除去の1つとも位置づけられる。

〔追記〕旧東ドイツ（新たな5州としてドイツ連邦共和国に加入した）地域の経済は，90年10月3日の再統一から停滞してきたが，構造改革が進展し，旧東ヨーロッパのトップ・レベルとなっている。人材の質が高く，新技術が投入された結果，アジアの低賃金国にも対抗できる生産性を獲得している。東ドイツだけで，そのGDPは，2427億ユーロであり，ポーランドの1959億ユーロを上回っている。東ヨーロッパでこれに続くのは，新たにEUに加盟したチェコの870億ユーロ，ハンガリーの814億ユーロ，スロバキアの326億ユーロ，スロヴェニアの260億ユーロ，リトアニアの177億ユーロである。もっとも，ドイツ全体のGDPは，2兆4030億ドルで，世界第3位である（ちなみに，アメリカは10兆8570億ドル，日本は4兆3000億ドル）。Zeitschrift Deutschland, 2005, No.4, p.52-55.

第8篇　義務の種類と態様
―主たる債務，付随義務，保護義務―

I　義務の種類の意味

(1)　典型契約の規定には，ごく概括的なものが多い。たとえば，売買契約では，一方当事者の財産権を移転する義務と，相手方の代金支払義務があがっているだけである（555条）。しかし，売主は，たんに目的物を引渡すだけではなく，引渡すさいに説明をしたり，買主の建物や家具を傷つけずに適切に設置するといった義務をも負担するはずであるし，買主も，たんに代金を支払うだけではなく，売主が引渡をするのに危険でない方法を選択するような付随的な注意義務を負担するはずである。契約の内容や性質に従って給付義務は多様であるはずであるが，法文上の義務に関する規定は，きわめてわずかなものにすぎない。

そこで，法典にある主たる義務のほかに，これに付随する義務があるとすることは，多様な契約の内容を適格にとらえるために必要であり，債務不履行のさいに，何が不履行となっているかを考えるためにも必要である。また，不能や遅滞のほかに，不完全履行や積極的契約侵害といった給付障害の形態があることを示し，その内容を具体化することにも資する。そこで，給付義務のほかに付随義務という概念が唱えられた（北川善太郎・注釈民法〔10巻・1987年〕325頁，348頁）。さらに，債務の性質から特定の付随義務が発生するような場合には，法定の義務である不法行為との関係が問題となることから，請求権競合との関係も問題となる。

(2)　また，債務は，給付の実現を目的とするものであるが，債務によって生じるのは，狭義の給付義務や広義の給付利益に向けられた付随的注意義務（給付価値実現に付加的に奉仕する義務）だけではない。給付の実現とは別個に，これに付随して，相手方の生命，財産，身体や健康などに関する利益を侵害しないようにする義務（不可侵性あるいは完全性保持義務）も生じ，これが保

護義務といわれる（奥田昌道・債権総論〔1992年〕618頁，潮見佳男・債権総論〔1998年〕14頁）。

　生命，健康の安全の配慮そのものを契約の目的とする場合には，このような安全を配慮する義務は給付義務そのものである。たとえば，保育所の幼児に対する保護義務である。しかし，多くの債権関係では，給付義務に付随したものとして，保護義務が生じる。たとえば，音楽会などの催しで，主催者が，会場の安全の確保に努めて，観客の生命，身体に危険が生じないように配慮する義務，同じく遊園地やデパートがその利用者に対して配慮する義務，学校が学生，生徒に対して配慮する義務などである。これらでは，本来の給付（音楽，遊戯，商品，教育などの物的あるいは役務の提供）とはべつに，安全に配慮する義務が発生する。また，財産の給付の場合でさえも，このような配慮義務が生じることがある。たとえば，家具の売買では，その引渡が給付義務であるが，その引渡のさいに買主の家に搬入するべきときに，家人や家を傷つけないといった義務である。もっとも，フランス法系の学説では，給付義務の対象を限定しないことから，これと区別された保護義務という概念は不要とされる（たとえば，内田貴・民法III〔1996年〕12頁，120頁。後述の平井教授の見解をも参照）。

2　前提となる概念

　(1)　給付義務は，たとえば，家具を買おうとする当事者の意思によって発生するのに反して，付随的義務は，債務者が給付を行うさいに，債権者に対して負担する契約上または信義則上の義務，あるいは引渡が平穏・安全に行われるとの債権者の信頼から生じる。したがって，必ずしも特定物の給付義務のような定型的な内容を有するものではない。たとえば，機械の売主が買主に使用方法を指示することは，契約上の義務として（付随義務）定められることもあるが，信義則上の義務として必要だとすれば，非定型の法律上の義務ということになる。

　付随義務の違反は，債務不履行の側面からみれば，その類型のうち，不完全履行あるいは積極的債権侵害を構成する（415条前段）。そこで，付随義務の考え方は，給付義務の不能，遅滞のみを債務不履行の類型とした体系への

批判をも意味する。もっとも，日本民法のもとでは，「債務ノ本旨」に従わない履行はすべて債務不履行となるから，積極的債権侵害という類型を立てた上でその不履行により賠償責任が生じるという必要は，必ずしも存在しない（平井宜雄・債権総論〔2版・1994年〕49頁）。思考経済上の利点はべつである。

　また，本来の給付義務が発生する以前でも，保護義務が発生するとみるよちがある。たとえば，契約締結の準備段階において売主に過失があり（デパートで，水がこぼれていて，顧客がころんだ），相手方の生命，身体に損害を与えた場合である。この場合には，主たる給付義務はなお発生しておらず，伝統的には不法行為責任によって処理されてきたが（契約締結上の過失ほか），保護義務の一部ととらえると，契約責任の一種として構成するよちも生じる。あるいは，相手方の言動から契約が成立すると信じた者に損害を与えた場合についても，契約上の信義則の解釈から損害賠償を問題とするよちがある。これをとくに契約的な責任とみるのは，一般の市民間の関係とは異なり，信義則の支配下の密接な関係に入ったことに着目するからである。

　ドイツの2002年新債務法は，原始的に給付が妨げられていても契約の効力は妨げられないとし（311a条1項。従来は無効），法律行為による債権関係はたんに契約によるだけではなく，契約交渉やその準備によっても生じる旨の明文規定をおいた（311条2項参照）。

　(2)　保護義務は，債務者が給付を履行する場合だけではなく，逆に債権者が給付を受領するさいにも生じる。これをとくに安全配慮義務という。たとえば，労務契約では，労働者は，労務を提供する給付義務を負担するが，債権者も，この給付を受領するさいに，労働者の生命，身体，健康の安全を配慮し，良好な労働環境を整える義務を負担するのである。物理的な環境だけではなく，会社でセクハラにあわないような精神的な環境もこれに包含される。

　このような保護義務・安全配慮義務の考え方は，ドイツ民法典618条が，明文をもって使用者に労働者の生命と健康を保護する義務を課していたこと（スイス債務法典399条も同旨），またそれが狭義の雇用関係に限定されずに，広く信義則上の義務として肯定されたこと，さらに不法行為法上の救済に制

限があることから（使用者責任で使用者の責任が限定されていること，および時効制限），契約責任によって被害者の救済を図ったことに由来する。

　わがくにでも，不法行為の短期時効の回避や帰責事由に関する被害者の証明責任を軽減することをめざして主張された。もっとも，後者の点は，契約的な構成をするだけでは，必ずしも被害者にとって有利となるわけではない。安全配慮義務違反を理由とする損害賠償請求において，安全配慮義務の内容を決定し，その義務違反の事実を主張・立証することについては労働者側に責任があるとされる（最判昭56・2・16民集35巻1号56頁）。

　そして，安全配慮義務の内容が不確定であることから，立証することには相当の困難がある。このことと，また，安全配慮義務の実現がおもに加害者の主導によるべきことから，立証責任の転換，あるいは違反の推定をする必要も生じる。もっとも，立証責任の点を，不法行為責任についても転換することができれば，あえて債務不履行責任と構成することの意義は，かなり縮小される。定型的な内容に乏しい保護義務の違反では，不法行為責任の場合と同じく，その義務の内容は，抽象的に，給付にさいして，債権者の生命，健康，財産に関する利益を害さないようにするということにすぎず，個別に確定されなければならないからである。これは，生命，健康，財産に対する一般的な不可侵性義務・完全性利益の保護義務と同質のものであり，契約責任の予定する類型とはいえず，むしろ不法行為の問題となるともいえる。

3　学説・判例

　(1)　学説では，主たる給付義務のほかに，付随的な（保護）義務を債務の内容として肯定する見解が有力に唱えられ（北川・前掲書を嚆矢とするが，北川・民法講要4巻〔2004年〕29頁をも参照），肯定するものが多い（奥田・前掲書17頁）。ただし，その内容はかなり多様である。付随義務は，本来当事者の合意により生じるとする限定的な理解のほか，信義則にもとづく広範な義務を認める見解があり，これらをも給付結果や給付利益の保護を図る広義の注意義務とする見解の下では，主たる給付義務，付随的給付義務，付随的注意義務という入れ子の構造が成立する（前田達明・口述債権法〔1990年〕122頁）。

判例では，信義則上，買主の引取義務を肯定した最判昭46・12・16民集25巻9号1472頁があるほか（一般的な買主の受領義務については争いがあり，沿革的には否定される。詳細は，受領遅滞に関する学説を参照されたい），下級審では，早くに売主の信義則上の保護義務にふれた判決（いわゆる卵豆腐事件＝岐阜地大垣支判昭48・12・27判時725号19頁）がある。近時は，行為給付に関して種々の付随義務違反（とくに説明義務）を認める例があり，とりわけ，いわゆる専門家の責任において，非定型の注意義務を肯定し，その責任を高めることが展開しつつある（また，最高裁では，取引行為につき説明義務違反を認めた例として，最判平13・3・27民集55巻2号434頁のダイヤルQ2判決がある。川井健・債権総論〔2002年〕105頁参照）。

(2) 安全配慮義務の存在は，1970年代初頭〔昭40年代後半〕から労災事故に関し多数の下級審判決により肯定されてきた。労働災害の場合に，使用者の契約責任を認めるために，労働者に安全に就業させるべき義務が認められた事例である。直接には，労災補償の額が必ずしも十分ではないことから，使用者の責任をも追及することから生じた現象である。なお，労働法学説のうえでは，安全配慮義務をたんなる「付随」義務としてではなく，本質的な義務の1つと位置づけ，民法上も，内容的に契約利益とは独立してとらえる点に特徴がある。

そして，最判昭50・2・25民集29巻2号143頁が，国の公務員に対する安全配慮義務を認めたことによって，安全配慮義務に注目が集められ，多くの分野で承認されるにいたっている。もっとも，その内容，法的根拠，それが認められる法分野などの点で，未解決の問題が多く残されている。

同判決は，国と国家公務員との関係について，主要な義務として「公務員が職務に専念すべき義務」をおき，国はこれに対応して「給与支払義務」をおうことを定めているが，「国の義務は右の給付義務にとどまらず，国は，公務員に対し，国が公務遂行のために設置すべき場所，施設もしくは器具等の設置管理又は公務員が国もしくは上司の指示のもとに遂行する公務の管理にあたって，公務員の生命及び健康等を危険から保護するよう配慮すべき義務（以下，安全配慮義務という。）をおっているものと解すべきである」として，安全配慮義務の存在を肯定した。一般的な保護義務にとっても参考となろう。

そして、安全配慮義務の内容は、当該具体的状況によって異なるべきものであるが、「国が、不法行為規範のもとにおいて私人に対しその生命、健康等を保護すべき義務を負っているほかは、いかなる場合においても公務員に対し安全配慮義務を負うものでないと解することはできない」として、不法行為規範以外にも、安全配慮義務の生じることを示した。

さらに、その内容として、「安全配慮義務は、ある法律関係に基づいて特別な社会的接触に入った当事者間において、当該法律関係の付随義務として当事者の一方又は双方が相手方に対して信義則上負う義務として一般的に認められるべきものであって、国と公務員との間においても別異に解すべき論拠はなく、公務員が前記の義務を安んじて誠実に履行するためには、国が、公務員に対し安全配慮義務を負い、これを尽くすことが必要不可欠であり、また、国家公務員法93条ないし95条及びこれに基づく国家公務員災害補償法並びに防衛庁職員給与法27条等の災害補償制度も国が公務員に対し安全配慮義務を負うことを当然の前提とし、この義務が尽くされたとしてもなお発生すべき公務災害に対処するために設けられたものと解されるからである」と述べた。

たんに国と国家公務員の関係だけではなく、使用者と労働者の間の一般的な安全配慮義務をも肯定し、これを前提とする構成となっている。

(3) 一連の安全配慮義務については、最判昭58・5・27民集37巻4号477頁、最判昭59・4・10民集38巻6号557頁がある。ほかにも、職業病に関して、使用者の安全配慮義務違反を理由として債務不履行責任が肯定された例があり、定着している（最判平3・4・11判時1391号3頁、最判平6・2・22民集48巻2号441頁参照）。

4　問題の整理と展望

(1)　保護義務や安全配慮義務による損害賠償請求権を行使する場合に、不法行為上の損害賠償請求権との相違が注目されなければならない。その一般論は、請求権競合や規範統合の問題の一部となる。

立証責任や時効期間、過失相殺（418条と722条1項）など論点があり、詳細には立ち入りえない。請求権競合の一般の問題にゆずる。一例として、

509条によれば，不法行為債権に対しては，債務者は相殺をもって債権者に対抗できないとされている。これに対し，被用者が，債務不履行による損害賠償請求をした場合には，債務者＝使用者が相殺を主張できることになり，その場合には，不法行為上の債権よりも不利になることになる。

なお，安全配慮義務による損害賠償請求権が，不法行為と債務不履行の中間的性質を有するとみれば，不法行為規範の一部をもこれに類推することの可否が検討されるべきことになろう。

(2) 民法の起草者が，契約から生じる義務の内容をもっぱら給付義務から考えていたことは，債権各論の条文，たとえば売買（555条），雇用（623条）の規定からも明らかである。これらは，債務者の主要な給付義務と対価の支払義務を念頭に規定されているからである。しかし，民法典成立後の学説，判例の進展により，多様な付随的な義務の類型が肯定された。その内容が非定型であることから，これを契約ごとに規定することはむずかしい。そこで，民法典の現代化の視点からは，債権総論にこれに関する総論的な規定を設ける方途がある。なお，個別の契約の上からすでに給付内容が多様であり，民法の典型契約の枠には必ずしも当てはまらないものが多いとの観点からは，典型契約論とも関係することになろう。

同様の視点からは，近時の立法であるドイツの2002年新債務法は，債権総論中に，債権関係において，たんに債権者が給付を請求できるのみならず，各当事者が債務の内容にしたがって相手方の権利や法益，利益を配慮する義務をおうと規定したことが注目される。

各義務の関係（学説により，概念区分は必ずしも同じでない）

	主たる義務違反	その他の義務違反	
債務者の義務違反	履行不能・遅滞 不完全履行	付随義務違反 積極的債権侵害	拡大損害 保護義務違反
	不履行		
債権者の義務違反	信義則，受領遅滞にもとづく危険移転ほか＊	安全配慮義務違反 付随義務違反	

＊もっとも，債務の給付に関しては義務を負担するのは債務者のみであり，債権者はこれを負担しないとの立場からは，受領遅滞による危険移転は法定の効果と解される。

第9篇　遺伝子組み換え作物の農業利用と法
―ドイツの遺伝子技術法（2005年改正法）と厳格責任―

I　遺伝子技術法と遺伝子組み換え作物

　ドイツの遺伝子技術法（Gesetz zur Regelung der Gentechnik (Gentechnikgesetz), 1990.6.20 BGBl. I, 1990, S.1080）は，遺伝子技術により改変された有機体（Gentechnisch veränderten Organismen (GVO)）の性質にもとづき，人を死亡させ，身体あるいは健康を侵害し，または物を毀損させたときには，その実施者（Betreiber）は，それから生じた損害を賠償する義務をおう，とする（32条1項）。遺伝子組み換え技術を行ったことに対する厳格責任を定めたものである。

　遺伝子技術法は，1990年代の比較的早い時期に，生命科学に関する立法である胚保護法（Gesetz zum Schutz von Embryonen (Embryonenschutzgesetz), 1990.12.13 BGBl.I, S.2746）および臓器移植法（Gesetz über die Spende, Entnahme und Übertragung von Organen, 1997.11.5 BGBl.I, S.2631）とともに，制定された。後二者が，生殖補助医療と人由来物質に関する包括的な規制であるのに対し，遺伝子組み換えの動植物の規制に関するものである。

　遺伝子組み換え技術は，とくにアメリカにおいて広く行われ，現在では，遺伝子組み換え作物の栽培も広く行われるようになっている（2002年に，全世界で約6000万ha. 毎年10％以上の増加を続け，05年には，9000万ha. に達した）。そこでは，すでに大豆，綿花，トウモロコシの半分がこのような組み換え技術による農作物であるといわれる（とくに大豆は60％以上）。他方，ヨーロッパでは，遺伝子組み換え食品に対し慎重な意見が強く，研究や商用の栽培も消極的であった。そこで，ドイツでも，遺伝子技術法の制定後に研究は可能であっても，農業的利用は広く規制されたままであった。これに対し，EUは，2001年，遺伝子組み換え技術を取引と自然界に解禁する指令を発した（Richtlinie 2001/18/EG des Europäischen Parlaments und des Rates vom 12.

März 2001 über die absichtliche Freisetzung genetisch veränderter Organismen in die Umwelt und zur Aufhebung der Richtlinie 90/220/EWG des Rates; ABl. EG Nr. L 106 S.1)。従来，ドイツはこれに対し消極的であったところ，勧告をうけその国内法化を図ることとなった。こうして，2004年2月11日，ドイツ連邦政府は遺伝子組み換え作物の生産を可能とし，同時に有機栽培による従来型の農業を共存させ，消費者の安全を図ることを目的として新しい遺伝子技術法案を発表したのである。

　この法案は，遺伝子組み換え作物の栽培を可能とするだけではなく，従来型の作物の栽培による農業の継続を可能とし，また，遺伝子技術使用の有無を明示することにより，消費者が製品を選択できるようにするといった多様な目的を有している。法案は，ヨーロッパ議会で審議中の遺伝子組み換え技術による食品の輸入と表示に関するEU規則の発効を待って実施されるとされた。そして，同年4月18日からEU域内で遺伝子技術を用いた農産物の表示義務（Kennzeichnung）が発生し，2004年秋にはEU域内のマーケットに遺伝子組み換え作物が供されることが可能となったのである。

2　遺伝子技術法の改正と憲法訴訟

　改正法の目的は，たんなる遺伝子組み換え技術を用いた作物の栽培促進というわけではない（法案の所管は，連邦消費者保護・食料・農業省＝Ministerium für Verbraucherschutz, Ernährung und Landwirtschaft. 担当大臣は，緑の党のRenate Künastである）。厳格な表示義務と，遺伝子組み換え作物による周辺農地に対する責任規定が，栽培者にとって厳格であることから，法律が成立しても，一般の農地において遺伝子組み換え作物の栽培がただちに普及する見込みはそう大きくはない。環境意識の高いドイツでは，生産者や販売業者も，遺伝子組み換え作物を作らず，あるいは扱わないことを表明することが「売り」ともなっている。

　2004年6月18日には，法案は連邦議会を通過し，11月26日に，法律として成立し，2005年1月から施行された。改正法によれば，遺伝子組み換え技術による作物の生産地が登録され，遺伝子組み換え技術による作物が植えられたり肥料が施された農地であることは，標識などによって表示される。

情報は公開，記録されたうえで，所在登録（Standortregister）に載せられる（16a 条）。所在登録の一部は，連邦消費者保護・食料・農業省のサイト上にインターネットでもすでに公開されている。また，そのような作物が栽培されている農地と，これによらない農作物が栽培されている農地の間には間隔を設けねばならず，一定の場合には，防護柵の設置なども必要となる（16b 条）。しかし，遺伝子組み換え植物の花粉が隣接する農地に混入して交配や混入（Übertragung, Auskreuzung od. Eintragung）が生じることは，気候や地理的な理由によっても起こりうる。そこで，注意義務（16b 条）を果たしていても，他の農地に影響の生じることは避けられない。その結果，隣接地の作物が売却できなくなった場合には，組み換え作物の栽培者が損害賠償責任を負担する。この責任は，厳格責任であり，過失の有無を問わない（32 条，36a 条）。栽培者にとっては，遺伝子組み換え作物の栽培リスクが高くなるが，これは，遺伝子組み換えによらない作物の栽培を保障するものである。連立与党の一角である緑の党（Grünen）の主張を容れたものである。

もっとも，EU は，すでに 1998 年から，遺伝子組み換え技術を利用した家畜飼料や食品添加物の輸入を認めている。そして，この間接的な利用だけではなく，2004 年 4 月からは，国内法を備えれば，新たに遺伝子組み換え技術による農産物（トマト，じゃがいも，大豆，トウモロコシなど）も，その旨の表示をすることによって，直接売却することが可能となった（前述 I 参照）。それらを原料として利用した二次製品（トマトケチャップ，ポテトチップ，マーガリン，食用油など）だけではなく，遺伝子組み換え技術による酵母やかびを使ったビールやチーズなどにも表示が義務づけられる。この表示により，消費者は，遺伝子組み換え技術が食品に使われているかどうかを知ることができるのである。

他方，改正法には，批判もある。消費者団体や環境団体は，遺伝子組み換え作物による環境汚染のおそれを指摘している。広い厳格責任はこれに対処するためのものである。他方，一部の農業団体は，栽培者に与える厳格責任の負担を批判している。もっとも，有機栽培による差別化のチャンスとみるものもあり，一部の生産地は，遺伝子技術の不使用地域を宣伝している（たとえば，東ドイツ地域のメクレンブルク・フォーポンメルン州の農業団体の一部は，

組み換え作物によらない遺伝子技術未使用地域を宣言している)。また，持続可能な農業の継続という視点からは，ハイブリット技術やいわゆるターミネーター（自殺因子）技術により，次年度には品質が劣化したり，あるいはまったく発芽しない作物の花粉による在来の周辺農地への汚染が問題となる。遺伝子組み換え技術を応用した農業への利用にとっても，責任の重さが問題とされるが，かりにこれを克服しても，アメリカの大規模農業に対抗できるわけではないから，産業界には消極論が強い。農業化学各社にとっても，メリットはそう大きくはない。遺伝子組み換え技術を応用した種子のみならず，バイオ農薬，肥料のいずれについても，特許やノウハウの優位は，アメリカにある。むしろ，直接の商用利用ではなく，輸出用種子などの遺伝子組み換え技術の研究に期待があるが，ここでは，法律によるリスクの評価や審査が過大であり，基礎研究の成果を産業化するさいに困難が生じることが問題となる。さらに，遺伝子組み換え作物の因子がこれによらない作物に混入したときの厳格責任は研究にとっても障害となる，との批判がある。

　2005年4月，東ドイツ地域のザクセン・アンハルト州は，カールスルーエの連邦憲法裁判所に，改正された遺伝子技術法に反対する訴えを提起した。職業の自由，学問の自由，所有権保護，平等の基本権に反すると主張するものである。

　遺伝子技術法は，消費者保護と種々の栽培方法の共存を目的とする。しかし，とくに，遺伝子組み換え技術による作物の花粉が飛散することによって，これをしていない農地が汚染されることに対する責任規定には，批判がある。遺伝子操作をしない農地が汚染されたことによる損害補償を認めると，周辺農地において遺伝子操作による農業をした農民は多額の補償をよぎなくされる。そこで，ザクセン・アンハルト州は，このような責任は，許可された遺伝子技術をうけた種子の栽培を妨害し，また栽培する農地を差別しているとし，さらに，研究者が不当な方法でその仕事を妨害されるとする。そして，立法の基礎となったEU指令との関係についても，法律は，ヨーロッパ委員会の要求する基準を超えているとする。

　他方，環境保護団体グリーンピースは，州政府を批判し，法律が基本権に反しないとし，農業を保護するものでもあるとし，ザクセン・アンハルト州

の主張は，遺伝子組み換え技術によらない農業を妨害するものであると主張している。

3 厳格責任の系譜と，原因の推定，責任制限

改正法は，1990年代の厳格責任にもとづく諸法に従った厳格責任を農業的利用にも採用した。包括的な厳格責任は，1989年の製造物責任（Produkthaftungsgesetz, 1989; BGBl.I, S.2198）を嚆矢とするものであるが，製造物責任法は，外国との輸出入の競争を視野に入れ，いわば妥協の産物であった。他方，環境責任法（Umwelthaftungsgesetz, 1990; BGBl.I, S.2634）は，到達度の高い包括的な環境立法であった。

環境責任法は，環境への侵害により（durch eine Umwelteinwirkung）人を死亡させ，身体あるいは健康を侵害し，または物を毀損させた場合に，侵害施設の保持者（Inhaber der Anlage）に対し，それによって生じた損害を被害者に賠償する義務を定めた（1条，Anlagenhaftung）。また，製造物責任法は，製造物の欠陥によって人を死亡させ，身体あるいは健康を侵害し，または物を毀損させた場合には，物の製造者が被害者に，それによって生じた損害を賠償する義務を定めた（1条1項1文，製造物責任＝Produkthaftung）。いずれも，広範囲な無過失の責任を特徴とする。

さらに，循環経済・廃棄物法（Kreislaufwirtschafts- und Abfallgesetz, 1994; BGBl.I, S.2705）の基本は，生産責任（Produktverantwortung）である。すなわち，生産物を発生，製造，加工，売却した者（Wer Erzeugnisse entwickelt, herstellt, be- und verarbeitet oder vertreibt）は，循環経済の目的の履行のために，生産責任を負担する（22条）。旧廃棄物除去法のもとで，地方公共団体が地域内の廃棄物処理の責任を負担していたのとは異なる。生産責任は，環境責任法を補完する性質上，すべての拡大損害にまで向けられたものではないが，排出責任を補完し，廃棄物処理との関係では種々の厳格責任も定められている。

改正された遺伝子技術法は，これらに倣い，前述の32条1項において，有機体の性質にもとづく責任（Eigenschatenhaftung）を定めたのである。厳格責任は類推できず，法律によるとの裁判例を前提としこれを明文化したも

のである（BGH, NJW 1960, 1345, Urt.v.1960.4.29; BGHZ 54, 332, Urt.v.1970.10.15; BGHZ 55, 229, Urt.v.1971.1.25）。ただし，8500万ユーロ（約90億円）の最高責任額の制限がある（33条）。予想される環境被害の多大なことから，これを高いとみるか低いとみるかには立場による相違がある。製造物責任法による損害額の制限が，8500万ユーロであり（製造物10条），これに従ったものである。環境責任法における責任限度額も，同様に8500万ユーロである（環境15条）。また，遺伝子組み換え作物の花粉が周辺農地を汚染したことによって，損害が生じたときには（たとえば，売却不能），損害は，その遺伝子組み換え作物の性質によって生じたものと推定される（34条1項）。しかし，この推定は，損害がその作物の他の性質によって生じた蓋然性が高い場合には，失われる（同条2項）。たとえば，遺伝子組み換えとは関係のない虫害の結果，白いものが黒くなって売れなくなった場合である。さらに，被害者には，遺伝子改変の実施者に対する報告請求権が付与されている（35条，Auskunftsansprüche）。

　かねて環境責任法は，公害施設の存在と損害の因果関係の推定（環境6条）と，被害者の情報請求権（環境8条―10条）の規定をおいた。遺伝子技術法の推定と報告請求権は，環境責任法に倣ったものである。他方，製造物責任法は，欠陥の推定規定はおいたが，欠陥と損害の間の因果関係の推定規定はおかなかった（前者につき，1条2項2号）。国際競争の観点からEU指令と同レベルにとどまったのである。遺伝子技術法の改正にあたっても，単純にEUレベルの遺伝子組み換え技術の農業用の解禁のみにとどまる選択肢がなかったわけではない。この点は，憲法訴訟の争点の1つともなっている。しかし，1990年代以降の環境責任法，循環経済・廃棄物法の強い厳格責任のラインが選択されたのである。近時の厳格責任は，個人的な法益のみではなく，環境のような公的法益をも対象としていることから，このような傾向はますます強まる可能性を有している。

　環境責任法や循環経済・廃棄物法の環境立法と，消費者法の系譜をひく製造物責任法との成果が，遺伝子技術という先端的テーマで統合されている。統一的環境法典の制定の動きもあり，わがくにが，個別法規による修正に終始していることと対照的であり（それさえも，1980年代以降停滞している），

ドイツ法の体系志向的性格を窺うことができるのである。わが法においても，個別の規定を探るだけではなく，私法規定の中に，統一的な厳格責任を定着させることが試みられるべきであろう。

ドイツの厳格責任法制の流れ

製造物責任法（1989年）　⎫
　Produkthaftung　　　　⎬　循環経済・廃棄物法（1994年）
環境責任法　　（1990年）⎭　　Produktverantwortung
　Umwelt-Anlagenhaftung
　　　○遺伝子技術法（1990年）　Eigenschaftenhaftung（2005年改正）

胚保護法（1990年）　臓器移植法（1997年）

（参考文献）ドイツの遺伝子技術については，かなり古くに山本隆司・和田真一訳「エルヴィン・ドイッチュ『1987年ドイツにおける遺伝子工学法』」立命館法学197号63頁，また，より一般的には，高橋滋ほか「ゲノム応用時代の技術と法」法時73巻10号ほかがあるが，いずれも，民事法では医療技術を中心に紹介したにとどまる。小野「先端医療と法」および「循環経済と生産責任」司法の現代化と民法（2004年）36頁，104頁参照。Vgl.Ono, Modern Development in Environment and Product Liability, Hitotsubashi Journal of Law and Politics, Vol.27（1999）p.16. ＝本書第3部2篇所収。

遺伝子技術法32条（責任）

(1) 遺伝子技術により改変（組み換え）された有機体（Organismus）の性質にもとづき，人を死亡させ，身体あるいは健康を侵害し，または物を毀損させたときには，その実施者（Betreiber）は，それから生じた損害を賠償する義務をおう。

(2) 同一の損害につき多数の実施者が損害賠償の義務をおう場合には，連帯債務者とする。別段の定めがないかぎり，賠償義務者相互間では，賠償義務ならびに給付するべき賠償の範囲は，損害がおもにその中のいずれの者によって惹起されたかによる。その他の問題については，民法典421条から425条，ならびに426条1項2文および2項〔連帯債務者の義務の規定〕を準用する。

(3) 損害の惹起のさいに，被害者の過失が共同した場合には，民法典254条（過失相殺）が適用される。物の毀損の場合には，その物に事実的な力を行使する者の過失は，被害者の過失とみなす。実施者の責任は，損害が同時に第三者の行為によって惹起されたことによって減額されない。2項2文〔後段〕を準用する〔賠償義務者相互の関係〕。

(4) 死亡の場合には，治療のための費用ならびに死亡した者が病気の間に収入を失いまたは減額され，あるいは需要を増加させた〔たとえば，障害による介護のために余分な費用を要するようになった〕ことによりこうむった財産的損害の賠償をしなければならない。賠償義務者は，さらに，これらの費用を負担しなければならない者の葬式の費用をも賠償しなければならない。死亡者が，傷害の時に，第三者に対し法定の扶養義務をおい，または扶養義務をおうべき関係にあり，かつその第三者が，〔死亡した被害者の〕死亡により扶養の権利を失った場合には，賠償義務者は，その第三者に対し，死亡者がその生存の推定期間〔第三者に対する〕扶養の義務をおうべき損害を賠償しなければならない。賠償義務は，その第三者が，傷害の時に懐胎し，なお出生していない場合にも生じる。

(5) 身体または健康の侵害の場合には，治療の費用と，被害者が，傷の結果一時的または継続的に収入を失い，または減額され，あるいは需要を増加させたことによりこうむった財産的損害の賠償をしなければならない。財産的損害以外の損害にも，衡平上の賠償（eine billige Entschädigung）を金銭で請求することができる。

(6) 生計の能力の喪失または減額および需要の増加による損害賠償，ならびに4項3文と4文により第三者に与えるべき損害賠償は，将来に関し，金銭の定期金（Geldrente）によりしなければならない。民法典843条2項から4項を準用する。

(7) 物の損害（die Beschädigung einer Sache）が，自然または地勢への侵害〔eine Beeinträchtigung der Natur oder der Landschaft，ここで地勢とは，たんなる土地を意味するのではないから，それに対する物理的侵害でなくても足りるのである〕ともなる場合には，被害者につき，侵害が生じなければあるべき状態を回復できる限り，民法典251条2項を適用する〔原状回復が過大な費用を要する場合には金銭賠償による〕。ただし，以前の状態の回復のための費用が，物の価値をいちじるしく超過することから，不相当でない場合でなければならない。必要な費用については，加害者は，賠償権利者の請求により前払いしなければなら

第2部　私法の新たな展開

ない。

(8)　時効については，民法の不法行為に関する規定が準用される。

36a条　（遺伝子技術の利用による侵害のさいの請求権）

(1)　遺伝子技術を用いた有機体の性質による交配〔汚染〕またはその他の遺伝子改変の有機体の混入は，以下の場合には，民法典906条〔ニューサンスに関する規定で，所有者は，ガス，蒸気，臭気，煙，煤煙，熱，騒音，振動などについて，土地の利用の侵害が本質的でない場合には，排除を求めえないとする〕の本質的な侵害（eine wesentliche Beeinträchtigung）となる。すなわち，〔遺伝子技術の〕利用者の意図にかかわらず，汚染またはその他の混入を理由として，

1　取引に持ち込みえない場合，〔自然の作物として売れない場合である〕

2　本法または他の法律により，遺伝子改変の表示をして取引に持ち込まなければならない場合，〔組み換え作物として廉価で売却する場合である〕

3　法律上認められた製造方法に関する表示なしに取引に持ち込まなければならない場合〔たとえば，有機栽培の表示ができない場合である〕

(2)　16b条2項および3項による専門的な方法〔防御措置である〕をしたことは，民法典906条の経済的に期待しうる場合（wirtschaftlich zumutbar）とみなす。〔906条2項によれば，本質的な侵害であっても，それが場所的に通常の利用から生じる場合で，かつ経済的に期待しうる方法によっては防止できないときには，排除は求めえない〕

(3)　民法典906条の場所的に通常のこと（Ortsüblichkeit）の判断には，収穫が遺伝子技術による，またはよらない有機体の産物により生じるかどうかには左右されない。〔一般に組み換え作物の栽培地域だから通常の使用である，とはいえないことである〕

(4)　個別の場合の状況により，多数の隣人が原因者と考えられるときには，そのうちの誰がその行為によって原因を与えたかを探る必要はなく，すべての者が侵害に対する責任をおう。すべての者が侵害の一部についてのみ原因を与え，原因者への補償の分割が民事訴訟法287条によって可能な場合には，この限りではない。

第10篇　夫婦の氏と選択可能性
　　　　―ドイツ憲法裁判所判決―

　Ⅰ　夫婦の氏の合一と選択可能性―ドイツ憲法裁判所2004年判決
　わがくにの夫婦の共同の氏と同じく（750条），ドイツにおいても，民法上，夫婦は，共通の婚姻姓（Ehename，氏）を定めなければならず，夫婦は，自分たちによって定められた婚姻姓（夫婦の氏）を称する（ド民1355条1項）。婚姻姓として，夫婦は，戸籍官への意思表示によって，夫の出生姓または妻の出生姓を選択し定めることができる（同条2項）。出生姓とは，出生証書に記入されている姓をいう（同条6項）。
　すなわち，夫婦のいずれか一方の氏の選択であり，同一姓が原則である。ただし，夫婦の氏の共同は強行法であり，氏を改める配偶者は，婚姻の場合に，氏の変動が強制され，氏の共同が婚姻継続中は存続することから，社会的な不利益を生じることが多い。そこで，わがくにでは，1996年の「民法の一部を改正する法律案要綱」において選択的別氏制も提案された（要綱「第三」）。しかし，政治的対立から，その後，今日まで法改正のめどは立っていない。
　ドイツ憲法裁判所は，2004年2月18日の判決において，この夫婦の同一姓に関するドイツ民法典1355条2項が，基本法2条の一般的人格権に反するとの判断を下した（BVerfG Urt.v. 2004.2.18, NJW 2004, 1155）。現行法で婚姻姓の選択の可能性があるのが，夫または妻の出生姓（夫のC姓あるいは妻のB姓）だけに制限されていることを理由とする。従来から問題となったのは，この規定のもとでは，先の婚姻で取得した配偶者の名前（たとえば，現在の妻のA姓，出生姓はB姓）を，新婚（再婚）においては婚姻姓として定めることができないことである（選択できるのは，B姓と新婚の夫のC姓だけである）。そして，2005年3月31日までに，民法の該当規定を修正する必要があるものとされたのである。

2 ドイツ民法の修正

　ドイツ民法は，夫婦の同一姓の原則によって，自分の出生姓を改める配偶者に対しては，結合姓の可能性をも認めて，そのアイデンティティーを尊重するものとした。すなわち，自分の出生姓Bが婚姻姓Cとならなかった配偶者は，戸籍官への意思表示により，夫婦の婚姻姓Cに，自分の出生姓Bまたは婚姻姓を定める意思表示の当時称していた姓（A姓）を前後に附加することができる（C－BあるいはC－A）。ただし，婚姻姓がすでに複合姓（aus mehreren Namen）の場合はこの限りではない。それでは，あまりに複雑となるからである。婚姻姓が複合姓の場合には，その1つのみを結合することができる（1355条4項）。わがくにでこれに対応するものはないが，あえていえば旧姓のかっこ書きはこれに近いであろう（C(B)であり，同窓会名簿などには多くみられる形式である）。なお，この意思表示は，戸籍官に対してすることにより撤回することができる（同条4項）。

　複合姓の例としては，1992年5月に，旧コール政権の連邦司法相に就任したSabine Leutheusser-Schnarrenbergerがその長さから著名である。同人は，18年間外相をしたゲンシャーのあとをうけて，当時の連立与党の一部であったFDPのキンケルが司法相から外相に就任したことにより，司法相に就任したのである（1994年12月まで）。また，ボン大学の故・女性教授Keukも，婚姻後，Knobb-Keukの複合姓を用いた。研究者の同一性を示すような場合には，かなり有益である。

　後発的な身分関係の変動が氏に与える影響は，ほぼ日本法と同様である。すなわち，死別しまたは離婚した配偶者は，婚姻姓を保持する。同人は，戸籍官への意思表示により出生姓，または婚姻姓を定めるまで称した姓を回復することも，出生姓を附加することもできる（同条5項）。

　複合姓の点から，氏の選択の可能性は，わが民法におけるよりも広い。その中において，前述の1355条2項は，夫または妻の出生姓からだけ婚姻姓を選択できるものとしているのである。これでは，婚姻姓（上の例では，A姓）を婚姻の解消後も使用できるとした趣旨に反する。しかし，従来の下級審裁判例と実務では，婚姻姓は，婚姻の解消後使用することはできるが，再婚の場合に，新たな婚姻姓とすることはできないとされ，これに違反した

届出は無効とされた（BayOLG FamRZ 97, 554 (1996.8.1); BayOLG FamRZ 97,556 (1996.8.14); OLG Zweibrücken FamRZ (1995.11.24)）。一部の学説はその合憲性を疑問としたが（Coester, FuR 1994, 2），下級審の裁判例は合憲とした（KG FamRZ 97, 557 (1996.11.26)）。これに対し，憲法裁判所は，名前のアイデンティティーに対する意義，人格権に対するいちじるしい侵害，現在の姓への憲法上の保護の必要性，さらに，これらの不利益が事実上姓を変えることの多い女性に与える不利益と平等主義（Gleichberechtigung）への抵触を指摘したのである（Jauernig, BGB,2003, S.1355. Palandt, BGB, 2004, S.1615. Coester, a.a.O. は，10年も前からド民1355 II の合憲性を疑問としていた）。

　憲法裁判所判決をうけて，7月28日に政府草案が公表された。新規定は，旧婚姻姓をも選択可能なものとした。これによると，つぎのようになる。たとえば，出生姓がBであり婚姻姓Aの女性が，離婚または死別し，新たにC姓の男性と婚姻する場合には，現行法では，B姓とC姓の選択ができるにすぎないが，これに加え，かつての婚姻姓であるAをも，新婚の婚姻姓として選択できるのである。新法の発効前に婚姻し，すでに婚姻姓を定めている夫婦は，経過措置により，法の発効後1年以内に，出生姓以外の婚姻姓をも選択することができる。もっとも，複合姓の附加の場合には（1355条4項），たんにC姓にB姓を附加したC－B姓とするだけではなく，C姓に旧婚姻姓Aを附加したC－A姓とすることは，従来からも可能であった（上述。なお，改正後は，Aが新たな婚姻姓となりうることから，出生姓B，旧婚姻姓Aで，新婚姻姓もAとした場合に，自分の出生姓が表示されていないからといって，複合姓A－Bとする選択はできない。Cとの関係で，A，Bはともに自分由来の姓であり，その選択は自分がしたからである。相手方配偶者は，A－Cとすることができる）。

3　日本法における氏

　氏名は，人の個人の呼称であるが，わがくにでは，明治以来夫婦同氏が定められてきた。そこでは，妻は夫の家に入り，夫の家の氏を称した（旧788条・746条）。

　家思想が否定された現行法のもとでも，当事者の協議のうえ婚姻届提出の

さいに婚姻後に称する氏を決定する（戸74条1号）。夫の氏か妻の氏のどちらかを選択して，婚姻後の配偶者の共同の氏とする（750条）。夫の氏を選んだ場合は夫が，妻の氏を共同の氏とする場合は妻が，新戸籍の筆頭者になる（戸14条1項，16条）。夫婦共同体思想の遺物ともいわれ，夫婦の独立が認められる現在，多くの批判が加えられている（前述の法律案要綱参照）。

なお，外国人と婚姻をした者がその氏を配偶者の称している氏に変更しようとするときには，婚姻の日から6か月以内にかぎり，家庭裁判所の許可を得ないで，その旨を届け出ることもできる（戸107条2項）。

婚姻が一方配偶者の死亡によって終了した場合は，氏を改めた生存配偶者は，任意に婚姻前の氏に復することができる（751条）。姻族関係の存続とは無関係である。復氏届を提出すればたりる（戸95条）。離婚により復氏した者（767条1項）は，離婚の日から3か月以内に「離婚のさいに称していた氏」を称する届出（戸77条の2）をすることができる（767条2項）。

死亡と異なり，離婚の場合には，離婚によって婚姻前の氏に復する（767条1項）とされてきたが，昭和51年の改正により（法律66号），この原則を変更せず，復氏した配偶者が，離婚の日から3カ月以内に届け出ることにより，離婚の際に称していた氏を称することができる（767条2項）として，同一の氏の呼称を用いることができるとした。死亡の場合とは原則と例外が入れ替わっている。

それでは，婚姻により姓を取得し，この原則または例外としてその姓を保持する配偶者（たとえば，BがAと改めた）が，新たな婚姻をする場合に，これを新婚の氏とすることはできるか。わが法のもとでは，夫Cまたは妻Aの氏であることだけが氏の要件であるから（750条），出生姓Bである必要はない。この点では，ドイツの現行法よりも柔軟である。750条の原始規定は，沿革上は出生姓を予定したかもしれないが，昭51年の改正後は，767条2項により保持する姓Aも選択可能となったと解される。

しかし，論点はそこにあるのではない。氏を改める配偶者は，婚姻の場合に，氏の変動が強制されることから，社会的な不利益を生じることが多いとの観点である。わが法のもとでは，一方では，離婚の場合でも，継続した氏に対する権利が，容易に認められているのに反し，他方では，婚姻にさいし

ての氏の転換の強制が強いことがアンバランスである。夫の氏を称することが圧倒的に多数であることからすると，継続した氏への尊重も，実質的に夫姓の優先に貢献しているのではないかとの疑問を生じる。

　夫婦別姓は，1996年の提案時からかなりの時間を経ているが，まだ実現されていない。婚姻の場合に，氏の同一性の必要から一方配偶者につねに変動が強制されることを緩和するためには，選択可能性の多様化が必要である。同一氏の強制は，ドイツ法の立場でもあるが，そこでは複合姓という他の選択可能性があった（なお，憲法裁判所判決は，別姓への過渡的な判断とみることもできるが，この点については立ち入らない。つまり1355条2項に関する判断は，同1項の同一姓の原則そのものにもあてはまるのではないかとの疑問である）。これを認めないわが法のもとでは，少なくとも選択的な別姓という新たな選択肢をおくことが必要である。もっとも，べつの選択として，旧姓のかっこ書き（あるいは逆に同一姓のかっこ書き）も，とりわけ文書などに使用する場合には有用な方式であり，家族の同一姓という原則に固執するおりには，考慮に値する選択肢となろう（とくに再婚が繰り返されるような場合には，有用である。たとえば，出生姓Bで，婚姻でA姓，再婚でC姓，三婚でDとなった場合に，A(B)，C(B)，D(B)である。登記名義人や取引の同一性を示すにも資するであろう）。

復氏と姻族関係の終了

	死亡（任意）	離婚→自動的
復氏	751，復する可能	767条1項。当然復氏。2項で例外
姻族関係の終了	728条2項で，意思表示	728条2項で，当然終了

（実体関係）

〔追記〕複合姓は，1985年以来，フランス法でも採用されている。ただし，2002年まで，父系優先であった。2002年法のもとでは，父母の姓か，父母の姓の複合形式を選択することができ，組合せの順序も自由となった。311条の21第1項。なお，嫡出・非嫡出の区別も廃止された。311条の21。ただし，同一親の子どもは，同じ姓を取得する。311条の21第3項（nom commun）。

第11篇　子の嫡出性と生物学上の血縁関係の強化
　　　　　―ドイツ法における嫡出否認権者の拡大―

1　嫡出否認権者の限定

　嫡出否認の訴を提起しうる者は，原則として夫に限られる（民774条）。例外として，夫が成年被後見人である場合には，成年後見人に，また夫が否認の訴えをおこさずに死亡した場合には，その子のために相続権を害される者その他夫の3親等内の血族に，訴の提起をすることが認められている（旧人訴28条・29条。2003年制定の人事訴訟法では，14条，41条参照）。
　このように，嫡出否認権者が狭く定められているのは，夫婦間の問題に第三者を干渉させないためであるとされる（しかし，否認権は同時に親子間の問題でもあるから子や生物学上の父の意思をまったく考慮しないことの理由にはならない）。そこで，妻の生んだ子が自分の子でないと知っていても，子の嫡出性を夫が否認しなければ，妻や生物学上の父の側から打つ手はない。ときには，夫の意思だけに嫡出否認権を与えることには問題があり，事例によっては，権利の濫用として制限する必要がある（いわば子を奪い，あるいはいやがらせの趣旨で否認せず「苦しむがよい」と述べる場合である）。立法論的には妻と子にも否認権を与えるよちがある（ド民1600条，新1600条1項，3号，4号）。しかし，その限界はむずかしく，子の意思に反して母が否認権を行使できるとすることにも問題は残る。わがくにでは，一般的な立法論的手当てはいまだ行われていない。

2　否認権者の拡大

　基本的に日本法と同様の法律関係が，ドイツ法上もみられる。嫡出否認権者の法律上の夫への限定は，かねてのドイツ民法典の立場でもある（原1593条，旧1594条。旧1596条は例外的にのみ子にも認める。1997年12月16日の親子法改正 KindRG; BGBl.I S.2942. ののちは，嫡出と非嫡出の区別を廃止したことか

ら親子関係の訴に統一，つまり父性否認の訴である。現1600条は母と子にも承認。なお，フ民312条以下，旧317条，現316の1条参照）。しかし，2003年4月9日，連邦憲法裁判所は，このような限定が基本法に反するとし，2004年4月30日までに連邦政府が関係法規の修正をするべき旨を判示した（BVerfGE - 1 BvR 1493/96, 1 BvR 1724/01）。これをうけ，2003年10月15日，新しい嫡出法の政府草案が公表された。現行法によれば，生物学上の父（biologischer Vater）が父性（Vaterschaft）の否認権者から除外されていることを修正するものである。すなわち，夫婦関係が十分に機能せず，婚姻している妻が夫以外の男性との間で子をもうけた場合でも，嫡出関係は法律上の父（夫）との間で生じる。生物学上の父は，いかに長期間にわたって子の世話をして子との間で親密な関係が形成されていても無権利者にすぎない。このような状態は，憲法上の家族の保護の理念にそぐわないというのである（基本法6条，夫婦と家族関係の保障）。

草案によれば，生物学上の父の否認権が認められ，また面接交渉権も強化される。同人は，法律上の父がいる場合でも嫡出否認をなしうるようになる（1600条の改正）。もっとも，法律上の父が子と緊密な関係を形成しているか，または社会的な家族関係（sozial-familiäre Beziehung）を有する場合は適用されない。否認権の拡大は子の福祉（Wohl des Kindes）のためのものであり，親子関係には，静的安全も必要だからである。

親子法には，すでに関係人（Bezugsperson, 1685条）の概念があり，関係人に，法律上の夫婦関係にないカップル（分かれている場合を含む）の子に対する面接交渉権（Umgangsrecht）を与えているが（1979年7月18日の親権改正法＝ Gesetz zur Neuregelung des Rechts der elterlichen Sorge, BGBl.I S.1061による），改正法のもとでは，関係人とともに，「生物学上の父」も，一種の親族に準じて同じ権利を有するのである。ただし，これも，社会的な家族関係が形成され，子の福祉に合致する場合に限られる。伝統的な法律婚と家族崩壊が進行する現状のもとで，血縁による事実関係をも重視し，子に父を与えることがその福祉に合致するのである（さらに，3親等内の親族にも面接交渉権が付与された）。

第2部　私法の新たな展開

3　凍結精子や受精卵を用いた子の嫡出性

(1)　事実上の親子関係の重視は，嫡出否認とは逆に，嫡出性を承認する場合にもみられる。生殖補助医療の発達によって，卵子・精子・受精卵の凍結保存の技術が進んだ。この場合の問題は多様であるが（おもに授受や破棄の問題）[1]，その1つに，夫婦間でも，生殖可能年齢を超えた場合や離婚，夫の死亡後に受精卵などを用いて出産する場合がある（一般のAIDにおいては，これに同意した夫は子の嫡出を否認できない。ド民1600a条2項。2002年4月9日改正法による。BGBl.I S.1239）。

ドイツの胚保護法4条は，夫が死亡した場合にその精子を用いて人工受精する行為を禁止した。もっとも，違反した場合でも，子の嫡出確定規定の適用により，死亡後300日以内の出生であれば，夫の子とされる（ド民1593条）。日本法では胎児のみが出生したものとみなされる（人として私権の享有可能性）ことから（日民886条），胚や受精卵には，親子法と相続法上の問題が残されている。胎児と同様の地位を認めることが一貫しよう。ドイツ法では，胎児に至らなくても「すでに受胎（発生）しているもの」（wer……, bereits gezeugt war）が出生したとみなされるから（ド民1923条2項。2002年7月19日改正法による。BGBl.I S.2674。なお2101条参照），これを人に包含するよちがある。もっとも，その場合でも，着床もしていないときには「発生」といえるかとの問題は残る。また，300日を経過した場合も適用はない。

(2)　夫の死亡後に凍結保存しておいた精子を利用して妊娠することは，おもにアメリカで報告されてきたが，わがくにでも，2003年11月12日，松山地裁で，夫の死後，凍結保存精子を使って体外受精をうけ出産した子を，夫の子として認知するよう求めていた訴訟の判決があり，請求が棄却されたと報道された（朝日新聞，毎日新聞ほか同年11月12日）。父の死後に妊娠して生まれた子について，法的な親子関係の有無が争われた初の判断であった。詳細は不詳であるが，夫の嫡出子としての出生届は，夫の死後300日以上たって生まれたことから不受理になり，家裁に不服申し立てをしたが却下され，最高裁まで争ったが，不受理が確定したという（松山地判平15・11・12判時1840号85頁）。そして，2003年12月6日，日本産科婦人科学会も，夫の死亡後に凍結精子を用いた出産につき倫理委員会で審議を始めたことを公表し

第11篇　子の嫡出性と生物学上の血縁関係の強化—ドイツ法における嫡出否認権者の拡大—

た。

　わが民法772条1項によれば，妻が婚姻中に懐胎した子は，夫の子と推定され，第2項により，婚姻の解消から300日以内に産まれた子は，婚姻中に懐胎したと推定される。しかし，婚姻関係は，夫婦の一方の死亡により消滅し，また死亡後の受精であることが明らかな場合であるから，推定のよちはない。たんなる「推定」ではなく，ドイツ法のように，少なくとも死亡から300日以内の子を夫の子と認めることが望ましい。たんなる非嫡出子とするよりはベターだからである。もちろん，これで倫理問題がクリアーされるわけではなく，家族のありかたとして，死亡後の受精が望ましくないとの政策論にも意味はある。しかし，この政策論と子の福祉は別の問題である。伝統的な法律婚の崩壊が進む中で，既存の枠内ですべてを処理することには無理がある。

　他方，779条によれば，嫡出でない子は，その父または母がこれを認知することができ，父の死亡後も，3年以内は非嫡出子として死後認知の対象となるが（日民787条。なお強制認知はフランス民法340条に由来する規定であり，ドイツ民法はもともと血縁主義的な規定をしている。ド民1600d条参照），これが否定されたのである（日本の死後認知も，本来親が生きていた間の妊娠を前提としており，医療技術の進歩による精子凍結保存という事態は想定していない）。しかし，この認知の期間は参考に値いしよう（死亡しているとはいえ，父子関係を認めておいたほうがベターなことがある）。強制認知における父子関係の証明においても，人類学的検査や血液型検査などの生物的方法がしだいに重視されるようになっていることから，民法制定者が凍結精子を念頭においていなかったといった沿革的説明のみでは，否定する理由として薄弱にすぎよう。

　生物学的には，他人の精子によるAID（生物学的な関係もなく，夫の同意がなければ，およそ親子関係を認める余地はない場合）とは異なる。（政策として望ましくはないが）AIHの場合に近く，事前の同意があれば，むしろ嫡出性を肯定するべきであろう（強制認知の3年の期間は目安となろう。なお，同意がない場合には，AIDのために，他人に精子を提供し，出生子から父を知る権利により面接を求められる場合に近い）。

　子をもち，親子関係を形成する欲望は強く（たとえば，ルネサンス期のロー

289

マ教皇が甥名義の子をもった nepotism の語源にあるように），事実上国境のない生殖補助医療（代理出産なども）を制限あるいは禁止した場合の実効性には疑問もある。政策論と子の福祉とを混同しないことが重要である。2の問題とあわせ，結果的に，事実上・生物学上の関係を重視する傾向は，今後いっそう進展することになろう。

(1) ドイツでは，かねて凍結精子の破棄の責任が問題とされたことがある。1993年の連邦裁判所判決では，31歳の男性が膀胱癌（Harnblasenkarzinom）の手術前に，将来子をもちうるように大学病院で精子を凍結保存した。婚姻後，保存精子によって子をもとうとしたところ，この精子が過失により廃棄されていたことに対して，身体への障害として（unter dem Gesichtspunkt der Körperverletzung）慰謝料を請求し，これが認容されたものである（BGHZ 124, 52 Urt. vom 9. November 1993）。これに関し，小野「先端医療と法」一橋法学2巻3号13頁参照。

新1600条〔旧1600条は，この1項1号，3号，4号に相当した〕
(1) 父子関係を否認することができるのは，以下の者である。
 1　1592条1号および2号，1593条により父子関係が存在する者〔子の出生当時，母と婚姻していた者や認知した者である〕
 2　宣誓に代えて（an Eides statt），受胎期間中，子の母と同棲したと確言する（versichern）者　〔生物学上の父も否認権者となる〕
 3　母
 4　子
(2) 1項2号による否認は，1項1号の子と父の間に，社会的な親しい関係（sozial-familiäre Beziehung）がないか，死亡の時になかったこと，かつ，否認者が，子の生物学上の父（Leiblicher Vater）であることを要件とする。〔社会的に親しい関係が，法律上の父子の間にあれば，生物学上の父が否認することはできない。制度論との調整が図られている〕
(3) 2項による社会的な親しい関係は，1項1号の父が，子に対し事実上の責任（tatsächliche Verantwortung）をおうか，死亡の時におっていたときに，存在する。事実上の責任の引き受けは，原則として，1項1号の父が，子の母と婚姻するか，子と長期間家庭をともにしたときに（in häuslicher Gemeinschaft zusammengelebt hat），存在する。
(4) 子が夫の同意をえて，第三者の精子を使用する人工授精（künstliche

Befruchtung mittels Samenspende eines Dritten) したものである場合には，夫または母による父性の否認はなしえない。

〔追記1〕　その後，高松高裁は，原審判決を破棄して，死後認知を認めた（高松高裁平16・7・16判時1868号69頁）。

　「認知請求が認められるための要件は，自然懐胎による場合には，子と事実上の父との間に自然血縁的な親子関係が存することのみで足りると解される。しかしながら，人工受精の方法による懐胎の場合において，認知請求が認められるためには，認知を認めることを不相当とする特段の事情が存しない限り，子と事実上の父との間に自然血縁的な親子が存在することに加えて，事実上の父の当該懐胎についての同意が存することという要件を充足することが必要であり，かつ，それで十分であると解するのが相当である」。すなわち，認知の訴えは，懐胎したときの父の生存は要件ではないとみて，また，事案において，死亡した男性が保存精子を使って子どもをつくってほしいと希望しており，死後の懐胎について同意していたと認められるとするのである。

　他方，同様のケースで，東京高裁は，死後の人工授精につき，認知を認めなかった。06年2月1日，夫の死後，冷凍保存していた精子で体外受精を行った女性が，出産した女児を夫の子と認知するように求めた訴訟の控訴審判決では，死者の精子を使う生殖補助医療は，自然な生殖と大きく離れ，現時点ではこれを受け入れる共通の社会的認識があるとはいえないとした（原審も法律上の親子関係を認めなかった）。

　なお，死後生殖は，イギリスでは，有効な同意で可能となる（出生証明書にも父が記載され，アメリカでも，同意により，親となることが可能である。他方，ヨーロッパ諸国は否定的であり，ドイツでは，死後の人工授精や体外受精は禁じられる（上述）。フランスも同様であり，スイスも，死後生殖を認めない。

〔追記2〕　(1)　2004年3月23日には，代理出産の依頼者の夫婦が，出生届を受理されず不服申し立てをしたと報じられた。代理出産の「戸籍上の母」をめぐる裁判所への不服申し立ては初めてといわれる。

　アメリカで代理出産により子をもうけた50代の夫婦（Aが代理懐胎の合意をし（Surrogacy Agreement），さらに，Bが卵子を贈与した（Egg Donor Contract））が，出生届の母欄に実際には出産していない妻の名が書いてあることを理由に不受理にした兵庫県明石市の処分をめぐり，22日，神戸家裁に不服を申し立てた。

　子どもは，2002年アメリカで出生したが，夫婦は父母欄にそれぞれの名前を書いた出生届を提出したが，米国人女性に依頼した代理出産だと明らかにしていたため受理されなかった。不受理処分は「出産した事実をもって母とする」とする1962年の最高裁判決に従っているが，夫婦は当該の「判決当時は代理出産といった高度生殖医療は想定されていない」として，代理出産を依頼した夫妻を父母にする届け出を認めるよう求めたという。

　その後，04年4月に，神戸家裁明石支部も，申し立てを却下した。法律上の母子関係を分娩した者との間に認めることによる，また，05年5月，大阪高裁も，母子関係を否定した。代理出産については，「人をもっぱら生殖の手段として扱い，第三者に懐胎，分娩による危険を負わせるもので，人道上問題がある」こと，子を産んだ女性との間で子を巡る争いが生じる恐れがあることを指摘し，代理懐胎「契約は公序良俗に反して無効」と判断した。「これら代理懐胎の方法により出生した子について，例外的に分娩者以外の者を母と認めることは，上記の医療を容認するに等しい結果を認めることになり，相当でないというべきである。したがって，このような場合であっても，分娩によって母子関係は形成されるという上記見解は，なお維持されるのが相当というべきである」（判時1919号107頁）。

　05年11月，最高裁も，家事審判の抗告審で，高裁の判断を「是認できる」とし，原告の抗告を棄却する決定をした。夫婦の申し立てを却下した神戸家裁の判断が確定した。ただし，必ずしも代理出産全般を否定するものではない。むしろ，いわゆる「わらの上からの養子」の否定と同レベルのものと解される。

　(2)　なお，代理母については，国籍取得の問題もあり，たとえば，日本人を父とする代理母契約でも，分娩者を母とするルールのもとでは（現在の日本の扱い），出生した子は，日本国籍を取得できない。国籍法は，出生時に父または母が日本人であることを求めるからである（2条1号）。例外は，父により胎児認知されている場合であるが，胎児が嫡出の推定をうける場合には（代理母の婚姻関係による），たとえ生物学上の父（精子提供者）でも認知はできない。これについては，2003年11月，アメリカ・カリフォルニアで，2002年に

代理出産（夫の精子と提供卵子による受精卵でかつ借り腹のケース）した夫婦の子につき，分娩しない母との間で（ひいては父とも）親子関係は生じないとし，当初，法務省が出生届を受理しなかったと伝えられた。母が50歳台で出産には高齢であることから，調査・発覚したものである。

しかし，その後，11月10日に，出生前の胎児を父が認知できるとした。代理出産契約で認知したとの新解釈に転換したことによる。代理母契約を裏付ける米国カリフォルニア州裁判所の確定判決を根拠とする。胎児認知が認められたことから，出生時に日本人を父とする子として日本国籍を取得することもできる（国籍法2条1号）。アメリカでは，すでに日本人の受精卵を用いた代理母による出産が100例も行われているといわれる（2003年11月7日および11日・日経新聞・朝日新聞）。

夫の精子によることから父の意思によらせたものであろう。すると，母子関係が事実関係によることとのアンバランスが大きい。また，妻の卵子提供による代理出産の子の場合には，生物学上の母でありながら，妻が分娩母ではないとして否定されることとも不均衡がある。パラレルに母の認知をも認めるか，さらには，正面から代理母の可能性を肯定する必要がある。当事者の意図としては，非嫡出子ではたりないからである。

(3) 婚姻による嫡出の推定の結果，生物学上の父の胎児認知ができない場合の国籍取得については，つぎの最高裁判決がある。外国人である母の嫡出でない子であって日本人である父により出生後認知された子につき国籍法2条1号による日本国籍の取得が認められた事例である（最判平15・6・12判時1833号37頁）。戸籍上，嫡出が推定されるために，胎児認知ができないが，例外的に出生後の認知により国籍の取得を認めたものである。最高裁は，つぎの原審の判断のうち(1)①②をいれたが，③については否定した。

「(1) 外国人の母の非嫡出子が戸籍の記載上母の夫の嫡出子と推定されるため，日本人である父による胎児認知の届出が不適法なものとして受理されない場合に，上記推定がされなければ父により胎児認知がされたであろうと認めるべき特段の事情があるときは，上記胎児認知がされた場合に準じて，国籍法2条1号の適用を認め，子は生来的に日本国籍を取得すると解するのが相当である。そして，上記特段の事情があるとして同号の適用が認められるためには，①戸籍の記載上嫡出推定がされ，胎児認知届が不適法なものとして受理されない場合に，②母の夫と子との間の親子関係の不存在を確定するための法的手続

第2部　私法の新たな展開

が子の出生後遅滞なく執られた上，③上記不存在が確定されて認知の届出を適法にすることができるようになった後速やかに認知の届出がされることを要するものと解すべきである（最高裁平成8年（行ツ）第60号同9年10月17日第二小法廷判決・民集51巻9号3925頁参照）。

(2) 母の離婚後に子が出生した場合には，母の婚姻中に子が出生した場合とは異なり，戸籍実務上，胎児認知が適法なものとされる余地があるとしても，本件のように母の離婚と子の出生が時期的に極めて近接しているときは，胎児認知の届出をすることを要請することは時間的に無理を強いるものであるから，胎児認知をすることに障害があったものとして，前記①の要件を満たすものと解するのが相当である」。

そして，原審は，③の具備を否定したが，最高裁の判断によると，「結局，A〔名目上の父。外国人〕の所在が判明しないので，同年6月15日に至り，上告人〔出生子〕の親権者として，上告人のAに対する親子関係不存在確認の訴えを提起し，Aに対しては公示送達がされたというのである。これらの事情に照らせば，上告人の出生から上記訴えの提起までに8か月余を要したのもやむを得ないというべきであり，本件においては，Aと上告人との間の親子関係の不存在を確定するための法的手続が上告人の出生後遅滞なく執られたものと解するのが相当である。

そして，上記事実関係によれば，B〔実の父。日本人〕は，Aと上告人との間の親子関係の不存在を確認する判決が確定した4日後に上告人を認知する旨の届出をしたというのであるから，上記認知の届出が速やかにされたことは明らかである。そうすると，本件においては，客観的にみて，戸籍の記載上嫡出の推定がされなければBにより胎児認知がされたであろうと認めるべき特段の事情があるということができ，このように認めることの妨げとなる事情はうかがわれない。したがって，上告人は，日本人であるBの子として，国籍法2条1号により日本国籍を取得したものと認めるのが相当である」。

〔追記3〕　2006年初頭，ドイツ連邦司法省は，国籍取得の目的だけでする父の認知を取消す権限を連邦または州に付与する改正法を計画している。1998年の親子法の改正によって，認知の要件が緩和され，国籍の取得も容易になったことから，実体のない親子の認知の例が増加していることに対応するものである。たとえば，2003年4月から04年3月の1年間に，ドイツ人の子の認知に

第11篇　子の嫡出性と生物学上の血縁関係の強化—ドイツ法における嫡出否認権者の拡大—

より、婚姻していない外国人の母がビザを取得した例が、2338件ある。そのうち、父の認知の時点で、1694人の母（72.5％）は、出国義務をおっており、認知による家族関係の実体も存在していなかったとされる。06年夏に政府案が作成される予定である。なお、偽装認知は、日本でも問題となりつつある。

第12篇　パートナー法と同性婚
―ドイツの2005年改正法―

I　同性婚と終身パートナー法

　ドイツの同性の終身（あるいは生活）パートナー法（Gesetz über die Eingetragene Lebenspartnerschaft (Lebenspartnerschaftsgesetz), BGBl I, 2001, 266）は，2005年に大幅に改正された。2001年の同法制定後に提起された訴訟に対し，2002年7月に連邦憲法裁判所の合憲判決（BVerfG, 1 BvF 1/01 vom 17.7.2002, BVerfGE 105, 313= NJW 2002, 2543= FPR 2002, 576）が出されたことから，これをうけたものである。

　北欧は，同性婚に対し比較的寛容であり（デンマーク1989年，スウェーデン1994年のパートナー法），中欧では，オランダが比較的早く（1998年パートナー法，2000年に同権法。ベルギー2002年法），フランスがPACS法（1999年，Pacte Civil de Solidarité），その後，イギリスも婚姻に準じて種々の効果を付与する民事連帯＝Civil Unionの制度を採用した（2004年）。EUは域内の財産法の統一の努力をしているが，この動きが家族法の標準化にも影響していることは明らかである。

　アメリカでは，2004年2月に，サンフランシスコ市において，同性婚が認められ，また，マサチューセッツ州最高裁が同性間の婚姻を認めたことから（04年2月3日），同年5月に，州内での婚姻届の受付が行われたと伝えられた。前者は，その後，カリフォルニア最高裁で無効とされたが，その後，2005年2月に，ニューヨーク州地裁も，同性婚を事実上認めるなど，州レベルでの判断が分かれている。相続や年金の権利など，婚姻に結合された権利は多数あり，賃貸借や訪問介護などで，婚姻に関連づけられた事実上の利益もあることから，アメリカでは，包括的な地位としての同性婚を求める動きが強い。カナダは同性婚に寛容であり，全10州のうち8州ですでに同性婚を認め，04年12月に，連邦最高裁がこれを合憲としたことから，05年2

月には同性婚を承認する連邦法が提出され，下院は05年6月28日，同性同士の結婚を認める法案を可決した。成立には上院での可決が必要であるが，上院は法案を提出した自由党が多数を占めているため，法案成立は確実といわれる。成立すれば，カナダは，ベルギーとオランダに続き，同性婚を合法化した世界で3番目の国となる。

　包括的な制度である同性婚に対し，個別の権利を積み上げ，婚姻に準じた地位を達成しようとするのが，Civil Unionの制度である。両者の区別はかなり相対的なものであるが，ドイツの同性の終身パートナー法は，両者の中間にある。個別の権利の積み上げの方式を採用しながらも，できるだけ包括的な地位である婚姻に近づけようとするものである。比較的短期間に法改正が行われたことは，このような法の性質にもとづくところが大きく，改正法によって準婚姻としての性格をいっそう強めた。たとえば，その1条2項によれば，終身パートナー関係は，すでにパートナー関係がある者と重ねて結ぶことができないだけではなく，婚姻している者と結ぶこともできない。あたかも婚姻における重婚の禁止（民1306条）と同様である。ただし，パートナー関係の存在は，民法上の明示の婚姻障碍にはなっていないことから，婚姻すれば当然に消滅するとする多数説（異性間の婚姻が優先）と，婚姻障碍になるとの見解がある。ここには，異性間の婚姻が優先するかという評価の違いが反映されている（少数説では同等になる）。まったく婚姻と同じなら婚姻障碍となることから，婚姻の自由が問題となる。逆に，当然にパートナー関係が消滅するとみると，パートナー関係の解消には訴訟が必要との法の手続規定が無益になる。前述の憲法訴訟では未解決のまま残された（Palandt, BGB, 2004, LPartG §1 (S.2925)）。さらに，婚姻と同様，直系血族間，全血，半血の兄弟姉妹間でも，パートナー関係の設定はできない。また，たがいに世話し扶養することが要素であるから（2条），合意によってこの義務を排除する場合は，パートナー関係は成立しない（1条2項4号）。それでは，たんなる同居にすぎないからである。そして，パートナーとしての共同の名前（Lebenspartnerschaftsname）＝氏を定めることもできる（3条）。

　婚約によって婚姻を訴求することは禁止されているが（民1297条），パートナー関係の予約によってパートナー関係を訴求しえないことも，改正法に

より規定された（改正法1条3項。婚約に関する民1297条1項と同じ）。改正法により，終身パートナーの婚約について規定がおかれた点が新しい。損害賠償や婚資の返還に関する婚約規定も準用される（民1297条－1302条）。

2　憲法裁判所判決と改革の骨子

(1)　終身パートナー関係は，2人の同性の者が，たがいに一生をパートナー（Lebenspartnerschaft）として過ごす意思表示をすることによって設定することができる（登録は，各州法による）。この意思表示には，婚姻と同様に，条件をつけたり期限を付することはできない。また，管轄の官庁において行われなければならない（1条1項）。その効果は，旧法以来，世話，扶養，同居（2条，4条，5条），共同名（3条），財産制，財産契約（6条－8条），子の監護（9条），相続（10条），別居（12条－14条）など広範囲に及ぶ。

2002年の憲法裁判所判決は，全体として，終身パートナー法の合憲性を肯定したものである。その前半は，憲法訴訟の手続的な理由であり，法案の訂正請求が例外的に許される要件は，その明白な不当性（offensichtliche Unrichtigkeit）であるとし，これは，規範の文章からだけではなく，法律の意味づけや素材を考慮することによっても（unter Berücksichtigung des Sinnzusammenhangs und der Materialien）行われるとする。また，連邦政府または連邦議会が，連邦参議院が反対した規定を除外するために1つの素材につき異なった法を提案したとしても，憲法的に異議を唱えることはできないとする。

実質的なのは後半であるが，同性者のパートナー制度の導入は，それによって婚姻類似あるいはこれと同等の保護をパートナーに付与したとしても，婚姻の保護に関する基本法6条1項に違反しないとするものである。この制度により，婚姻しえない者が生じても（上述Iの重婚関係の禁止参照），婚姻制度が害されることにはならない。

また，パートナー関係の導入が，異性間の婚姻していない生活共同体や血縁の共同体（nichteheliche Lebensgemeinschaften verschiedengeschlechtlicher Personen und verwandtschaftliche Einstandsgemeinschaften）を妨げることになっても，基本法3条1項には違反しないとした。

この全面的な終身パートナー関係の肯定によって，パートナー関係につき，婚姻関係に類似する機能を強化することが可能とされた。

(2) 2005年改正法はこれをうけたものである。その骨子は，上述のほか，つぎの諸点にある。第1に，終身パートナー関係を結ぶ場合の意思の瑕疵の問題である。婚姻については，民法典1303条以下に規定があり，手続的な瑕疵の治癒可能性や婚姻の解消も定められているが（1313条以下参照），その準用が不明確なために，従来は民法総則の119条以下の取消規定が適用されるものと解された。しかし，改正法は，財産法ではなく，婚姻の規定を準用することにした。すなわち，民法1313条と同じく裁判上の解消を定めた15条に，規定を追加したのである（15条2項3文後段）。

第2に，終身パートナーの子どもに関する規定である。従来は，パートナーの監護的権能しか認められていなかったが，改正法の9条7項は，パートナーが，他のパートナーの子どもを単独で養子となしうるとした。この場合には，民法典の1754条が準用され，その子どもは，パートナーの共同子としての法的地位を取得するのである（Stiefkindadoption）。

第3に，扶養法も修正された。旧5条によれば，パートナーは，たがいに相当の扶養義務（angemessener Unterhalt）を負担するだけであった。改正法のもとでは，夫婦の扶養義務に関する1360条に対応する文言に改められ，労働と財産により，パートナー関係の共同体においてたがいに相当に扶養する義務を負担するとされた（5条）。具体的には，たんにパートナーのみではなく，共同体に包含される子どもも対象となる。

第4に，7条のパートナー間の財産関係の合意（Lebenspartnerschaftsvertrag，民法典の1408条から1563条の夫婦財産契約の規定が準用される）がない場合には，パートナーの財産関係は，附加利益共同制（Zugewinngemeinschaft）とされ，夫婦財産制に関する1364条から1390条が準用される（6条）。附加利益共同制においては，婚姻中は別産制であり，各自は自分の財産を独立して管理するが，財産全体の処分や居住する不動産の処分のような重要な財産の処分には，他方配偶者の同意を必要とする。また，離婚のさいには，配偶者のそれぞれにつき，婚姻解消時の最終財産（民1375条）から婚姻締結時の当初財産（民1374条）を差し引いた差額（Zugewinn，附加利益，民

1373条）を計算し，少ないほうの配偶者から多いほうの配偶者に対しその2分の1の債権的請求権を認めるものである。従来の複雑な規定は廃止された。2005年1月以降に結ばれたパートナー関係には，離婚と同様に，特別な合意がなくても，当然に附加利益共同制が適用される。

　第5に，終身パートナー関係の解消につき，夫婦の離婚法に準じた規定の整理が行われた。ドイツ法のもとでは，婚姻は，裁判上の判決によってのみ解消されるとされている（民1313条）。そして，パートナー関係も，裁判上の判決によってのみ解消される（15条1項）。

　その解消事由も，離婚と同様，詳細に規定されている。すなわち，①パートナーが1年以上別居し，双方当事者が解消を求めまたは相手方が解消に合意しているか，パートナー関係の共同生活の回復が期待できない場合，②一方パートナーが解消を求め，3年以上別居している場合，③申立人にとって，パートナー関係の存続が，他方当事者の人的な事由から期待しがたく過酷（eine unzumutbare Härte）となる場合である。④さらに，裁判所は，民法の1314条2項1号から4号のパートナーの意思の欠缺の場合にも，関係を解消する。民法1316条1項2号（申立権者の規定）も準用される。

　第6は，扶助の調整（Versorgungsausgleich）の規定であり，従来は規定がなかったものが新設された（20条）。離婚した夫婦間には，すでに同様の調整が行われることとされているが（民1587条以下，Anwartschaften oder Aussichten），それにならったものである。パートナー関係の解消後に，当事者間で調整が行われる。すなわち，パートナー関係の存続中，労働または財産によって，当事者の一方が老齢または収入の能力の減少を理由とする扶助の権利（Anrecht）をえたときには，他方当事者がそれに関与する権利を取得するものである。たとえば，年金（gesetzliche Rentenversicherung）への分割請求権である。民法典には，離婚に関する詳細な規定があり，それが準用される（20条4項，民1587a条－1587p条）。財産制に関する規定は（前述の第4），既存財産に関するものであるから，将来の財産に関するこの権利には適用されない（20条1項）。

　経過措置として，すでにパートナー関係がある者には，この新規定は適用されないが，各当事者は，2005年12月31日まで，区裁判所に対する意思

表示で，20条の扶助の調整が行われるものとすることができるとされている（21条4項）。

終身パートナー関係が，婚姻関係にいっそう接近したことは以上の諸点から明らかであろう。

3　同性婚と子の福祉

同性婚では，従来，パートナー間の関係がおもに論じられてきた（扶養や相続など）。しかし，家族が，夫婦と親子の2つの関係を軸としているように，パートナー関係においても，この二面性を考える必要がある。まず，パートナー間の横の関係については繰り返さない。ただ，1点を附加するにとどめよう。同性婚は，必ずしも同性愛を要素としているわけではないことである。高齢化社会における同性間での精神的・経済的な依存関係の保障という場合もある。その具体的な関係が性的なものをも包含するかどうかに，法律が立ち入る必要はない。

パートナーと子どもの関係が，新たな論点である。改正法では，パートナーが，他のパートナーの生物学上の子を養子とすることが可能となった。パートナーの1人が生物学上の子をもち，他方のパートナーがその世話をし，将来も世話をしようというときに，この関係を法律上可能とするものである。たとえば，ホモセクシアルの女性が精子をえて受胎してできた子どもは，生物学上の母のほかに，パートナーをも扶養義務者として獲得すれば，これは子の地位の改善に役立つのである。

なお，この場合に，生物学上の親である他方のパートナーの権利は影響をうけない。養子に関する一般規定が適用され，それによれば，同人＝生物学上の親が，パートナーによる養子を承諾することが必要である。管轄の機関は，その場合に，養子となることが子の福祉（Wohl des Kindes）に合致するかを検討しなければならない。

子どもに，多様な保護者を与えようとするのが，ドイツ法の現代的立場である。たとえば，面接交渉権につき，親子法には，すでに関係人（Bezugsperson，1685条）の概念があり，関係人に，法律上の夫婦関係にない（分かれた）カップルの子に対する面接交渉権を与えているが，「生物学上の

父」も，一種の親族に準じて同じ権利を有する（また，父性否認権については，1600条1項2号，2項）。ただし，これも，社会的な家族関係が形成され，子の福祉に合致する場合に限られる。伝統的な法律婚と家族崩壊が進行する現状のもとで，血縁による事実関係をも重視し，子に父を与えることがその福祉に合致するからである（国際商事法務32巻2号196頁参照＝本書第10篇所収）。

　子の福祉とは，たんに個別の事例限りの判断の正当化や理由づけだけとみるべきではなく，時代により内容が定まるものと解される。古くは，父権制のもとで父親の観点が重要な要素であったが，その後，母権主義の主張とともに，離婚にさいしても，父親を排除することだけが子の福祉に合致するものと考えられた（アメリカのゴールドスティンなど）。いずれも一面的であり，現代の男女共同参画社会（わがくにの男女共同参画社会基本法は1999年制定）では，離婚にかかわらず両親を与えることが子の福祉に合致する。同性パートナーの子に複数の親を与えることも，現代の要請である。改正法の立場は，家族の崩壊と共同参画という現代的事象の前に，子どもになるべく親と家庭を与えようとする努力の一つとみることができるのである。

（参考文献）　BMJ, 26. November 2004, Novelle des Lebenspartnerschaftsgesetzes; Wellenhofer, Das neue Recht für eingetragene Lebenspartnerschaften, NJW 2005, 705. 諸国の夫婦財産制と年金分割については，小野「夫婦財産制と退職金，年金の分割」一橋論叢131巻1号1頁，7頁。家族法の現代化については，小野「司法の現代化とドイツ私法」法の支配132号38頁，44頁参照。

〔追記〕　脱稿後，05年5月，スペインでは，同性間での婚姻と養子縁組を認める同性婚法が下院で可決されたが，6月上院で否決され，6月30日に，再度下院で可決され成立した。オランダと同様の包括的な法形態である（養子も可）。カトリック教会はこれに反対している。また，6月には，スイスの国民投票でも，パートナー法が承認された。もっとも，対象は，パートナー間の税制や年金などに限定され，同姓や養子は認められない。ドイツ法よりも消極的な制度となっている。

第13篇　非財産的損害と慰謝料請求権

　1　損害賠償の制限法理

　各国の損害賠償法は，それぞれ独自の制限法理を有している。たとえば，わが民法では，416条が，通常生じる損害と特別の事情によって生じる損害を区別し，後者には，当事者の予見可能性を要件としている。その内容が相当因果関係を意味するのか，保護範囲に関するものかは，従来から議論があるところである。

　損害賠償に原状回復の方法を採用するドイツ民法のもとでは（249条），原状回復から生じる完全賠償義務が原則となる。しかし，原状回復は方法として不便であるだけではなく，性質上不可能なこともある。そこで，法典自体が，金銭賠償の生じる場合を詳細に定め（250条以下），さらに，学説によって相当因果関係の理論が唱えられたのである。当事者の予見可能性にもとづく保護範囲説が，英米法に由来すること，また，近時の国際的な統一法によっても採用されていることは周知のところである。

　2　慰謝料請求権の位置づけ

　損害賠償の制限法理は，これにとどまらない。ドイツ民法は，253条において，非財産的な損害に対する損害賠償は，法律が定めた場合にのみ請求できるとする。わが民法と異なり，慰謝料請求が可能な場合を広く制限しているのである。すなわち，「財産的損害でない損害を理由とする場合には，金銭による損害賠償は，法律によって定められた場合においてのみ請求できる」。

　これに対し，2002年の法改正において，以下の第2項が付加された。「身体，健康，自由あるいは性的な自己決定（sexuelle Selbstbestimmung）の侵害を理由として損害賠償が給付されるべき場合には，財産的損害でない損害を理由としても，衡平上の金銭による損害賠償（billige Entschädigung in Geld）を請求することができる」。第2項は，不法行為法の旧847条を一般化した

ものであり，人格権侵害の場合に，損害賠償法一般の法理として，非財産的な損害の賠償が可能なことを明示したのである。

　非財産的損害の賠償に対するドイツ法の制限的な立場は，沿革に由来する。古ドイツ法では，身体に対する加害の場合でも，損害はあくまでも財産的なものと評価されることによって初めて賠償された。手足を切断した場合についていくらという贖罪金が損害賠償の起原であったからである（サリカ法典，ザクセンシュピーゲルなど）。この場合に，不法行為法は，いわば贖罪金のカタログにすぎない。非財産的損害に対する賠償は，ローマ法継受の産物であるが，それが一般化されたのは，近代自然法の所産である。近代法典に採用されたのは，もっと遅れて，ようやく18世紀の末であった（1794年のプロイセン一般ラント法の起草者であるスアレツ（Svarez, 1746-1798）の言）。しかし，その場合でも，賠償は，人格権侵害の一部の場合にとどまることも多かったのである（自由や名誉，貞操などで，かつ損害の過大性が要件とされた）。多くの人格権侵害では，確定的な財産損害は生ぜず，また原状回復の方法もとれないから，比較的早くに金銭による慰謝料の賠償が認められたのである。

　これに対し，わが民法では，損害賠償の可能な場合は，文言上広い。710条は，他人の身体，自由もしくは名誉を侵害した場合または他人の財産権を侵害した場合のいずれでも，財産以外の損害に対しても，その賠償をしなければならないとする。人格権侵害に相当する場合につき，非財産的損害の賠償が可能なことは同様である。たとえば，不法に他人の自由を拘束した場合に，職業をなしえないで賃金の損害をうけたことは財産上の損害であるが，自由を奪われたことで生じた不愉快の感情をも金銭に見積もって，賠償をうけることができる。そして，財産権を侵害した場合でも，非財産的損害の賠償が可能とされている。たとえば，盗人が，書籍を盗み，それが返還されれば，所有者は財産的損害はうけないが，その書籍がないことから無形の損害を被った場合には，その損害をも金銭に見積もって賠償させることができるとする（梅謙次郎・民法要議4巻〔1912年，1984年復刻版〕886頁以下）。

　窃盗は物権秩序の侵害であるが，物権帰属の秩序に対する民法上の救済は，第一義的には物権的請求権である。それが行使されて秩序が回復されれば，財産的損害は生じない（回復される）はずである。しかし，それが場合によ

っては可能だというのである。物が滅失したような場合には、二次的な請求権である侵害利得あるいは不法行為請求権が発生することはあるが、この場合にも、財産的損害とは別に、無形の損害に対する賠償が可能ということになろう。

　債務不履行の場合にも、財産的損害に対する賠償が行われれば、損害は回復されるから、損害賠償法の性質上、それ以上の賠償義務は生じないはずである（415条）。また、無制限な慰謝料請求の肯定は、財産法による財貨秩序を阻害するものともなる。明文規定は存在しないが、財産権侵害に対する救済は、もっぱら財産権の回復のための手段（法律行為法上の救済または財産権侵害に対する損害賠償）に限定される。財産的損害が回復されれば、精神的な損害は生じないか、回復されるとみうるからである。近時、火災保険に加入したさいに、地震保険不加入についての説明義務が十分であったかどうかが争われた事例において、この旨を一般的に述べた裁判例がある。すなわち、「このような地震保険に加入するか否かについての意思決定は、生命、身体等の人格的利益に関するものではなく、財産的利益に関するものであることにかんがみると、この意思決定に関し、仮に保険会社側からの情報の提供や説明に何らかの不十分、不適切な点があったとしても、特段の事情が存しない限り、これをもって慰謝料請求権の発生を肯認し得る違法行為と評価することはできない」（最判平15・12・9民集57巻11号1887頁）。すなわち、行為と因果関係のある財産的損害が確定しえない場合に、慰謝料請求権が発生しないことを明示したのである。

　もちろん、一定の場合には例外がありうる。たとえば、詐欺取消が認められ、売主が目的物を回復できれば、それでたりるが、詐取された物が転売され先祖伝来のものを失ったという場合には、慰謝料請求のよちもないわけではない。そして、強迫や典型的な不法行為の場合にも、行為の態様によっては、同様の可能性がある。

3　非財産的損害とその賠償

　人格権侵害、あるいは人格権侵害にもつながるような異常な財産権侵害といった事情がない場合には、財産権侵害を理由とする慰謝料請求のよちはな

い（後者も，ひいては人格権侵害の場合であろう）。前述の最判平 15・12・9 は，当事者の説明義務を問題としたが，第三者としての金融機関の説明義務を否定したものとしては，最判平 15・11・7 金判 1189 号 4 頁があり，金融機関の従業員が顧客に対し，融資をうけて宅地を購入するように勧誘するさいに，当該宅地が接道要件を具備していないことを説明しなかったことが，宅地を購入した顧客に対する不法行為を構成するとはいえないとされた。

説明義務の違反は，財産的損害をもたらすが，因果関係のある侵害があると認められない場合にまで，その代替として非財産的損害の賠償を認めることは，慰謝料による，財産的秩序の混乱をもたらすものとなる。そこで，財産的損害を，非財産的損害に転換する方法として登場したのが，自己決定権侵害を理由とする損害賠償である（ドイツ法では，むしろ経済的人格の法理が対応する。本稿では，この点には立ち入らない）。生命，身体などの人格的利益に対する自己決定権侵害に関しては，先例がある（エホバの証人事件＝最判平 12・2・29 民集 54 巻 2 号 582 頁，乳房温存療法に関する最判平 13・11・27 民集 55 巻 6 号 1154 頁，がん告知に関する最判平 14・9・24 判時 1803 号 28 頁など）。医療による法律関係は，契約違反としてだけではなく，不法行為としても構成でき（なお，自己決定権に関する諸事例は，契約と不法行為の規範統合によって構成される），保護利益が人格権であることから，慰謝料請求が比較的容易ととらえられたのである。

これに対し，必ずしも財産的損害を生じる違法な説明義務違反が成立しない場合でも，財産的利益に関する自己決定権侵害による慰謝料請求を可能とした公団住宅の分譲事件がある（最判平 16・11・18 民集 58 巻 8 号 2225 頁）。「A〔売主〕は，X〔買主〕らが，本件優先購入条項により，本件各譲渡契約締結の時点において，Xらに対するあっせん後未分譲住宅の一般公募が直ちに行われると認識していたことを少なくとも容易に知ることができたにもかかわらず，Xらに対し，上記一般公募を直ちにする意思がないことを全く説明せず，これによりXらがAの設定に係る分譲住宅の価格の適否について十分に検討した上で本件各譲渡契約を締結するか否かを決定する機会を奪ったものというべきであって，Aが当該説明をしなかったことは信義誠実の原則に著しく違反するものであるといわざるを得ない。そうすると，XらがAと

の間で本件各譲渡契約を締結するか否かの意思決定は財産的利益に関するものではあるが，Aの上記行為は慰謝料請求権の発生を肯認し得る違法行為と評価することが相当である。上記判断は，所論引用の判例（最高裁平成14年（受）第218号同15年12月9日第三小法廷判決・民集57巻11号1887頁）に抵触するものではない」。

　さらに，消費者金融の取引履歴の情報開示義務との関係では，開示が遅れたことによる，慰謝料の支払義務が認められた。契約締結時の説明義務違反ではなく，後発的な開示義務に関するが，その違反がただちには財産的損害に結合しない点では，同じ問題を含んでいる（最判平17・7・19民集59巻6号1783頁，金判1221号2頁）。判決は，貸金業法の趣旨に加えて，「一般に，債務者は，債務内容を正確に把握できない場合には，弁済計画を立てることが困難となったり，過払金があるのにその返還を請求できないばかりか，更に弁済を求められてこれに応ずることを余儀なくされるなど，大きな不利益を被る可能性があるのに対して，貸金業者が保存している業務帳簿に基づいて債務内容を開示することは容易であり，貸金業者に特段の負担は生じないことにかんがみると，貸金業者は，債務者から取引履歴の開示を求められた場合には，その開示要求が濫用にわたると認められるなど特段の事情のない限り，貸金業法の適用を受ける金銭消費貸借契約の付随義務として，信義則上，保存している業務帳簿（保存期間を経過して保存しているものを含む。）に基づいて取引履歴を開示すべき義務を負うものと解すべきである。そして，貸金業者がこの義務に違反して取引履歴の開示を拒絶したときは，その行為は，違法性を有し，不法行為を構成するものというべきである」とした。

　そして，同判決は，事実関係から，X〔借主〕の取引履歴の開示要求に特段の事情はなく，Y〔貸主〕の開示拒絶行為は違法性を有し，「これによってXが被った精神的損害については，過払金返還請求が認められることにより損害がてん補される関係には立たず，不法行為による損害賠償が認められなければならない」として，原判決を破棄し，慰謝料の額について審理を尽くさせるため，原審に差し戻したのである。

　これらは，狭義の人格権侵害のみならず，人格権侵害につながるような財産権侵害（経済的人格の侵害）にも，非財産的損害の賠償を認めたものである。

第 2 部　私法の新たな展開

このような解決は，決してたんなる慰謝料請求による，財産法秩序の破壊と理解されるべきではなく，人格権による救済の発展のプロセスと位置づけられる。そして，このような非財産的損害の賠償法理の拡大については，前述のドイツ民法 253 条の改正作業のプロセスが参考となろう。

（参照条文）　旧 847 条「(1)　身体または健康への侵害および自由への侵害の場合には，被害者は，財産的でない損害を理由としても，金銭による衡平上の損害賠償を請求することができる。
　(2)　女性に対して良俗に反する犯罪または違法な行為をし，または詐術，強迫あるいは依存関係の濫用によって婚姻外の同衾をさせた場合には，その女性にも同様の権利が帰属する」。

（参考文献）　ONO, The Law of Torts and the Japanese Civil Law, Hitotsubashi Journal of Law & Politics, No.26, p.43, p.50 (1998); vgl.Göthel, Zu den Funktionen des Schmerzensgeldes im 19. Jahrhundert, AcP 205 (2005), S.36. 小野・金判 1230 号 64 頁＝本書第 1 部 12 篇所収。本田純一＝小野秀誠・債権総論（2006 年・3 版）46 頁（小野）参照。

〔追記〕　その後，最判平 18・6・12 は，顧客に対し，融資を受けて顧客所有地に容積率の上限に近い建物を建築した後にその敷地の一部を売却して返済資金を調達する計画を提案した建築会社の担当者に，建築基準法にかかわる問題についての説明義務違反があるとするとともに，顧客に対し，建築会社の担当者と共にこの計画を説明した銀行の担当者にも，建築基準法にかかわる問題についての説明義務違反等があるものとした。金融機関の説明義務を広く肯定したものであり，接道要件に関する上述の最判平 15・11・7 をより進展させたものである。

第3部　法曹養成と民法典の発展

第1篇　ドイツの法曹養成

第1章　はじめに

I　概　　観

　2003年7月31日，ドイツ連邦司法省は，2002年度の第1次および第2次の国家試験（Staatsexamen）の結果を公表した。例年この時期に公表される統計は，ドイツの法曹養成制度の特色と問題点を示し，また経年的な相違は，その変化を示すものとなっている。2004年の法科大学院の発足を間近にしたわがくににおいても参考となる点を含むものであろう（後述第2章参照）。

　ドイツの法曹養成制度は，大学の学部教育（Studium）を基礎として，その上に2年間の実務研修（Vorbereitungsdienst）を行う2段階の制度である。アメリカの制度がロースクールを中心とし，それだけで完結するのと異なっている。もっとも，この2者は，形式的な側面だけではなく，実質的な基本思想においても，種々の対照的な相違を有している。

　ドイツの司法研修の沿革は，種々の領域から成る19世紀のプロイセン国家が，均質な官僚と裁判官を確保しようとしたことに遡る。すなわち，1871年の統一まで，ドイツの法は普通法，ライン・フランス法，ラントの地域実定法（プロイセンやザクセンの制定法）などに分裂していた（これにつき，本書415頁参照）。各地の大学がドイツ全体に通用する普通法の教育を目ざしたのに対し，司法研修は，ラント，とくにプロイセンの実定法であり2万条以上の法文からなるALR（プロイセン一般ラント法典・1794年）を学ばせることを目ざしたのである。その後，統一によっても法の分裂がただちに解消されたわけではないこと，大学への統制，実務の研修としての意味など種々の理由から，2段階の制度も存続したのである。国家試験は，このラントの試験を承継したものである[1]。

そのような沿革から，国家試験は，資格試験と位置づけられる。1998年と2002年の法改正まで，大学は固有の卒業資格認定をなしえず，いわば法学部の教育は国家試験によって完結したのである。学生は，第1次国家試験に合格すると，司法修習生（Referendar）となり，第2次国家試験に合格して，司法官候補生，試補（Assesor）の資格をえるが，合格しないかぎり，法学部の学士ともなれなかったのである。社会の「法化」の程度の高いドイツにおいて，司法官候補生は必ずしも裁判官ばかりではなく，行政官の源泉ともなったから，司法研修は，基本的にこれらの官吏の養成制度でもあった。

2　問題点

しかし，1960年代以降，大学への大量進学時代が到来した。1950年代には，2000人台であった法学部の新入生は，1960年代には6000人台，1980年代には1万5000人台にも達した[2]。これに対応して，実務研修もその性格を変えた。裁判官と検察官の合計数は，1960年代まで1万5000人ほどであり，弁護士の総数1万8000人とそれほど極端な相違はなかった。しかし，弁護士の数はその後激増し，1990年代の末までに10万人を超えたのに対し，裁判官と検察官の合計数は2万人を超える程度にとどまったのである[3]。研修の期間も，1960年代の3年半からしだいに短縮され，2年となっている。

学生数の激増は，種々の制度のひずみをもたらしている。国家試験の確実かつ高得点での合格を目指すことから，大学においては，在学期間の長期化が生じた。また，実務研修の入口と出口にも，ひずみがみられる。競争試験ではない性質上，学生の大量化は修習生の増大をもたらし，研修場所の不足を生じた。その結果，合格した後の待機期間（Wartezeit）が発生した。また，研修後も，裁判官と検察官の定員が限られていることから（相当の増大はあったが），弁護士が増大し，さらには多くの者は法曹以外の職業につくことを余儀なくされたのである。

1990年代には，学部の平均在学期間が実質的に6年にも達したことから，法曹養成制度の効率化が課題とされてきた。国際化の中で非効率な制度を維持すると，国際競争に勝ちえない。アメリカのロースクールは，養成期間は形式的には3年にすぎない。そこでは，実務経験を積むことは，むしろ資格

獲得後に予定されている。とくに，ヨーロッパでは，EUの弁護士資格の相互承認の動向から，競争力の維持，とくに期間の短縮と効率化が焦眉の課題となったのである。

1990年代のコール政権のもとで，すでに種々の法曹養成制度の改革が行われた。大学での勉学期間の短縮をねらった改革（受験回数制限に算入されない受験，分割受験など）が行われ，試験科目や司法研修の態様も論議された。授業料の有料化も検討され，今ではかなりの州において，登録料の徴収が行われている。さらに，1996年にシュレーダー政権が発足してからは，かねて1980年代に一部の大学と州で開始され，その後廃止された一元的な法曹養成制度の復活も論議の対象となった。2002年には，これらの改革の決算として新たな改革法が成立した（後述第3章参照）。

第2章　国家試験の現状

I　第1次国家試験

(1)　2002年度の第1次国家試験の受験者は1万5056人で，合格者は1万0838人，合格率は71.98％であった。成績の割合は，①優等，②優，③良好，④良，⑤合格，⑥不合格（① sehr gut, ② gut, ③ voll-befriedigend, ④ befriedigend, ⑤ ausreichend, ⑥ bestanden nicht= mangelhaft）の順に，① 0.15％，② 2.67％，③ 12.02％，④ 26.60％，⑤ 30.55％，⑥ 28.02％であった。ちなみに，①は22人であり，0.15％という割合は，1989年と比較すると低く，2000年にはほぼ半減していた。⑤の最低合格の段階の割合は，ほぼ30％台である[4]。⑤の低い成績の合格者と⑥不合格者の割合が高いことも問題である。

ほぼ10年前の1989年の割合は，① 0.2％，② 2.16％，③ 10.28％，④ 26.2％，⑤ 35.98％，⑥ 25.22％であった[5]。これらを，グラフにすると，次頁のようになる。あいだに1990年の再統一をはさんでいるが，基本的な傾向に変化はないといえる。

わがくにの司法改革との関連からみると，司法試験の合格率が3％程度とされ，ドイツの第1次国家試験の合格率が，70％を超えるのとでは，一

第3部　法曹養成と民法典の発展

第1次国家試験の合格割合の推移

成　績	①	②	③	④	⑤	⑥
1989年	0.2	2.16	10.28	26.2	35.98	25.22
1998年	0.16	2.07	10.44	25	30.89	31.44
1999年	0.14	2.42	11.68	25.98	30.86	28.91
2000年	0.1	2.45	11.99	26.32	29.26	29.14
2001年	0.15	2.67	12.10	26.90	30.27	27.91
2002年	0.15	2.67	12.02	26.60	30.55	28.02

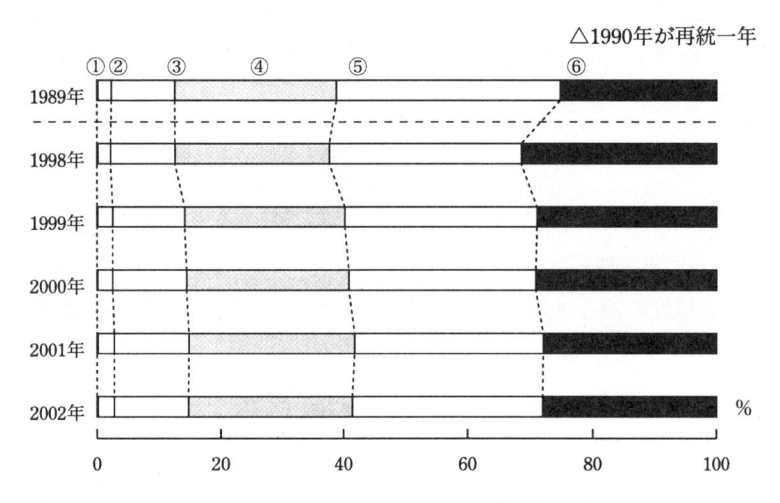

△1990年が再統一年

見非常な相違がある。しかし，ドイツでも，待機期間のほとんどないトップ・クラス①②（sehr gut, gut）の第1次国家試験の合格率は，3％にみたないから，この範囲では，かなり接近する。ドイツでも，合格範囲を①～④のbefriedigendまでとし，現在の最低合格⑤（ausreichend）を除外すれば，ほぼ30％が減少するから，合格率は一気に40％にまで減少する。合格者の研修への収容能力や待機期間の増大を考慮すると，これが適正範囲ともいわれる。合格者数拡大の意図される日本の試験と逆の方向である。さらに，受験にもいたらない中途挫折者の存在をも考慮すると，ドイツの合格率も必ずしもそう高いわけではないのである。

　合格率には，州によりかなりの相違がみられ，2002年度は，ヘッセン州

第1篇　ドイツの法曹養成

1989年～2001年までの，第1次および第2次国家試験の合格者数

	1989	1990	1991	1992	1993	1994	1995	1996
1次○	8020	8127	7508	8411	9781	10127	11380	12573
2次△	6129	6853	7522	7555	7796	8359	10653	10689

1997	1998	1999	2000	2001	2002
12393	12153	12099	11893	11139	10838
9761	10397	10710	10366	10697	10330

1993年までは，東ドイツを含まない。
1996年までは，第2次試験の合格者の増員が続いた。

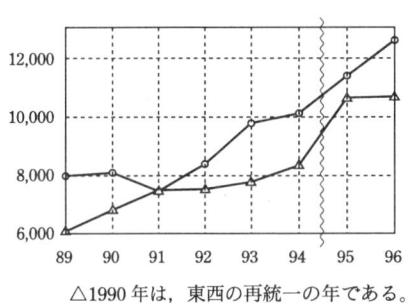

△1990年は，東西の再統一の年である。

　第1次試験の合格者数は，1990年台半ばまでほぼ一貫して増加していたが，2000年代前後からは頭打ちとなった。
　第2次試験の合格者も増加を続け，1990年代半ばまでは，統一による需要が多数あったが，その後は限界に達している。各州の財政事情から増加はほとんど望めない。
　第1次試験，第2次試験ともに1995年，1996年の増加がいちじるしいのは，統一後の1991年10月に東地域に入学した学生の受験が始まったからである。

315

の83.45％が最高であり，シュレスヴィッヒ・ホルシュタイン州の81.31％，ハンブルク州の81.23％がこれに続いている。他方，東ドイツ地域のザクセン・アンハルト州は，55.81％であった。南ドイツのバイエルン州も67.48％であった(6)。例年，東ドイツ地域と南ドイツ地域の合格率は低く，50～60％台が多い。東ドイツの諸州の低さは，1990年の再統一以来の傾向である。当初のインフラの不備のほか，東西の経済や環境の格差など種々の事由が基因している。

　国家試験に1回で合格せずに2回目の受験をする者が，毎年おり，2002年度は1760人であった。そのうち841人はまた合格しなかった。試験にもいたらずに勉学に挫折する者の存在とともに，受験を重ねても必ずしも合格することにはならないことを示している。受験機会は，2回に制限されている。第1次国家試験の方法や配点には，各州により工夫が凝らされているが，本稿では立ち入らない(7)。

　(2)　司法試験に限らず，ドイツの国家試験や卒業試験には，回数制限（通常2回）がある。適性を重視するためである。他方，慎重に受験をする結果，在学年数の増加が生じる。そこで，「算入されない受験」(Freiversuch)は，在学年数の増加を防止するために，若年受験を回数制限の対象としない制度である。1990年代の改革で，早期の受験を促すために採用された。

　2002年度は，これによって第1次国家試験を受験した者は5330人，受験者の35.4％であった。前年より若干減少している。合格者は4279人で，合格率は80.28％であった。例年，全体の平均合格率（今年は71.98％）よりも高い。①優等，②優，③良好，④良（sehr gut, gut, voll-befriedigend, befriedigend）までの合格者は，54.52％であった(8)。早期受験者の合格率と成績が高いことは，長期在学者の適性を疑わせる根拠の1つとなる。不合格者は，1051人であり，19.72％であった。概していえば，東ドイツ地域，ついで南ドイツ地域では合格率が低く，人口密集地域である西ドイツ地域では，「算入されない受験」による合格率も高い。

　(3)　国家試験以外の卒業試験の導入も，近時の改革の成果である。前述のように1990年代の改革まで，法学部には卒業試験がなく，国家試験がもっぱらその代替をなしていた。すなわち，不合格は，大学に在籍した意味を失

わせたのである。これによって、受験の先のばしと在学期間の伸長が生じた。
　法曹資格者が増大し、その就職先が多様化した結果、法学部の卒業資格（学士と修士の資格。これに対し博士の資格は従来から存在した）を付与し在学期間を短縮することに意味があること、外国人にも卒業資格を付与すること、専門大学との競争などを考慮し、改革が行われた。2000年度の第1次国家試験の合格者は1万1893人であったが、これを含めた大学の卒業試験（Diplom (U)）の合格者は1万3560人であった。うち女性が6047人であった[9]。おもに専門大学の卒業認定（国家試験によらない）と外国人留学生への卒業資格の授与に意味がある。

2　在学年数の推移

　第1次国家試験の受験要件をみたすための在学年数は、8学期（4年）の者がもっとも多い。最短の勉学期間は、法律上は、4学期（2年）であるが、従来、国家試験の合格にいたるまでの期間は、その3倍にも達するといわれていた。1990年代の改革の結果、短縮に向かっている。また、国家試験の要件をみたしても慎重な受験をすることから、ただちに受験するのではないことからも、在学期間が、より長期化するのである。おおむね10学期とするものが多い。90年代の改革までは12学期が最多であり、法学部では平均6.2年であったから、短縮の効果がみられたわけである[10]。
　法学部の学生総数は、1999年～2000年の冬学期に、10万6853人であった。学期による在籍者の区分では、10学期（5年）までの者が多く、12学期目の者はかなり減少する。グラフによる割合はつぎのようになる。
　また、国家試験を受験する資格をえるまでに必要とした在学期間は、8学期となる者が多い。詳細は、次頁表のようになる。もっとも、前述のように、資格をえたからといって、必ずしもただちに受験するわけではない。
　「算入されない受験」の制度の導入や在学期間の短縮や登録料の設定により、受験にいたるまでの在学期間は、この数年減少してきたが、2002年度の統計では、平均の在学期間は、10.54学期であり、やや増加の傾向がみられる。短縮の効果は、ほぼ頭打ちになっている。そのうち、8学期の者は、34.84％（8学期で初めて受験し合格した者が、全合格者の中で占める割合。再受

第3部　法曹養成と民法典の発展

学年による学生数・法学部

	2学期	4学期	6学期	8学期	10学期	12学期	13学期以上
学生数	18370	15376	14907	14851	14338	9801	19210

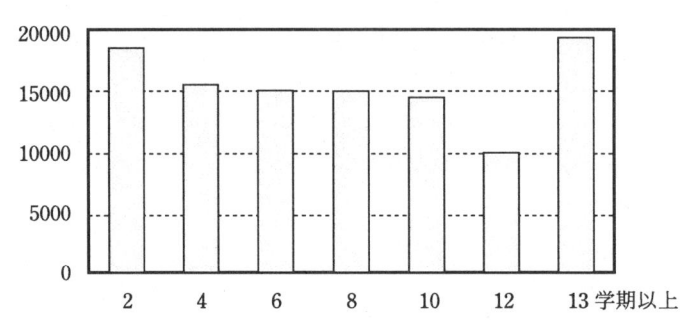

16.7 <Studierende an Hochschulen 1999/2000> Statistisches Jahrbuch 2001, S.395).

第1次国家試験資格をえた者の在学期間＊

	6学期	7学期	8学期	9学期	10学期	11学期	12学期	13学期以上
初受験者数	44	368	3184	1576	1517	994	603	853
全受験者数	49	445	4101	1934	2101	1593	1192	2740

＊全受験者数は，ここでは合計1万4315人であり，合格者の統計表中の2002年度の全受験者数では1万5056人であるが，この差は，成績向上のために受験を繰り返した者（Wiederholer zur Notenverbesserung）が算入されていないことによる。

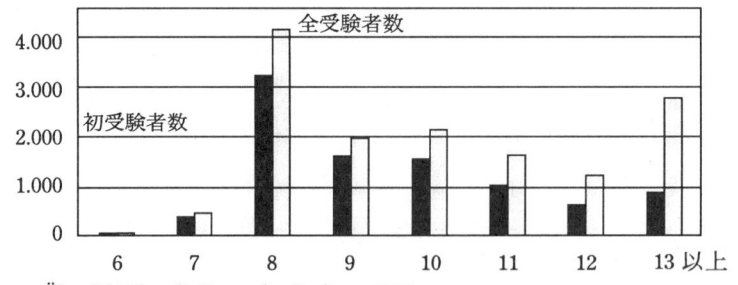

<Übersicht über die Dauer des Studiums 2002>

験者をも含めた受験者の中での割合は，28.65％）であり，やはり減少しており，若干長期化の傾向がみられる。9学期の者も 17.24％（同 13.51％）へと減少している[11]。

3　第2次国家試験と実務研修

第2次国家試験の2002年度の受験者は1万2149人，合格者は1万0330人，合格率は 85.02％であった。成績は，① 0.04％，② 1.72％，③ 13.47％，④ 36.02％，⑤ 33.77％，⑥ 14.97％である。従来，東ドイツの諸州の数字は低く，今年もザクセン・アンハルト州は，合格率が 70.47％で，最低であった（メクレンブルク・フォーポンメルン州は，79.07％）。しかし，テューリンゲン州やブランデンブルク州は，84％になり，遜色がない。もっとも，北ドイツのハンブルク州と西ドイツのラインラント・ファルツ州は，それぞれ90％と92％であった[12]。第2次国家試験にも工夫が凝らされるが，本稿では立ち入らない。筆記試験と口述試験（陳述を含む）の割合は，おおむね60％と40％となる。口述試験の比率がかなり高いことが特徴である。

2002年度に，実務研修をしている修習生は2万2430人であった。女性の比率は，数字が不明なヘッセン州とザクセン州を除くと，48.36％であった。従来，東ドイツでは，女性の比率が6割を超え，女性の社会進出の割合が高い再統一以前からの傾向を反映していたが，近時では，あまり地方による相違はなくなってきた。

2002年度に新たに採用された修習生は，1万0086人であった。実務研修の期間は，近時では2年となっているが，人員の過剰から，採用数の増加は見込めず，むしろ減少傾向にある[13]。資格者の過剰から，法曹，とくに定員のある裁判官や検察官への就職は，しだいに困難となり，採用人数も頭打ちとなっている。

第3章　2002年改正法

I　改正法の骨子と理念

ドイツの法曹養成は，裁判官，検察官，弁護士の3者の統一的な能力の

獲得を目ざしており，法律家は，一元的な資格を獲得する（統一的法律家，Einheitjurist）。多角的な視野と人事の柔軟性が獲得できるものと期待されている。しかし，他面では，教育内容があまりに裁判官の養成にかたよりすぎていたとの反省があり，2002年には，新たな改正法が成立した。改正法は，1990年代から継続的に行われている改革の総仕上げとして，新たな理念と制度改革を盛り込んだものである（Gesetz zur Reform der Juristenausbildung, 2002,7,11, BGBl.I, S.2592）。施行は2003年7月1日であった[14]。

　改正法のもとでも，現在の法曹養成制度の基本である大学と実務研修の2段階法曹養成制度は維持される。これを一本化する制度の構築は行われなかった。したがって，制度的な意味での修正は，外見上それほど大きくはない。

　また，2002年法では，大学における勉学期間は4年とされ，実務研修期間は2年とされた。1990年代に，勉学期間の短縮をねらって標準期間の設定が行われ，受験時期の早期化をねらった種々の施策が導入されたが，実質的に6年にも達した在学期間は，5年以下には短縮されえなかった。そこで，今回の改正では，数字の上のみでこれを短縮する試みは行われず，4年のままとされたのである（ドイツ裁判官法5a条1項。以下の条文も同法である）。その結果，勉学期間4年と，実質の期間5年とのそごは，今後も継続することになる。国際競争の観点からは，いっそうの短縮化がなお残された課題となっている。そして，改革法には，新たに，つぎの4つの柱が立てられた。これに伴い，従来裁判官の養成を主たる目的とした法曹養成制度の理念はかなり変質し，また裁判官的な法技術の習得を目ざした体系も，より多様なものに改められることになったのである。

2　4つの重点と理念の転換

　(1)　大学での重点教育の重要性は1990年代から強調されていたが，従来は勉学期間の短縮がおもな検討の対象とされ，そのための具体的な施策は行われてこなかった。これに対し，改正法は，第1次国家試験とともに大学における重点領域の試験が行われるものとしたのである（5a条1項）。これにより，新たに第1次国家試験の約30％に相当する重点試験を大学が行うこととなり，従来の一元的な国家試験の形態は修正される。プロイセン以来の

国家(ラント)管理試験の伝統の修正である。これは,勉学の組織や方法にも影響を与え,また優秀かつ多様な教授をめぐる大学間の競争にも影響を与えると予想されている。

(2) 法曹教育のための大学の勉学のために,現代的な観点から新たな科目が導入される。とりわけ重視されるのは,法曹教育における国際性志向である。外国語による法律学の勉学の機会をえることや専門に関連した言語コースが,法曹養成の重要な部分となる(5a条2項)。これにより,外国の法律家に対する国際的な競争力を獲得できるからである[15]。

また,従来,法曹養成の目的は,裁判的,行政管理的,法律相談的な実務能力の達成とされてきた(5a条3項)が,じっさいにおもに考慮されてきたのは,裁判的な能力の達成であった。しかし,実務的能力の達成には,一律の国家試験で計られる専門の能力のみではなく,非法律的な能力,とくに社会的な資質と学際的な能力の増進を要する。そこで,交渉能力,会話遂行力,レトリック,紛争解決能力,調停力,尋問法,コミニケーション能力などの実務的,学際的な解決能力の獲得が重要なものとなる(5a条3項)。

(3) 実務研修では,とりわけ弁護士的な実務能力の獲得が重視され,法律家の弁護士職を志向した(Anwaltsorientierung)教育が強化される。そこで,実務研修では,弁護士研修の期間と密度が強化される。弁護士職における必修の研修期間が,すべての修習生について,9か月へと延長される(5b条3項)。従来は最低3か月で,6か月が通常であった。

弁護士と他の司法職の養成は近接しているから,弁護士的要素が法曹養成制度で強調されるからといって,法曹養成の内容がまったく転換されるわけではない。また行政や経済関係の職につくにしても,それらの職は,裁判官よりも弁護士に近接するから,弁護士的な養成により利点があるとされる。しかし,この理念の転換の限度では,従来の統一的法律家の像は修正されることになる。従来は,裁判官的な養成が過大に重視されていたが,じっさいには修習生の多く(80％以上)は弁護士あるいは法曹以外のそれに準じた職についている。この実態にそくした改革である。大学の勉学も,従来よりも,オールラウンドな裁判的,管理行政的,とくに法律相談的な実務に向けられるべきものとされる。

(4) 司法権が裁判所，裁判官に委ねられているとの社会的な委託は，裁判官が十分な社会的な資質を有することを前提としている。その資質の向上が重要であり，裁判官職の養成のもっとも本質的な前提でもある。そこで，裁判官法は，9条に，裁判官の資格について新たな項目を設けた。すなわち，従来，国籍や信条，専門能力に限られていた資格について，社会的資質の項目が設けられたのである。具体的には，人生経験や職業経験が，裁判官となるための基本的な要件となる。

既存の裁判官については，2003年7月1日に資格のある者は，この資格を維持するものとしている（109条）。したがって，社会的資質の要求は，ただちにアメリカ流の法曹一元を目ざしたものではないが，伝統的な裁判官や官吏の養成を目的とした法曹養成制度から弁護士の養成に軸足を移動したことと合わせて（Paradigmenwechsel vom Richter- zum Rechtsanwaltsleitbild），ドイツの法曹養成制度の理念のかなり重大な転換を意味している。国際化と社会の法化のもとで要求されたのは，当事者の視点で紛争を解決する能力である。アメリカの法曹養成はすでにその性格をもち，ドイツのそれも，この国際基準を目ざしているのである。

第4章　完全法律家と経済専修法律家

I　法曹養成の多元化

修習生の増大から，実務研修は，時間的にしだいに縮小されてきただけではなく，その対象場所を拡大させてきた。すなわち，裁判所，検察，弁護士事務所ばかりではなく，行政官庁，連邦または州の立法機関，EUや国連などの国際機関，大学，私企業，労働組合などをも広く視野にいれている。前述のごとく，第2次国家試験合格者は，たんに司法官の候補者だけではなく，上級公務員の候補者でもある。これは，国家試験が，その沿革上，司法試験だけではなく，公務員試験としての意味も含んでいるからである。そして，もともと第2次国家試験合格者の就職先は，必ずしも狭く法曹3者に限られるわけではない。修習先の広がりは，就職先の多様化に対応するものでもある。

そこで，法曹教育の理念についても，論争がある。それが狭義の法律家の養成を目的とするか，行政官僚や経済人をも対象とするかである。従来は，裁判官職を中心とした法曹養成が行われてきたが，近時では，特殊化した職業ごとの重点教育の重要性が強調されている。

2　経済専修法律家（Wirtschaftsjurist）の養成

大学と司法研修による法曹養成は，完全法律家（Volljurist）といわれる狭義の法律家の養成を目ざしたものである。しかし，これが，実社会の多様な経済活動に対応する広義の法曹の養成に必ずしも適合的ではないことから，1993年から，専門大学において，経済専修法律家の養成が開始された(16)。従来の法曹養成，とくに研修の内容があまりに法律専門的・技術的な側面に偏り，経済的・社会的実務を知らないことへの反省にもとづいている。

この養成課程では，科目に占める法律の割合は50〜60％，経済は30〜40％とされ，種々の言語，法律的なレトリック，交渉の進め方，管理，求職活動のトレーニングなどが行われており，従来の大学法学部の科目とは，かなり内容を異にする。各専門大学は，労働法，私的経済，租税，財務（銀行と保険），国際取引，メディア，環境経済，破産・清算の管理，公企業法などに重点をおき特色を出すことに努めている。卒業認定は，一般の大学（国家試験）とは異なり，各大学の学位による。

おもに経済科目との有機的な結合がとられ，実務的な勉学が重視され経済法曹や法律隣接職のプロフェッショナルな養成が目ざされている点を除くと，専門大学の教育は，日本の大学のものに近いともいえる（学位，4年という卒業までの期間など）。従来の法曹養成が，裁判官の養成に重点を置きすぎていたことへの反省にもとづいている。法曹養成の二元化，あるいは多元化と位置づけられる。

ドイツの大学は基本的に公立（州立）であるが，90年代には，私立大学もいくつか誕生した。法律関係の私立大学もある。ここでも，国際性を目ざし，必ずしも従来の完全法律家の養成に限定されない広範な能力の獲得が目ざされている。また，専門大学の成功によって，大学もその課程の中に経済専修コースを設ける改革を行いつつある。大学が学位を認定する方式も，専門大

学のそれに影響されたものである。実務研修の場所の多様化とともに，研修内容にも影響を与えるものと考えられる。

第5章　むすび

1　その他の問題

　法曹養成制度の改革は，わがくにでも法科大学院をめぐって種々の論議があるが，重厚長大型，裁判官的な養成を目ざすわがくにとは，かなり異なる方向性が示されたものといえる。ほかに，公式の統計には現れない問題点として，待機期間がある。

　修習生の数が増大した近時にあっては，実務研修に入るまでの待機期間が設定されることが多い。また，州によって待機期間の長さ，給与や修習生の身分にもかなりの相違がある[17]。

　連邦国家であるドイツにおいては，第1次国家試験およびその後の修習生の採用は，各州（ラント）ごとに行われる。採用の実務にあたるのは，各地の高裁や各州の司法省であり，また人事に関する高裁（ラントの所管である）の権限は，日本とは比べようのないほど強い。そこで，採用時期や人員は，各州の各時期の事情により異なる。地域性が反映されることから，修習生の採用に関する議論にもかなり相違がある。

　待機期間の増大は，大学と実務研修とが直結するはずの2段階法曹養成制度の重大な危機をもたらしている。他方，財政問題との関わりでは，修習生の給与の削減が問題となっている。しかし，第1次国家試験を，従来の資格試験としてではなく採用試験として合格者数を限定するために用いるのは，職業選択の自由に関する憲法問題と絡み，むずかしいものとされている。また，第1次国家試験合格者が，研修に入るまえの待機期間が事実上生じていることについても，職業選択の自由を制約するものとして批判が強い。

　そこで，近時では，修習生の給与の無償化も議論され，その前段階として，州によっては身分の変更が行われている。すなわち，期限つきの公務員から，公的な養成への変更である。しかし，2002年改革法では，この点は未解決のまま残された。大学教育の費用と絡んだ対立があるからである。伝統的な

ドイツの法曹養成は2段階的であり，大学では60年代から授業料が無償とされ，低額ながら修習生への給与も存続してきた。養成のコストを広く平等に人材を登用するための社会的なコストととらえれば，これを国家が負担するべきこととなる。他方で，授業料にはすでに有料化の動向があり，これと軌を一にするとみれば，養成課程への出費を削減することも可能となる[18]。

　他方，実務研修の廃止という議論もあるが，これには反対論が多い。1970年代の1段階法曹養成制度には，制度の統一だけではなく，部分的には，実務研修の軽減と待機期間の解消という目的も包含されていた。

2　比較による若干の示唆

　司法研修の場所と費用の負担も問題である。ドイツ全体の司法研修の負担は，修習生の給与だけでも，月額約10万円（州によって差がある）で1万人としても120億円となる。研修期間は，現在2年であるから，およそその倍額が，各州（全体として）の負担となっている。また，費用負担以上に問題なのは，研修場所の確保である（前述第4章1参照）。

　法曹と対比される，あるいはむしろ法曹数増加後のモデルとされる医師との比較によると，わがくにでも，将来増大した司法修習生の給料をどの程度国が保障できるかには疑問もある。

　ドイツの第1次国家試験合格者の給与は最低限の水準にすぎないし，わがくにの医師のたまごである研修医については，臨床研修が1968年から長らく努力義務として実施されているが，研修医の手当が私立大学病院で平均月10万円にみたず，休日や夜間にアルバイトをせざるをえないことはかねて問題となってきた。そこで，2004年度から，医師免許取得後の臨床研修は義務化され，給与や勤務時間，当直，保険加入など処遇基準となる内容も，国によって決定される。厚生労働省も，2年間の研修期間中のアルバイト診療禁止を研修施設に要請するといわれる。財源については，施設整備や研修経費の助成の拡充とともに，国の補助金増額と診療報酬改定で確保することになる。1万5000人前後の研修対象者に，例えば月額30万円の給与を払うとすると，年に約540億円が必要となる[19]。

　これと比較すると，修習生の合格者を3000人とした場合に，研修医との

比較で，単純に数で5分の1としても，約100億円が必要となることになる（現在は概算でおよそ月額20万円で1000人として24億円となる）。しかし，部分的にでも診療報酬での対応が可能な医師とは異なり，修習生では，純粋に国家の負担とならざるをえない。ドイツを参考とすると，人口や予算規模からみると，「法化」社会にはこの程度の負担は必要であろう。修習生の給料の無償化もいわれるが，それではただでも長期間で費用の負担の重い法科大学院型の養成から人材を遠ざける結果となり，優秀な人材の流出を防止するとの，当初の司法改革の理念に反する。もっとも，研修医と異なり，多少のアルバイト（ドイツと同じく）は，容認可能であろう。これは，その内容にもよるが，豊富な経験を積む必要からむしろ推奨される。もっとも，その時間と場所（とくにその質）が確保されるかどうかは，べつの問題となる[20]。

（1） 小野・大学と法曹養成制度〔2001年〕51頁，65頁参照（以下たんに「前掲書」で引用する）。
（2） 前掲書46頁。
（3） 前掲書104頁。
（4） 1999年までの数字は，前掲書194頁参照。<Übersicht über die Ergebnisse der ersten und zweiten juristischen Staatsprüfung im Jahre 2002>. また，たとえば，2001年の数字は，vgl.Berichte und Dokumente, JuS 2002, S.825. 他の年も，ほぼ7月末から8月上旬に公表されている。
（5） 小野・一論110巻1号147頁参照。前掲書56頁。
（6） <Übersicht über die Ergebnisse der ersten und zweiten juristischen Staatsprüfung im Jahre 2002>.
（7） <Art und Gewichtung der in der ersten juristischen Prüfung zu erbringende Leistungen>. もっとも，東西の格差はしだいに縮小しており，また，専攻によっては必ずしも東ドイツ地域の成績や評価が低いとは限らない。とくに，理工系の学部では，再統一時に機械や設備が更新され新しいことが特徴であり，その点の評価は高い。また，学生数も少なく，卒業までの在学期間も短い。旧東ドイツの大学の勉学期間が4年で完了したことから，長期在学の伝統がないためである。
（8） <Übersicht über die Ergebnisse der Freiversuche 2002>. 前掲書198頁参照。
（9） 16.8 <Prüfungen an Hochschulen 1999> Statistisches Jahrbuch 2002, S.381. 大学が行う試験や，専門大学で大学の試験が開始されたことについては，前掲書184頁，216頁以下参照。

(10) 前掲書 196 頁参照。
(11) <Übersicht über die Dauer des Studiums 2002>,<Übersicht über die Ergebnisse der Freiversuche 2001>.
(12) <Übersicht über die Ergebnisse der Ersten und zweiten juristischen Staatsprüfung im Jahre 2002>. 前掲書 197 頁参照。
(13) <Übersicht über die Zahl der Referendare im Vorbereitungsdienst（ohne besonderen Vorbereitungsdienst)>, <Übersicht über die Zahl der eingestellten Referendare（ohne besonderen Vorbereitungsdienst)>. 前掲書 199 頁参照。

2000 年度のドイツの裁判官の総数は 2 万 0880 人（女性が 5780 人），2001 年の検察官は，5044 人（女性が 1559 人），弁護士 10 万 1503 人，公証人は 1665 人，公証人を兼ねることができる公証人弁護士（Anwaltsnotar）は 8864 人であった。Statistisches Jahrbuch 2002, S.341.
(14) 2002 年改革法については，小野「法曹養成の現代化法―ドイツの 2002 年改正法―」国際商事法務 30 巻 9 号 1220 頁，「法曹養成の新たな動向」―論 129 巻 1 号 1 頁，130 巻 1 号 1 頁参照. Vgl. Gilles und Fischer, Juristenausbildung 2003, NJW 2003, S.707; Kilger, Juristenausbildung und Anwaltsausbildung, NJW 2003, S.711. 連邦司法省からは，BMJ-Fragen und Antworten zur neuen Juristenausbildung (Was ändert sich alles durch die Reform der Juristenausbildung?); Rede der Bundesjustizministerin Prof. Dr.Herta Däubler-Gmelin im Bundesrat am 26.April 2002 zum Thema Reform der Juristenausbildung がある。
(15) 国際競争力の観点は，とくに 1990 年代から強調されている。前掲書 71 頁，97 頁。EU 諸国やアメリカとの比較がさかんに行われた。また，Gilles und Fischer, a.a.O., S.707 Anm.4.
(16) 専門大学は，もともと工学系の技術者を養成するために，1970 年代の高度成長期に設立されたものである。文科系のものはほとんどなかった。これについては，一般的に，前掲書 217 頁，および「ドイツの法曹養成制度と経済専修法律家」国際商事法務 28 巻 10 号 1192 頁。
(17) 前掲書 201 頁以下参照。実務研修については，vgl.Bakshi, Einstellungssituation in für den juristischen Vorbereitungsdienst in Deutschland (Referendariat), JuS 1999, S.927f.

重厚長大型の教育を志向することは近時のわがくにの特徴であり，2006 年から，薬学部においても，修学期間を 4 年から 6 年にする延長が意図されている。〔その後，実現された〕
(18) 本文の 2 つの見解は，連邦レベルでは，おおむね SPD（シュレーダー政権）と CDU/CSU（旧コール政権）の対立となっている。しかし，ねじれもあり，法曹養成には，教育負担とは別の側面があるとする見解もある。すなわち，司法研修の官僚国

第3部　法曹養成と民法典の発展

家的な沿革からすると，国家は能力ある官僚を必要とし，人材確保のための費用としてこれを負担するというものである。人材確保の途，法律家の国家に対する忠誠心の確保のために，公務員としての身分を保障することが望ましいとする（有給性維持）。ただし，この考え方のもとでも，統一的法律家の養成を考えるか，弁護士養成については，別物と考えるかで差異が生じる可能性がある。

　一般には，弁護士をも含めた統一的法律家像は，とりわけ重要なものととらえられている。修習生は，司法（「裁判所」）修習生（Gerichtsreferendar）であり，弁護士も，裁判官職の資格者（Befähigung zum Richeramt）ととらえられるからである。なお，この点につき，新しい文献としては，vgl.Kilger,a.a.O., S.712.

(19)　医師の研修については，朝日新聞 2002 年 4 月 21 日ほか。また，2001 年度に過剰請求による医療費をレセプトを審査し減額した額が 1000 億円（2122 万件）といわれたから（同新聞同年 8 月 27 日），この臨床研修医や修習生への額を多いとみるかどうかは，人によって異なろう。

　なお，2002 年度版科学技術白書によると，わがくにでは，研究者や技術者の処遇がアメリカと比較すると不十分であり，アメリカでは，一般事務職に比べて技術職の平均賃金は 1.65 倍，研究職は 2.13 倍になるが，日本では，技術職で 1.11 倍，研究職で 1.18 倍にとどまり，医師とパイロット以外の職種で，アメリカは日本を上まわる。これらの結果から，とくに優秀な人材が科学技術系の仕事に就くのを妨げる要因になっているといわれる（日経新聞 2003 年 6 月 6 日）。法律職，とくに自由業である弁護士職についても類似の指摘は可能であり，資格獲得後に高収入を獲得できれば，養成期間中に多額の学費がかかることは耐えられるとしても（たとえば，アメリカのロースクール。借金をかかえて卒業し，卒業後返済する。それを見越した銀行ローンも発達する），さほどでもないという場合には，人材獲得の目的からは，高学費の負担や低賃金はできるだけ避けるべきということになる。奨学金の充実も必要となる。

　資格獲得後のリターンが大きいといわれるアメリカの大学やロースクールにおいてすらも，（私立大学の）学費が高い反面，奨学金や基金の給費による負担の軽減が充実していることが注目されるべきである。前掲書 187 頁参照。

(20)　ドイツの修習生のアルバイトの時間は，国家試験の成績によって制限される。前掲書 203 頁以下参照。アメリカのロースクールでも，少なくとも初年度はアルバイトはできないようである（制度的に制限されるほか，初年度は講義が多いので，事実上できないことにもよる）。日本の研修医のアルバイトも，新たな手当の設定に伴い禁止される。従来は，研修医の長時間労働が慣習化しているといわれ，過労死による労災の認定も認められた（朝日新聞 2002 年 10 月 1 日）。アルバイトを認める場合に，修習生についても，適切な制限が必要ということになる。かつての研修医と同様に，無給化・低額化した場合の制限はむずかしいであろう（かつアルバイトの質や内容も低下せざるをえない）。

研修医についても，研修費用の増大は，反面で大学と研修とが直結するはずの制度のそごをもたらすから，将来的には待機期間の発生も危惧される。他方で，小規模の医療機関では，人員の確保がむずかしくなるとの問題が指摘されている。従来のアルバイトの質と負担を明らかにするものでもある。手間と経費をかけるほど，定員は必然的に減少せざるをえないのである。もっとも，その後，研修医の定員枠の緩和が伝えられた（同新聞2003年6月18日）。

医師研修の必修化と改革は，別の示唆も与える。研修は，専門化した医師の基礎的な診療能力を養うことを目的とすることから，従来のように1か所だけの研修ではたりず，内科と外科・救急を各6か月，小児科，産婦人科，精神科，地域保険医療を各3か月など，主要な診療科を順次研修することが必要となり，受け入れ病院には定員も設けられる。従来の医師研修は，たんなる労働力の意味あいが強く，改正によってようやく教育の一環としての性格が打ち出された。ドイツやわがくにの司法修習が，オールラウンドな能力を学ばせることに接近している。しかし，就職をにらんで，特定の大学院における高度な専門的研修に人気があるようである。弁護士人口が増加すると弁護士にも専門化が求められることから，同じ危惧（科目や研修場所の選択や割り振りへの希望の偏在あるいは実態との齟齬）は，将来の法科大学院や司法修習においても生じえよう。

〔追記〕2003年度の国家試験
Ⅰ　第1次国家試験
(1)　2003年度の第1次国家試験の受験者は1万3207人で，合格者は9565人となり，1万人を割り込んだ。第1次国家試験の合格者が1万人を下回ったのは，1993年以来ほぼ10年ぶりである。94年から02年までは1万人を超えていた（96年の1万2573人が最大）。1990年の東西ドイツの再統一後の大幅な増加も一段落したのである。

合格率は72.4％であった。成績の割合は，①優等，②優，③良好，④良，⑤合格，⑥不合格（① sehr gut, ② gut, ③ voll-befriedigend, ④ befriedigend, ⑤ ausreichend, ⑥ bestanden nicht= mangelhaft）の順に，① 0.2％，② 2.7％，③ 11.9％，④ 26.7％，⑤ 30.9％，⑥ 27.6％であった。ちなみに，①は30人であり，0.2％という割合は，1989年と同じであり，2000年にはほぼ半減していた。⑤の最低合格の段階の割合は，ほぼ30％台である（90年代後半に高い）。⑤の低い成績の合格者と⑥不合格者の割合が高いことが特徴である。

ほぼ10年前の1989年の割合は，① 0.2％，② 2.16％，③ 10.28％，④ 26.2％，⑤ 35.98％，⑥ 25.22％であった。あいだに1990年の再統一をはさんでいるが，

基本的な傾向に変化はないといえる。

　中期的には，再統一後の90年代は，受験者，合格者（実数）とも増大したが，半面，不合格者の割合も増大した（3分の1近く）。90年代の変動が終わったことから，2000年以後は，80年代までの伝統的な割合に回帰しつつあるように思われる（不合格者の割合が4分の1に近くなりつつある）。

　男女比率については，合格者のうち49.9％，不合格者のうち54.3％がそれぞれ女性であった。受験者のうち51.1％が女性であるから，ほとんど男女差はなくなっている。ただし，地域的な偏りはみられ，東ドイツ地域のブランデンブルク州，メクレンブルク・フォーポンメルン州，テューリンゲン州では，女性の割合が60％を超えているのに対し，ブレーメン州やハンブルク州では，43％と42％にとどまっている。ラインラント諸州では，50〜52％，南ドイツ諸州では，49％である（受験者の割合）。

　(2)　合格率には，州によりかなりの相違がみられるが，2003年度は，ヘッセン州の86.1％が最高であり，シュレスヴィッヒ・ホルシュタイン州の82.2％，ハンブルク州の81.0％がこれに続いている。他方，東ドイツ地域のザクセン州は，58.9％，ザクセン・アンハルト州も59.0％であった。南ドイツのバーデン・ヴュルテンベルク州は64.5％であった。例年，東ドイツ地域と南ドイツ地域の合格率は低く，50〜60％台が多い。東ドイツの諸州の低さは，1990年の再統一以来の傾向である。当初のインフラの不備のほか，東西の経済や環境の格差など種々の事由が基因している。

　国家試験に1回で合格せずに2回目の受験をする者が，毎年おり，2003年度は1599人であった。そのうち728人はまた合格しなかった。試験にもいたらずに勉学に挫折する者の存在とともに，受験を重ねても必ずしも合格することにはならないことを示している。受験機会は，2回に制限されている。第1次国家試験の方法や配点には，各州により工夫が凝らされているが，立ち入らない。

　2　第2次国家試験と実務研修

　第2次国家試験の2003年度の受験者は1万1273人，合格者は9722人，合格率は86.2％であった。成績は，①0.1％，②1.9％，③14.2％，④36.6％，⑤33.5％，⑥13.8％である。従来，東ドイツの諸州の合格率は低く，今年もザクセン・アンハルト州は，合格率が75.0％で，最低であった（メクレンブルク・フォーポンメルン州は，77.5％）。しかし，テューリンゲン州やブランデンブ

ルク州は，それぞれ88％，83.4％になり，西側諸州と比べてあまり遜色はない（ベルリン州は82.6％）。もっとも，北ドイツのハンブルク州と西ドイツのラインラント・ファルツ州は，それぞれ90％と92％であった。第2次国家試験にも工夫が凝らされるが，立ち入らない。筆記試験と口述試験（陳述を含む）の割合は，おおむね60％と40％となる。口述試験の比率がかなり高いことが特徴である。

2003年度に，実務研修をしている修習生は，2万1638人であった。女性の比率は，数字が不明なヘッセン州とザクセン州を除くと，47.5％であった。従来，東ドイツでは，女性の比率が6割を超え，女性の社会進出の割合が高い再統一以前からの傾向を反映していたが，近時では，あまり地域による相違はなくなってきた。2003年度に新たに採用された修習生は，9610人であった。

2004年度の数字については，小野「法曹養成制度と世紀の転換点の大学」一論135巻1号1頁以下，13頁参照。

第3部　法曹養成と民法典の発展

〔補遺〕つぎのグラフは，諸外国における公的教育支出の比較である。

また，公的支出だけではなく，高等教育に占める公費・私費の比率も問題となる。私費の割合が高いのは，先進国では，日本とアメリカである。国内総生産に占める割合で，日本は，公費と私費の割合が，およそ4対5であるが，アメリカは，5対5である。アメリカには，著名な私立大学もあるが，数のうえでは州立大学が多いから，全体としては，意外に公費の割合が高くなるのである。

これらに対し，ヨーロッパ型は，公費負担が原則であり，私費の割合はごく小さい。もともとは，ゼロに近いが，近時のドイツの有料化の動向についてはふれたことがある。イギリスでも，大学は，形式的には独立法人・私立が多数であるが，その収入は，80〜90パーセントまで，公費というのがサッチャー改革以前の状況であった。大学補助金委員会・UGC（University Grants Committee）により補助金が交付され，使途には大幅な裁量が認められている。UGC の監督・勧告は 70 年代にしだいに強化され，5年ごとの評価による査定），サッチャー改革後は，公費の支出割合が減少しており（80 年代からは私立大学への国の助成が減少），1997 年からは年間 1000 ポンド程度の授業料が徴収されている。のみならず，客員研究員にも，同額のうけいれ料が課せられることになったので，在外研究先としてイギリスを選択したわがくにの研究者もその影響をうけている。しかし，今のところ，種々の負担の割合は，公費負担に比してそう大きなものではない。

なお，2004 年 1 月，ブレア政権のもとで，新しい学費法案が可決され，各大学は独自の判断で 3000 ポンドまで値上げできることになった。

高等教育への公的支出の比較（a, b, c, d）（1997）％

対 GDP 比の支出	アメリカ	イギリス	ドイツ	フランス	日本
a 高等教育費	1.1	0.7	0.9	0.9	0.5
b（政府支出比）	3.3	2.7	2.1	1.8	1.5
c 総教育費	5.4	5.4	4.7	5.9	3.6
d（政府支出比）	14.4	11.4	9.4	10.8	9.9

　a　国内総生産（GDP）に対する高等教育への公的財政支出の割合
　b　一般政府総支出に占める高等教育の公的財政支出教育費の割合
　c　国内総生産（GDP）に対する教育費総額への公的財政支出の割合
　d　一般政府総支出に占める公的財政支出教育費総額の割合

(OECD 教育指標統計・1997 年版,および UNESCO Statistical Yearbook 1999 ユネスコ文化統計年報 1999（2000 年版）517 頁以下。総教育費は,おおむね 1994 年の数字である。

Total expenditure on education & Expenditure of higher education

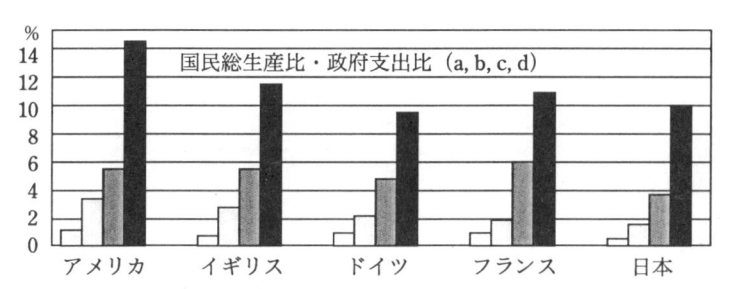

国民総生産比・政府支出比 (a, b, c, d)

日本は,教育費の支出割合が全般的に低いが,なかでも,とくに高等教育支出の割合が小さいのが特徴である。

高等教育への公的支出の比較（2002 年）%

対 GDP 比の支出	アメリカ	イギリス	ドイツ	フランス	日本
a 高等教育費	1.07	0.83	0.97	1.01	0.43
c 総教育費	4.82	4.65	4.35	5.88	3.55

文部科学省・教育指標の国際比較　2002 年版

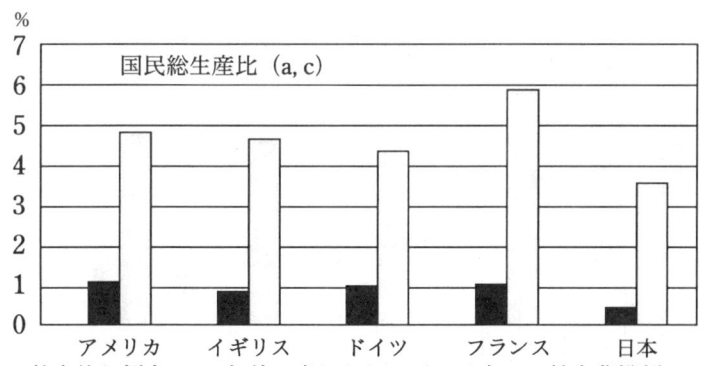

国民総生産比 (a, c)

基本的な傾向は 10 年前と変わらないが,日本は,教育費総額,高等教育費ともに減少し,高等教育費が比較的低かったイギリスと比べても,半分になってしまった。総額では増額のないイギリスは,高等教育に重点的につぎ込んだからである。

第3部　法曹養成と民法典の発展

高等教育に占める公費・私費

　また，公的支出だけではなく，高等教育に占める公費・私費の比率も問題となる。私費の割合が高いのは，先進国では，日本とアメリカである。国内総生産に占める割合で，日本は，公費と私費の割合が，およそ4対5であるが，アメリカは，5対5である（前述）。

国内総生産に占める高等教育支出（大学）

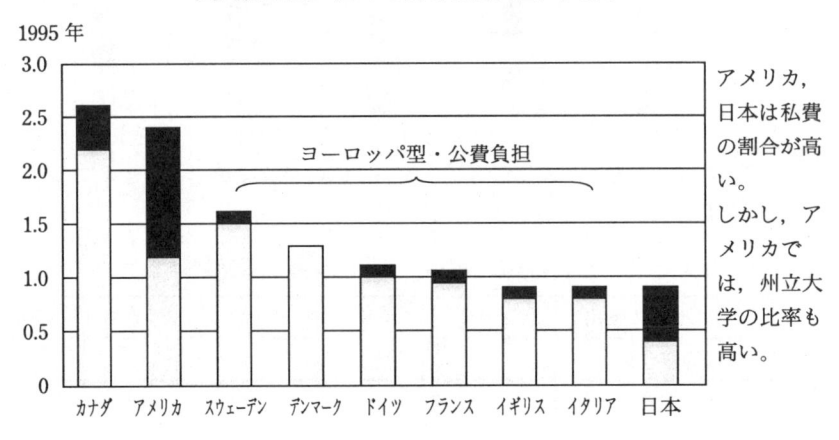

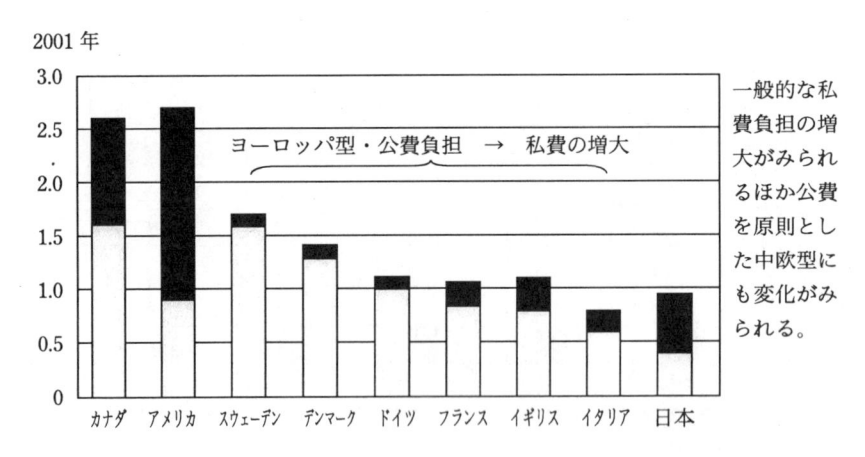

1995年

（カナダ、アメリカ、スウェーデン、デンマーク、ドイツ、フランス、イギリス、イタリア、日本）

ヨーロッパ型・公費負担

アメリカ，日本は私費の割合が高い。
しかし，アメリカでは，州立大学の比率も高い。

2001年

（カナダ、アメリカ、スウェーデン、デンマーク、ドイツ、フランス、イギリス、イタリア、日本）

ヨーロッパ型・公費負担　→　私費の増大

一般的な私費負担の増大がみられるほか公費を原則とした中欧型にも変化がみられる。

第1篇　ドイツの法曹養成

　日本は，昔から私費の負担が大きい。これは，1970年代に高等教育の大衆化を達成する原動力となった（多数の私立大学による教育機会の提供）。しかし，その後も，公費の負担が増加しなかったために，現在では，私費による負担と公費の負担を合わせても，GDP当たりの教育費では，OECD諸国の平均以下となっている。このグラフには載っていないが，韓国やオーストラリアは，私費の割合が大きいので，平均を超えている。

　大学進学率が60％を超えるアメリカでは，著名なロースクールの年間授業料は2万ドルを超えるが（ときに4万ドルにも達する），教養課程を担う州立のコミュニティーカレッジ（短大）では，年間1000ドルにも満たないことが多い（同一州民の場合には，その半額程度）。

Chart B2.1. Expenditure on educational institutions as a percentage of GDP (1995, 2001)
From public and private sources, by level of education, source of funds and year
Public expenditure on educational institutions (2001)
Private expenditure on educational institutions (2001)

国内総生産（GNP），対政府支出に占める公的教育支出

%	カナダ	アメリカ	スウェーデン	スイス	ドイツ	フランス	イギリス	イタリア	日本
GNP比	7.0	5.4	8.3	5.3	4.8	6.1	5.4	4.7	3.6
対政府	13.5	14.4	11.6	14.7	9.5	11.1	11.4	9.0	9.9

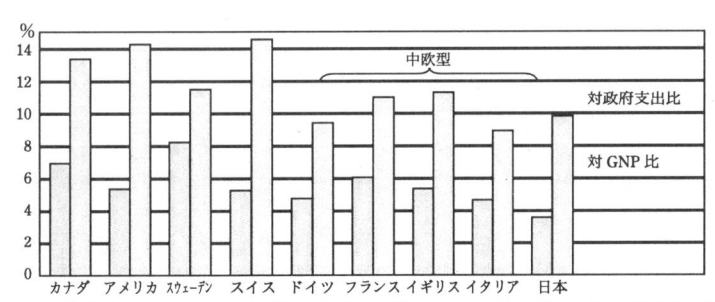

　対政府支出比では，北米，北欧が高く，対GNP比でも，同様の傾向がうかがえる。

United Nations Educational, Scientific and Cultural Organization, UNESCO Statistical Yearbook 1999, p.508, およびその1998年版を基礎とする総務庁統計局・世界の統計2000年版322頁。実費総額は，各国通貨による表示であり，かつ各国の調査年時が異なるので，比較していない。対GNP比，対政府総支出比によったのは，為替レートの変動や年度ごとの相違を避けるためである。調査年時は，おおむね94～95年である。

第3部　法曹養成と民法典の発展

　文部省・教育指標の国際比較（平11年 =1999年）55頁以下。ほかに，世界国勢図会495頁。世界銀行・世界開発報告，World Almanac などを参照した。

第2篇1　Comparative Law and the Civil Code of Japan (1)

I　Introduction - The Civil Code of Japan

1　Formation of the Code and the Role of Comparative Law

(a)　In Japan at the end of 1867 the ancient régime under the feudal government [Feudal Tokugawa Régime] collapsed and the modern reformation began in 1868 (*Meiji* Era). The new Japanese government hastily tried to establish a new unified modern country. The principle tenet of the government was the development of measures to enrich and strengthen the country. Because the country was burdened by unequal treaties which were forced on Japan by western powers during the last period of the Tokugawa régime, e.g., in 1858, Japan was compelled to unilaterally offer most-favored-nation treatment to western countries and lost the autonomy to determine customs rates and even ceded extra-territorial jurisdiction. There was also the urgent danger of loss of territorial integrity[1].

Abolishing these unequal treaties was one of the main goals of the new government, although extra-territoriality survived until 1899 and Japan did not recover customs autonomy until 1911, e.g., it survived for nearly half a century (53 years).

(b)　(i)　The development of modern legal codes was undertaken to open the way to amend the unequal treaties[2]. The first Criminal Code was enacted in 1880 (it was replaced by a new Criminal Code in 1907), the Constitution in 1889 (abolished and replaced by the new Constitution in 1947), the Civil and Criminal Procedure Code in 1890, the first Civil Code in 1890, the Civil Code in 1896 (Book 1-3) and in 1898 (Book 4-5; abolished and replaced in 1947), the first Commercial Code in 1891, the Commercial Code in 1899.

For the first drafting of the Civil Code, the model used was the French Civil Code of 1804, which was at that time the most modern and comprehensive code in western Europe. Early drafts by the Ministry of Justice were made based on the French Civil Code[3]. Indeed there was also a common law system in anglo-american countries, but it was only a collection of unwritten laws and acts, and was not systematically organized. The latter was not suitable as a model of code, but rather for the colonies of England, which totally accepted English law.

(ii) In 1871 the government invited as a legal adviser French Professor G. Boissonade (1825-1910), Professeur-agrégé à la Faculté de Droit de Paris[4]. Boissonade came to Japan in 1873. He and the [First] Drafting Committee of Japanese members prepared the first Criminal Code and the first (or the former) Civil Code (*Kyu-minpou*)[5]. The latter was materially only an amendment of the French Civil Code, especially in the section on the Law of Obligations and the Law of Real Rights. It adopted also the system of French Civil Code[6]. Many concepts and provisions were very similar to those in the French Civil Code[7]. The first Criminal Code had been enacted and enforced in 1883, while the first Civil Code was enacted (1890) and was to first enforce in 1893.

(iii) At that time (1889) large controversy arose among the public opinion. Conservative professors and politicians attacked provisions of the first Civil Code, in particular, the Law of Family in the Civil Code. They opposed the each provision and the legal basis of the Code and the Code as a whole[8].

As a result of these controversy (*Hoten-ronso*; Controversy on Civil Code Codification) the enforcement of the first Civil Code was postponed for an indefinite period (1892) in the House of Representatives and it was abolished in 1898 without being enforced[9].

The new Civil Code was drafted without any direct influence by foreign advisers, Boissonade having left Japan in 1895. Three Japanese drafters (Prof.Ume, Tomii & Hozumi) led the discussion in the new Drafting Committee from 1893[10].

The three professors prepared the original draft which was to be submitted to the deliberation of the Committee.

At first sight, it appears that the Draft of the German Civil Code was the model of the new Japanese Code. There was, however, no exclusive model of the Code. The [Second] Drafting Committee consisted of about 30 members, including professors, judges, lawyers, officials of the justice ministry, and some politicians (Itoh =1841-1909, then the Prime Minister, was its president). The Committee was concerned to maintain a sense of balance and refered to many foreign codes and laws.

They collected more than thirty civil codes and drafts and tried to choose the best parts from the many law codes of the world in order to compile the new Code. They paid attention not only to the laws of the great powers at that time but also to the laws of small countries; even to the laws of Swiss cantons and the small principality of Montenegro. They gathered materials from precedents of England or USA.

Then the original structure of the first Civil Code, which had adopted the system of the French Civil Code, was replaced by the system contained in the first Draft of the German Civil Code[11], which was first published in 1888 (*Entwurf 1*) and again in 1896 (*Entwurf 2*)[12]. Apparently, at the time, there was great interest in German law, although, in fact, relatively few provisions were adopted directly from German law.

(iv) The new Japanese Civil Code was enacted in 1896 (Book I-III) and 1898 (Book IV & V) and enforced in 1898[13]. During a period of about 100 years, there were many amendments to the Civil Code itself. Furthermore, many related laws which substantially amended the Civil Code were enacted during this period[14]. However the Japanese Civil Code enacted in 19th century (Book I-III) is in force even today. Books IV and V (The Law of Family & The Law of Succession) were totally amended after World War II (in 1947). 〔In 2004 the wordings of the Civil Code were totally amended in spoken language (not in its contents or substances).〕

(c) (1) (i) The comparative method of law has been dominent from the beginning in Japan[15]. The process of codification furnishes the reason, but there were also remarkable changes in the interpretation of the law. Before ca.1920 the influence of English and French law was relatively strong. For the first time the idea of liberalism was welcomed among the people, following the collapse of the Shogunate government. Among western countries England, the USA and France had the strongest contact with Japan, although the USA dropped out because of her Civil War in 1861-1865[16].

Many Japanese politicians took precautions against the territorial ambitions of the foreign countries and also against the liberalism contained in English and French thoughts and ideas. In 1871 Germany, under Bismarck defeated France, led by

339

Napoléon II. The change of political power in Europe also influenced the reception of science in Japan. In addition, Germany, also a newcomer, had never had the chance to pursue territorial ambitions in Japan.

There were other reasons why German science was readily accepted. At that time Germany was in its golden developement stage. In contrast, Germany was a relatively underdeveloped society in western Europe. It could serve as a good model for underdeveloped Japan. Moreover Germany had a conservative tendency in thought, which was preferable for the conservative politicians in Japan. The former Imperial-Constitution was strongly influenced by German law[17].

The Civil Code was also influenced by English and French law. The role of German law in this process seems relatively small during this first period.

(ii) After 1920, however, the influence of German law increased. Even the provisions which had their origins in French or English law were interpreted using German concepts. Academic doctrines especially were strongly influenced by German doctrines. As a result there were more rules which were influenced by German law than appears from the texts of the provisions of the Code. This phenomena is called the reception of foreign law by academic doctrine (not by legislation)[18].

(iii) The author observes same phenomenon in Europe, e.g., in Austrian law. The Civil Code of Austria (*ABGB, Allgemeines Bürgeliches Gesetzbuch*), which was enacted in 1804 under the influence of modern Natural law, was interpreted in accordance with Pandektistic of the German law in the 19th century[19]. It is still under the influence of German law, although the Code preserves its original form. The reception of the law by academic doctrine in Japan was done on a large scale as in the case in Austrian law. In this process even provisions which had French or English origins were interpreted using German doctrines.

There were also separations of doctrine and practice in two ways. First, decisions by the courts, which were established in the early Meiji period, maintained the original French interpretation. Academic doctrines sometimes took an opposite position from the decisions of the courts. They strongly criticized the use of precedents, e.g. transfer of estates (cf.Ono, A Comparative Study of the Transfer of Property Rights in Japanese Civil Law, Hitotsubashi Journal of Law & Politics, vol.31 & vol.32).

Secondly, positive laws with western origins were not in accordance with customary or traditional Japanese laws[20]. In this case there occured in practice some *de facto* transformations of the positive laws by the latter[21].

2 Profiles of the Three Drafters of the Japanese Civil Code.

(a) (i) As described above, the Japanese Civil Code was drafted without the direct influence of foreign advisers or codes. Furthermore, it was a product of compromise by the drafters. Three Japanese drafters (Professors Ume, Tomii & Hozumi) played the main roles in the Drafting Committee from 1893. Here the author would like to present the short profiles of the drafters of the Civil Code[22].

The drafters of the new code were not necessarily opposed to the first Civil Code.

Indeed while Tomii and Hozumi did not support the first Civil Code, Ume leaned toward it, although he did not so estimate the first Civil Code or the project led by Boissonade. He had great sympathy for the original French law.

(ii) Some other members of the Drafting Committee, as well as Ume, maintained strong opinions regarding the first Civil Code. They were mainly from the French school of law. This is especially so in the case of Dr.Mitukuri, who had been the only translator of some foreign codes in the government and was also the translator of the draft of the Code by Boissonade (*Projets de Code civil pour l'Empire du Japon*). He was one of the Japanese members of the Drafting Committee of the first Civil Code. He also played some part in the new Drafting Committee.

Some other members of the Drafting Committee opposed the first Civil Code. They were from the English school of law. The German section of law, whose number was small at that time. Many schools of law were represented on the Committee.

Ume was the strongest supporter of the French style of law[23]. Three drafters took partial charge of the drafting work, but many drafts which were prepared by Ume stemed substantially from the concept of French law. In contrast, some drafts by Hozumi were derived clearly from the concept of English or German law, while Tomii's drafts were derived from French or German law.

(b) UME Kenjiro (1860-1910) [24]

Ume Kenjiro began to study law in 1880 at the Law School of the Ministry of

Justice. He went to Lyons at the end of 1885, entered the University of Lyons in 1886 and took a doctorate, docteur an droit in 1889. His dissertation was "La Transaction", by which he won official commendation from the city of Lyons. He went to Berlin and studied until 1890, returning to Japan in 1891. He was a professor at Tokyo University, which was newly established and the only national university in Japan at that time. He wrote many commentaries on Commercial Law, Law of Sale (1891) and treatises on other areas (Transactions in Japanese Law, 1892)[25].

Among the Controversy on Civil Code Codification (Postponement Campaign) he supported the first Civil Code. But after the postponement of the operation of the first Civil Code (1892) he became one of the members of the Drafting Committee from 1893 to 1898. He played primary role in the Committee as one of the three drafting members. His speeches and proposals amounted to 3852 in the approximately 120 sessions of the Committee[26]. The Civil Code was published in 1896 and 1898. His influence on the Code was felt not only during the legislative process but also after codification was completed. He wrote a detailed series of commentary on the Civil Code (*Minpou Yogi* [Commentary on Civil Code], 5 vols. 1896-1900), which totalled more than 3000 pages. This was the only completed series of commentary on the Civil Code by the hand of the drafters[27].

At the same time he played a part as a high-ranking official of the government (The Director of the Legislative Bureau of the Cabinet and the Director-general in the Ministry of Education), as well as head of a private university (*Wafutsu Horitsu Gakko*, present day *Hosei* University). He was also a legal adviser for the Japanese Governor General in Korea from 1906 to 1910. In this period he worked on Korean legislation, reformation of the judicial system and conducted research on Korean customary law. He died in Seoul in 1910[28].

(c)　HOZUMI Nobushige (1856-1926)

(i) Hozumi Nobushige began the study of law in 1874 in a course of study of English Law in what later become Tokyo University. He went to London in 1876, entered King's College in London University and graduated in 1879. He became a barrister at law. He then went to Berlin to study German Law and returned to Japan in 1881. He worked as a professor in the newly (in 1877) founded Tokyo University since 1882[29]. This was also a time of reformation of the educational system after the political reformation(30).

As his career shows, the doctrine of evolution which was dominant in England in the 19th century, strongly influenced him, his opinions on law were based on evolutionism. He classified five great families of law in his book on codificaiton, namely, ① the Family of Chinese Law, ② the Family of Hundu Law, ③ the Family of Mohamedan Law, ④ the Family of English Law and ⑤ the Family of Roman Law. Later he added two others, ⑥ the Family of Germanic Law and ⑦ the Family of Slavonic Law. He classified the traditional Japanese system of law into the Chinese family(31), and feared that this family (also the Indian and African) was in a crisis situation(32). This feeling became one of the driving forces in his desire to reform Japanese law.

He agreed with the abolition of the first Civil Code in the Controversy on Civil Code Codification (Postponement Party). He made a speech for the abolition of the code in 1890 in the first Imperial Diet as a member of the upper House (the House of Peers, abolished in 1947).

(ii) The controversy began with an attack by some scholars of Tokyo University (who were in the English section or school of law of Japanese lawyers and opposed to the French section or school of law of Japanese lawyers) in 1889. His brother *Hozumi Yatsuka* (1860-1912)(33) was one of the strongest opponents of the first Civil Code. Hozumi Nobushige was also one of the members who raised the issue of national pride in calling for the new code. However, his opinion did not suggest a total exclusion of study of the foreign laws but rather the importance of autonomy in the legislative processes. He also proposed that it was important to publish the drafts in the process of codification and to allow many persons, not only scholars and politicians, but lawyers, economists and business men, to participate in the process, e.g., in the Drafting Committee(34).

After the postponement of the operation of the first Civil Code he became one of the members of the new Drafting Committee in 1893. Hozumi was not only a scholar of the English section or school but was also one of the members of the foundation-committee of the private school, Egirisu Law School (now *Chuo* University, which offered an education in English law). His influence on the Civil Code and law in general from the viewpoint of English law, is not apparent (Art.416 is the rare case).

(iii) His patron, *ITOH Hirobumi* (Prime Minister 1885-88, 1892-96, 1898, 1900

–1901), who oversaw the development of the former Constitution (1889-1946) influenced by the Prussian Constitution, loved the German style in every area (army, cabinet system, laws, educational system etc.). Itoh was formally a chairman of the Drafting Committee of the Civil Code. Also, Hozumi's attitude after his stay in Berlin inclined more and more toward German law. When the Civil Code was published in 1896 and 1898, he went to Europe again in 1899-1900, and he was in Berlin in 1900, during the time of the enforcement of the new German Civil Code (*BGB*). Unlike Ume and Tomii, Hozumi did not write commentary on the Civil Code. His interest was in the researching of ancient Japanese family systems and he wrote theses on this area[35]. However, his main interest was the theory of the evolution of law[36].

After he retired from the University in 1912, he played a part as a member of the Japan Academy and Privy Council (founded in 1888)[37]. In 1919 he became a primary member of the Provisional Council for new Legislation. He died in 1926[38].

(d)　TOMII Masaaki (1858-1935)[39]

(i)　After graduating from a foreign language school in Tokyo, Tomii Masaaki studied law in France, at the University of Lyons, from 1877 and stayed there until 1883 (he took a doctorate, docteur en droit). He returned to Japan and became a professor at Tokyo University in 1885. France was the only country where he studied law but he sometimes held critical opinions of French law.

In the course of the Controversy on the Civil Code Codification, he was one of the members who opposed the first Civil Code, although he wrote a commentary on the first Civil Code (*Minpou Ronkou*, 1890-91). He gave speeches advocating repeal of the first Civil Code in the Upper House and Lower House in 1892[40].

(ii)　Tomii held a negative attitude toward any codification. However, after the postponement of the first Civil Code he became one of the members of the Drafting Committee in 1893. In spite of his background he was not as devoted to French law as was Ume. This is reflected also in the process of the Drafting Committee. Tomii held that German law was superior to French law. He was a political conservative. In June 1903 seven professors from Tokyo University, including Tomii, insisted on war against Russia in a letter to the Cabinet. The letter had strong influence on public opinion and the war against Russia began in 1904 (it ended in 1905 with signing of a Peace-Treaty in Portsmouth, New Hampshire, USA).

After the publication of the new Civil Code in 1896 and 1898 Tomii began writing a commentary on the Civil Code (*Minpou genron* [Principles of Civil Law], 1903-29.), which he did not complete. Only the first three volumes were written (A General Provisions on the Civil Law, Law of Real Rights, and A General Provisions on the Law of Obligations) [41].

He was a director of the *Wafutsu Horitsu Gakko*, the president of *Kyoto Hosei Gakko* (the present *Ritsumeikan* University) and a member of the Japan Academy.

After he retired from Tokyo Univesity in 1902, he was a member of the Privy Council and also head of a private university. He worked as a member of the Committee on Judicial Systems in 1919 and died in 1935 [42].

3 Profiles of the Three Ministers of Justice at the time of the Modern Codification of Japanese Laws

(a) The System of the New Government

(i) Various Ministers of Justice, as well as the three drafters of the Civil Code, played a great role in the codification of the Civil Code. The author thinks that their role had been too underestimated in the Japanese legal history. Here the author would like to present brief profiles of the first three Ministers of Justice.

During this early period, the characteristics of the ministers influenced the work of codification (1868-1892, especially before 1883. In 1889 the Controversy regarding Civil Code Codification began). Because there was neither professors of western law nor professional lawyers in Japan at that time (after 1880s many Japanese professors educated in Europe returned to Japan). We rarely see this phenomenon in modern organizations (ministries or universities).

(ii) The new government, which succeeded the Shogunate-government after 1868, established a Dajoukan [Grand Council of State]-system [43]. The new government aimed to replace the ancient feudal structures. However the newly-founded system of the government concentrated all political power in the Dajoukan (a primitive form of cabinet, but different from the modern Cabinet system, in that the Prime Minister had no power to initiate the work of cabinet. Sometimes there was no *Dajou-daijin*. The cabinet was managed by consultation among ministers, or sometimes by the balance of power).

Under the system of 1869 Dajoukan Council (a kind of a Cabinet) was organized by the *Dajou-daijin* [Prime-minister], *Sadaijin* [the second (left) minister], *Udaijin* [the third (right) minister] and other ministers (*Sangi*, lords or members of the cabinet).

Because there was no established ministries in the government, these ministers (Sangi) had no particular positions in certain ministries. Government orders were issued en bloc from the Dajoukan to the lower ranking offices (6 ministries - the ministry of Foreign Affairs, Tresury, Military, Criminal Affairs, Civil Affairs, Imperial Household Agency). At least formally *Sangi* in Dajoukan Cabinet was high in position than *Kyou* (chief of a ministry) who had no right to attend Cabinet council.

There was also a *Jingikan* [Grand Council of Priest] which had nominally equal power to the Dajoukan and was concerned with non-worldly affairs. On the other hand, Dajoukan was concerned with worldly affairs. There existed neither a Diet nor courts. There was no separation of the three powers[44].

(iii) In 1871 the Left-House was established in order to handle legislative affairs. This was only an advisory organ whose members were appointed by the Dajoukan and was far from being a parliament chosen by the people. The Dajoukan was not only the executive department but also the legislature (On the court system, cf. (b) (iii), Appendix).

The Right-House was also established in order to handle administrative affairs. Both Houses were under the control of the Dajoukan. In the Right-House eight ministries were re-established, the ministry of Religion (Jingishou. the position of the Jingikan was abolished), Foreign Affairs, Tresury, Military, Education, Construction, Justice, and the Imperial Household Agency. Under this system the lords of the Dajoukan Council (*Sangi*) became in principle (but not necessarily automatically) the chiefs of the respective ministries (*Kyou*)[45].

(b) ETOH Shinpei (1834-74)

(i) *Etoh Shinpei* was a Minister of Justice for only one and a half years (1872.4-1873.10), but greatly influenced the ministry and the work of modern codification. He was born in Saga in 1834 and served as an official in the new government from 1868. In 1871 he became Vice-minister of Education for short period (half a month), Vice-president in the Left-House, which had only advisory power on legislation at that time when Diet members were not elected. He became

Minister of Justice in 1872 and insisted on the independency of the Justice. However, he was in the minority faction of the new government which was mainly controlled by regional clans from *Satsuma* and *Choushu*.

Etoh was a specialist on legislation in the new government. He prepared the *Kaitei-Ritsuryo* [Revised Criminal Code][46] and encouraged the codification of the Civil Code. His opinion on codification at that time is very well known; "Do not worry about some mis-translations [of the Foreign Civil Code] in order to develop a New [Japanese] Code." or "We can have a new Code simply by translating [French] Civil Code and applying the title 'Japanese Civil Code'."[47]

He resigned in 1873 as a result of a political dispute over *Seikanron* (External expansionism in order to avert the *samurai* (warrior) class from their sense of dissatisfaction. Gradually after 1868 the *samurai* class lost the privileges enjoyed under the old régime and from 1874 to 1877 there were uprisings in many areas). Etoh proposed the establishment of a Diet chosen by the people, with some other members who also resigned the government in this year. However, he was an old-fashioned politician and directed a rebellion against the government in which he lost both the uprising and his life in 1874[48].

(ii) In the Dajoukan-system before 1874 the Ministry of Justice was expected to deal with other civil administration matters and the police, as well as judicial matters (A survival from the traditional system before 1868). Etoh insisted on large powers on the basis of the Ministry of Justice in the political strifes against other members of the government.

After his retreat, some of the power of the Ministry of Justice was transferred to other ministries. The newly established Ministry of Home Affairs assumed control of police and civil administration (1873.11.10). In 1882 the Ministry of Agriculture, Forestry and Fisheries, International Trade and Industry was established[49]. The Ministry of Transport, the Ministry of Post and Tele-communications, the Ministry of Health and Welfare and the Ministry of Labor did not exist at that time.

(iii) Even the court-system was concentrated in the hands of the Ministry of Justice in the early period of the new government. Districts courts in each prefecture (founded in 1871) were set under the jurisdiction of the Ministry of Justice in 1872. Lower [County] courts were set up under the jurisdiction of each district court (Dajoukan Proclamation, Meiji 5 [1873],8,3, No.218).

The court system under the control of Taishinin [The former supreme court before 1947] was first established in 1875 (Dajoukan Proclamation, in the 8th year of Meiji [1875],4,14, No.59). Judgement by administrative officials was abolished in 1877 (Dajoukan Proclamation, in the 10th year of Meiji [1877],2,19, No.19)[50].

(c) OHKI Takatoh (1832-99)

As with Etoh, Ohki Takatoh was born in Saga in 1832 and served as an official in the new government from 1868. He became a governor of Tokyo, Vice-Minister of Civil Affairs for about one year (1870.7-1871.7) and Minister of Civil Affairs for half a month (1871.7.14-27). The Ministry of Civil Affairs was one of the former offices of the Ministry of Justice, which was founded in 1871. At the same time Ohki was the first Minister of Education (1871.7-1873.4) under the Dajoukan system and served in the reformation of the educational system. He opposed Etoh in the political *Seikanron* dispute and remained in the government after the dispute.

Ohki was a Minister of Justice for approximately 9 years (1873.10-1880.2 and 1881.10-1883.12.) in the Ohkubo (1830-78) administration (mainly 1873-78). During his tenure of office Boissonade came to Japan and engaged in the codification of the Draft of the first Civil Code. Except for a short period from 1880.3 to 1881.10 (TANAKA Fujimaro was the Minister of Justice during this period), Ohki held the post of Minister of Justice.

He again became Minister of Education from 1883.12 to 1885.12. He then became President of the Senior Council and President of the Privy Council. After the establishment of the modern Cabinet system in 1885 (for the first time the Cabinet was put under the control of the Prime Minister) he became Minister of Justice in the first Yamagata Cabinet (1889.12-1891.5) and Minister of Education in the first Matsukata Cabinet (1891.5-1892.7)[51].

(d) YAMADA Akiyoshi (1844-92)

(ⅰ) YAMADA Akiyoshi was originally a military officer who became a vice-secretary of the Military Ministry in 1868 and a major general. He was one of the directors in the Iwakura Mission to Europe and America (from 1871.11-1873.9). After the Mission he became an ambassador plenipotentiary to China. He also served in putting down the uprising by Etoh in Saga as a Vice-minister of Justice

(1874.7-1879.9). He worked as a brigade commander and a lieutenant general in the uprising by a politician in the *Seikanron* dispute of in 1877, which was directly caused by the abolition of pensions to the *samurai* class and the banning of the privilege of wearing swords. He was a Minister of Construction in 1879.9-1880.2 and a Minister of Home Affairs in 1881.10-1883.12.(52)

(ii) During this period he worked as a member of the Drafting Committee of the Codification of the Criminal Code. After 1883 he became Minister of Justice (1883.12-1885.12). He was also the head of the Drafting Committee of the Codification of the first Civil Code. Under the Cabinet system after 1886 he was also a Minister of Justice (in the first Itoh Cabinet, 1885.12-1888.4; in the Kuroda Cabinet, 1888.4-1889.10; in the first Yamagata Cabinet, 1889.12-1891.5; in the first Matsukata Cabinet 1891.5-1892.7). He resigned the post because of illness in 1892. In 1889 he founded *Nihon Horitsu Gakkou* (now *Nihon* University) and died in 1892.

His work as a Minister of Justice totaled for approximately 9 years and as a Vice-minister of Justice about 5 years. The Controversy regarding the Codification of the Civil Code occured during his tenure of office as Minister. He had a sense of sympathy for the first Civil Code but the enforcement of the code was suspended (1892) and at last abolished after his resignation and death (in 1898)(53).

(e) After 1892

(i) After 1892 YAMAGATA Aritomo (1838-1922) and AGAWA Yoshimasa were the Ministers of Justice in the second Ihoh Cabinet (1992.8-1896.8). For most of his career Yamagata served as a military officer and was a Minister of Military (1873-78) and one of the leaders of the *Choushu* faction, which controlled the government and army with the *Satsuma* faction at that time. Yamagata organized a Cabinet twice (1889.12-1891.5 and 1898.11-1900.9) and became the chief of the general staff in the Japan-Russian War in 1904-05(54). As his career shows he had no interest in any kind of legislation.

(ii) After the first three, the Ministers of Justice no longer had strong passions for legislative acts or other judicial affairs, and they were appointed from among a group of common politicians.

In 1889 the [former, before 1947] Imperial Constitution was enacted and the first Diet elected by a restricted group of voters was convoked in 1890. The new Civil

Code was also enacted in 1896 & 1898(55).

（1） An unequal treaty was concluded first between Japan and the U.S. (1858) and thereafter between the Netherlands, Russia, England and France in 1858 (-1899).

Before this commercial treaty, in 1854 Japan concluded a treaty of friendship with the U.S. (M.C.Perry, 1794-1858), then England, the Netherlands and Russia.

The latter treaties ended the Japanese isolation policy dating from the 17th century. The treaties with western countries were one of the reasons which caused the collapse of the Tokugawa government.

There are some Japanese texts describing the legal history of modern Japan, cf. Comments by *Arashi* on *Takigawa, Nihon Houseishi* [Japanese Legal History], 1928 (1985), II p.281; *Ishii, Houseishi* [Japanese Legal History], 1964, p.288; Fukushima (ed.), *Nihon kindaihou taisei no keisei* [The Formation of the Modern Japanese Legal System], II, 1982, p.193 (by Matsui).

The author is obliged to Mr.Ronald Siani for polishing the English in this article.

（2） Then the Japanese customary law was to be abandoned as the basis of new legislation and completely replaced by western law.

For the time being, before the completion of the Codification, the application of the customary laws were admitted. The Dajoukan Proclamation (in the 8th year of Meiji [1875] No.103) provided in article 3 that judges should decide civil cases according to the express provisions of written law, and in case where there was no such written law, according to custom. In the absence of both written and customary laws, they were to decide according to the principles of reason and justice.

On the relationship between codification and unequal treaty, Boissonade state, "Peut-être, cette partie de la législation japonaise contribuera-t-elle à hâter, au Japon, l'abolition du privilége exorbitant 'd'exterritorialité' dont jouissent encore les étrangers, au grand préjudice du développement des relations de ce pays avec les nations de l'Occident."

（3） There are some translations of the French Civil Code at this time. Ex. Mitsukuri, Furansu Houritsusho [French Codes], 1871. (there are many editions.-1878, 1880, 1886/87).

ETOH Shinpei (1834-1874), the judiciary minister from 1872 to 1873 stated that it was possible to legislate a new Japanese Civil Code only by translation of French Civil Code.

The influence of modern Natural Law (e.g., the Theory of social contact by Rousseau,

1712-78) was so strong in the early period of the reformation that some people believed in the universal validity of Natural Law, which was incorporated into the French Civil Code. This situation reminds us of the German dispute between Thibaut (1772-1840) and Savigny (1779-1861) in 19th century.

At the same time, there was a kind of conflict between the English and the French academic groups of lawyers.

(4) On the person and achievements by Boissonade, cf. *Ohkubo, Boissonade, 1977* (in Japanese).

(5) There is a stenograpfhic record of the [First] Drafting Committee (Hoten chosakai, Minpou giji sokkiroku). Boissonade wrote a commentary for his draft of the Civil Code. cf. *Boissonade,Projet de Code civil pour l'Empire du Japon, 5 vol s.1888* (rep.1983).

Boissonade was not an official member of the Drafting Committee, but the draft produced by the Committee was not so materialy different from the draft by Boissonade. There were many amendments but the amendments were not of fundamental importance.

(6) The system of the first Civil Code is as follows. The first book is the Law of Property, the second is the Law of the Means of Acquisition of Goods, the third is the Law of Security of Obligations, the fourth is the Law of Evidence and the fifth is the Law of Persons. It is similar to the French Civil Code.

The comparion of the first Civil Code and the French Civil Code is as shown in the table in Appendix II. (in Hitotsubashi Jounal, vol. 24, p.42)

(7) In his draft Boissonade sometimes amended the provisions of the French Civil Code, adding his own opinions or the dominant opinions in French law at that time. Sometimes he also refered to the Italian Civil Code (*Codice civile*, 1865). But most of the amendments were deleted by the Drafting Committee.

E.g., the next detailed provisions in the draft were entirely cut from the Law of Means of Acquisition of Goods in the Code. *Chap.5 De l'acte judiciaire ou administratif portant expropriation pour cause d'utilité publique, Chap.6 De l'adjudication sur saisie, Chap.7 De la confiscation spéciale, Chap.8 De l'attribution directe par la loi, Chap.9 Du legs à titre particulier*, etc.

As a result, the Code became more similar to the original French Code Civil than the draft by Boissonade.

The first Civil Code sometimes seems too lengthy and looks less like a code and more like a text for students. Boissonade's draft had even more of this characteristic.

(8) The main thema of the controversy was in the Family law. Then Hozumi, who opposed the first Civil Code, stated in his book on the new Japanese civil Code (infra. at note (31)): "Comparing the new Japanese Civil Code with Western Codes, we observe great similarity between them in the first three Books relating to General Provision, Real Rights and Obligations respectively, but great difference in the last two, which relate to Family and Succession."

Then his commentary on the new Japanese Civil Code consentrated on the latter. (ib., pp.27-71). E.g. The Legal Position of Woman (p.27), The status of Foreigners (p.35), The House and Kinship (p.39), House-Headship and Parental Power (p.44), Relationships (p.46), The Law of Personal Registration and the Civil Code (p.50), Adoption (p.53), Succession in general (p.59), Property Succession (p.6 3), Succession inter vivos (p.65).

The 4th and 5th Book of the Civil Code (Family and Succession) were abolished in 1947 because of its unconstitutionality. Article 24 of the New Japanese Constitution (1947) provided as follows.: (1) Marriage shall be based only on the mutual consent of both sexes and it shall be maintained through mutual cooperation with the equal rights of husband and wife as a basis.

(2) With regard to choice of spose, property rights, inheritance, choice of domicile, divorce and other matters pertaining to marriage and the family, law shall be enacted from the standpoint of individual dignity and the essential equality of the sexes.

Also the new provision of Article 1-2 was added to the Civil Code (in 1947): "This Code shall be construed from the standpoint of the dignity of individuals and the essential equality of the sexes." (After 2004, Article 2).

Those who opposed the first Civil Code hated the idea of the dignity of individuals and the equality of the sexes. On the Chinese doctrine of the perpetual obedience of woman to the other sex, in Hozumi's book at page 29, and on the strong house-headship and parental power, pp.39 and pp.44.

(9) There are many Japanese texts regarding the Controversy on Civil Code Codification, cf. Arashi, op.cit.(at note (1)), p.285; Ishii, op.cit.(at note(1)), p.290; Fukushima (ed.), op.cit.(at note (1)), II, p.313 (by Mukai).

As a result, enforcement of the first Commercial Code was suspended and only partly enforced from 1894. It was abolished in 1899.

(10) There is also a stenographic record of the [Second] Drafting Committee. Ume wrote a commentary on the Civil Code. *Ume, Minpou Yogi* [The Commentary of the Civil Code], 5 vols.,infra. Tomii also wrote a commentary (but only) on the General Provisions of the Civil Code etc. *Minpou Genron* [The principles of the Civil Code], 3 vols.,infra. (at note 41).

(11) The first Book is the General Provisions, the second Book is the Law of Property (Real Rights), the third Book is the Law of Obligations, the fourth Book is the Law of Family, the fifth is the Law of Succession. (In German Code, Second Book is the Law of Obligations, Third Book is the Law of Property).

The comparison of the Code with the German Civil Code is shown in the table in Appendix III. (in Hitotsubashi Jounal, vol.24, p.44)

(12) The German Civil Code was enforced from the 1900 but some parts of the second Draft were published from 1894 and completed in 1896.

(13) The Japanese Civil Code was translated by *Tomii et Motono, Code civil de l'Empire du Japon, 1898* (in French); *Loenholm and Terry, The Civil Code of Japan, 1906; The Ministry of Justice & The Codes of the Translation Committee, The Civil Code of Japan,* 1980 (in English); *Lönholm, Das Bürgerliche Gesetzbuch für Japan, 1896; Ishikawa & Leetsch, Das japanische BGB in deutscher Sprach, 1985* (in German).

There are only minor amendements in Books 1-3 but the original Books 4-5 were abolished and replaced by a new Books in 1947. Books 4-5 were outdated because they contain many conservative provisions that conflicted with the new Constitution of 1947.

(14) It is characteristic in Japan that many amendments were often made not directly by an amendment of the Civil Code itself but by the addition of new minor laws.

E.g., the provisions on the restrictions on usury are not contained in the provisions on money-lending in the Civil Code, but in an independent Usury Law. Also the protection of tenants is not provided by provisions on leases in the Civil Code, but in *the Rented House Law* and *the Rented Land Law.* Cf. *Yoshimi, On the Protection of Tenants in Japan, in the Hitotsubashi Journal of Law & Politics, vol.1, 1960, p.54-68,* in English.

(15) Then Hozumi, one of the main members of the Committee pointed out that the Japanese Civil Code was a fruit of comparative jurisprudence. infra. (at note(31)), p.11 & pp.14.

(16) It was the USA which first compelled Japan to open relationships with (new) western countries in 1857. cf.supra.(at note (1)).

第3部　法曹養成と民法典の発展

In the Tokugawa period the Netherlands was the only western country which had official diplomatic relations with Japan. Before ca.1850 European ideas came via Netherlands were translated from Dutch texts. After that time the Dutch status were replaced by those of England, the USA and France.

The Netherlands also compelled unequal treaties on Japan at the end of the Tokugawa period (in 1858; op.cit.,at note (1)). The first equal treaty between Japan and a western country was concluded with Mexico in 1888 (between China in 1871). cf. Kunimoto, Encyclopedia (Heibonsha), Vol.14 (1985), p.767. Japan forced an unequal treaty on Korea in 1876.

The Chinese language played in the medieval East Asia as the same role as the Latin language in medieval Western Europe (or the Greek in the Balkan Peninsula and in the medieval Eastern Mediterranean World). It was an international language. The people belonged to educated and governing class learned this language (*Kanbun*) and could read and write the ancient Chinese language for a thousand years, even after the Chinese language transformed into the modern language. After 19th century another Western languages occupied this position, first Dutsch, then English, French and German.

It is characteristic that these languages were treated as a dead language as it was so in Latin. The practical communications betweeen Japan and other countries from where Japan imported culturs were sometimes so thin. As the main method was books or other written documents, then only the ability to read and to write was estimated in order to understand other cultures.

(17)　Itoh, who was a leader of the government after 1881, chose as the model for the constitution that of Prussia, which allowed the monarchy greater power. He received advice from Rudolf von Gneist (1816-95) in Berlin and Lorenz von Stein (1815-90) in Vienna; both conservative scholars. The process of drafting was not made public and it was prepared in the Privy Council as an advisory organ of the Emperor, with Itoh acting as president. The Imperial-Constitution was published by the Emperor in 1889.

Regarding the former Japanese Imperial Constitution, there are comments in every Japanese text on the Constitution. Itoh himself wrote a short commentary on the Imperial Constitution (*Kenpou gikai*), 1889 (1940 ed. by Miyazawa & Comment).

(18)　*Kitagawa, Nihon hogaku no rekishi to riron* [The History and the Doctrine in Japanese Jurisprudence], 1968, p.125.

第2篇1　Comparative Law and the Civil Code of Japan (1)

　　The acception of Roman Law in medieval Europe (*Rezeption*), especially in Germany, was an acception by doctrine (*Professorenrecht*), as in medieval Germany (The Holy Roman Empire, 962-1806. Substantially before 1648, Westpfalia Treaty) there was no central power to introduce new legislation. The acception of foreign law was made by the initiative of doctrine in accordance with the demand of practice. The law of obligations, especially law of transactions, which had been lacking from traditional customary German law, was introduced through Roman Law.

　　Vgl. Wieacker, Privatrechtsgeschichte der Neuzeit unter besonderer Berücksichtigung der deutschen Entwicklung, 1967. S.97ff.

(19)　In Germany, there existed the hidden Natural Law (e.g., in the interpretation of ALR, *Allgemeines Landrecht für die Preussischen Staaten, 1794*) even in Pandectistic period. *Vgl. Koschaker, Europa und das römische Recht,1947 (1966), S.275ff.*

　　German law in the 18th century was influenced by natural law, but later it was controlled by the *Historische Rechtsschule* (Historical Law School), which was created by Savigny in 19th century. *Vgl. Thibaut, Über die Notwendigkeit eines allgemeinen bürgerlichen Rechts für Deutschland, 1814,; Savigny, Vom Beruf unserer Zeit für Gesetzgebung und Rechtswissenschaft, 1814.*

(20)　This is the main theme of legal sociology. There are many Japanese texts on this theme.

(21)　Here again is the same phenomenon as was seen in western law. It is unavoidable that foreign laws are transformed by traditional laws. The author thinks they were sometimes made under the name of natural law, as was done to the Roman law by modern Natural law. Modern Natural law transformed a great deal of Roman law rules under the name of natural law, but the basis of natural law had its beginnings in traditional law or Canon law.

　　Cf. The author's paper, Roman Law and Canon Law, *Shougaku Ronshu*, Vol.56 no.3 pp.36. (1988), (in Japanese).

(22)　For the profiles of the drafters there are many Japanese texts. The author referred especially to *Mukai, „UME Kenjiro"*, in *Ushiomi and Toshitani, Nihon no hougakusha* [Japanese Scholars on Law], *1975, p.73-97; Matsuo, „HOZUMI Nobushige", in the same book, p.55-73.* There are also articles on Boissonade by Ohkubo, op.cit. (at note (4)), p.27-55 and others.

　　Generally, *Iwata, Nihon minpoushi* [The History of the Japanese Civil Law], 1928, p.131; Ishii, op.cit.(at note (1)), p.291; *Hoshino, Nihon minpougakushi* [The History of the Japanese Legal Doctrines on Civil Law], *Hougaku kyoshitu*, no.8 (1981), p.42.

(23) Dr.Hijikata was also a member of the Drafting Committee and he sometimes insisted on the interpretation of and support for the first Civil Code.

(24) Cf. *Oka, Meiji-minpou to Ume Kenjiro* [The Civil Code and Ume Kenjiro], *Hogaku shirin*, vol.88, 4, p.3-47 (1991).

(25) Mukai, op.cit. (at note(22)), pp.74-78. He was also a part-time lecturer at Hitotsubashi University (Yoshimi, The Educational History of Hitotsubashi University (on Civil Law), 1986, p.605) (in Japanese).

(26) Hozumi, *Housou Yawa* [Short Stories on Law], 1926 (1980), p.321.

(27) *Minpou Yogi* went through more than 40 editions during his lifetime (Mukai, op. cit., p.86). There is also a newly reprinted edition in 1984. It is useful to know the intention of the drafters of each article. He also wrote in 1903-04 small book on Civil Law, *Minpou Genri Sousoku* [The Principles of Civil Law].

(28) Details are in Oka, op.cit., pp.21-26.

(29) Matsuo, op.cit.,pp.55-57. Also on Hozumi, *Shiraha, in Hougaku-shinpou vol.100 No.1, 1994, pp.1-47; Koyanagi, Hozumi and the first Civil Code, Houseishi kenkyu 31, pp.105 (1981); Katada, Historische Rechtsschule von Hozumi, Dokkyo hougaku No.35, pp.23.* (in Japanese).

(30) English law had been taught in the Tokyo University since 1874. On the other hand, there was a law school attached to the Ministry of Justice, in which French Law was taught by Boissonade and other French and native teachers. In 1887, the law school of the Ministry of Justice was transferred to the University and at the same time a German Law Section was newly established, so that there came to be three sections in the College of Law (Hozumi, infra. (at note (31)), p.8).

Hozumi was also devoted to introduce the superiority of German Section to other Sections in the University (cf. *Nagao, Meiji hougakushi no hikigeki* [The Tragedy or the Comedy in the Legal History of Meiji], Report of the Association of the Comparative Legal History, No.4, 1995, pp.1.

(31) *Hozumi, The New Japanese Civil Code, as material for the Study of Comparative Jurisprudence*, 1904 (in English), *pp.16; 2nd. & Revised ed. (Lectures on the New Japanese Civil Code), 1912, pp.35; Hozumi, Ibunshu [Collected Papers], Vo l.1 (1932)*, pp.292. [original title, *Houritsu godaizoku no setsu, Five Families of Law, 1884]*. (in Japanese).

第 2 篇 1 Comparative Law and the Civil Code of Japan (1)

Hozumi says, "the new Japanese Civil Code stands in a filial relation to the European systems, and with the introduction of Western civilzation, the Japanese civil law passed from the Chinese Family to the Roman Family of law." (*The New Japanese Civil Code, p.19*). Or. "Within the past thirty years, Japanese law has passed from the Chinese Family of Law to the European Family". (ib.p.71).

He also says, in his book on Codification, *Hozumi, Hotenron [The Theory of the Codification], 1890*, pp.43-104, that the objects sought to be obtained by codification fall under one of the following four heads; namely, Pacification, Innovation, Unification and Simplification .

"Laws are often codified either to bring about a social reform, or to adjust the law to the requirements of the new state of things, which has been brought about by social reform. To this class belong most of the codes, which have been promulgated in Japan since the Restoration of 1868." (cf. The New Japanese Civil Code, op. cit., pp.12).

(32)   Because there is a very fierce struggle for existence in the international world. He thought of this struggle as the law of the jungle or "Survival for fittest by natural selection" (Hozumi, *Ibunshu* (op. cit.), Vol.1, p.332 [original title, *Eifutsudoku hougaku hikakuron, Comparative Study on the English, French and German Law, 1884*], & pp.359 [*Banhou kiitsuron, Unification of Laws, 1885*]). (in Japanese).

(33)   HOZUMI Yatsuka was a scholar on the Imperial Constitution and professor of Tokyo University.   His opinion stood on the basis of the theocracy theory of the Emperor and he insisted that sovereignty rests with the Emperor.   During his study abroad he was a student of Laband (1838-1918) at Strassburg.   Details in *Nagao, "HOZUMI Yatuska"*, in Japanese Scholars on Law (at note (22)), pp.97-115.

(34)   *Hotenron*, op. cit. (at note (31)), p.144. Cf.Matsuo, op.cit. (at note (22)), pp.61-64.

(35)   *Inkyoron* [The Law of Retirement from Active Life], 1891; *Ancestor-Worship and Japanese Law, 1901*, (in English); *Der Einfluss der Ahnenkultus auf das japanische Recht, 1901*, (in German). (*3. Abschnitt* of the latter, *Ahnenverehrung und Gesetz*).   On the other hand, he wrote an introductory thesis on the Japanese Civil Code, *The New Japanese Civil Code*, op. cit. (at note (31)).

(36)   *Horitus shinkaron* [The Evolution of Law], 1924-27; *Fukushuu to horitsu* [Revenge and Law], 1931.

(37)   Ib. pp.64-65.

(38)   Other main his works are as follows.   *Housou Yawa*, op. cit., (at note (26));

第3部　法曹養成と民法典の発展

　　　　Goningumi seidoron [The System of Joint Responsibility in Rural Districts under the Tokugawa Régime], 1921. etc.

(39)　There are relatively few works on Tomii: *Sugiyama, Professor Tomii, His Life and Achievements*, in *Memorial Publication for Baron Tomii, 1936, pp.63; Hougaku-shirin*, in *Memory of the Late Prof.Tomii, vol.37 No.11, pp.1.*　Recently a new work was published. *Ohkawa, Tomii and his Opinion on Legislation, Ritsumeikan hougaku No.231=232, pp.318 (1993).*

(40)　His speech in the Upper House in 1892 is extracted in the Memorial Publication for Baron Tomii, pp.154 (cf.supra. at note (39)).

(41)　Vol.1 is on the General Provisions of the Civil Code, vol.2 is on the Law of Real Rights and vol.3 is on the General Provisions of the Obligations which treats only small part of the General Provisions of the Obligations.

　　　　He co-authored a French translation of the Japanese Civil Code.　*Tomii et Motono, Code civil de l'Empire du Japon (Livres I,II & III), 1898.*

(42)　He also wrote a commentary on the Criminal Law (*Keihou Ronkou*, 1889).

(43)　The model of *Dajoukan* was the ancient system in 8th century (*Daijoukan* system). It continued about 3 centuries.　*Daijoukan* after 1868 is called *Dajoukan*.　Cf. *Wada, Kanshoku youkai* [Commentary on the Names of the Ancient Governmental Posts], 1925 (1983), p.29, p.32, p.50.

(44)　Regarding the system of Dajoukan, cf. Ishii, op.cit. (at note(1)), pp.263.

(45)　At times the lords of Dajoukan (*Sangi*) were separated from the chiefs of these Ministries (*Kyou*).　So Ohki in 1881 was a Sangi but had no position in any Ministry.

　　　　Under the cabinet system, the chief of each ministry had automatically become a member of the cabinet.

(46)　In 1870 the government enacted a new but tentative Criminal Code, *Shinritsu-kouryou*, which codified the customary and written law of the Tokugawa régime and was not influenced by western laws.

　　　　In 1873 the government revised this code.　We can already see some influence from western laws, especially French law.　Cf.Ishii, op. cit. (at note (1)), pp.313.

(47)　Cf. *Inoue, The Influence of French Civil Code on Japanese Law, Works celebrating the 100th Anniversary of French Civil Code, 1905, pp.55.* (in Japanese).

(48)　Cf. Concise World Chronology (Sanseido), 1976, pp.761-763. Gotou Y., Encyclopedia, op.cit. (at note (16)), Vol.2, 1984, p.590.

(49) Fukushima (ed.), op.cit. (at note(1)), I, 1981, pp.93 (by Yoshii); Shindou, Encyclopedia, op.cit. (at note (16)), Vol.11 (1985), p.26; Ishizuka, Encyclopedia, op.cit., Vol.6 (1985), p.1103.

After World War II the Ministry of Agriculture, Forestry and Fisheries, International Trade and Industry was divided into two Ministries, ① the Ministry of Agriculture, Forestry and Fisheries and ② the Ministry of International Trade and Industry.

(50) Details in *Kinoshita, M., Ishin-kyubaku-hikakuron* [Works on the Comparison between the system under the Tokugawa régime and after the new reformation period], 1876-77 (ed.1993), p.41, p.68 and commentaries by Miyaji, p.245, pp.264.

Under the system of Dajoukan, which was then the legislature, the Dajoukan Proclamation meant a law.

(51) Cf. Chronology, op.cit.(at note (48)), 1976, pp.761-763. Tamura S., Encyclopedia, op.cit. (at note (16)), Vol.2, p.856.

(52) Cf. Chronology, op.cit. (at note (48)), 1976, pp.761-763. Gotou Y., Encyclopedia, op.cit. (at note (48)), Vol.14, p.1201.

(53) Because of the Controversy on the Civil Code Codification, enforcement of the first Commercial Code was also postponed in 1890. Yamada, as Minister of Justice, was against the postponement. His resignation from office was meant as a protest against the postponement and the compromise by the government, which worried about the general (but restricted) election and the first elected Diet (in 1890). (Nishikawa, Historical materials, Horitsu Jihou No.814, back of the title page (1994 May); ib., No.831 (1995 Sep.). He was promoted in the peerage and was called the Count of Codes.

(54) Cf. Chronology, op.cit. (at note (48)), pp.761-763.

(55) The short chronological tables on the three drafters of the Civil Code and on the first three Ministers of Justice at the time of early codifications are shown in Appendix I. (in Hitotsubashi Jounal, vol.24, p.41)

This Year (1996) is the 100th anniversary of the Enactment of the first three Books of the Civil Code (Book I-III).

第 3 部　法曹養成と民法典の発展

Appendix The Structure of the Three Powers in the early Period of Meiji Period

① Administration
(1) Dajoukan System in 1869
Dajoukan (Grand Council of State)
Jingikan (Grand Council of Priest)
　6 ministries - the ministry of Foreign Affairs, Treasury, Military, Criminal Affairs, Civil Affairs, Imperial Household Agency.

(2) Dajoukan System in 1871
3 Houses under Dajoukan
The Central-House　Dajoudaijin, Sadaijin, Udaijin, Sangis [ministers]
　　　　　　　　　[Prime-minister, 2nd.or Left minister, 3rd.or right minister]
The Left-House　An advisory organ to handle legislative affairs.
The Right-House 8 ministries - the ministry of Religion (Jingishou. the position of the Jingikan was abolished. Jingishou was also abolished in 1872), Foreign Affairs, Treasury, Military (the Naval Department was separated in 1872), Education, Construction, Justice, and the Imperial Household Agency.
　(Later, 2 ministries - the ministry of Home Affairs in 1873, the ministy of Agriculture, Forestry and Fisheries, International Trade and Industry in 1882).

② Legislature
The Left-House 1871
The Senior Council 1875
The Privy Council 1890 (-1947)
　(The former Imperial Constitution (before 1947) in 1889)
The first Diet elected by a restricted group of voters in 1890

③ Judicature
Districts courts in each prefecture under the jurisdiction of the Ministry of Justice in 1872.
County courts under the jurisdiction of each district court in 1873.
The court system under the jurisdiction of Taishinin [The former supreme court until 1947] in 1875.
Judgement by administrative officials was abolished in 1877.

第 2 篇 2　Comparative Law and the Civil Code of Japan (2)

II　Civil Code and the Comparative Law

1　Comparative Method

(a)　As foreign laws have had a significant influence on the development of our law it is useful to drow attention to some of them.　Most influenced were German, French and English law.　It is not surprising that they are also the main objects of the comparative study today.　These laws are at the same time great families of law.

There are several families of law in the world.　While there is broad agreement over the existance of these families exactly how they are defined, details varies from theory to theory.　The first family is the European Continental Law, which has its origins in Roman Law.　This family can be divided in two, e.g. the German law and the French law.　The second family is the Anglo-American law.

One of the drafters of our Civil Code, Hozumi, also referred to the "Great families of law"[1].　He classifies seven great families of laws.　(i) the family of Chinese law, (ii) the family of Hindu law, (iii) the family of Mohammed law, (iv) the family of Roman law, (v) the family of Germanic law, (vi) the family of Slavonic law and (vii) the family of English law.　This classification is not inviolable as Hozumi did not intend for it to be exhaustive or exclusive[2].

(b)　Modern comparative studies also define the families or systems of laws. E.g. in *David, Les grands systèmes de droit contemporains, 1974* refers to (i) la Famille romano-germanique, (ii) les droits socialistes, (iii) la Common Law and (iv) autres conceptions de l'ordre social et du droit (le droit musulman, le droit de l'Inde, Droits de l'Extrême-Orient, Droits de l'Afrique et de Madagascar)[3].

In *Rabel, Das Recht des Warenkaufs*, I. (i) Mitteleuropäischer Rechtskreis [Family of German Law], (ii) Romanischer Rechtskreis [Family of French Law], (iii)

361

Anglo-Amerikanischer Rechtskreis, (iv) Nordische Rechte, (v) Islamische Rechte, (vi) Römisches Recht (in der Form der byzantinischen Quellen) and (vii) Neue Kodifikationsbestrebungen[4]. Or II (i) Das anglo-amerikanische System, (ii) Das romanische System, Das deutsche System and (iii) Die Hauptländer Lateinamerikas (ABC-Staaten)[5].

In Zweigert-Kötz, Einführung in die Rechtsvergleichung auf dem Gebiete des Privatrechts, (i) Der romanische Rechtskreis, (ii) Der deutsche Rechtskreis, (iii) Der anglo-amerikanische Rechtskreis, (iv) Der nordische Rechtskreis, (v) Der sozialistische Rechtskreis and (vi) Die übrigen Rechtskreise (Der fernöstliche Rechtskreis, Das islamische Recht, Das Hindu-Recht)[6].

Rheinstein, Einführung in die Rechtsvergleichung, 1974 classifies (i) Der kontinental-europäische Rechtskreis, (ii) Der anglo-amerikanische Rechtskreis, (iii) Rechtsprobleme der Entwicklungsländer: Recht und sozialer Wandel in Afrika[7].

Constantinesco, Traité de droit comparé, t.III, La science des droits comparés, 1983 described these various attempts and failures to classify law systems in terms of great families of law[8]. His work, *Inexéccution et faute contractuelle en droit comparé, 1960*, however, compares *droits Français, Allemand et Anglais*.

(c) The author thinks that the model developed by Hozumi is not so different to modern theories of classification. The different classifications reflect the viewpoint of their creators. Western comparative theories attach importance to western families. In Japanese theories, e.g. Hozumi, the family of Chinese law was of greater importance. This was because the traditional Japanese law was influenced so greatly by Chinese law. It is important to note the Japanese civil statutory law shifted from the Chinese family to the Roman family of law[9].

The first introduction into Japan of Chinese civilization began in 7th century. From 645 to 1192 was the age of the ancient bureaucratic state, modeled after the Chinese system. Through the 8th century, Japanese law was greatly influenced by Chinese law. First the *Taiho-ritsuryo* (Codes) was promulgated in 702. Several other Codes followed this. However the direct influence from Chinese statutory law was forgotten in the next feudal period.

Under the three Shogunate governments (Kamakura Shogunate 1192-1333, Ashikaga Shogunate 1338-1573 and Tokugawa Shogunate 1603-1867)[10], customary law prevailed. Because, incontest to China, where the system of an unitary centralized state was upheld, Shogunate government in Japan was a feudal system. This was abolished in China by "First most Sublime Ruler of Ch'in" as early as 221 B.C. Most of the time feudal government had no interest in comprehensive statute law.

The *Joyei Shikimoku* of 1232 by the Kamakura government under the *Hojo* regency was the exception to this. Codes or statutes were rare in the feudal period. Law and institution under Shogunate government had, however, as their base Chinese moral philosophy. This provided a moral philosophy for rulers. Thus at least indirectly, Japanese law belonged to the family of Chinese law and ideas for more than one thousand years[11]. This situation continued until the reformation period of 1868.

(d) Because the modern international legal system belongs to western legal tradition, the families of law which belong to other legal systems disappear or their significance decreases. This is what happend, for example to the family of Chinese law, the family of Hindu law or the family of Mohammed law.

The objects of comparative law continues to concentrate more and more on the western legal system, e.g. either the continental or Roman family of law (Germanic and French law) or the Anglo-American family of law. Other families of law are sometimes relegated as objects of law sociology.

It was natural that the modernization of the Japanese legal system after 1868 was accomplished through the introduction of western law. Japanese statutory law after 1868 was completely replaced by West-European type law.

2 Japanese Law and Other Laws in the World

(a) It is also important to note not only the main families of law which have significant influence on other countries but also many other variations or branches of law. The social and economic state of each country is different and also the tradition varies greatly from country to country. Thus the details of law which can be adopted are at least a superficial form very different.

Our drafters considered the variations or branches of laws and collected more than thirty civil codes, including many drafts:

(i) In the family of French Code Civil, 1804 (abridged as CC, below), Netherlands Civil Code, 1838 (Nied.CC); the former Italian Civil Code, 1865 (It.CC), Portuguese Civil Code, 1867 (Port.CC); the former Spanish Civil Code, 1888 (Sp.CC). And the draft of Belgium Civil Code, 1804 (BeE, revised 1851).

(ii) In the family of German Civil Code, 1900 (abridged as BGB, below), ALR, 1794 (*Allgemeines Landrecht für die preussischen Staaten*); ABGB, 1814 (*Allgemeines Bürgerlichesgesetzbuch für Österreich*); the first draft of BGB, 1887 (Entwurf=E I); the second draft of BGB, 1896 (E II). There were some codes of the small states in Germany before the unification in 1871: Civil Code of Saxony, 1865 (Sach.BGB); Draft of Civil Code of Bavaria, 1860-64 (Bay.E.). And Dresdener Entwurf, 1865 (Dresd.E.) was the draft of Law of the Obligations by German Confederation (1814-1866) and it became the basis of the Book II (Law of Obligations) of the draft of the German Civil Code in 1900.

(iii) In the family of English Common Law the drafters cited not only many precedents in English law but also Indian Contract Law, 1872 and the Indian Claims Limitation Act, the Indian Specific Performance Act, 1877 or some Acts, because those Indian Codes sometimes materialized English precidental principles.

In America the "Canadian Code", namely the Civil Code of Québec of Canada (1886) and the Code of California (1872), but not the Civil Codes of Louisiana (1808). There was no substantial reference to codes comparable to continental Civil Codes. Even the Civil Code of California and the Draft of the Obligation Code of New York, 1865 were only nominally referred to by the drafters of the Japanese Civil Code.

(iv) In the Law of Estate many variations in small countries as cantons in Switzerland were referred to. Vaud, Graubünden, Zürich etc. The former Obligation Code of Switzerland, 1888 (SOR) is also referred to in relation to the area of civil law.

(v) Eastern European codes were also referred to; The Property Code of the principality of Montenegro, 1888. Also the Russian Civil Code, 1832, but not the Civil Code of USSR, 1922.

On Commercial Law, Italian Commercial Code or German Commercial Code, 1861 (ADHGB = Allgemeines Deutsches Handelsgesetzbuch).

Our drafters paid no attention to Scandinavian laws.

(b) Not only the above laws which were referred to by the drafters of the

Japanese Civil Code but also the many variations of the laws which came out after the enforcement of the Civil Code (in 1898). From 20th century there has been many amendments to these Codes. Those amendments also need to be noted in comparative studies.

These include the new Obligation Code of Switzerland, 1911; new Italian Civil Code, 1945; new Civil Code of Portugal, 1967; New Civil Code of Netherlands, after 1969.

Between 1945 and 1990 there were many Civil Codes in socialist countries. E.g. East German Civil Code, 1978-90 (DDR-ZGB).

(c) From the later half of 20 century the importance of American law increased. The works of the establishment of the Restatements of the Law or the Uniform Commercial Code (UCC) should be noted. E.g. Restatement of the Contracts (1932, 1981), Torts (1925, 1965) etc.

(d) Moreover, we can see some efforts to unify the laws by the United Nations and European Community or European Union.

The convention relating to a Uniform Law on the International Sale of Goods (The Hague Convention), 1964 and Uncitral Convention on Contracts for the International Sale of Goods (Vienna Sales Convention), 1980 (CISG) are examples of this.

As are the recent Unidroit, *An international restatement of contract law: UNIDROIT Principles of International Commercial Contracts*, 1994 & 2004. The Commission on European Contract Law (Lando Commission), *Principles of European Contract Law (Part I: Performance, Non-Performance and Remedies)*, 1995 (II 97, Rev.1998/99)

3 Foreign Law and the Drafters

(a) As the author already noted, the drafters of the Civil Code referred to more than thirty civil codes and drafts.

Among the drafters, Hozumi was notable in that he intentionally tried to use the comparative method. His interest on law was not limited to the interpretation of Civil Law. His works in English, *Hozumi, The new Japanese civil code: as material for the study of compare, 1904; Lectures on the new Japanese civil code (2d & rev.) 1912; Ancestor-worship and Japanese law, 1901 (2nd.1912, 3rd.ed.1913)* show this. He also wrote on the Japanese customary law.

(b) Other drafters, e.g. Ume and Tomii worked from the basis of French law. Especially for Ume the law, which should be referred to develope new Japanese law, was necessarily French law.   Ume was a gifted commentor and his interest was not in the history of law or comparative law.   His idea of comparative law is not clear. Ume's only work in a foreign language is *De la transaction, comparé avec le code civil italien et le Projet de code civil japonais, 1889*, which was written in France.

This is also true for Tomii. There was, however, a difference between them. Ume thought that the French law was the best law in the European family whereas Tomii placed German law in this position.   This is despite the fact his works in a foreign language were in French; see *Tomii, État de la codification au Japon, communication a la société de législation comparée, Séance générale du 9 février 1898, 1898; Coup d'oeil sur les transformations politiques du Japon, 1897. Droit romain; des droits du vendeur non pay; Droit français, du droit de résolution du vendeur non pay, 1882* [12].

III Prologue for Legislation

1 The New Idea of Law and Legislation

(a) During the time of the Tokugawa régime, laws or statutes were not publicized. They were kept strictly secret[13].   They were neither allowed to be printed nor published.   Only judges and officials were allowed to peruse the codes and the records of judicial precedents[14].   For lawyers (*kujiyado*) and men of high repute who were sometimes obliged to escort the parties to a suit, there were only unofficial guidebooks which collected precedents and summarized the legal standards[15].

Under this system there was no motivation for legislation or comprehensive codification.   Law was one of the means of rule for the bureaucracy and as such its use was restricted to specialists in the court or the government.   So there were only a collection of unwritten laws and acts, and even these were not systematically organized.   In Tokugawa period it was usual that small acts or orders were issued occasionally on the demand of each practice.

Hence only rarely was a comprehensive Code enacted and published.   One example is *Osadamegaki-Hyakkajou* [or *Kujigata-osadamegaki*, The Hundred Articles of Criminal Code] (by Tokugawa Shogunate government, 1720-42)[16]   The initial motivation for this legislation was the simplification of law because the huge number of precedents hindered even the specialists finding the law.   However the code accomplished not only the simplification but also some innovation of law.   The author thinks that the enactment of the comprehensive Code is inevitably accompanied not only simplification of law also by some innovation.   This is true of this case.

There was some other simplifications of law by means of logical arrangement or consolidation of legal rules[17].   This constitutes the most usual motive for primitive codification not only in the Meiji Era but also in the Tokugawa period.

The idea that laws should be published show one characteristic of intentional innovation.   Hozumi says that one of the most remarkable changes which the introduction of western jurisprudence produced in Japan was the change in the conception of law.   "Previous to the Restoration of 1868, there was no idea that publication was essential to law." [18]

(b)   After 1868 law was expected to fulfil a new role.   The reformation at the beginning of Meiji Era was on such a large scale that law took on a role in the process of social reform.

The traditional law was totally replaced by western law.   Social reforms were motivated by a desire to westernize and modernize Japanese industry and society.   Thus it was felt that the law also should be westernized.   Codification had to be done in order to recognize these preceding changes.

(c)   During the time of Tokugawa régime, there were different local laws and customs.   The law of the Shogunate government could not directly apply in the jurisdictions of feudal princes (*Daimyous*).   The new government also aimed to have unified laws throughout the country.

(d)   According to Hozumi, there was one more objective behind the codification.   He saw the pacification of law as one of the goals as codification takes place after a great social disturbance in order to restore peace and maintain order by means of comprehensive legislation[19].

2 Dajoukan Proclamations

(a) For the first time after *Osadamegaki-Hyakkajou* a comprehensive Criminal Code was enacted and promulgated in 1870; *Shinritsu-kouryou* [The Criminal Code,1870], and then *Kaitei-Ritsuryou* [Revised Criminal Code,1873]. Those Code were enacted in the form of Dajoukan Proclamations.

In the area of civil or commercial law, however, the Codification did not keep pace with the swift social changes. Comprehensive codifications only occured from the 1890s; the first Commercial Code in 1891, the Commercial Code in 1899 and the first Civil Code in 1890 (only promulgation). Before the enactment of the Civil Code in 1896 and 1898, there was only fragmentary and minimal legislation. Such legislation could not meet the requirements of the time.

(b) Law in this early period had a temporary character as it was only expected to function until the time of comprehensive codification. For the first time, some kinds of law on emancipation were enacted in order to abolish feudal tradition[20]. Next, laws on innovation were enacted[21]. However the whole system of the law was not touched. So most of the decision of the courts was issued according to the traditional (unwritten) law[22]. But those traditional laws alone were not enough to meet the demands of the changing society.

Howewer the next Dajoukan Proclamation is exceptionally noteworthy. It was short but its contents were not fragmentary. It was admitted as a temporary measure to supply the demands of the changing society.

(c) Dajoukan Proclamation (in the 8th year of Meiji [1875] No.103) provided in article 3 that *judges should decide civil cases according to the express provisions of written law, and in case where there was no such written law, according to custom. In the absence of both written and customary laws, they were to decide according to the principles of reason and justice.*

In the early period of Reformation of Meiji Era, there was no systematic organized civil law. It was often necessary to find law in cases where no written law existed. Sometimes the old customary law, which governed the life of the people was applied. This old law, however, had no application to the international transactions.

第 2 篇 2　Comparative Law and the Civil Code of Japan (2)

Thus sometimes the idea of foreign law was applied. The Dajoukan Proclamation mentioned above opened the door for the introduction of foreign law, especially in the area of this type of transactions.

Moreover there was a time lag of 8 years, between the proclamation (without enforcement) of the first Civil Code (in 1890) and the enforcement of the second Civil Code (in 1896/98). This period was short but important. Indeed the enforcement of the first Civil Code was postponed because of the Controversy on the Civil Code Codification. But during this time judges often used the provisions of the former Civil Code in the name of the principles of reason and justice. Also there was sometimes *de facto* application of the former Civil Code[23].

(d)　Moreover even before the proclamation of the first Civil Code the concept of the principles of reason and justice meaned substantially French law in the sense of the natural law.

Boissonade stated; "Les magistrats japonais qui, depuis la Restauration du Gouvernement impérial, appliquent déja les principes du Code civil français, comme 'ratio scripta,' les retrouveront ici dans leur loi nationale*"[24].

For example in 1887 one district court declared an application of the principles of reason and justice from the viewpoint of foreign law in the absence of written law, without deciding according to customary law[25].

(e)　This Proclamation (in the 8th year of Meiji [1875] No.103) aimed also to exclude the interference of administrative power within the court. Before that time the courts of each prefectures were set under the jurisdiction of Ministry of Justice, so the directives or orders by the Ministry or Dajoukan Council were the main source of judgments[26].

Naturally it was rare for foreign law to be directly consulted. But the invisible and indirect application influenced the early theory of judicial precedents.

According to Hozumi, the rapidly changing circumstances of Japanese society brought many cases before the court for which there were no express rules, written or customary, and the judges naturally sought to find out the principles of reason and justice in western jurisprudence. The older members of the Bench, who had not been systematically taught western jurisprudence, consulted the translations of the French and other European codes and text books. The increasing number of younger judges who had received systematic legal education in universities, either in Japan or abroad, consulted western codes, statute books, law reports, and juridical treatises, and freely applied the principles of occidental jurisprudence, which in their opinion, were conformable to reason and justice[27].

3 Second type of Dajoukan Proclamations

(a) Some fragmentary Dajoukan Proclamations survived even after the enactment of the Civil Code. For example the Dajoukan Proclamation on usury law survived till 1954. This law was short but concerned the fundamental principles of civil law.

The Dajoukan Proclamation (in the 10th year of Meiji [1877] No.66) provided as follows[28].

Art.1. The interest is fixed either by law or by contract. (cf.Art.1907 Code Civil Français).

Art.2. (Maximum rates of interest)

The contractual interest can be fixed by a volantary contract. The contractual interest shall be fixed under the rates: where the principal is less than one hundred yen, twenty percent per anum; where the principal is one hundred yen or more but less than one thousand yen, fifteen percent per annum; where the principal is one thousand yen or more, twelve percent per annum. If it exceeds the sum calculated at the rates of interest mentioned above, the agreement on interest shall be null and *void in the process of trial* with respect to the portion which is in excess and it shall be deemed to be applied to the principal.

[In cases where the debtor has voluntarily paid the portion in excess mentioned in the paragraph, he may not demand refund thereof, notwithstanding the provisions of said paragraph.]

Art.3. The interest fixed by law is applied to those case where there exists no agreement on the rate of interest. The rate is six percent per annum.

Art.4. For the purpose of application of the provisions of the Article 2, where the creditor receives money under the name of a fee, discount charge or commission, or otherwise under whatever name they may be charged, the contract shall be null and *void in the process of trial*.

Art.5. The determination in advance of the amount of damages on account of failure to perform obligations shall be deemed as the amount of damages to the principal. If the judge considers the amount which the creditor receives is excessive for the compensation as damages, he can cut the amount down to a proper portion at his discretion.

(b) Under feudal Tokugawa régime the maximum rate of interest was, in principle, 12 %. In 1871 the Dajoukan Proclamation (in the 4th year of Meiji, No.31) abolished this rule[29] Similar to the situation after the French Revolution, the interest rates was deregulated for a short period.

In France from 1804 to 1807, Code civil 1804 freed the rates (Art.1907). In 1807 the law 1807.9.3 (Lois des 3 sept.1807) provided that the civil legal and contractual rate was 5 % and commercial legal and contractual rate was 6 % (Art.1)[30].

In Japan from 1871 to 1877, because of the detrimental effect of the higher rates of interest, the Dajoukan Government provided a law. This was the Proclamation noted above (in the 10th year of Meiji [1877] No.66).

(c) In the course of drafting of the Civil Code several different motives were at play. Boissonade's draft intended to maintain the restriction on the contractual rate[31] He wished to maintain large restrictions on usury from the view point of natural law. Restriction on illegal interest also reflects this opinion.

The drafters of the first Civil Code, however, amended Boissonade's draft. In the first Civil Code it was allowed to contract at a higher rate than legal interest as long as there was no restriction by law (Art.187 I). However the existence of usury law by the Dajoukan Proclamation was presupposed. In the Drafting Committee, however, there were strong supports for the deregulation of contractual rate of interest and for the abolition of usury law[32].

The drafters of the second Civil Code had even stronger desires which was in accord their economic liberalism. So they proposed new draft which abolished the Proclamation on usury law. The draft of the provisions of loan for consumption of the Civil Code stood on the premise of abolishment of the Usury Law[33]. The main reason was the freedom of contract.

In the Drafting Committee, however, there were also strong opinions for the maintenance of Usury Law. Many of the members feared the usury and intended to protect debtors who were economically weak and were forced to contract on extreamly unfair terms. Indeed, there many detrimental effects did spring from the abolition of the usury law in 1871 (high interest rates like 62%, 70% or 108%) [34].

The draft to abolish the usury law was rejected twice in the Committee and the usury law survived the enactment of the Civil Code [35].

(d) It was usual that fragmentary laws were either inserted into the comprehensive system of the Civil Code or abolished later. In some cases, such as the Usury Law, this attempt failed. So there existed some fragmentary laws which survived even after the enactment of the Civil Code. In Japan it was not possible to systematize and unify the whole civil law from the earliest time. Even the *Pandektensystem*, which was later introduced by the Codification of the Civil Code, is based on this.

Moreover, especially after the World War I, a new idea of the role of law became in a social welfare state came into view. New laws for the protection of debtors were enacted one after another. The Civil Code itself was rarely amended. Instead fragmentary and independent laws were often enacted. The Rented House Law (1921), Rented Land Law (1921), Restriction Law on the Responsibility of Surety for Employee (1933) and recently Restriction Law on the Acquirement of Mortgage (1978), Law on Product Liability (1994) etc. are exampled of this. More and more fragmentary laws were attached in the area of substantial civil law, but formally they remained independent laws. Herein lies one of the characteristic of Japanese legislation.

4 The first Drafting Committee

(a) The attempt to codify the new Civil Code was initiated by the *Houritsu-torishirabe-iinkai* [Drafting Committee of Civil Code Codification], which was founded in the Senior Council's Office of Civil Code Codification in April 1880. It was abolished on March 31, 1886.

This work was continued by the Drafting Committee in the Ministry of Justice (April 1, 1886 - April 18, 1887) and by the *Houritsu-torishirabe-iinkai* in the Ministry of Foreign Affairs (August 6, 1886 - October 20, 1887) [36]. This was conducted by the Ministry of Foreign Affairs as Codification was one of means of the amending the unequal treaties.

The *Houritsu-torishirabe-iinkai* [the first Drafting Committee of the Civil Code] for the first Civil Code was founded on October 21, 1887 in the Ministry of Justice. Attempts of modern codification substantially began with this Committee.

Its head was *Yamada Akiyoshi* (1844-92), the Minister of Justice. This Committee discussed on the Civil Code Project prepared by Boissonade. Boissonade made the original drafts of the Civil Code, Book I-IV (on the part of law of property, obligations, surety and evidence; the draft of law on persons was prepared by Japanese members), but he himself was not the member of the Committee and had no right to attend the Committee. His project was translated into Japanese and amended by the *reporting (or drafting) members* of the Committee and presented to the Committee (official draft). The members of the Committee were divided in two. Even the reporting members had no right to vote. The drafts were determined by the other members of the Committee, *the discussing members.*

(b) One characteristic of the first Drafting Committee is that most of the members were judges and members of the Senior Council. E.g., most of the reporting-members, IMAMURA Kazuro (1846-91), KURIZUKA Shougo, MIYAGI Kouzou (1852-93), INOUE Shouichi (?-1905), ISOBE Shirou (1851-1923), KUMANO Toshizou (1854-99), KOUMYOUJI Saburo (1849-1893) etc. and the discussing members, MITSUKURI Rinsho (1846-97), KIYOOKA Takatome (1841-1901), WATARI Masamoto (1839-1924), TSURUTA Hiroshi (1835-88), MURATA Tamotsu (1842-1925), OZAKI Miyoshi, MAKIMURA Tadanao, HOSOKAWA Junjiro (-1923) were members of Senior Council [37].

The power of the Left House (legislature, 1871-1875) was usurpted by the Senior Council in 1875 in order to handle legislative affairs (and was abolished in 1890 before the time of establishment of the Diet).

OZAKI Tadaharu (1831-1905), NANBU Kameo, NISHI Naruto, MATSUOKA Yasuki, KITABATAKE Harufusa (1833-1921). They were judges. MIYOSHI Taizou (1845-1908) was the Vice-Minister of Justice.

Many judges were educated in the School of the Ministry of Justice or at least accustomed to French law. As a result, their attitude to law was inclined to the solutions provided by French law[38]. Rarely did the Committee fundamentally question the drafts by Boissonade and French law.

In the early period of Meiji the separation of court and administration did not complete[39]. The judges sometimes held various high-ranking posts at the Ministry of Justice after or before their tenure.

(c) The characteristic of the first Drafting Committee is that there was no leading influencial member in the Committee. Contrary to the first Drafting Committee, in the second Drafting Committee three drafters, Ume, Hozumi and Tomii played the main role in discussion. In the first Drafting Committee the judicial members were familiar with the practices and customary law and they played a greater role in the discussion, but even the judges often exposed their ignorance of western law.

Formally Boissonade has no right to attend in the Committee. However in substance he was the drafter of the code except the Law of Family and Succession. There was a marked difference in the knowledge of western law between Boissonade and members in the Committee[40].

Some years were necessary before the grounding and the knowledge of western law of the Japanese Committee members progressed. The second Drafting Committee was established in this situation.

IV The Process of Codification: The Second Drafting Committee

1 The Second Drafting Committee

(a) The government appointed the members of the new (second) Drafting Committee in 1893. The original Committee consisted of 33 members from various regions. They can be divided in groups as follows.

① ITOH Hirobumi (1841-1909) was the president of the Drafting Committee. He later became Prime-minister (1885-89, 1892-96, 1898, 1900-01). SAIONJI Kinmochi (1849-1940) was the vice-president of the Drafting Committee. He and Dr.Mitsukuri were the chairmen in the session of the Committee. He also became Prime-minister (1906-08, 1911-12). Saionji studied in France. In spite of his social position of peerage he belonged to the progressive political force at the time of Meiji Era.

② Three drafters, HOZUMI Nobushige (1856-1926)＊, UME Kenjiro (1860-1910), TOMII Masa'aki[ra] (1858-1935) were professors.

③ HIJIKATA Yasushi (1859-1939)＊ and Hozumi's brother HOZUMI Yatsuka (1860-1912)＊ were also professors. The former belonged to the English section or school of lawyers.

④ There were several members of the Diet, e.g. HATOYAMA Kazuo (1856-1911), MOTODA Hajime (1858-1938)＊ and HOSHI Toru (1850-1901). OZAKI Miyoshi and MURATA Tamotsu (1842-1925) were formerly members of the Senior Council.

⑤ There were several judges, NANBU Kameo, HASEGAWA Takashi (1852-1912), INOUE Shouichi (?-1936), TAKAGI Toyozou, ISOBE Shirou (1851?-1923), KISHIMOTO Tatsuo (1852-1912). Most of them had studied in the School of the Ministry of Justice and belonged to the French section or school of lawyers[41]. Judge Inoue and Judge Kishimoto had taken a doctorate in France[42]. Judge Nanbu, Inoue and Isobe were also members of the first Drafting Committee.

⑥ There were many high-ranking officials of the government. Most of them became later conservative politicians. KIYOURA Keigo (1850-1942) was a Vice-minister of Justice and later became Prime-minister for a short period (1924,Jan.7-June 7). ITOH Miyoji (1857-1934) was the chief secretary of the Cabinet Secretariat. KANEKO Kentaro (1853-1942) was the Vice-Minister of the Agriculture, Forestry and International Trade and Industry. These two men were the assistants of the unofficial drafting meeting of the former Constitution led by Itoh.

MIURA Yasushi (1829-1910) was the governor of Tokyo. YOKOTA Kuniomi (1850-192 3), KINOSHITA Hiroji (1851-1910), TSUZUKI Keiroku (1861-1923), MOTONO Ichirou and TABE Hiroshi (1860-1936) were the officials in the Ministry of Justice, Education, Home Affairs or Foreign Affairs. MOTONO Ichiro (1862-1918) was the co-author with Tomii of the French translation of Japanese Code Civil. OKUDA Yoshindo (1860-1917)＊ was in the Cabinet Secretariat. KIKUCHI Takeo (1854-1912) studied in the USA and was an official in the Ministry of Justice but went into become a lawyer.

MITSUKURI Rinshou (1846-97) was a judge of the administrative court. SUE-MATSU Norizumi (1855-1920) was the chief of the Legislative Bureau. The two men shared an academic framework for their work. Mitsukuri was the main translator of the first Civil Code draft. Suematsu is known as a translator of Roman Law.

⑦ Details of some members were unknown, e.g. YAMADA Kinosuke (1859-1913) * and MIZAKI Kamenosuke. 〔YAMADA Kinosuke was one of the founding members of a private school, which became Chuo University). 〕

> * are members of the Alumni Association of Law (of Tokyo University) which opposed the enforcement of the first Civil Code in 1893 and insisted its postponement and repeal. They belonged to the English section or school of lawyers.

(b) The number of the members varied over time[43]. A characteristic of the second Drafting Committee was that there were many members who were high-ranking officials of the government and that the leading-memebers of the Committee were university professors. This demonstrates the progress in the formation of bureaucracy and university within this short time.

Some of the members were judges who remained from the time of the first Drafting Committee. But because the whole number of the members increased, especially the number of officials, the influence of the judges of the French section or school were decreased.

The high-ranking official members were inevitable faithful to the decisions by the head of the government. President Itoh and other politicians who rendered distinguished works on the establishment of the new government became more and more inclined to the German Style. Some members of the committee, e.g. Kiyoura Keigo, Ihoh Miyoji and Kaneko Kentarou were Itoh's close attendants. Later many of the high-ranking officials became members of the Privy Council, which was the advisory organ to the Emperor until 1947.

(c) (i) In 1894 there were 54 members. It is significant that some members representing financial magnates and private citizens were added, e.g. SHIBUSAWA Eiichi (1840-1931), ABE Taizou (1849-1924), SUENOBU Michinari (1855-1932). In March 1894 the number of members of the Committee was reduced, especially the number of members representing financial magnates. Later after 1897, not only Shibusawa and ABE Taizou but also TSURUHARA Sadakichi (1855-1914), KATOU Masayoshi (1854-1923) were added[44]. The government, however, did not so expect the role of the members representing financial magnates. On the other hand the enthusiasm of the members representing financial magnates for the Civil Code

Codification was also not remarkable. They were always absent from the sessions of the Committee.

Overall the attendance rate of the members was not high. For example in the session of April 6, 1894 (the first general session of the Drafting Committee, on the paragraph of representative, now Art.99) 28 members were present (*Saionji, Mitsukuri, Suematsu, Hozumi N., Yokota, Hasegawa, Kinoshita, Takagi, Tomii, Ume, Tabe, Kikuchi, Hatoyama, Mizaki, Motoda, Murata, Hijikata, Nanbu, Kiyoura, Okuda, Tsuzuki, Inoue, Hozumi Y., Kishimoto, Ozaki, Kaneko, Isobe, Miura*)[45] In the session of May 22, 1894 (14th session, on the paragraph of transfer of property) 19 members were present (*Saionji, Mitsukuri, Nanbu, Nakamura, Hozumi N., Yokota, Kinoshita, Okuda, Hasegawa, Inoue, Takagi, Tomii, Motono, Hozumi Y., Ume, Hijikata, Tabe, Ozaki, Murata*)[46].

This rate of attendance decreased more and more. In the session of April 19, 1895 (79th session, on the paragraph of risk of loss, now Art.534) only 17 members attended (*Mitsukuri, Hijikata, Tabe, Takagi, Hozumi Y., Kiyoura, Okuda, Inoue, Hozumi N., Tomii, Ume, Yokota, Hasegawa, Nanbu, Isobe, Nakamura, Nishi*)[47]. There were no representatives from commerce and industry. Most of the arguements were developed from the view put by the judges. Also in the session of June 4, 1895 (91th session, on the paragraph of loan for consumption & usury law) 17 members were present (*Mitsukuri, Hijikata, Kishimoto, Tabe, Takagi, Kiyoura, Okuda, Inoue, Tsuzuki, Hozumi B., Tomii, Ume, Yokota, Hasegawa, Ozaki, Miura, Nakamura*)[48]. Again in the session of October 2, 1895 (119th session, on the paragraph of torts, now Art.709) only 17 members attended (*Mitsukuri, Hijikata, Murata, Tabe, Hozumi Y.,Mizaki, Okuda, Tsuzuki, Hozumi N., Tomii, Ume, Yokota, Shigeoka, Hasegawa, Ozaki, Miura, Nakamura*)[49].

(ii) The number of active members of the Committee was restricted. E.g. three drafters and Dr.Mitsukuri, Prof.Hijikata, Judge Nanbu, Judge Hasegawa, Judge Inoue, former Judge Takagi, former Judge Kishimoto. These judges were in the section or group of French lawyers, and so many arguement favored of the provisions of the first Civil Code. Prof. Hijikata was in the section of English law but sometimes he invoked the provisions of the first Civil Code. He was not necessarily a narrow-minded sectionalist[50].

Meetings of the Drafting Committee could not be held unless over one third of the members was in attendance (The Proceedings Rule of the Committee, Art.10)[51]. Thus sometimes 17 was the minimum number necessary.

High-ranking officials were not in generally active. However there were few exception including Yokota, Tsuzuki and Tabe who were relatively active[52] In other groups, Isobe, Ozaki and Yamada sometimes proposed constructive opinions.

2 The System of the Code

(a) Itoh and other high-ranking politicians who had worked towards the Meiji Reformation in 1868 felt a sense of intimacy with German style in many areas. So it was presupposed that the Civil Code after the Controversy on the Civil Code Codification was to be compiled in German style (*Pandektensystem*)[53] There was no room for other members of the Committee to change this fundamental concept of the system.

The leaders of the government, however, had no interest above or beyond the system and certain fundamental ideas of the Code. There were thus many chances to include paragraphs or institutions from many other areas of law. All technical changes were left in the drafting members' hands.

In addition as the new codification was formally a process of the innovation of the first Civil Code, many paragraphs from first Civil Code were adopted in the new draft and the Code.

(b) The influence of the three drafters was very strong in the Committee because they took partial charge of the drafting work. Every arguments were from the work of their original drafts.

Other members could express opposition each paragraph and even propose to amend it but it was necessary to make a proposal with the support of at least two members (proposer plus one other member) in order to amend one rule to another[54]. When nobody supported a proposal, it was rejected without voting. Under this system, in fact, it was impossible to introduce comprehensive new institution or replace one rule with another of a different style. Then we can say that three drafters played not only formally but also substantially the main roles in the Drafting Committee.

(C)　The first Civil Code followed the French Civil Code, so-called „*Institutionessystem*". It had no distinct part assigned to general rules applicable to all other parts. This system rendered frequent repetition of the same rules necessary in different parts of the Code, making the whole work a voluminous code, containing 1762 articles[55]; *Livre 1: Des biens* has 572 articles, *Livre 2: Des moyens d'acquérir les biens* has 435 articles, *Livre 3: Des sûretés ou garanties des créances* has 298 articles, *Livre 4: Des preuves et de la prescription* has 164 and *Livre 5: Des personnes* has 293 articles[56].

The second Civil Code following the draft of the German Civil Code, „*Pandektensystem*", placed the general rules, relating to persons as subjects of rights, to things as objects of rights, and to facts and events by which rights are acquired, lost or transferred ("Juristic acts" or *Rechtsgeschäfte*) at the beginning. Contrary to German Civil Code, the Japanese Civil Code put the "Real Rights" (*Sachenrecht*) in Book II and the Law of Obligations (*Schuldrecht*) in Book III[57].

It is said that this method of arrangement avoided unnecessary repetitions and made the body of the law succinct; the new Code containing only 1146 articles[58].

The Pandektensystem was, however, deficient in that there were so many instances of cross-referencing between Books. Avoidance of Repetitions was made possible only through the complex references between articles. The system did not result in a reduced body of law, so there are more articles in German Civil Code than in French Code[59].

The drafters of the second Civil Code in Japan took the position that it was not necessary to write in the Code what is clear and as a matter of course from the viewpoint of modern civil law principles and they also excluded unnecessary provisions for definition of concepts, which was included in the many paragraphs of the first Civil Code. Contrary to Boissonade, who had intended the most completed Code, the drafters of the second Civil Code left large possibility of interpretation to the future developement of legal theory. Then the interpretation of law after the codification got large freedom on this basis.

3　Influence of Foreign Law

(a)　As for the influence of foreign law, the enforcement of the Civil Code hinders any direct influence on Japanese law. For a short period after the enforcement of the

Civil Code, however, because of the commentary by Ume, the influence of the idea and style of the French law survived. But after his death in 1910, the interpretation by French law style was completely forgotten.

Some aspects of French law could be found buried in legal precidents. It was the judicial class that were the main followers of the French school. Thus after the abolition of the School of the Ministry of Justice which had taught French law there were no students to follow in the judges footsteps and the influence of French law decreased. Academic idea and theory in universities inclined more and more to German style of law.

(b) 1898 is not only the year of the enforcement of the Civil Code, but also the year of large scale judicial reform. Before this time there were group of judges who had no knowledge on western law but were appointed in order to full all the judicial positions of the courts. The leaders of the government used the judicial posts as a kind of reward for the work in course of 1868 Reformation. Such men even occupied the post of judges in Taishin'in [the former Supreme Court until 1947] or chiefs of High Courts.

It is to be noted that there were other governmental organs whose posts were also used as the grant of rewards for work in Reformation period. *Jingikan* is an example of this type of institution. It had nominally equal power to the *Dajoukan* and was concerned with non-worldly affairs[60]. In 1870s it appointed many persons who had worked to establish the new government but were old-fashioned exclusionists or ultra-nationalists who had no intention to reform themselves. In spite of its high ranking Jingikan had no substantial function. It was reformed to become a lower ranking institution, *Jingishou* in 1872, became *Kyoubushou* in 1873 and was completely abolished in 1877. After 1890 House of Peers played this role, the high-ranking discontents were accepted here.

The reformation of the judicature took place last in 1890s. In 1898 strong reformation in the courts was accomplished. Those who had no knowledge on western law lost their position as judges. Both the codification and the modern judicial system were completed in this year[61].

4 The Educational System

(a) Study of Law at the universities in Japan aimed, from the beginning of the 1868 Reformation, to import students western knowledge and a western way of thinking. There were many foreign teachers in schools of all fields. After 1868 Japanese government sent students abroad, mainly to England, France and Germany in order to assimilate and import western system and knowledge, especially technology.

Soon the government came to the conclusion that the German university system was the best in the world. During the later half of 19th century German science was in a golden era. As a result many students were sent to Germany. On their return home, they became professors in Japan. This is now the so-called „Germanization" of Japanese universities[62].

English law had been taught in the Tokyo University since 1874. On the other hand, there was a law school attached to the Ministry of Justice, in which French Law was taught by Boissonade and other French and native teachers. In 1887, the law school of the Ministry of Justice was transferred to the University (there was only one national university in Japan at that time) and at the same time a German Law Section was newly established, so that there came to be three sections in the College of Law. In 1890s the German Section asserted its superiority over the other sections[63].

(b) There were, however, significant differences between Japanese universities and German universities. German universities emphasized the active investigation. In contrast active investigation was never seen in the leading national universities in Japan. The mission of the national (imperial) universities of those days was to teach existing knowledge to students in order to supply either high-ranking officials to the government or many engineers to the large enterprises[64].

Under this system active research meant a kind of time-loss. Professors gave only one-side lectures. This made it possible to teach many students at one time. It served for the efficiency. New knowledge was imported from the western, especially German universities. The comparative method of Japanese law before 1910 meant only a consideration of the choices of where to import (from German law, French law or English law) and did not contain an element of creativeity[65].

第3部　法曹養成と民法典の発展

V The Purpose of This Paper, The Influence of the Foreign Laws

1 Law of Obligations or Property

This paper aims to examine some institutions of Civil Law and compare foreign institutions each other in order to establish some standard of comparative civil law. The material explored is the Japanese Civil Code, because we can see in this Code the substantial influences of many foreign laws and the role of comparative law can be seen through an examination of the process of constructing of the Code.

It is not necessary to examine every institution in the Civil Law. Some fundamental institutions will be shown to be characteristic of each law. E.g. the form of juristic paerson, transfer of property, the structure of non-performance, transfer of risk or fruit and the structure of torts law etc. Some of them are to be examined[66].

2 Family Law

The family law and the law of succession are, however, not necessaily suitable for comparative method.   It is sometimes said that this area is most influenced by customary law and in it survives many unique characteristics[67]   This area is outside the scope of this comparative examination[68].

(1)　Hozumi, The New Japanese Civil Code, as material for the Study of Comparative Jurisprudence, 1904 (in English), p.16; see also in his Hotenron, pp.43.
　The author is obliged to Mr. Edward Cole for polishing the English in this article.
(2)　Hozumi, p.16-17. He says; "There are many smaller branches of law, not belonging to any of the above mentioned Families, which are, none the less, very important for the Genealogical Method of comparative study, but for the purpose of the present lecture, they need not be mentioned here."

(3)　David, (i) pp.37, (ii) pp.161, (iii) pp.321, (iv) pp.469-582. The 4th part has only 113 pages.
(4)　Rabel, I, 1957 (I.Teil.Der Umfang und die Ziele der Vereinheitlichung, §2,Übersicht über die Kodifikationen des Kaufrechts, S.19ff.).
(5)　Ib. (II.Teil.Abschluß und Form des Kaufvertrages, §11. Die Gesetze und Entwürfe, S.71ff.).

第 2 篇 2　Comparative Law and the Civil Code of Japan (2)

(6)　Zweigert-Kötz, Bd.1: Grundlagen, 1971.　S.67ff.　(B.Die Rechtskreis der Welt).
(7)　Rheinstein, S.77ff. (3.Teil. Die großen Rechtskreise).
(8)　Cf. pp.80-162. Also, Constantinesco, *Rechtsvergleichung, Bd.III, Die rechtsvergleichende Wissenschaft, 1983*, S.73-169.　He states also the work by Hozumi, p.101. "Ce classement surprend par sa justesse, et, si l'on tient compte de l'époque, on doit le considérer comme probablement le meilleur."
(9)　Hozumi, op.cit., p.19.
(10)　From 1573-1603 was an age without a Shognate.　From 1478 it was the epoch of the warring countries and Japan disintegrated.　Many *Daimyos* [princes] and their vassals ruled their own areas and struggled with each other.
(11)　Hozumi thinks that Japanese law has Chinese moral philosophy, together with the custom of ancestor-worship and the feudal system as its base.　In his book, op.cit., p.17.
　　　On the short history of Japanese law to 1868, *cf.Noda, Introduction au droit Japonais, 1966 (French); Introduction to Japanese Law, 1976 (English translation by Angelo), pp.19*. On the process of reception, op.cit., pp.41.
(12)　The drafter's works in Japanese are cited op.cit., pp.33-36 in vol.24 in this series.　Among these works Hozumi's　*The new Japanese civil code* and Tomii's *État de la codification au Japon* are noteworthy here.　The latter, however, is a short report on the general legal and judicial system in Japan after 1868 (There are only 7 pages and a 3 pages discussion).　Tomii was not a man of thought.
(13)　Hozumi, op.cit. (at note 1), p.20.
(14)　Hozumi, ib., p.20.
(15)　Cf. *Takigawa, The role of „Kujiyado" in the Japanese Feudal Period as the Predecessor of the Modern Bar- with the original text of Hikae (forms of documents for various legal proceedings) compiled by Kujiyado, Institute of Comparative Law of Waseda University Publication No.8 (1959)*, pp.77 (Comments), pp.95 (Text). (in Japanese).　Kujiyado was one of the authorized type of lawyer in Tokugawa period.　On the other hand, Kujishi was one of the unauthorized type of lawyer.　The social status of lawyers in this period were far lower than that of western countries.
　　　The name „*Kujiyado*" literally coincides with the law authority, Inns of Court of London (the Inner Temple, the Middle Temple, Lincoln's Inn, Grey's Inn).
(16)　But under the traditional system, the separation of civil and criminal law was not completed.
(17)　Hozumi, op.cit. (at note 1), p.13.
(18)　Hozumi, ib., pp.19-20.
(19)　Hozumi, ib., p.13. "This was true of the ancient codes Draco and Solon in Greece, the Law of Twelve Tables in Rome, and the codifications in China since the Han Dynasty, where it was customary for the founder of every dynasty to publish a new code of laws after he had gained the imperial power by force of arms.　In Japan, the codes of the Hojo and the Tokugawa belong to this class."
　　　The author takes that pacification of law is not always necessary and thus the only and essential motive for this is simplification of law.
(20)　E.g. Dajoukan Proclamation (in the 5th year of Meiji [1872] 10, 2) No.295 and

383

Directive by the Ministry of Justice (in the 5th year of Meiji [1872] 10, 9 No.22) emancipated apprenticeship from long term contract. This aimed especially to abolish „geisha" house. The latter Directive is famous because of the characteristic of limitation of capacity of women who were in „geisha" house.

The sale of farms were prohibited in 1643 under feudal government. In 1872 it was allowed by the Dajoukan Proclamation (in the 5th year of Meiji [1872] 2,15, No.50).

(21)　By Dajoukan Proclamation in 1873 (in the 6th year of Meiji [1873] 7,28, No.50) every land owner got official certification of ownership (*chiken*), which became the basis of taxation on land (*chiso-kaisei*). Also cf. Dajoukan Proclamation (in the 7th year of Meiji [1874], 10, 3) No.104; D.P. (in the 8th year of Meiji [1875] 6, 18) No.106.

Dajoukan Proclamation (in the 13th year of Meiji [1880] 11, 30, No.52) abolished the system of the endorsement of chiken in order to transfer land-ownership. After this time the acquisition of chiken ceased to be a nessesary condition of ownership but the acquisition of ownership could not be set up against a third party until it had been registered (cf. Civil Code, Art.177). The chiken-system was abolished by the Land Registlation Code in 1886.

(22)　In some money-lendering cases, *Osadamegaki-Hyakkajou was applied even after 1868. cf.Fukushima, Nihon shihonshugi no hattatsu to shiho [The development of Japanese Capitalism and the Private Law], 1988, p.36.*

(23)　The French law which was the basis of the first Civil Code was the *ratio scripta* (written reason) for Japanese law as the Roman law was the *ratio scripta* for German law in medieval period.

(24)　*Boissonade, Projet de Code civil pour l'Empire du Japan, t.2., 1883, Introduction, p.vii.* "*Ratio scripta, 'raison écrite,' est la qualification qu'on donnait, en Europe, au droit romain, quand il était appliqué pour suppléer aux lacunes du droit coutumier". The idea of Boissonade on natural law is shown here, "Nous croyons, d'ailleurs, pouvoir affirmer qu'il n'y a aucune des solutions de ce Projet qui ne soit conforme au Droit naturel et qui, par conséquent, en l'absence de loi positive, ne puisse être supplée par un tribunal sage et éclairé, suivant les lumières de la Raison pure, le sentiment de l'Equité naturelle et la notion de l'Utilité générale."

Also, cf. Fukushima, op.cit. (at note 22), p.19, p.39 .

(25)　Fukushima, ib., p.207.

Of course it only rarely did a case directly refer to foreign law. In ordinal cases the influence of foreign law were hidden after the name of "justice" or "reason of law".

(26)　Ib., p.206.

It is to be noted that in 1875, after Etoh's retreat, there was a reform of administrative structure in order to divide the influence of Ministry of Justice. cf. op.cit.,p.12 (this paper, Vol.24).

(27)　Hozumi, p.18. Also, "Many academic texts were looked upon as repositories of just and reasonable principles and supplied necessary data for their judgments. In this manner, Occidental jurisprudence entered our country, not only indirectly through the University and other law colleges, but also directly through the Bench and the Bar."

Indeed in the early period of Meiji Era, there were many translations of academic

第2篇2　Comparative Law and the Civil Code of Japan (2)

books and commentaries on European law.　Perhaps the Japanese tendency to regard the translations of foreign law highly stems from this.
(28)　In 1919 the law was once amended.
"Art.2. (Maximum rates of interest)

The contractual interest can be fixed by a voluntary contract.　The contractual interest shall be fixed under the rates: where the principal is less than one hundred yen, fifteen percent per anum; where the principal is one hundred yen or more but less than one thousand yen, twelve percent per annum; where the principal is one thousand yen or more, ten percent per annum.　If it exceeds the sum calculated at the rates of interest mentioned above, the agreement on interest shall be null and void in the process of trial with respect to the portion which is in excess and it shall be deemed to be applied to the principal."

The maximum rates of interest were reduced according to the financial changes.　The existing Usury Law was provided after the World War II (in 1954).　Because the money value totally changed by the inflation after the World War II, the old maximum rates of interest became unworkbale.

Effective Interest Rates on Loans & Deposits of all Banks.
Japanese Statistical Yearbook (Source: Ministry of Finance & National Financial Control Associations, & The Bank of Japan).

	1867	1877	1887	1897	1907	1917	1927	1937	1947
○	3.84	2.73	2.48	2.79	2.35	2.02	2.55	1.79	1.59

Daily interest rates by *Sen* (1/100 Yen) for principle of 100 Yen.

Daily rates (Sen=1/100 Yen) Daily rates 4 Sen means annual 14.60%

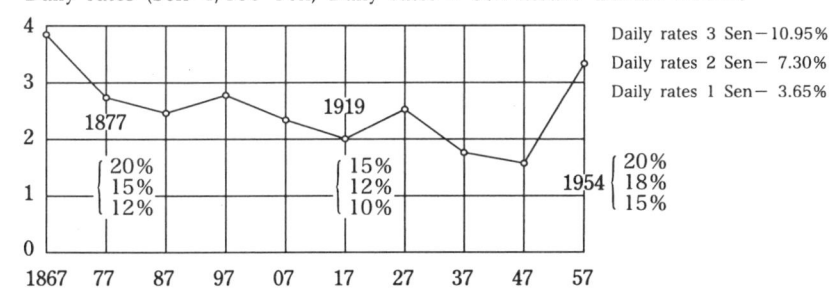

Daily rates 3 Sen − 10.95%
Daily rates 2 Sen − 7.30%
Daily rates 1 Sen − 3.65%

Law of 1873	legal interest rates 6%			
Maximum contractual interest rates by Usury Law				Civil Code
Law of 1877	less than ¥100 20%	¥100 − ¥1000 15%	¥1000 or more 12%	Civil legal interest 5%
Amendment of 1919	15%	12%	10%	Commercial legal interest 6%
Law of 1954	less than ¥10,000 20%	¥100,000 − ¥1,000,000 18%	¥1,000,000 or more 15%	

(29) See the author's paper on Usury Law, in Hougaku-kenkyu [Hitotsubashi University Research Series, Law & Politics],Vol.27 (1995), pp.43-107, especially p.45 (in Japanese).

Minji kanrei ruishu [The Collected Customs on Civil Affairs], 1877-1880 (Book.3 Contract, Chap.2 leases and loans) shows the customary law in the early period of Meiji. (in Japanese). Also, *Wigmore, Law and Justice in Tokugawa Japan, Part III, Contract, Legal Precedents*, p.256-261, *Part II, Contract, Civil Customary Law, pp.69.*

In Tokugawa period, there were many exception to this principle, which allowed higher rates of interests. cf. The author's paper, op.cit. (at note 29), p. 45.

(30) The author's paper: The Development of Usury Law, in Gyousei-shakai-ronshu Vol.1 (1988), pp.1-43, especially p.38-39.

French Civil Code, Art.1907 provided; L'intérêt est légal ou conventionnel. L'intérêt légal est fixé par la loi. L'intérêt conventionnel peut excéder celui de la loi toutes les fois que la loi ne le prohibe pas.

Le taux de l'intérêt conventionnel doit être fixé par écrit.

On Lois des 3 sept.1807, 19 déc.1850, 14 janv.1886, the author's paper, op.cit. (at note 30), 39-40. Loi 18 avr.1918 abolished the maximum rate of civil interest. On developement in the 20th century, cf. the author's paper, op.cit., p.40-41.

(31) *Cf. Boissonade, Projet de Code Civil pour l'Empire du Japan accompagné d'un commentaire, t.3 (des moyens d'acquérir les biens), 1888 (rep.1983), pp.779.*

Art.882. "Les intérêts conventionnels ne peuvent excéder les intérêts légaux que dans les cas où la loi ne le prohibe pas.

S'ils ont été ostensiblement fixés à un taux supérieur à celui que la loi permet, ils sont réductibles à ce taux et ce qui en a été payé audelà est sujet à imputation sur le capital ou à répétition;

Mais lesdits intérêts illégitimes ne sont dus pour aucune portion, et, s'ils ont été payés, ils sont sujets à répétition pour le tout, lorsque le créancier les a fait dissimuler, en tout ou en partie, soit par la reconnaissance d'un capital supérieur à celui qu'il a effectivement prêté, soit de toute autre manière."

Boissonade's draft reflects the restrictions of interest by French law, e.g. Lois des 3 sept.1807, 19 déc.1850, 14 janv.1886.

(32) The author's paper, op.cit. (at note 29), p.57. Hoten-chosakai-kyuminpou-giji-sokkiroku [The stenographic records of the Drafting Committee on the first Civil Code], vol.12, pp.94 (61th session, 1888. 6.4).

(33) The author's paper, op.cit. (at note 29), p.58. Hoten-chosakai-minpou-giji-sokkiroku,

vol.28, pp.103.
(34) Fukushima, op.cit., p.205 (at note 22).
(35) The author's paper, op.cit. (at note 29), p.59. The author has the intention, in this series (V. Law of Obligations), to examine the characteristic and the development of the Usury Law.
(36) Ohkubo, Boissonade, pp.134-142. *Ikeda, Saikenjouto no kenkyu [Research on Assignment of Claims], 1993, p.455.*
(37) Many of the members of Senior Council were appointed from the group of judges, e.g. KUMANO Toshizo, who took a doctorate in France and wrote a commentary on Civil Code with Judge Kishimoto in 1890.

The reporting- (or drafting-) members, Kumano, Koumyouji, Kuroda and Takano not only prepared the drafts (Book I-IV) based on the projects by Boissonade but also drafted originally the provisions of Book 5 (Des personnes) of the first Civil Code. Cf. *Tezuka, Koshuken [The right of House-Headship] in the first Civil Code, Hogaku kenkyu (Keiou University), Vol.26, No.10, pp.7.* (in Japanese).
(38) KURIZUKA Shougo, MIYAGI Kouzou, INOUE Shouichi, ISOBE Shirou, KISHIMOTO Tatsuo and KUMANO Toshizou were the first graduates of the School of Ministry of Justice in 1876. They were also ordered to study in France by the Ministry. Later some of them helped Mitsukuri to translate Boissonade's projects into Japanese. Cf. *Kabuto, Jirekifu [Memoirs by Kabuto of his own History], 1929 (rep.1982), pp.115.* Short profiles can also be seen in *Ohue, Meiji kakochou [Necrology in the Meiji era], Taishou kakochou [Necrology in the Taishou era], rep.1946.*

UME Kenjiro was one of the second group of graduates from the School of the Ministry of Justice in 1884. cf. Kabuto, ib., p.131.
(39) Cf. Vol.24, p.12. The court-system was under the control of the Ministry of Justice. Taishin'in [The former supreme court until 1947] was established in 1875 but it was under the substantial influence of Ministry of Justice until 1947. cf. Appendix.
(40) One of the reason why Boissonade was invited to Japan was that Mitsukuri, the translator of many western laws and codes, had asked Minister of Justice, Etoh to let him go abroad in order to study law because he was not sure his translations were correct because of his lack of grounding in law. Etoh answered that Dr. Mitsukuri was an indispensable person to the government which hastened westernazation of the country. Instead of allowing Mitsukuri study abroad, Boissonade was invited to Japan in order to answer questions which occurred in the process of translations by Mitsukuri. The process of invitation of Boissonade, cf. Ohkubo, op.cit. (note 36), pp.33.

Originally Dr. Mitsukuri was a translator of western books in the Tokugawa government. In Tokugawa period the research and translation of western books was restricted to the areas of natural science (especially medical science, agriculture and technology) and sometimes geography. The research and translation in the area of social science officially began with the Meiji Era under the new government.
(41) Some judges who were in the first Drafting Committee wrote a series of commentaries on the first Civil Code in 1890 (The year of the promulgation of the first Civil Code); e.g. IMAMURA Kazuro, KAMEYAMA Sadayoshi, MIYAGI Kouzo, INOUE Shoichi,

第 3 部　法曹養成と民法典の発展

KUMANO Toshizo and KISHIMOTO Tatsuo. Minpou Seigi, 12 vols. (These books were reprinted in 1996).
(42)　In 1892 many high-ranking judges resigned because of a scandal "Rouka-jiken". They found to have played Japanese playing cards ("Hanafuda" [flower cards]), which was linked to gambling.　Public opinion forced these judges to resign. Judges Kurizuka (a member of the first Drafting Committee), Takagi and Kishimoto (later they were to participate to the second Drafting Committee) became lawyers in this year.　The most famous judge who resigned by the case is KOJIMA Iken.　Kojima is well-known because he was the chief Justice of Taishin'in at the time of the trial of the criminal who stabbed crown prince Nikolai of Russian Empire, near Kyoto in 1891 (*Ohtsu-jiken*).　He rejected the governmental interference with the trial and protected the independcency of judiciary.

1892 is the year of postponement of the first Civil Code.
(43)　On the Proceedings Rule of the Drafting Committee, cf.Fukushima and Shimizu (ed.), Meiji minpou no seitei to Hozumi bunsho [Codification of the Meiji Civil Code and Papers by Hozumi], 1956, pp.111.
(44)　Fukushima, op.cit. (at note 22), p.158; Fukushima and Shimizu, op.cit. (at note 43), p.125.

Shibusawa was a man of business and founder of many companies in the early period of Japanese industrialization.　He served for the last Shogun, TOKUGAWA Yoshinobu and accompanied TOKUGAWA Akitake in the mission to the international exhibition in Paris in 1867.　He obtained knowledge on industry and finance from this experience abroad.

In 1869 he served for the new government in the Ministry of Treasury.　In 1873 May he was a director of the Ministry of Treasury but resigned with Minister of Treasury, INOUE Kaoru, because of the dispute against Saigou and Etoh over the issue of a balanced budget (and against expansionism.　Saigou and Etoh resigned in Oct.1873) and never returned to post of government official (In contrast Inoue became a member of Senior Council in 1875, then Sangi and Minister of Construction in 1878, Minister of Foreign Affairs in 1885 etc.).

Shibusawa not only played a leading part in business world but was also devoted to educational, social and cultural achievements.　He was one of the founders of the school which became later Hitotsubashi University.
(45)　There was a stenographic record of Drafting Committee of the Civil Code.　It was, however, consumed by fire during the war in 1945.　Before its loss the Japan Society for the Promotion of Science (JSPS) made eight copies and distributed them to universities (so-called Gakushin ed.).　In 1975 the Ministry of Justice began to reprint some parts of the record (Houmu-toshokan ed.).　This was widely distributed.　After 1983 the work was succeeded by a publishing company, Shouji-houmu-kenkyukai (Shouji-houmu ed.).

The author cites here mainly from the Shouji-houmu ed. For example, draft Art.100 (now Art.99, on the paragraph of reprepsentative) located in Vol.1, pp.1 (Shouji-houmu ed.).　Vol.1,pp.5 (Houmu-toshokan ed.) and Vol.1, pp.20 (Gakushin ed).
(46)　Draft Art. 177 (now Art.176, on the paragraph of Transfer of property) in Vol.1,

388

pp.579 (Shouji-houmu ed.); Vol.2, pp.259 (Houmu-toshokan ed.).
(47) Draft Art.532 (now Art.534, on the paragraph of risk of loss) in Vol.3, pp.765 (Shouji-houmu ed.); Vol.9,pp.219 (Houmu-toshokan ed.).
(48) Draft amendment otsu No.21 (now Usury law, on the paragraph of loans for consumption & usury law) in Vol.4, pp.213 (Shouji-houmu ed.); Vol.10, pp.281 (Houmu-toshokan ed.). Draft amendment otsu No.21 & Art.591 is the last part of Houmu-toshokan ed.
(49) Draft Art.719 (now Art.709, on the paragraph of Transfer of property) in Vol.5, pp.294 (Shouji-houmu ed.).
(50) The English school or section of lawyers contributed to the repeal of the former Civil Code (Controversy on Civil Code Codification) but after the postponement (in 1892, abolishment in 1898) of the first Civil Code not only the French school or section but also the English school or section lost its influence. This was because the influence of German school became increased, especially within the university. cf. op.cit., I p.8 (Vol.24, at note 30. Hozumi was devoted to introduce the superiority of German section to other section in his university.
(51) Fukushima and Shimizu, op.cit. (at note 43), p. 121.
(52) Yokota studied law in Germany in 1886 and researched judicial practices. Cf. Kabuto, op.cit. (at note 38), p.302.
(53) Op.cit., p.9 (in this series, Vol.24). Fukushima and Shimizu, op.cit. (at note 43), p.111 (The Plan of the Drafting Committee in the letter by Hozumi to Prime-minister Itoh).

Itoh's main interest was the Constitution, which he drafted himself. Nominally he was the president of the Drafting Committee of the Civil Code, but he rarely attended. Most of the time it was chaired by Saionji. The level of enthusiasm for a Civil Code that Napoléon exhibited during the creation of the French Civil Code was sadly lacking.
(54) The Proceedings Rule of the Committee, Art. 18; Fukushima and Shimizu, op.cit. (at note 43), p.122.
(55) Hozumi, op.cit. (at note 1), p.23.
(56) The French Code Civil contains 2283 articles. The German civil Code also contains 2385 articles. There is no fundamental difference in the number of the articles.
(57) Although, the Civil Code of Saxony in 1865 has the same system as Japanese Civil Code, the German Civil Code in 1900 has the system that Book II is for the law of obligations.
(58) Hozumi, op.cit. (at note 1), p.24.
(59) Op.cit. (at note 1), p.24.

Hozumi also says, "The new Code, besides having a Book devoted to general provisions common to all legal relations, has distinct places set apart for the laws of Family and Succession. In the Code drafted by Prof.Boissonade the law of family was included in Book I relating to 'Persons,' and the law of succession formed a part of Book III relating to the 'Means of Acquiring Property'. Now, this arrangement formed one of the strong reasons for postponing the operation of the first Code and are constructing it on an entirely new basis."

第3部 法曹養成と民法典の発展

Thus this does not provide a good reason for the superiority of Pandektensystem. Because succession (Book V) is one of the means of acquiring property (mainly Book II and III) and the articles of 'Persons' in the General Provisions (Book I) have the strong relation with the law of Family (Book IV).

For those people who insisted the postponement of the operation of the first Civil Code (substantially the abolishment of the Code) the Pandektensystem was at the beginning the ideal model of the Codification.

(60) Op.cit. (in this paper), vol.24, p.37 (I 3 (a)).
(61) Cf. Kabuto, op.cit. (at note 38), pp.170. For Example, KITABATAKE Harufusa was a man of action against Tokugawa government before 1868. He became judge in 1872, judge of Taishin'in in 1890 and Chief of Osaka High Court in 1891 (op,. cit. (at note 38), p.361).

Tomii in the book in 1989 (at note 12) states that among 1625 magistrats only 200 were the grauduates of university or law school of Ministry of Justice. 571 did not study [western] law (p.5).

(62) *Ushiogi, German University as a model for Japanese University at the Meiji period, in Zusammenfassungen, AvH-Stiftung, Japanisch-Deutsches Kolloquium zur Bedeutung der Geisteswissenschaften, 1996, S.126.*
(63) Op.cit. (in this paper), vol.24, p.34.
(64) Prof.Ushiogi points out that there was only one opponent to these tendency. E.g. "Professor Gijin Takane, law professor at Kyoto, asserted that the mission of the university is not to teach existing knowledge to students, but to introduce them into independent research activity. He reformed the training system of Law School of Kyoto University, which became a sharp contrast to the training system of Tokyo University ".

"However, the experiment of Kyoto Imperial University [independent research by students themselves, study by students at German-Style Seminar] could last only 7 years. The training style of Kyoto was not useful to prepare students to the governmental examination for higher civil servants. 1907, Professor Takane, promoter of the university innovation, resigned from his position. Kyoto University changed its training system and adopted the same system with Tokyo University [mere repetition and memorization of textbooks]." (*Zusammenfassungen*, op.cit., S.126).

(65) New style of case method and active seminar system was imported from the USA during World War I (1914-1918), as during this time Japan could not sent students to Europe.

In some cases the old-fashioned method survived even after the World War II (1939-1945).

(66) Some other papers (written other than Japanese) on the Civil Law by the author also aim to further comparative research between Japanese and western law.

For the General Section of the Civil Code and the Law of Family, *Recent Problems in the Japanese Incompetency and Absentee Law, the Hitotsubashi Journal of Law and Politics, Vol.23 (1995), pp.33-51*; for the Law of Real Rights, *Land Reform in Japan 1945-1951 and in the former East Germany 1945-1949, ib., Vol.22 (1994), pp.43-65*; for the Law of Obligations, *Restitution and the Extinction of Rescission, ib.,Vol.22 (1994), pp.21-41* (in

English); *Die Gefahrtragung und der Gläubigerverzug, ib., Vol.19 (1991), S.21-32* (in German).
The Law of Torts and the Japanese Civil Law, ib. Vol.26 (1998), p.43, Vol.27 (1999), p.9; A Comparative Study of Property Rights in Japanese Civil Law, ib., Vol.31 (2003), p.1, Vol.32 (2004), p.1 (in English); *Die Entwicklung des Leistungsstörungsrechts in Japan aus rechtsvergleichender Sicht, ib. Vol.30 (2002), p.15* (in German).

On the transfer of property and risk, cf. Appendix II.

(67) Then from the beginning the Project by Boissonade had no provisions relating to Family Law and Succession. E.g., I. Des droits réels; II. Des droits personnels ou obligations; III. Des moyens d'acquérir des biens; IV.Des sûretés ou garanties, Des créances ou droits personnels; V. Des preuves et de la prescription.

(68) Even some part of property law are sometimes said to be not suitable for comparative method because they contain many differences stemming from customary law.

Hozumi showed in detail some characteristics of the customary Japanese family law in his book on the Civil Code. These characteristics of Japanese family law were totally abolished after the Civil Code Amendment in 1947 (Book 4 & 5). cf. the following table.

The provisions of the Civil Code (Book 4 & 5) was replaced in 1947.

<Book 4 Family Law, 1898_	<Book 4 Family Law, 1947>
Chap.1 General Provisions	Chap.1 General Provisions
Chap.2 *House-Headship and Family*	
Chap.3 Marriage	Chap.2 Marriage
Chap.4 Parents and Children	Chap.3 Parents and Children
Chap.5 Parental Power	Chap.4 Parental Power
Chap.6 Guardianship	Chap.5 Guardianship
Chap.7 House Council	
Chap.8 Support	Chap.6 Support
<Book 5 Succession>	<Book 5 Succession>
Chap.1 House Authority Succession	
Chap.2 Property Succession	Chap.1 General Provisions
	Chap.2 Successors
	Chap.3 Effect of Succession
Chap.3 Acceptance and renunciation of succession	Chap.4 Acceptance and renunciation of succession
Chap.4 Separation of Property	Chap.5 Separation of Property
Chap.5 Non Existence of Successors	Chap.6 Non Existence of Successors
Chap.6 Will	Chap.7 Will
Chap.7 Legally secured Portions	Chap.8 Legally secured Portions

第3部 法曹養成と民法典の発展

☒Appendix I　Details of the Drafting Committee

	The second Drafting Committee (1893-1898)	The first Drafting Committee (1888-1890)
① President	ITOH Hirobumi, SAIONJI Kinmochi (Vice-President)	YAMADA Akiyoshi
② Drafters	HOZUMI Nobushige*, UME Kenjiro, TOMII Masa'aki[ra]	IMAMURA Kazuro, KURIZUKA Shougo, MIYAGI Kouzo, *INOUE Shouichi*, *ISOBE Shiro*, KUMANO Toshizo, KOUMYOUJI Saburo, KURODA Tsunahiko, TAKANO Mason
③ professors	HOZUMI Yatsuka*, HIJIKATA Yasushi*	
④ members of Senior Council (1875-90) members of Diet (1890-)	*MITSUKURI Rinshou*, *OZAKI Miyoshi*, *MURATA Tamotsu* HATOYAMA Kazuo, HOSHI Toru, MOTODA Hajime*	*MITSUKURI Rinshou*, *OZAKI Miyoshi*, *MURATA Tamotsu*, KIYOOKA Kimiharu, TSURUTA Hirosi, MAKIMURA Masanao, WATARI Masamoto, HOSOKAWA Junjiro
⑤ Judges	*NANBU Mikao*, *ISOBE Shiro*, HASEGAWA Takashi, *INOUE Shouichi*, TAKAGI Toyozo, KISHI-MOTO Tatsuo	*NANBU Kameo*, OZAKI Tadaharu, MATSUOKA Yasuki, NISHI Naruto, KITABATAKE Harufusa
⑥ Officials	KIYOURA Keigo, ITOH Miyoji, KANEKO Kentaro, MIURA Yasu,	MIYOSHI Taizou
	YOKOTA Kuniomi, KINOSHITA Hiroji, OKUDA Yoshito*, TSUZUKI Keiroku, MOTONO Ichiro, TABE Hiroshi, KIKUCHI Takeo, SUEMATSU Norizumi	
⑦ added members	OKAMURA, SENKE, NAKAMURA, SEKI, OH'OKA, MOTO'O, KAMIMUCHI, SHIMADA, HOSOYAMA, KAWASHIMA, KONAKAMURA, YAMADA, OGASAWARA, EGI, TOHJI, KINOSHITA Shuichi, KUMANO, OZAKI, TAKADA, SHIBUSAWA Eiichi, ABE Taizou, SUENOBU Michinari, TSURUHARA Joukichi, KATOU Masayoshi	

Also, YAMADA Kinosuke*, MIZAKI Yanosuke.
The names in italic are members of the Drafting Committee who were reappointed.
(The first and second Drafting Committee).　＊cf.p.376.
Cf. Tezuka, op.cit. (at note 37), Hougaku Kenkyu Vol.26,No.10,p.7; Ikeda, op.cit. (at note 36), p.456; cf. Fukushima and Shimizu (ed.), Meiji minpou no seitei to Hozumi bunsho, op.cit. (at note 43), pp.109,p.125.

Appendix II Transfer of property and risk

	Transfer of risk		
	at the time of conclusion		delivery
Transfer of fruits — at the time of conclusion	France, Italy (Res perit domino.)	Netherlands, Switzerland, Spain ※ Gemeines Recht	⇩ (Res perit creditoris.)
Transfer of fruits — at the time of delivery	Japan ⇧	Germany, Austria (Traditionsprinzip)	⇩
Transfer of property	at the time of conclusion	at the time of delivery	

※ This is the system of continental common law (Gemeines Recht). The transfer of the risk is at the time of conclusion of contract (Res perit creditoris) but the transfer of property is at the time of delivery.

In Scandinavian law the transfer of fruits has relation neither to the transfer of risk nor to that of property.

(cf. The author's book, Kyufushougai to kikenno houri [Impediment of Performance and the Theory of Counter-performance], 1996, p.434, which edditted some of the author's theses. Originally it appeared in 1985, under the title „Kajitu-shushuken to kikenfutan [The Profit and Unprofit in the Impediment of Performance]".)

第3篇 Modern Development in Environment and Product Liability

I Modern Development of Tort Law towards Pollution

1 Modern Tort Law

Here I would like to describe a short story on the development of the modern Japanese tort law on public nuisance and product liability (P.L). The new development can also be seen in the law of traffic accidents or medical malpractices etc., however, there is no room in this brief paper to describe them.

2 Sketch of Development of Positive Law

(a) Before I refer to the precedental law, I would like to sketch the development of positive laws. They reflect the general tendency of the recent development of nuisance law[1].

The first nuisance law in Japan were the *Water Regulation Act [Suishitsu hozen hou]* and the *Drainage from Factories Regulation Act [Koujou haisui kisei hou]* in 1958. The *Clean Water Act [Suishitsu odaku bousi hou]* was enacted in 1970 to integlate these two laws. This was a part of administrative law and recognized the power to the government to set standards for drainages and had penal regulations.

In respect to air pollution there was the *Smoke Regulation Act [Baien kisei hou]* in 1962. This law was revised and a new law was enacted in 1968 as the *Clean Air Act [Taiki osen boushi hou]*. The latter was again revised in 1970 in order to delate the articles which admitted large activity of enterprise (so-called "economic clause").

The year of 1970 was the turning point of Japanese pollution policy[2]. Fourteen laws concerning nuisances were enacted in this year. *Clean Ocean Water Act [Kaiyou osen boushi hou]* was then also enacted in place of *Ocean Water Regulation Act [Kaiyou odaku boushi hou]* of 1967. The revisions in the year of 1970 intensified generally the control of nuisance by the government or other self-governing bodies.

Administrative control was the characteristic in this period. Remedies by damages were left completely to the regulations of civil tort law.

The cost of control carried out by the government or other self-governing bodies should be burdend by the source factories. This is the principle that the enterprise which caused pollution should compensate for its own act (polluter pays principle). Then also the *Act imposing the Cost of Control on the Enterprise occuring nuisances [Kougai boushi jigyouhi jigyousha futan hou]* was enacted in 1970. This law, however, is estimated as giving too courteous treatment to nuisance enterprises because the burden on the enterprises was low.

(b) In spite of the insufficiency, the controls by administrative laws were developed. In contrast, legislative control on private law was lacking. The attempt for the enactment of non-fault liability law on nuisance failed. In 1972 only small revisions took place. Instead of general law, non-fault liability (or strict liability) was admitted only by the Clean Water Act and the Clean Air Act, which clarified the civil respesibility of pollution enterprise to pay damages to victims. The non-fault liability by these laws concerns only bodily and life invasion. It was, however, a remarkable progress of Japanese nuisance law at that time.

In 1972 also the declarative law, the *Fundamental Act against Public Nuisance [Kougai kihon hou]* (Law No.132), and in 1977 the *Natural Environmental Act [Shizen kankyou hozen hou]* (Law No.85) were enacted. In spite of its impressive name these laws had no substantive regulation on private law but gave only instructions on enterprises not to spread pollutions.

(c) On noise, the *Noise Pollution Regulation Act (Souon kisei hou)* was enacted in 1968. On smell, the *Foul Smell Control Act (akushu bousi hou)* was enacted in 1971. There is no law on oscillation and subsidence of ground.

3 Developemnet in 1980s

In 1980s there was no progressive change in positive laws. Only in 1984 the *Special Act on Clean Water of Lake and Marsh (Koshou suishitsu hozen tokubetsu sochi hou)* was enacted. The draft was proposed in 1981 by the Bureau of Environment but opposed by the Ministry of Construction and the Ministry of Commerce and Industry and its atricles were reduced and totally revised. Also the general *Environmental Assessment Act* was proposed in the Diet in 1981 but was not approved. The economic sector and the Ministry of Commerce and Industry was strongly opposed to this law.

In 1990s a new tendency came out from the viewpoint of protection of the environment. Comprehensive preservation of the environment was demanded from the viewpoint of a global environment crisis and sustainable development. In June 1992 the UN Global Summit on environment and development was held in Rio de Janeiro in Brazil. Also in Japan the *Fundamental Act on Environment (Kankyou kihon hou)* in 1993 (Law No.91) was enacted by the total revision of the Fundamental Act against Public Nuisance in 1972.

II Public Nuisance Law

1 Pollutions

The Fundamental Act on Environment in 1993 provides that nuisance means large scale of air pollution, water contamination, soil contamination, noise, oscillation, subsidence of ground or offensive smell, which results from human activity and as a consequence harms human health and living environment (art.2, Paragraph 3. Also former art.2 of the Fundamental Act against Public Nuisance). The following types of nuisance are not limited by this provision, - contamination from radioactivity, shut of sun light [*Nisshouken*, the right to enjoy sun light], jamming of radio or TV waves or biological generation of flies etc. In German law *Immision* (the interference to ground property) means „*Gasen, Dämpfen, Gerüchen, Rauch, Ruß, Wärme, Geräusch, Erschütterungen und ähnliche*"(§906 BGB). And the Environment Liability Act (Umwelthaftungsgesetz, 1991 UmweltHG) definies that pollutions are „*durch Stoffe, Erschütterungen, Geräusche, Druck, Strahlen, Gase, Dämpfe, Wärme oder sonstige Erscheinungen verursacht wird, die sich in Boden, Luft oder Wasser ausgebreitet haben.*" (§3 (1))[3].

2 Prerequisites

(a) fault or intention　　(i) There is no general law, which recognizes non-fault liability of companies except the Clean Water Act (Art.19) and the Clean Air Act (Art.25).　Thus we must depend on the general theory of civil liability (Art.709 etc. Civil Code).　The prerequsites and proofs of fault, unlawfullness and causality between the act of pollution and losses is necessary in order to demand compensation.　It is, however, difficult to prove each of them.

(ii) It is rare that a some factory intentionally breaks the law.　Today companies usually set up some facilties to avoid pollution.　Then the possibility of tort depends on whether there is fault or not.

Fault exists in the case where a factory discharges pollution violating the obligation to set up facilities to avoid pollution.　The standard of the obligation is the problem.　The more we demand highly established standards, the easier we can admit the formation of tort.　Generally speaking the standard of obligation to avoid pollution has become even higher today.

Formerly it was enough to deny tort that a factory set up reasonable facilities in accordance with the operation (in the famous decision of *Osaka Alkalin Case*, Taishin'in, Decision of 1916,12,22 Taishin'in Reports (1st Series) vol.22, p.2474).　In this case any industry is not required to set up facilities when it is technically and economically impossible to avoid pollution.　This standard became gradually insufficient after this judgement was passed down.　So even the second trial of the Osaka Alkaline Case, the High Court recognized fault because the indutry had or could have foreseen the pollution and the result of loss.

Recent theories recognize fault whenever an industry could foresee the loss, or when a factory caused loss which is beyond the limit of patience [*Juningendo, Zumutbarkeit*] of victims because an industry did not furnish reasonable facilities to avert invasion beyond the limitation of patience.

Lower courts in the 1970s demanded industries to investigate the pollution with the technically best way and to avoid damage.　Whenever an industry neglected these obligations, there is a foreseeability of the result and a possibility to avert the damage, then there is a fault (e.g. Niigata District Court, 1971, 9, 29 Hanrei jihou No.642, p.96 [*in Niigata Minamata Case*]).

(b) Unlawfullness   (i) Unlawfulness is correlatively estimated by the way of invasion and the value of the damaged interest. The greater the interest to be protected by tort law, the easier it is to judge the act unlawful even if the injury itself is slight. This mutural relation has recently been substituted by the idea of limit of patience [*Juningendo*], e.g. any invasion estimated within the limit in usual life does not constitute unlawfullnes[4].

(ii) The theory of limit of patience makes clear wheather an invasion constitute unlawfullness or not, because the standard of limit of patience is estimated by an ordinary person. Then a special reason for some person is not considered. Local character or circumstances are, however, estimated, e.g. city or rural place etc.

Even the use of his own right becomes unlawful when it is beyond the limit of patience of the victim (Supreme Court Decision 1972, 6, 27 SC-Reports Vol.26, No.5, p.1067)[5].

Invasion of administrative regulations is presumed that the invasion is beyond the limit of patience, but observance of regulations does not necessarily mean within this limit (in case of noise, Supreme Court Decision 1967, 10, 31 Hanrei jihou No.499 p.39; in case of shut of sun light, Supreme Court Decision 1972, 6, 27 SC Reports Vol.26 No.5 p.1067). Even the act of enterprises with public character can be estimated unlawful (Supreme Court Decision 1981,12,16 op.cit.)[6].

(c) Causal relation, Casuality   (i) It is also necessary to recognize that in tort responsibilty there must exist not only invasion and result of loss but also the casuality between them. The proof of casuality is not so easy because in some cases there are many causes of pollution from the factory, e.g.smog or drainage, soil contamination. Smog comes from not only factories but also exhaust fumes of cars or heaters (in *Yokkaichi Asthma Case*). It was even insisted that organic mercury came not only from factory drainage but also natural mercury (in the *Minamata case*).

It is especially difficult the case of air pollution (and sometimes water pollution). There exist four main suits. ① In 1988 the Chiba District Court admitted the casuality between industrial somg and health invasion and ordered from Kawasaki Iron Company compensation (1988, 11, 17 Hanrei jihou 1989, 8, 5 p.161 in *Kawatetsu Case*). This was the first decision of a large air pollution suit after the *Yokkaichi Asthma Case* in 1972. ② Also the case of Osaka District Court Decision 1991, 3, 29

(Hanrei jihou No.1382, 22 in *Nishi Yodogawa Case*). These two cases were finally resolved by compromises in the High Courts in 1995. In another case of Nishi Yodogawa, the Osaka District Court also ordered the government and the Highway Corporation to pay 65,000,000 Yen (1995, 7, 5 Hanrei jihou No.1538, p.17).

In 1994 two decisions on air pollution suits were issued. ③ Yokohama District Court recognized the responsibility of factories in combination in Kawasaki area but denied the responsibility of the government and Highway Corporation as the administrator of roading (1994,1,25 Hanrei jihou No.1481, p.19 in *Kawasaki Airpollution Case*). ④ Okayama District Court admitted casuality between exhaust fumes and health invasion (1994,3,23 Hanrei jihou No.1494, p.3 in *Kurashiki Case*). These cases were also resolved finally by compromises in the High Courts in 1996.

Recently Supreme Court Decision 1995, 7, 7 (SC Vol.49, No.7, p.1870 in *National Highway No.43 Case*) admitted the casuality between the exhaust fumes by cars and the health invasion of inhabitants.

[In Feb. 1999 the suit on air pollution in Amagasaki, where located near by the place from Nishi Yodogawa, was resolved by compromise between enterprises and inhabitants in Kobe District Court.]

(ii) Only in a few cases it is not so difficult to prove casuality, e.g. noise, oscillation, shut of sun light, jamming of radio or TV waves. Even contamination from radioactivity is questioned because there is natural radioactivity on the earth.

Many theories are given here to lighten the burden of proof on the plaintiff (victim of nuisance), and put the burden on the defendant (factory), presumption of casuality *de facto* (Niigata District Court Decision 1971, 9, 29 Inferior Court Decision Reports Vol.22 No.9 and 10 addenda) or proof by local and statistical comparison etc.

3 Effects

(a) Damages   The main redress for nuisance is compensation. There is no doubt that the victim can claim damages for a past invasion resulting from pollution.

As long as the cause of pollution continues, a new invasion will appear again in the future. It is convenient that the victim can demand damages for future in the same suit. The academic theory recognizes that it is possible to demand damages for future invasion, when the invasion and the loss is fixed and the sum is also fixed.

(b) Injunction, Prohibition of Acts   (i) For health and life invasion, damages after the invasion is not sufficient. The most desirable remedy is an injunction of invasion or prohibition of an act in advance, as sometimes the non-property loss is unrecoverable.

The reason for prohibition, however, is questioned because the Japanese Civil Code ruled monetary damages for tort (Art.722 Para.1 in relation to Art.417). There are many theories in order to admit injunction, e.g. as a result of *rei vindicatio* [for the use of real rights any invasion can be prohibited as a result of real right], as a result of personal right [*Jinkaku-ken*], as a result of environment preservation [*Kankyou-ken*]. There is also a theory of tort which recognizes injunction as a result of tort, although it is against the provision of the Code.

(ii) Against the corporation of official and social activity, as injunction is sometimes restrained, e.g. in the case of noise and oscillation of Osaka International Airport (Osaka District Court Decision 1975,11,27 Hanrei jihou No.797 p.36; Supreme Court Decision 1981, 12, 16 SC Reports Vol.35 No.10 p.1369), and in the case of noise of Atsugi Airport used by US Air Forces (Supreme Court Dicision 1993, 2, 25 SC Reports Vol.47 No.2 p.643) and in the case of noise of Railways (in case of Shinkansen [Super express], Nagoya District Court Decision 1980, 9, 11 Hanrei jihou No.976 p.40), in the case of smog and air pollution by highways and main street (supra).

(iii) Sometimes many factories are causing the same type of pollution at the same time. This is the problem of Art.719 (Joint unlawful act). According to Art.719 (1) if two or more persons cause by their joint unlawful act damage to another, they are jointly and severally liable to make compensation for such damage and the same shall apply if it is impossible to ascertain which of the joint participants has caused the damage[7].

When several enterprises committed joint unlawful act, each enterprise should be liable to compensation for the entire (compensatory) damages (Art.791 (1)). It is natural when the factory alone caused the loss[8].

The liability of entire damages is, however, not natural when no damage and loss was incurred by the act of the questioned factory alone. A factory is not suitable for the liability of entire damages when it contributes only to a small portion of loss. Academic theories and some judgements recognize a kind of divided portional liability, e.g. liability of a part-compensation according to the portional responsibility (cf. Tsu District Court Decision 1972, 7, 24 Hanrei jihou N o.672, p.30) (9).

III Product Liability

1 Civil Law and The Product Liability Act (P.L.Act) (10)

The Product Liability Act was enacted at length in 1994 (Law No.85) and enforced from 1995.7.1. The enactment was long awaited but it was postponed until this time because of strong opposition from the industrial and economic world. There were many judicial cases before its enactment.

The victim from a defect in a product must clear some prerequisites under existing Civil Law in order to demand damages. Under tort law the plaintiff must prove the existance of the defect, the fault of the manufacturer and a causal relation between the defect and loss. Contract law prepares a kind of non-fault liability for defects (Art.570 Civil Code, *Kashi tanpo sekinin*). It is a liability of a vendor in relation to the purchaser. There is, however, usually no direct relation between the purchaser and the manufacturer of the product.

2 Prerequisites

(a) Defect in the Product　(i) Defect in the product is the primary prerequisite[11]. Defect means lack of safety that the producer should ordinarily provide, taking account into the nature of the product (Art.2 (2) P.L.Act).

The largest problem of product liability was the proof of defect. The P.L.Act provides; The manufacturer, etc. shall be liable for damages caused by the injury, when he injured someone's life, body or property by a defect in his delivered product which he manufactured, processed, imported or put the representation of name, etc. as described in subsection 2 or 3 of section 3 of Article 2 on. The plaintiff, the victim of defect, is freed from the proof of fault on occurance of injury. The proof of defect is objective and easier.

Defect in a product occurs for various reasons. ① First, the defect occurs in the manufacturing process, ② secondly it occurs from the planning, ③ thirdly from the mis-indication of use. ④ Finally there is a kind of defect, which was not thought as a defect at the level of technics for the first time but after many uses it became gradually clear that it was a defect[12].

(ii) The industrial world is most opposed to the last kind of defect (risk in the developing process). Therefore the P.L.Act, according to some other countries, provided as exemption clause to the manufacturer. Art.4 (1): In cases where Article 3 applies, the manufacturer, etc. shall not be liable as a result of Article 3 if he proves; that the state of scientific or technical knowledge at the time when the manufacturer, etc. delivered the product was not such as to enable the existence of the defect in the product to be discovered.

There is an exemption also in the following case where the product is used as a component or raw material of another product, that the defect is substantially attributable to compliance with the instruction concerning the specifications given by the manufacturer of the said another product, and that the manufacturer, etc. is not negligent on occurrence of the defect (Art.4 (2)).

(b) Fault or Intention, Unlawfullness   (i) In Civil law principle it is necessary that there is a fault of the manufacturer in the processing of the product (fault liability). This requisite is not necessarily difficult because in many cases the courts find relatively highly established standards of duty of care for manufacturers (cf. Nagoya High Court Dicision 1985, 5, 28 Hanrei jihou No.1155, p.33; Fukuoka High Court Decision 1986, 5, 15 Hanrei jihou No.1191, p.28; Tokyo High Court Decision 1990, 2, 6 Hanrei jihou No.1310, p.83; Tokyo District Court Decision 1993, 3, 28 Hanrei jihou No.1381, p.21). The lack of duty means immediate fault.

(ii) The burden of proof of fault is assumed by the victim, the plaintiff. However as the defect in the product usually occurs from the fault of the manufacturer, the existence of defect presumes the existance of fault (Fukuoka District Court Decision 1978,11,17 Hanrei jihou No.910 p.33).

Under P.L.Act this requistite is not necessary (Art.3 demands only the prerequisite of „defect"). In many cases defect is objective and easier to prove than fault, which is subjective and unclear.

(c) Causal Relation, Casuality   The causal relation between defect and loss is necessary to demand damages. The proof is sometimes difficult, e.g.medical harm or idiosyncracy[13]. Even P.L.Act did not revise this point. In this case the mitigation

第3篇 Modern Development in Environment and Product Liability

of proof is necessary, for the plaintiff e.g., statistical method is one of them. Total change of the burden of proof from plaintiff to defendant is not yet recognized (cf. Tokyo District Court Decision 1984, 3, 26 Hanrei jihou No.1143, p.105).

3 Effects

(a) Damages (i) Damages is obligated to the manufacturer, who made the defective product. It is concerned not only for the manufacturer but also for any person who put the defective product into the course of circulation of goods. For example in the Smon Case (*Subacute Myelo-Optico-Neuropathy*; it was a case of nervous ailment occured by imported medicine, chinoform in 1970s) not only the manufacturer of chinoform medicine, but also the supplier was obligated to make compensatory payments.

The P.L.Act (Art.2 (3)) defined widely that the term "manufacturer, etc." means any one of the following: 1. any person who manufactured, processed, or imported the product as business (hereinafter called just "manufacturer");

2. any person who, by putting his name, trade name, trade mark or other feature (hereinafter called "representation of name, etc.") on the product presents himself as its manufacturer, or any person who puts the representation of name, etc. on the product in a manner mistakable for the manufacturer;

3. apart from any person mentioned in the preceeding subsections, any person who, by putting the representation of name, etc. on the product, may be recognized as its manufacturer-in-fact, in the light of a manner concerning manufacturing, processing, importation or sales, and other circumstances.

(ii) In order to make or import medicines or some goods, the permission of the government is demanded by Medical Act (*Yakuji hou*, 1960 Law No.145). In this case there is a possibility of the liability of the government. In the Smon case the liabilty of the government on tort law was recognized (Kanazawa District Court Decision 1978, 3, 1, Hanrei jihou No.879 p.26; Tokyo District Court Decision 1978, 8, 3 Hanrei johou No.899 No.17; Fukuoka District Court Decision 1978,11,14 Hanrei jihou No.910 p.33).

(b) Insurance Different from the P.L. Act in other countries the Japanese P.L. Act has no regulations on the insurance or other institution which serves for the remedy of victims.

(c) Other Provisions of the P.L.Act   There is a paragraph on time limitations. Art.5 (1); The right for damages provided in Article 3 shall be extinguished by prescription if the injured person or his legal representative does not exercise such right within 3 years from the time when he becomes aware of the damage and the liable party for the damage.   The same shall also apply upon the expiry of a period of 10 years from the time when the manufacturer, etc. delivered the product.   This limitation corresponds to that of general tort liability (but 3 and 20 years).

The liability of the manufacturer for damages caused by a defect in the product shall be subject to the provisions of the Civil Code (Art.6).

IV Comparative Survey

1 Environment Liability

(a) Today the Environment Liability Act (*Umwelthaftungsgesetz*) of Germany in 1990 is the most comprehensive legislation in environment law.   I would therefore like to refer in short to this law.

(b) The first characteristic of this law is the wide non-fault liability (Art.1)[14]. Before this law in Germany there was only one non-fault liability in environment law.   Federal Water Control Act (WHG §22 (1)) provided non-fault liability on water pollution[15].   *Immisionsrecht* in BGB (§906 (2)) aimed to remedy through protection of immovable property.   Tort law has ground of fault principle.

(i) The possessor of facility (*der Inhaber der Anlage*) is obliged to compensate the damage of death, body, health and property loss caused from the influence of the facility (Art.1).   The scope of the facility is limited by the appendix of law[16].

There are two exceptions to this rule.   There is no obligation to compensate damages, when the loss caused by *vis major* (Art.4, *durch höhere Gewalt*).   There is no obligation to compensate property damage, when the loss is slight or with the limit of patience under local circumstance (Art.5; „*in einem Maße beeinträchtigt wird, das nach den örtlichen Verhältnissen zumutbar ist*") * [17].

第3篇 Modern Development in Environment and Product Liability

(ii) The second characteristic of this law is the presumption of casuality. It is not necessary for the plaintiff to prove that there was fault on the part of the defendant, but that there was a casual relationship between the facility and the damage. This casual relationship is sometimes very hard for the plaintiff to prove. Therefore the Act provided that the loss is presumed to be caused by the facility (Art. 6). There are two exceptions to this rule (Art.7)[18].

(iii) The access to the information on pollution is usually very limited for the plaintiff. Thus the Act gives the plaintiff the right to demand information (Art.8-10). The Act gives the plaintiff the right to demand damages not only by material law but also by process law[19].

(iv) In contrast there is a limitation on damages. The maximum amount of damages to death, body and health invasion and the maximum sum of damages to property invasion is (totally) limited to 160.000.000 DM [85 Millionen Euro] for one damage (Art.15)[20]. There is an article on the guarantee of payment by insurance or the assurance by Federal or Local government (Art.19).

2 Product Liability

(a) *Produkthaftungsgesetz* (1989) of Germany provided a non-fault liability (Art.1)[21]. Product in this law is movable property (Art.2). The definition of a defect is simple. A product has a defect, when there is no safety that is rightly expected under consideration of all circumstances (Art.3)[22]. The liability of the manufacturer is excluded, when the product was not brought into transaction (Art.1 (2) No.1), when there was no defect at the time the product was brought into transaction (Art.1 (2) No.2), when the product was made neither for sale nor any economic purposes (Art.1 (2) No.3) and when the defect is dependant on some compulsory law (Art.1 (2) No.4). There is also a provision on exemption, like Japanese law, of risk in the developing process (Art1 (2) No.5)[23].

The plaintiff must prove defect loss and causal relationship between that defect and loss. Article 1 (2) No.2, however, presumes that the defect existed before it was brought into transaction, then the defendant must prove in order to invoke exemption that the defect did not exist at the time when the product was brought into transaction. The burden of proof is on the defendant[24].

Time limitation is 3 years from the time when the injured person becomes aware of the damage and the liable party (Art.12) and from the time when the manufacturer delivered the product into transaction (Art.13).

(b) There is no provision on the presumption of a causal relationship between defect and loss. This Act also does not apply to medicine (Art.15). There is, however, a corresponding provision in the Medicine Act [*Arzneimittelgesetz*, 1976, Art.84][25].

There is neither provision on the right of access to information nor provision on gurantee, but provison on the limitation of damages (maximum sum of damages, Art.10 〔85 Millionen Euro〕).

The available remedies for the victim are fewer in comparison to the Environment Act. It seems that the virtue of environment finds general acceptance rather than an individual interest in a product. Also the viewpoint of international competition hinders the superior remedy in the case of product liability (cf.Art.17 *Produkthaftungsgesetz*).

(1) There are many references in Japanese Texts of Tort Law on the development of law. cf. generally *Ikuyo, Tort Law (ed.1993)*, pp.82 (p.84, many literatures). The author is obliged to Mr.Nicholas St.Aubyn Stokes for polishing the English in this article.

(2) In 1971 July the Bureau of Environment was established.

There was another type of law, which recognized non-fault liability [*Verschuldensunabhängige Haftung, Gefährdungshaftung*] e.g. Act on the Compensation of Atomic Accidents of 1961 (Art.3). The law stemed from the international treaty in 1960.

The first and the wide regulation against automobile exhaust was the US Clean Air Act in 1970 (by E. Masky), which aimed 90% cut of fumes. In fact its enforcement was postponed for several years. In Japan new adjustment according to Masky Act began in 1973 and it was realized in 1978. The regulation of Japan at that time was strengst standard in the world.

(3) *Vgl. Umwelthaftungsgesetz 1990*: Art.3.(1) Ein Schaden entsteht durch eine Umwelteinwirkung, wenn er *durch Stoffe, Erschütterungen, Geräusche, Druck, Strahlen, Gase, Dämpfe, Wärme oder sonstige Erscheinungen verursacht wird, die sich in Boden, Luft oder Wasser ausgebreitet haben.*

(4) The theory of Juningendo (*Zumutbarkeit*) is widely adopted. Cf.Supreme Court

第3篇 Modern Development in Environment and Product Liability

Decision 1981,1 2,16 SC-Reports Vol.35,No.10,p.1369 [The case of Osaka International Airport]; The same, Supreme Court Decision 1993,2,25 SC-Reports Vol.47, No.2, p.643.

(5) There is a famous Taishin'in Decision of 1919,3,3 Reports (1st.series) vol.2 5, p.356.

(6) In some theory the limit of patience (Juningendo) worked not only as the standard of unlawfulness but as the standard of fault.

(7) The second paragraph fo Art.719 provides; *Instigators and accomplices are deemed to be joint participants.*

(8) There was such case in the Supreme Court Decision 1968,4,22 SC Reports Vo 1.22, No.4, p.964, which admited the whole responsibility of one of the corporation, which drained the water.[San'nougawa Case].

(9) The Clean Air Act, Art.25-2 and Clean Water Act, Art.20 recognizes the court's discretion to estimate (or reduce) the amount of damages where the company's contribution to the pollution is small, or where several companies caused such pollution. There is, however, no general rule of these limitation of liability.

(10) A tentative English translation of the *Product Liability Act (Law No.85, 1994)* located on the homepage of the *Economic Planning Bureau of Japan* (http://ww w.epa. go.jp/e-e/menu.html; English translation = http://entrance.epa.go.jp:70/0h/pl/pleng-s. html).

(11) In this Act, the term "product" means movable property manufactured or processed (Art.2 (2). Therefore a defect in immovable property like a ready-built house is not concerned. Cf. Tokyo High Court Decision 1975, 6, 30 Hanrei taimuzu No.330, p.287). On the meaning of product there were many cases before the enactment of P.L.Act.

(12) In German these defects are called „*Fabrikationsfehler, Konstruktionsfehler, Instruktionsfehler und Entwicklungsgefahren*". *Vgl. Schlechtriem, Schuldrecht, Besonderer Teil, 1995, S.377-378.*

(13) Cf.Tokyo District Court Decision 1991, 3, 28 Hanrei jihou No.1381, p.21.

(14) The first and most detailed text on Umwelthaftung is *Landsberg und Lülling, Umwelthaftung, 1991.* There are many texts now. *Salje, Umwelthaftungsgesetz, 1993; Lytras, Zivilrechtliche Haftung für Umweltschäden,1995; Arndt, Haftung für Umweltschäden, 1996. vgl.Schmidt-Salzer, Kommentar zum Umwelthaftungsrecht,1992; Seibt, Zivilrechtlich Ausgleichökologische Schäden, 1994; Balensiefer, Umwelthaftung, 1994. There is a comment also in Staudinger Kommentar (BGB on §906) and Larenz-Canaris, Schuldrecht II-2, 1994,§44 V (S.638ff.).*

(15) There are 3 cases of non-fault liability (*Gefährdungshaftung*), e.g. Umwelthaftung, WHG (Wasserhaushaltsgesetz,1957) and also in BBergG (1980) §114. WHG §22 (1): Wer in ein Gewässer Stoff einbringt oder einleitet oder wer auf ein Gewässer derart

einwirkt, daß die physikalische, chemische oder biologische Beschaffenheit des Wassers verändert wird...zum Ersatz des daraus einem anderen entstehenden Schadens verpflichtet.

(16) *Umwelthaftungsgesetz* Art.1. Wird durch eine Umwelteinwirkung, die von einer im Anhang 11 genannten Anlage ausgeht, jemand getötet, sein Körper oder seine Gesundheit verletzt oder eine Sache beschädigt, so ist der Inhaber der Anlage verpflichtet, dem Geschädigten den daraus entstehenden Schaden zu ersetzen.

(17) The exceptions by law: Art.4. Die Ersatzpflicht besteht nicht, soweit der Schaden durch höhere Gewalt verursacht wurde.

Also, Art.5. Ist die Anlage bestimmungsgemäß betrieben worden (§6 Abs. 2 Satz 2), so ist die Ersatzpflicht für Sachschäden ausgeschlossen, wenn die Sache nur unwesentlich oder in einem Maße beeinträchtigt wird, das nach den örtlichen Verhältnissen zumutbar ist.

(18) The presumption of casuality and its exceptions: Art.6. (1) Ist eine Anlage nach den Gegebenheiten des Einzelfalles geeignet, den entstandenen Schaden zu verursachen, so wird vermutet, daß der Schaden durch diese Anlage verursacht ist.

Die Eignung im Einzelfall beurteilt sich nach dem Betriebsablauf, den verwendeten Einrichtungen, der Art und Konzentration der eingesetzten und freigesetzten Stoffe, den meteorologischen Gegebenheiten, nach Zeit und Ort des Schadenseintritts und nach dem Schadensbild sowie allen sonstigen Gegebenheiten, die im Einzelfall für oder gegen die Schadensverursachung sprechen.

(2) Absatz 1 findet keine Anwendung, wenn die Anlage bestimmungsgemäß betrieben wurde. Ein bestimmungsgemäßer Betrieb liegt vor, wenn die besonderen Betriebspflichten eingehalten worden sind und auch keine Störung des Betriebs vorliegt.

(3) Besondere Betriebspflichten sind solche, die sich aus verwaltungsrechtlichen Zulassungen, Auflagen und vollziehbaren Anordnungen und Rechtsvorschriften ergeben, soweit sie die Verhinderung von solchen Umwelteinwirkungen bezwecken, die für die Verursachung des Schadens in Betracht kommen.

(4) Sind in der Zulassung, in Auflagen, in vollziehbaren Anordnungen oder in Rechtsvorschriften zur Überwachung einer besonderen Betriebspflicht Kontrollen vorgeschrieben, so wird die Einhaltung dieser Betriebspflicht vermutet, wenn 1. die Kontrollen in dem Zeitraum durchgefürt wurden, in dem die in Frage stehende Umwelteinwirkung von der Anlage ausgegangen sein kann, und diese Kontrollen keinen Anhalt für die Verletzung der Betriebspflicht ergeben haben, oder 2. im Zeitpunkt der Geltendmachung des Schadensersatzanspruchs die in Frage stehende Umwelteinwirkung länger als zehn Jahre zurückliegt.

第3篇　Modern Development in Environment and Product Liability

(19) The viewpoint from the access of information is lacking in Japanese law and this is very considerable.

(20) Limitation of Maximum sum of damages: Art.15. Der Ersatzpflichtige haftet für Tödung, Körper- und Gesundheitsverletzung insgesamt nur bis zu einem Höchstbetrag von einhundertsechzig Millionen Deutsche Mark [85 Milionen Euro] und für Sachbeschädigungen ebenfalls insgesamt nur bis zu einem *Höchstbetrag von einhundertsechzig Millionen Deutsche Mark* [85 Milionen Euro], soweit die Schäden aus einer einheitlichen Umwelteinwirkung entstanden sind. übersteigen die mehreren aufgrund der einheitlichen Umwelteinwirkung zu leistenden Entschädigungen die in Satz 1 bezeichneten jeweiligen Höchstbeträge, so verringern sich die einzelnen Entschädigungen in dem Verhältnis, in dem ihr Gesamtbetrag zum Höchstbetrag steht.

Time limitation is under the rule of tort law of Civil law (Art.17) and the right of damages by Civil law is not touched by this law (Art.18 (1)). Vgl. ProdHaftG §10 (Hafutngshöchstbetrag) auch 85 Millionen Euro.

(21) On product liability, *vgl. Larenz, a.a.O., S.643ff.*

Art.1. (1) Wird durch den Fehler eines Produkts jemand getötet, sein Körper oder seine Gesundheit verletzt oder eine Sache beschädigt, so ist der Hersteller des Produkts verpflichtet, dem Geschädigten den daraus entstehenden Schaden zu ersetzen. Im Falle der Sachbeschädigung gilt dies nur, wenn eine andere Sache als das fehlerhafte Produkt beschädigt wird und diese andere Sache ihrer Art nach gewönlich für den privaten Ge- oder Verbrauch bestimmt und hierzu von dem Geschädigten hauptsächlich verwendet worden ist.

(22) Art.3. (1) Ein Produkt hat einen Fehler, wenn es nicht die Sicherheit bietet, die unter Berücksichtigung aller Umstände, insbesondere

　　a) seiner Darbietung,

　　b) des Gebrauchs, mit dem billigerweise gerechnet werden kann,

　　c) des Zeitpunkts, in dem es in den Verkehr gebracht wurde,

berechtigterweise erwartet werden kann.

(23) Art.2 (2) No.5: der Fehler nach dem Stand der Wissenschaft und Technik indem Zeitpunkt, in dem der Hersteller das Produkt in den Verkehr brachte, nicht erkannt werden konnte.

(24) This corresponds to the judicial precedent of BGH (*Bundesgerichthof*, The Supreme Court). *Vgl. Schlechtriem, a.a.O., S.379,S.387.* „Befundsicherungspflicht".

(25) Shortly, *Larenz, a.a.O., S.648f. (AMG); Schlechtriem, a.a.O., S.391.*

409

第4篇 Das Japanische Recht und der Code Civil als Modell der Rechtsvergleichung

I Der Code Civil (1804) und das Geist des Vernunftrechts

In 2004 hat der Code Civil (Français) den 200. Geburtstag gefeiert. Der Code Civil wurde vor zwei Jahrhundert, nämlich zur Zeit der Aufklärung, aus dem Geist des Vernunftrechts geschaffen. Bis heute hat er noch weltweiter Einfluß und große Bedeutung als Modell der Rechtsvergleichung. Der Vernunftgedanke der Europa wurde weit auch in Japan zur Zeit des Anfangs der Modernisierung, nämlich zu Beginn der sog. Meiji-Ära (1868) — die Entstehungszeit der modernen Nationalstaats (Wiedervereinigung in 1868) —, akzeptiert. Zu der Zeit war der Code Civil schon ein der Modelle der modernen Gesetzgebung der Welt. Man erkannte damals, daß das Recht zu den wesentlichen Grundlagen für eine rationale Ordnung des modern-westlichen Lebens in entwickelte Staaten gehört. In Japan gab es noch eine große und praktische Bedeutung für die neue Gesetzgebung, um ungleiche Verträge mit europäischen Länder zu revidieren. Daraus entstand die starke Hoffnung, das überkommene, in vielen Einzelheiten schon altmodische, zersplitterte und feudalistische Recht (besonders unbeschriebenes Gewohnheitsrecht) durch ein bewußt geplantes und einheitlich von modern-staatlicher Autorität (besonders durch parlamentarischer Gesetzgebung) getragenes umfassendes Kodifikationswerk zu ersetzen[1]. D.h. von Kasuistik zum einheitlichen System. Sie entsprach auch die moderne Idee der Souveränität der Nation.

Auch in Europa hat die Hoffnung der Kodifikation aus dem Geist des Vernunftrechts zu drei großen und bedeutenden Kodifikationen geführt. Als Vorspiel der kommenden großen Kodifikationen gab es zwar in Bayern den *Codex Maximilianeus Bavaricus civilis* (1765). Allenthalben blickte schon der Vernunfsglaube der neuen Zeit durch. Systematisch folgte es aber noch das System des römischen Institutionen[2].

第4篇　Das Japanische Recht und der Code Civil als Modell der Rechtsvergleichung

In Preußen schuf man 1794 das *Allgemeine Landrecht für die Preussischen Staaten* von 1794 (ALR). Wenn auch das Gesetz durch den Geist der Vernunft und der Aufklärung des 18. Jahrhunderts geprägt war (Ehescheidung od. Verhältnis zwischen Eltern und Kindern), blieb es allerdings noch wesentlich der ständischen Struktur des altmodischen Staatswesens Friedrichs II von Preußen (der Groß, 1740-86; Entstehungszeit des ALR, Friedrich Wilhelm, 1786-97) angekettet.

Das Gesetz war auch streng geprägt von der Fürsorglichkeit oder gleichzeitig des Eingreifens eines Bürokratische- und Obrigkeitsstaates gegenüber den Untertanen (nicht die Staatbürger) als Charakter des aufklärenden Absolutismus[3]. ALR war nicht nur ein Gesetzgebungsprodukt der Aufklärung, sondern auch bewahrte es manchmal gegen die absolutistischen Bestrebungen des Staates ständische Rechtspositionen (Lehnsrecht, Familienfideikommissen od. Gutuntertänigkeit der Bauern). Außerdem war es technisch nicht so erfolgreich, weil seine komplexe Kasuistik der nachkommenden Fortbildung des Rechts durch Wissenschaft und Gerichte nicht förderlich war. Das Gesetz hatte folglich sogar über zwanzig tausende Artikeln (in zwei Teilen; 1.Teil, 23 Titel, vornehmlich Vertragsrecht, Eigenthum und andere dingliche Rechte und 2.Teil, 20 Titel, vornehmlich Familienrecht, einschließlich Staats- und Kirchenrecht sowie Strafrecht). Im 19.Jahrhundert beherrschte allerdings nicht Vernunftrecht, sondern Pandektenwissenschaft. Daher erzeugte die Pandektestik das ganz neue BGB (Bürgerliches Gesetzbuch) am Ende des 19.Jahrhunderts und das ALR ist heute schon außer Kraft. Im 19. Jahrhundert gab es auch das Phänomen der Umgestaltung des ABGB (Naturrechtskodifikation) durch Pandektistik (*vgl. Koch, Allgemeines Landrecht für die Preußischen Staaten*: unter Andeutung der obsoleten oder aufgehobenen Vorschriften und Einschaltung der jüngeren noch geltenden Bestimmungen, herausgegeben mit Kommentar in Anmerkungen von C.F. Koch; nach Tode des Verfassers bearbeitet von Franz Förster, 1874). Rechtsgeschichtlich spielte dann das ALR eine relative kleine Rolle.

In Österreich wurde das *Allgemeine Bürgerliche Gesetzbuch* von 1811 (ABGB) geschaffen. Es war technisch besser weit als das preußische Landrecht und beeindruckte durch abstrakte Kürze sowie durch klare und übersichtliche Redaktion (jetzt bis §1502, die Paragraphen in drei Teilen; nämlich 1. Teil, Vom dem Personenrechte; 2.Teil. Von dem Sachenrechte <<1. Abt.,Von den dinglichen Rechten, 2. Abt.,Von den persönlichen Sachenrechten>>; 3. Teil, Von den gemeinschaftlichen

Bestimmungen der Personen- und Sachenrechte). Inhaltlich manifestierte ABGB so stärker als das preußische Landrecht den Geist des vernunftlichen Rationalismus in der Zeit der aufklärenden Absolutismus (besonders Maria Theresia, 1717-80 und Josepf II, 1741-90; Entstehungszeit des ABGB, Franz I, 1792-1835). Das Gesetz fand doch sich in der Zeit der Restauration (1815-1848) kein guter Nachfolger in Österreich für die freiheitlichen Gedanken des Rechts. Es gibt dennoch seine Nachfolger des Gesetzes sogar in Ausland (besonders innerhalb der Österreich-Ungarischen Monarchie, 1868-1918); Ungern, 1848-61 (In 1861 bekommte Ungarn gemischte Rechtssystem zwischen ABGB und einheimischem Recht), Siebenbürgen (Transylvania), 1848 und Montenegro (Fürstentum), 1888.

Die Pandektistik besatz eher den Platz des Nachfolgers als Adoptivkind in der letzte Hälfte des 19.Jahrhunderts. Als Erfolg der wissenschaftliche Rezeption im 19.Jahrhundert wurde ABGB in 1916 auch auf legislativer Weise rekonstruiert (vgl. *Bericht der Kommission für Justizgegenstände über die Gesetzesvorlage, betreffend die Änderung und Ergänzung einiger Bestimmungen des allgemeinen bürgerlichen Gesetzbuches, 1912*). Mit dieser Umgestaltung ist ABGB noch heute in Kraft. Die Pandektenwissenschaft hat europäische- und Weltgeltung erlangt.

In Frankreich wurde der *Code Civil* von 1804 als Erfolg der Revolution geschaffen (jetzt bis art.2302 <<bis article 2281, en Décret du 15 mars 1804>>, die Arikeln in drei Teilen; nämlich Livre 1er , Des personnes; Livre 2me, Des biens et des différentes modificaitons de la propriété; Livre 3me, Des différentes manières dont on acquiert la propriété). Es ist ganz klar in der geschichtlichen Bewertung, daß diese Kodifikation nach ihrer geistigen Bedeutung und ihrer weltlichen Einfluß die erste Stelle einnimmt. Im 19.Jahrhundert war er fast das einzige Modell der umfassenden aufgeklärten Gesetzgebung in Europa, d.h. der Systematisierung des Rechts. Der Code Civil konnte zu einem führenden Vorbild für die Kodifikationen des Privatrechts im romanischen Rechtskreis werden (vgl.unten II).

Die von Napoléon (Empereur, 1804-14) ernannte Redaktionskommission für den Code Civil hat einen Entwurf in der kurzen Zeit von nur vier Monaten vorgelegt, wenn auch es einige vorläufige oder vorgängige Werke der Gesetzgebung gab (cf. *Cambacérès, Projet de Code civil, présenté au Conseil des Cinq-Cents, au nom de la Commission de la Classification des Lois, an cinquième* (1797)). Aber die kurze Zeit seines Entstehens mindert nicht die wesentliche Bedeutung dieses großen

Gesetzeswerks. Es ist wichtig, daß der Code Civil ein eheliches Kind der Revolution war (dagegen Savigny; 1779-1861). Er hat nicht nur das überkommene Recht nach länger Zersplitterung (als Voltaire, 1694-1778, zeigte) endlich vereinheitlicht, sondern auch hat er die vielfältigen rechtspolitischen Forderungen der Revolution verwirklicht. Anders als in Japan hat gleichwohl die Gesetzgebung des Code Civil nicht einmal zu einem Bruch mit der französischen Tradition geführt. Gleichzeitig hat er rechtliche Prinzipien beibehalten, die der Jurisprudenz seit *ancien régime* bekannt waren (wie Pothier), die aber in veränderten gesellschaftlichen Verhältnissen neue Bedeutung errichten. Bedeutendste Prinzipien sind die Vorschriften zur Eigentumsfreiheit und zur Vertragsfreiheit, die beides als Erfolg der Revolution neue Bedeutung im modernen Rechtssystem gewannen[4] (vgl.unten IV). Auch noch die Gleichheit der Rechtfähigkeit, zusätzlich das Verschuldensprinzip und weiter Willensdogma und Willens- od. Privatautonomie.

II Der Code Civil und die Gesetzgebung

In Frankreich ist der Code Civil noch heute in Kraft. Bis heute wird vieles an ihm gepriesen (zwar leider altmodisch). Es hat nicht nur inhaltlich den vom Ideal bürgerlicher Freiheit, Gleichheit und auch Philanthropie od. Menschenliebe (nämlich liberté, égalité et philanthropie) beseelte einfache Stil, sondern auch förmlich die Eleganz, Präzision und Leidenschaft (Stendhal, 1783-1842). Mit dem Gesetz wurde ein geschlossenes System des allgemeinen Privatrechts geschaffen, das von Grundprinzipen ausgehend die Gesamtheit eines Rechtsgebietes in eine systematische Struktur bringt, in der auch die Einzelartikeln des Gesetzes je den passenden Platz finden[5].

Der Code Civil war damalig und bleibt überall noch heute ein wichtiges Modell der Rechsgestaltung. Er ist eines der klassischen Beispiele dafür, daß die kontinentale Gesetzgebung anstrebt, wenn auch nach 1900 das deutsche BGB andere Wahlmöglichkeit gab. Der Geist schwand oftmals in Ausland, besonders außerhalb Europa, aber mindestens die Formulierungen dauerte wegen der andeutende Kürze und der verhaltene Systematik. Seine Nachfolger sind zum Beispiel; Belgischer Code Civil 1804, Italienischer Codice Civile 1866, Portugiesischer Code Civil 1867 und Rumänischer Code Civil 1865 etc. Sogar in Nordamerika (ehemalige französische

Kolonie) Louisiana 1825 und Quebec 1867. Zeitlich begrenzte Beispiele, Polen 1808-36 (noch weiter, Livres II et III du Code Civil) und die Niederlande 1811-38.

Natürlich gibt es noch viele Gesetzgebungen, die gemischte Rechtssystem zwischen Französischem Recht und einheimischem Recht haben; z.B. die Niederlande 1838, Spanien 1888/89 und die Schweiz 1881[6].

Auch in Deutschland hat der Code Civil im Rheinland (links Rhein, 1804, sog. Rhein-Französisches Recht) und in Baden (1809) fast 100 Jahre lang bis zur Zeit des BGB gegolten (Übersetzung des Code civil mit zahlreichen Zusätzen). Er war zu napoléonischen Zeiten bis zu den Befreiungskriegen und dem Untergang Napoléons (bis 1814 od.1815) im Königreich Westfalen (sogar auch rechts Rhein), im Großherzogtum Berg, in Hansestadte Hamburg und Bremen, in Frankfurt am Main und sogar in Danzig (Republik, 1807) in Kraft, wenn auch der großer Teil des Deutschlands noch unter der Geltung des gemeinen Rechts war.

Nach der Niederlage Napoléons und der Aufteilung der linksrheinischen deutschen Gebiete unter die Siegerstaaten (besonders Preußen) ergab sich die große Frage, ob der Code civil noch in der linksrheinischen Gebiete beibehalten werden sollte. Insbesondere Preußen plante unbedingt, auch in der Rheinprovinz das ALR einzuführen oder die Rechtseinheit zu verwirklichen. Aber im Kampf um das rheinische Recht gewannen die Juristen und der Teil der Öffentlichkeit, die für die Beibehaltung des moderneren und auf liberalen Prinzipien beruhenden Rechts unterstützten. Dementsprechend galt der Code civil weit bis 1900 in den linksrheinischen Territorien. Z. B. Königreich Bayern (Rheinpfaltz), Großherzogtum Hessen (Rheinhessen) und Königrech Preußen (Rheinprovinz). Sogar auch in einigen rechtsrheinischen Gebieten (Bergisches Land).

Nicht nur gab es überall gemeinsame Gesetze des Vernunftsrechts, sondern auch gemeinsame Auslegungen des Rechts miteinander. Insbesondere rheinisches Recht zwang auch deutsche Juristen, sich mit den Inhalten des französischen Rechts als Teil der deutschen Rechtsordnung, mit französischer Literatur und Rechtssprechung umfassend auseinanderzusetzen. Der berühmte Heidelberger Jurist, *Zachariae von Lingenthal* (1769-1843) befasste sich mit dem Code Civil und bearbeiteten ihn nach den Methoden der deutschen Rechtswissenschaft. Sein Werk „*Handbuch des französischen Zivilrechts (1808)*". Dies wirkte auch auf Frankreich in den späteren Auflagen (3. Auflage) zurück. Die Straßburger Professoren *Aubry et Rau* übersetzten

第4篇　Das Japanische Recht und der Code Civil als Modell der Rechtsvergleichung

1890年のドイツの法域区分 (Vereinigung Deutschlands 1871)

プロイセン法	21,053,000人
普通法	14,416,000
ライン・フランス法	8,199,000
ザクセン法	5,382,000
ユトランド法	354,000
デンマーク法	16,000
フリースランド法	9,000
合計	49,429,000人

法域ごとの人口　　　　　　　　　単位：1000人

	ALR	Gem.R	Fr.R	Säch.R	J.R	Dän.R	Fries.R
人口	21053	14416	8199	5382	354	16	0.9

```
0   10   20   30   40   50   60   70   80   90   100
|────ALR地域────|███████████████|         |░░|ザクセン法
                  普通法地域   ライン・フランス法
```

19世紀の法分裂と民法典の編纂

イギリス動産売買法
1893年

オランダ
民法典
1838年

プロイセン一般ラント法
1794年（ALR）

ザクセン
民法典
1865年

1867年の北ドイツ連邦地域
（1887年ドイツ民法第一草案）
1900年ドイツ民法典

ライン法

フランス
民法典
1804年

オーストリア一般民法典
1811年（ABGB）

バーデン
民法典
1809年

スペイン
1888年
ポルトガル
1867年

1815年のドイツ連邦地域
（1865年のドレスデン草案）

スイス債務法典
1881年

イタリア民法典
1866年

415

第3部　法曹養成と民法典の発展

Vgl. Deutsche Rechts- und Gerichtskarte, mit einem Orientierungsheft neu herausgegeben und mit einer Einleitung versehen von D. Klippel, 1896 (1996); Kaden, Die Reichsgerichtspraxis im deutschen Rechtsleben, Festgabe zum 50-jährigen Bestehen des Reichsgerichts, 1929, S.82; Gross, Vom Code Civil zum BGB-eine Spurensuche, JZ 2004, S.1137 (1139).

das 1808 erschienene Handbuch des Zachariaes in das Französische und schrieben es und konstruktiv und eigenständig fort; *Cours de droit civil français d'après la méthode de Zachariae* (jetzt, 7é éd., 12 vols). Nach ca.achtig Jahre hat sich auch Bonner Jurist *Crome* wieder mit dem Code Civil befasst (*Crome, Die Grundlehren des französischen Obligationenrechts, 1894; auch, Les Similitudes du Code civil allemand et du Code civil français 1904, en Le Code Civil 1804-1904 Livre du Centenaire, 2004, p.587*). In Frenkreich (1901) stellte umgekehrt *Saleilles* (*Sébastien Félix Raymond*, 1855-1912) dem ersten Entwurfs des deutschen Bürgerlichen Gesetzbuchs (BGB) ausführlich vor (cf. *Saleilles, Théorie générale de l'obligation d'après le premier projet de Code civil allemand, 1901*).

Der Code Civil hatte auch die Kraft als das Vorbild der Rechtsauslegung in Ausland. Zum Beispiel, Dernburgs „Lehrbuch des Preußischen Privatrecht" bezieht sich in der zweiten Auflage von 1879/81 in Text und Fußnoten an die dreihundert Mal auf das französische Recht[7]. Letztlich wird es auch auf die Bemerkungen und Fußnoten bei Dernburg gezeigt; Teils handelt es sich zwar um Hinweise auf die besondere Rechtslage der Rheinprovinz oder auf innerpreußische kollisionsrechtliche Frangen. Nicht selten wird ader auch zur Erläuterung preußischen Rechts auf „*verwandte Bestimmungen*" *des französischen Rechts* oder - bei preußischen Vorschriften, die im Laufe des 19. Jahrhunderts Regelungen des ALR *ersetzten oder ergänzten - auf deren „Vorbild im Code Civil"* verwiesen (Schulze, S. 408). Auch, *Brauer, Erläuterungen über den Code Napoléon und die Grossherzoglich Badische bürgerliche Gesetzgebung, 1809/12 (Neud.2001); Rehberg, Über den Code Napoléon und dessen Einführung in Deutschland, 1814* (Neud.2001).

Mit der Entstehung des BGB, das zum 1. Januar 1900 in Kraft trat, ist der unmittelbare Einfluß des Code Civil in Deutschland naturgemäß zurückgegangen. Aber er hat bei den vorbereitenden Beratungen und Motive des Gesetzes (Entwurf I = 1888, Entwurf II = 1896, BGB = 1900) eine wichtige Rolle gespielt.

Zwar gab es viele Beispiele bei den Arbeiten zum deutschen Bürgerlichen

Gesetzbuch, wo man heimische Forderung meistens erfüllt hat und das deutsche Recht andere Wege gegangen ist, als es das Modell des Code Civil war. Aber gleichzeitig zeigt auch andere Beispiele, wie einflußvoll und weit anwesend der Code Civil war[8].

Auch in der heutigen Rechtsprechung der deutschen und ausländischen Gerichte spielt der Code Civil wieder eine große Rolle. Wegen des erleichterten Grenzübertritts und der menschlichen Beweglichkeit kommt es immer wieder zu Fällen, bei denen nach dem Internationalen Privatrecht ausländisches und besonders französisches Recht anzuwenden ist. Das gilt für alle Rechtsbereiche, nicht nur im 19. und 20. Jahrhundertbereich, im Recht der Verträge und des Schadensersatzes, sondern auch im 20. und 21.Jahrhundertbereich, im Familienrecht und Verbraucherschutzrecht etc[9].

III Der Code Civil und das Japanische Recht

Die Einbeziehung des Code Civil in das Japanische Recht begann überwiegend mit Boissonade (früher besonders bei Etoh, 1834-74, 1er Justizminister, 1872-73), der von 1873 - bis 1895 (fast 23 Jahre) ein beim Justizministerium angestellter Ausländer (sog. Oyatoi gaikokujin) in Japan war[10]. Zwar Boissonade war nicht einmal offizielles Mitglied der erste Kommission des Entwurfs zum ersten JBGB (Japanisches Bürgerliches Gesetzbuch) und auch nicht berechtigte, die Kommissionssitzungen teilzunehmen. Aber er hat den ursprünglichen Entwurf (Vorentwurf) des ersten JBGB vorbereitet (Bücher I-IV (I Vermögen, II Vermögenserwerb, III Forderungssicherung und IV Beweislast); das letzte Buch gehört zum heutigen Zivilprozeßrecht; das Personen- und Erbrecht wurde nicht von Boissonade, sondern von japanischen Richtern entworfen). Sein Vorentwurf wurde auf Japanisch übersetzt und von japanischen Mitgliedern der Kommission (*the drafting members of the Committee*) dieser Kommission vorgelegt und von anderen japanischen Mitgliedern (*the discussing members of the Committee*) in der Kommission erörtert.

Nach der Beratung der Kommission und mit diversen Änderungen wurde der originäre Entwurf zum offiziellen Entwurf des ersten Bürgerlichen Gesetzes[11]. Der offizielle Entwurf der Kommission war inhaltlich fast mit dem offiziellen Gesetz (*Kyu-minpou*) identisch, weil es seitens der *Genrouin* [gesetzgebende Körperschaft,

第3部　法曹養成と民法典の発展

senatus] bez. *Sumitsuin* [Gehimer Rat] nur geringfügige Änderungen gab.

Nach langwierigem Entstehungprozess wurde das erste JBGB 1890 öffentlich bekannt gemacht. Das Inkrafttreten des Gesetzes war für das Jahr 1893 vorgesehen. In Folge der großen Kritik, die das Gesetz hervorrief, trat dieses jedoch nie in Kraft. Man spricht in diesem Zusammenhang vom sog. *Hoten ronsou* (Disput über das erste Bürgerliche Gesetzbuch, 1889-96). Insbesondere die führenden Professoren, Politiker und Moralisten verurteilten das erste Bürgerliche Gesetzbuch (*Kyuminpou*); es sei zu liberal und verneine überkommene japanische Traditionen.

Die Professoren rechtfertigten ihre ablehnende Haltung auch mit Hilfe des Rechtspositivismus und der historischen Rechtsschule; das Gesetz sei ein Produkt des Geistes des französischen Rechts, d.h. ein Ergebnis des alten Naturrechts. Es sei folglich zu altmodisch[12].

Hier hat sich der Code Civil Fragen stellen müssen, die über Europa her in ganz Welt, besonsers in Ostasien, gelöst werden mußten, wenn auch Japan relative ähnliches feudalistisch System wie Frankreich unter *ancien régime* gehabt hatte.

Nach der Verwerfung des ersten JBGB ernannte die Regierung die neue Mitglieder der zweiten Kommission im Jahre 1893. Die neue Kommission bestand anfangs aus 33 Mitgliedern (später mehr) aus den verschiedensten Berufen. Die Mitglieder meist Professoren, Richter und höhere Beamte. Die drei Entwerfer verglichen über dreißig Gesetze und Gesetzesentwürfe der Welt miteinander. Nach etwa über 200 Beratungen (insgesamt 227 Mal) hat die zweite Kommission das erste JBGB (*Kyuminpou*) gänzlich abgeändert. Auch das Institutionensystem des ersten JBGB wurde in das Pandektensystem umgeändert[13].

Insbesondere aus dem deutschen ersten Entwurf des BGB wurden dem JBGB neue Bestimmungen beigefügt. Zwar blieb noch etwa ein Drittel oder ein Viertel der Bestimmungen aus dem französischen Recht beibehalten, doch manchmal wurde deren gesetzlicher Wortlaut geändert, gekürzt und durch deutsches Recht ergänzt. Viele alte Bestimmungen wurden aufgehoben, weil sie sinnlos oder selbstverständlich erschienen. Zuweilen scheint es schwer, zwischen erstem Gesetz (*Kyu-minpou*) und zweitem Gesetz (nämlich gegenwältiges JBGB) einen Anschein von Identität zu erahnen. Hirein liegt auch die Wurzel der Umgestaltung des JBGB und der weitgehenden Annahme der Auslegung nach der deutschen Doktrin nach 1920. Folglich wurde die Einfluß des Code Civil in Japan nachherig ganz begrenzt.

第4篇　Das Japanische Recht und der Code Civil als Modell der Rechtsvergleichung

JBGB wurde 1898 öffentlich bekannt gemacht. Das Gesetz wurde 1898 inkrafttreten. Endlich hat es das überkommene Recht vereinheitlicht und damit zugleich den geschaffenen Nationalstaat konsolidiert.

Der Einfluß des französischen Rechts dauerte bis kurz nach der Entstehung des JBGB an, da die Idee des französischen Rechts und der Einfluß des ausführlichen Kommentars über das JBGB von UME (einer der Entwerfer des JBGB) sehr streng waren. Der Kommentar von UME war ein vollständiger und damals der einzige Kommentar zum JBGB (*Minpou yougi*; 5 Bde. Kommentar über JBGB. Insgesamt etwa 3000 Seiten).

Jedoch schwand allmählich nach UMEs Tod im Jahre 1910 die unmittelbare Auslegung nach französischem Recht. Nur einige wenige (aber häufig wichtige) Bereiche des bürgerlichen Rechts blieben unter französischem Einfluß als Folge der alte, aber festen Judikaturen, die ausgehend von der alten Theorie vor 1910 herleitet und festgesetzt worden waren (z.B. Übertragung des Eigentums und der Gefahr). Die Wissenschaft bewegte sich nach und nach zum Stil des deutschen Rechts. Die Jahre zwischen 1920 und 1930 markieren insoweit einen Wendepunkt.

Allerdings die Methode des Gesetzes, die von Grundprinzipen ausgehend die Gesamtheit eines Rechtssystems in eine Struktur bringt, wurde vom Gedanke aus Code Civil und erstem JBGB in Japan eingeführt (sog. *mos geometricus*). Überdies wurde das System des allgemeiner Teils des Gesetzes vom Gedanke aus Naturrecht (besonders aus Methode von Pufendorf, 1632-1694) und über Pandektenwissenschaft sowie BGB her in Japan eingeführt. Auf diese Weise wird moderne Rationalität und auch die Gleichbehandlung vergleichbarer Fälle garantiert. Diese Gleichbehandlung der Menschen gehört zum fundamentalen Bestand des Begriffs der Gerechtigkeit und Rechts. Die Systematik im modernen Recht ist eines der wichtigsten Mittel, Gerechtigkeit und Unbefangenheit zu bekommen. Diese Methode war in Japan sogar der erste Rechtsdenken nach lange Feudalismus, der wesentlich je von Ungerechtigkeit der Menschen ausging.

Erst nach dem Krieg (1945) kommt selbst im kleinen eine Wiederkehr zur originären Auslegung, die mit der Herkunft vom französischen Recht und dem Code Civil übereinstimmen kann. Mit dieser Verwandlung kann man auch sagen, daß das Japanische Recht als Erfolg der Rechtsvergleichung den originäre Standpunkt wiedergekehrt ist[14].

IV Der Code Civil und die zukünftige Bedeutung

Es gab drei wesentliche Veränderungspunkte nach Zeit der modernen Kodifikation. Die heutige Gesetzgebung und die Entwicklung des Rechts ist oftmals langwierig nicht nur im nationalen Bereich sondern auch im internationalen Bereich.

Erstens: Der Code Civil behaltet noch die prinzipiellen Institutionen der Eigentumsfreiheit und der Vertragsfreiheit bei (vgl. Art. 17 Déclaration des Droits de l'homme et du Citoyn, 1789, La propriété étant un droit inviolable et sacré).

Besonders 19. Jahrhundert war die Zeit der *laissez faire*. Bei der Überbewertung der Privatautonomie und Vertragsfreiheit drang große Härte auf Wirtschaftsschwächeren ein. Bei der Überbewertung der individuellen Freiheit drang die soziale Bindung des Eigentums und des Vertrags ver. Diese Aufgaben brachten besonders nach der 20. Jahrhundertswende hervor (zum Teil, Treu und Glauben od. der Begriff der *culpa in contrahendo* usw.). Oft führte zu Verstaatlichung oder Sozialisierung des bürgerlichen Rechts, die eine Gegenwertung dieser Institutionen ausgelöst (vgl.DDR Zivilgesetzbuch 1975, §6, 19 GBl.I 27 S.465, §17; Sozialistisches Eigentum). Anderenfalls führte zu Änderung des Sozialstaats od. des Wohlfahrtstaatsbegriffs (z.B. Weimar Verfassung §153; sowie auch geltendes deutsches GG §14, 2; *Eigentum verpflichtet*. Sein Gebrauch soll zugleich dem Wohle der Allgemeinheit dienen). Gründlich bestimmt Weimar Verfassung §151, 1 auch; Die Ordnung des Wirtschaftslebens muß den *Grundsätzen der Gerechtigkeit* mit dem *Ziel der Gewährleistung eines menschenwürdigen Daseins* für alle entsprechen. In diesen Grenzen ist die wirtschaftliche Freiheit des einzelnen zu sichern.

Heute brauchen wir wesentlich eine neue Wirtschaftsethik, z.B., entweder renovierten Moralismus sowie Humanismus (des Rigoristes) oder mindestens „professionalism" (ein Eklektizismus), der den klassischen „monetarism" (Realist für Wirtschaftswert od.-gewinn) gegenübersteht. Der Code Civil besteht noch auf der Kontinuität und zugleich der Modernität, die man auch in der Entstehungsgeschichte finden kann. Indem der Gesetz auf den Erfolg der Vergangenheit aufbaute, stellte er auch sich den Forderungen der Gegenwart. Manchmal sollen wir das Konzept Verantwortung für das Gemeinwohl auch im Bereich der Wirtschaftlichsführung mehr in den Blick nehmen.

第4篇　Das Japanische Recht und der Code Civil als Modell der Rechtsvergleichung

Einerseits besteht deutsches BGB noch auf Kontinuität, anderseits überwiegend schon auf neuem Konzept. Besonders im Kaufrecht wird der personelle Anwendungsbereich der durch Verbraucherschutz veranlassten Neuregelungen auf alle Kaufverträge ausgedehnt. Der Verbraucherschutz ist heute zu einem wesentlichem Schutzprinzip des Privatsrechts geworden. Der aus dem Verbraucherschutz bekannte Begriff des „Verbraucher" wurde zwar ehemals nur in der Norm, aber jetzt auch in der amtlichen Überschrift aufgegeben. vgl. Richtlinie 97/7/EG des Europäischen Parlaments und des Rates über den Verbraucherschutz bei Vertragsabschlüssen im Fernabsatz (20. Mai. 1997, ABl. EG Nr. L 144 S.19) oder Richtlinie 90/314/EWG über Pauschalreisen (13.Juni 1990, ABl. Nr.L 158/59). BGB definiert daher neulich in §§13 und 14 den „Verbraucher" und den „Unternehmer" als Mittelbegriff des Privatrechts[15]. Überdies gibt es auch neue Ideen des Verbraucherschutzes, z.B. Formerfordernisse oder Zustandekommenhindernisse eines Vertrages (sowie Entstehungen des Wiederrufsrechts) und Informationspflichten des Unternehmers (§§305ff., §§312ff., §§355ff., §§481ff., §§491ff.usw.).

Überdies gibt es anderes Beispiel in § 288 (Verzugszinsen). Eine Geldschuld ist während des Verzugs zu verzinsen. Der Verzugszinssatz beträgt für das Jahr fünf Prozentpunkte über dem Basiszinssatz (§246). Hier gibt es auch eine Ausnahme des höchen Zinssates. Bei Rechtsgeschäften, an denen ein Verbraucher nicht beteiligt ist, beträgt der Zinssatz für Entgeltforderungen acht Prozentpunkte über dem Basiszinssatz. Der Gläubiger kann aus einem anderen Rechtsgrund höhere Zinsen verlangen. Die Geltendmachung eines weiteren Schadens ist auch nicht ausgeschlossen.

Zweitens: Modernisierung ist die Aufgabe des 21.Jahrhundetswende. Das Recht muß immer wieder auf Innovationen und auf ökonomische Veränderungen der Gesellschaft reagieren. Die zahlreichen Änderungen des deutschen BGB im Rahmen des Gesetzes zur Modernisierung des Schuldrechts und Verjährungsrechts sind seit dem 1.1.2002 in Kraft getreten (sog. *Schuldrechtsmodernisierungsgesetz*)[16]. Der komplette Modernisierng ist allerdings nicht der Fall zum Code Civil und sowie zum JBGB. Zwar gibt es viele Änderungen der Einzelartikeln im Gesetz, aber er sieht familiär, mehr auf der Kontinuität zu bestehen.

Drittens: Globalisierung ist auch die Aufgabe des 21.Jahrhundetswende. Die zunehmende Bedeutung der weltlichen Integration und Globalisierung spiegelt sich auch in der Rechtsentwicklung wieder. Das Zivilrecht im Kaufrecht, Reiserecht, Verbrauchersrecht oder Familienrecht betrifft Probleme aus dem Alltag. Es ist wichtig, manche Fälle mit grenzüberschreitenden und beweglichen Bezügen darzustellen, um die Gemeinsamkeiten und Unterschiede der Rechtsordnungen deutlich zu machen. Es ist auch nötig, daß das Verständnis für die jeweils andere Rechtsordnung fördern und die Möglichkeiten einer intensiveren Zusammenarbeit in Zivilsachen ermitteln.

Die Welt wird allmählich eng. Schon in der letzte Hälfte des 20.Jahrhunderts wohnt man in globalistichem Verkehr und will er ihm noch mehr fördern, dann muß man der Zersplitterung des Vertragsrechts entgegenwirken. Es gibt im Zivilrecht viele einheitliche Rechtswerke; z.B. *Das Haager einheitlichen Kaufrecht* (1964), *Das Wiener einheitliche Kaufrecht* (CISG, UN-Kaufrecht) (1980); *Unidroit, Principles of International Commercial Contracts* (1994, 2004) . Außerdem gibt es in der UN-Kommissionen viele Einrichtungen eines akademische und praktische Netzwerkes, um Organisationen und Interessengruppen einzubinden. Es sieht sehr sinnvoll, daß manche Staaten an die Arbeiten zum gemeinsamen Programm weitgehend teilnehmen.

Besonders in Europa: großer Teil der Europastaaten gehört heute zu der Europäischen Union (1986, 12 Staaten; 1995, 15 Staaten; 2004, 25 Staaten), in der Gerichte allmählich gleiche Recht anwenden sollen[17]. So gibt es Bemühungen zur Rechtvereinheitlichung; z.B. Lando, *The Principles of European Law* (1997, 1998/99). Das Zivilrecht sogar in nationalen Rechtsordnungen wird bereits heute in einem viel stärkeren Maße von Rechtsnormen aus der Europäischen Union durchdrungen. Z.B. zum Schutz der Verbraucher sind viele Rechtsakte von der Produkthaftung (EU Richtlinie, 1979; Deutsches Produkthaftungsgesetz, 1989) bis zur Richtlinie über das Widerrufsrecht bei Haustürgeschäften erlassen (in Deutschland 2001) und in die nationalen Rechtsordnungen umgesetzt worden.

Außerdem hat in 2003 die Europäische Kommission hat ein Bewegungsvorhaben vorgelegt, der zu einem übereinstimmenden und konsequenten europäischen Vertragsrecht führen soll. Als Maßstab für geltendes und künftiges Recht soll ein gemeinsame Prinzipien in Hinweisrahmen (wie EU Richtlinie) entwickelt werden. Zu dem Zweck werden nicht nur Forschungsarbeiten vergeben, sondern auch sollen jährlich od. soger monatlich politische Konferenzen stattfinden. Daneben sollen EU-

Rat und Europäisches Parlament regelmäßig über die Entwicklungen unterrichtet werden[18].

Im Vertragsrecht scheint es mir wichtig, vor allem folgende Gegenstände für gemeinsame Regelung vorstellen: das Zustandekommen eines Vertrages, Formerfordernisse und Informationspflichten sowie der Hauptwirkung des Vertrags (besonders Leistung und Schadensersatz bei Nichterfüllung) und die Auflösung des Vertrags[19]. Diese wurden naturgemäß schon in einigen einheitlichen Rechte (oben) eingehend behandelt. Hier kann ich nicht in die weiteren Einzelheiten des Systems aufklären. Der Code Civil und auch die andere typische Gesetzgebungen des großen Rechtskreises sind nicht mehr je einziges Modell an Rechtsgestaltung, sondern bleiben noch gutes Modell der Rechtsvergleichung.

(1) Kurze Entstehungsgeschichte des Japanischen BGB, Ono, Hitotsubashi Journal of Law & Politics, Bd.30, S.15 (S.22ff.) (auf Deutsch); (1) Bd.24, S.27 & (2) Bd.25, S.29 (auf Englisch).

(2) *Wieacker, Privatrechtsgeschichte der Neuzeit, 1967*, S.322ff. (S.326ff.); *Koschaker, Europa und das Römische Recht, 1966*, S.245ff.; *Arnaud, Les origines doctrinales du Code civil Français, 1969*, p.216 et s.; *Zweigert-Kötz, Einführung in die Rechtsvergleichung, 1996*, S.84ff. Vortrag (Fn.8). *Vgl. Gross, Vom Code Civil zum BGB - eine Spurensuche*, JZ 2004, S.1137.

(3) (1) Die moderne große Kodifikationen erkannten weitgehende Ermessensmöglichkeit von Richter bei der Gesetzauslegung. Z.B. Code Civil Art.4, „Le juge qui refusera de juger, sous prétexte du silence, de l'obscurité ou de l'insuffisance de la loi, pourra êter poursuivi comme coupable de déni de justice." (Justizverweigerungsverbot)

Auch in ABGB §7, „Läst sich ein Rechtsfall weder aus den Worten, noch aus dem natürlichen Sinne eines Gesetzes entscheiden, so muß auf ähnliche, in den Gesetzen bestimmt entschiedene Fälle, und auf die Gründe anderer damit verwandten Gesetze Rücksicht genommen werden. Bleibt der Rechtsfall noch zweifelhaft; so muß solcher mit Hinsicht auf die sorgfältig gesammelten und reiflich erwogenen Umstände *nach den natürlichen Rechtsgrundsätzen* entschieden werden."

Einerseits ist die Ermessensmöglichkeit von Richter auch der Fall des ALR (freie Auslegung der Gesetze). Einleitung §49, „Findet der Richter kein Gesetz, welches zur Entscheidung des streitigen Falls dienen könnte, so muß er zwar nach den in dem Gesetzbuche angenommenen allgemeinen Grundsätzen, und nach den wegen ähnlicher Fälle vorhandnen Verordnungen, *seiner besten Einsicht gemäß*, erkennen."

Anderseits gibt es viele Vorschriften, die strikte Auslegung des Gesetzes ordneten und streng geprägt von der Fürsorglichkeit (Paternalismus) waren. § 50, Er muß aber zugleich diesen vermeintlichen Mangel der Gesetze *dem Chef der Justiz* so fort anzeigen.

§46, Bey Entscheidungen streitiger Rechtsfälle darf der Richter den Gesetzen keinen andern Sinn beylegen, als welcher *aus den Worten*, und dem Zusammenhange derselben, in Beziehung auf den streitigen Gegenstand, oder aus dem nächsten unzweifelhaften Grunde des Gesetzes, deutlich erhellet.

§47, Findet der Richter den eigentlichen Sinn des Gesetzes zweifelhaft, so muß er, ohne die prozeßführenden Parteyen zu benennen, seine Zweifel *der Gesetzcommißion an zeigen*, und auf deren Beurtheilung antragen.

§48, Der anfragende Richter ist zwar schuldig, *den Beschluß der Gesetzcommißion* bey seinem folgenden Erkenntniß in dieser Sache *zum Grunde zu legen*; den Parteyen bleiben aber die gewöhnlichen Rechtsmittel dagegen unbenommen.

Vgl.SZG §1, „Das Gesetz findet auf alle Rechtsfragen Anwendung, für die es nach Wortlaut oder Auslegung eine Bestimmung enthält.

Kann dem Gesetze keine Vorschrift entnommen werden, so soll der Richter nach Gewohnheitsrecht und, wo auch ein solches fehlt, *nach der Regel entscheiden, die er als Gesetzgeber aufstellen würde*.

Er folgt dabei bewährter Lehre und Überlieferung."

(2) In Japan regelte ehemals Dajoukan Proklamation (in 8.Jahr des Meiji [1875] Nr.103) in article 3, "Judges should decide civil cases according to the express provisions of written law, and in case where there was no such written law, according to custom. In the absence of both written and customary laws, they were to decide *according to the principles of reason and justice.* "

In the early period of Reformation of Meiji Era, there was no systematic organized civil law in Japan. It was often necessary to find law in cases where no written law existed. Sometimes the old customary law, which governed the life of the people was applied. This old law, however, had no application to the international transactions. Thus sometimes the idea of foreign law was applied. The Dajoukan Proclamation mentioned above opened the door for the introduction of foreign law, especially in the area of this type of transactions.

There was a time lag of 8 years, between the proclamation (without enforcement) of the first Civil Code (in 1890) and the enforcement of the second Civil Code (in 1896/98). This period was short but important. Indeed the enforcement of the first Civil Code was postponed because of the Controversy on the Civil Code Codification (*Hoten ronsou*). But during this time judges often used the provisions of the former Civil Code in the name of the principles of reason and justice. Also there was sometimes *de facto* application of the former Civil Code.

Moreover even before the proclamation of the first Civil Code the concept of the *principles of reason and justice* meaned substantially French law (Code Civil) in the sense of the natural law.

Boissonade (infra.Fn.10) stated; „Les magistrats japonais qui, depuis la Restauration du Gouvernement impérial, appliquent déja les *principes du Code civil français*, comme '*ratio scripta*,' les retrouveront ici dans leur loi nationale".

For example in 1887 one district court declared an application of the principles of reason and justice from the viewpoint of foreign law in the absence of written law, without deciding according to customary law. Vgl. Ono, Comparative Law and the Civil Code of Japan (2), Hitotsubashi Journal of Law and Politics, Bd.25 (1997), S.35-36 und Anm.23-25.

(4) Pothier war der Vater des Code Civil. Cf. *Pothier (1699-1772), Traité du contrat de vente, Oeuvres de Pothier, t.I-X, 1845-62, par Bugnet.* Auch, Arnaud, op.cit. (Fn.2), p.111 et p.206; Vortrag (Fn.8).

(5) Wieacker, a.a.O. (Fn.2), S.339ff. Zweigert-Kötz, a.a.O. (Fn.2), S.84ff.(Geist und Wesenszüge des Code Civil); S.96ff. (Die Rezeption des Code Civil); Vortrag (Fn.8).

(6) Die Schweiz hat nicht nur Zivilgesetzbuch (1907) sondern auch Obligationenrecht (1881 und 1911). Italien hatte auch in 1945 neue Codice Civile, der mit einheimischem Recht gemischte Charakter gewann.

Sur la influence du Code Civil dans les Pays-Bas, Belge, Italie et Suisse, Romande, Asser, Biervliet, Chironi et Martin, en *Le Code Civil 1804-1904 Livre du Centenaire, 2004, p.817, p.641, p.763 et p.875*. Kohler, *Le Code civil français dans la théorie et la pratique allemandes, ib., p.617*. Cf.Hartkamp, *Vers un nouveau Code civil néerlandais, Revue internationale de droit comparé, 1982, p.319 et s*.

(7) Von Zachariae, Wieacker, a.a.O. (Fn.2), S.346f. Vgl. Schulze, Der rheinische Provinziallandtag und der Kampf um die Beibehaltung des französisch-rheinischen Recht (1826-1845), in Schulze (hrsg.), Französisches Zivilrecht in Europa währende des 19.Jahrhunderts, 1994, S.123ff.

Von Dernburg, Schulze, *Preußisches Allgemeines Landrecht und rheinisch-französisches Recht, in Dolemeyer und Mohnhaupt (hrsg), 200 Jahre Allgemeines Landrecht für die Preußische Staaten*, 1995, S.408.

Vgl. Klippel, Die Deutsche Rechts- und Gerichts-Karte als rechtshistorische Quelle, Einführung, S.XI.

(8) Zum Beispiel mußte man bei der Haftung für Verrichtungsgehilfen klären, ob die Vorschrift des BGB nach dem Vorbild des Code Civil gestaltet werden sollte.

第 3 部　法曹養成と民法典の発展

Dazu §831 und JBGB §715. (Auch meine Abhandlung: The Law of Torts and the Japanese Civil Law (2), Bd.27, S.9ff., S.13f.). Dort war die unbedingte Haftung für unerlaubte Handlungen eines Beauftragten vorgesehen. Einerseits hat sich letztlich das BGB für eine eingeschränkte Haftung entschieden. Anderseits vorgesetzte JBGB zwar förmlich eine ähnliche Vorschrift der eingeschränkten Haftung wie BGB, aber meistens neigte die Rechtssprechung in Japan wie französisches Recht Einschränkung der Haftung in konkreten Fällen. Vgl.Vortrag (Zipries), von 21.10. 2004 (BMJ). Der Verfasser dankt ihn (und auch Schrifttum, Fn. (2)) herzlich besonders für die geschichtliche Darstellung (I & II).

Vgl.§ 831 (Haftung für den Verrichtungsgehilfen)

(1) Wer einen anderen zu einer Verrichtung bestellt, ist zum Ersatz des Schadens verpflichtet, den der andere in Ausführung der Verrichtung einem Dritten widerrechtlich zufügt. Die Ersatzpflicht tritt nicht ein, wenn der Geschäftsherr bei der Auswahl der bestellten Person und, sofern er Vorrichtungen oder Gerätschaften zu beschaffen oder die Ausführung der Verrichtung zu leiten hat, *bei der Beschaffung oder der Leitung die im Verkehr erforderliche Sorgfalt beobachtet* oder wenn der Schaden auch bei Anwendung dieser Sorgfalt entstanden sein würde.

(2) Die gleiche Verantwortlichkeit trifft denjenigen, welcher für den Geschäftsherrn die Besorgung eines der im Absatz 1 Satz 2 bezeichneten Geschäfte durch Vertrag übernimmt.

(9) Diese Beziehung ist naturgemäß gegenseitig. Überdies gibt es das Problem der Globalisierung des Rechtverhältnis (vgl. unten IV). Auch vgl.Vortrag, a.a.O. (Fn.8).

Am Anfang hatte die Bismarcksche Reichsverfassung (1871) nur relativ begrenztes Geltungsbereich in der Vorschrift der Angelegenheiten der Reichsgesetzgebung (Art.4, 13); *die gemeinsame Gesetzgebung über das Obligationenrecht*, Strafrecht, Handels- und Wechselrecht und das gerichtliche Verfahren. Auch Dresdner Entwurf (1866) behandelte nicht das ganze bürgerliche Recht, sondern nur den Bereich der Obligationenrecht. Ziff.13 ist aber durch Vorschriftänderungen v.20.12.1873 (RGBl. S.379) wie folgt ergänzt worden: *die gemeinsame Gesetzgebung über das gesamte bürgerliche Recht*, das Strafrecht und das gerichtliche Verfahren.

(10) G. Boissonade (1825-1910), *Professeur-agrégé à la Faculté de Droit de Paris*, war im wesentlichen der Hauptverfasser des ersten JBGB. Es existieren viele Werke in japanischer Sprache über G.Boissonade und sein Werk. Vgl.auch, Ono, a.a.O. (Fn.1, (1)), S.28f.

(11) Zur ersten Kommission, vgl. Ono, a.a.O.(Fn.1, (2)), S.40; zur zweiten Kommission, ib., S.42. Siehe auch, Ono, a.a.O. (Fn.1, (1)), S.29.

第 4 篇　Das Japanische Recht und der Code Civil als Modell der Rechtsvergleichung

Zum ersten JBGB (*Kyu-minpou*), vgl. Ono, a.a.O. (Fn.1, (1)), S.28. Cf. *Boissonade, Projet de Code civil pour l'Empire du Japon*, t.2, 1883 (1983), Article 403 (dommages-intérêts pour inexécution et pour retard) (p.310), n° 303 (p.314). Vgl. Ono, a.a.O. (Fn,1 Bd.30), S.23.

Kyu-minpou hatte insgesamt 1762 Paragraphen (I- Des biens, 572; II- Des moyens d'acquérir les biens, 435; III- Des sûretés ou garanties des créances, 298; IV- Des preuves et de la prescription, 164; V- Des personnes,293). Vgl. Ono, a.a.O. (Fn.1, (1)), S.42ff. (Appendix II- The Comparison of the first Civil Code and the French Civil Code, Appendix III- The Comparison of the Japanese Civil Code and the German Civil Code). Das gegenwärtige JBGB hat nur 1044 Paragraphen (vor der Revision im Jahre 1949, 1146 Paragraphen).

(12)　*Hoten ronsou* [Disput über das erste Bürgerliche Gesetzbuch, 1889] ist ein der größten Ereignisse in der Entstehungsgeschichte der neueren Zeit und wurde in jedem japanischen Text über Rechtsgeschichte behandelt. Vgl.auch, Ono, a.a.O. (Fn.1, (1)), S.28f.

(13)　Für die neue Fassung des JBGB wurde von ITOH (später Premierminister 1885-88; 1892-96) entschieden, daß es dem System des Sächsischen BGB folgen müsse, d.h. *1 Teil Allgemeiner Teil, 2 Teil Sachenrecht und 3 Teil Obligationsrecht*, also nicht den Entwürfen des BGB entsprechen, bei dem der zweite Teil das Obligationsrecht ist. Vgl. Ono, a.a.O. (Fn.1, (1)), S.28f.; (2), S.43.　Zur ersten und zweiten Kommission des JBGB gibt es *Stenographische Protokolle des JBGB*, über 220 Bde. (originäre Auflage). Neudruck davon wurde von Houmu (Justizministerium) Bibiliotek nur teilweise in 10 Bde.(1975-1981) und von Shouji Houmu Buchhandlung komplete in 32 Bde.(1983-1987) herausgegeben.

(14)　Ono, a.a.O. (Fn.1, (2)), S.47. Die Entwicklung der Auslegung ist kein typisch japanisches Phänomen. Ich kann ein anderes Beispiel anhand des ABGB zeigen. Zwar entstand das österreiche ABGB unter dem Einfluß des modernen Naturrechts. Im 19. Jahrhundert wurde das Gesetz indes von der Pandektistik neue ausgelegt und geändert (sog. heimliches Naturrecht). Die historische Schule war nur scheinbar die Gengerin des Naturrechts. Es bestehen zwischen historischer Schule und Naturrecht weit mehr Verbindungsfäden, als man prima faice glauben möchte.

Vgl.Koschaker, a.a.O.(Fn.2, S.275). Zwar ist das Gesetz in seiner ursprünglichen Form noch erkennbar; 1916 wurde es aber in großen Teilen gemäß neuen Doktrin verbessert (vgl.I), und auch im 20. Jahrhundert hatte die deutsche Doktrin großen Einfluß. Vgl. Koschacker, a.a.O., S.278.

Die sog. Rezeption der akademishen Doktrin in Japan hatte ähnlichen Einfluß auf die

第3部　法曹養成と民法典の発展

japanischen Gesetze wie die deutsche Doktrin auf das österreichsche Recht über zwei Jahrhunderte. Innerhalb dieses Prozesses werden in Japan auch solche Regelungen, die vom französischen oder englischen Recht herrühren, manchmal gemäß der deutschen Doktrin ausgelegt. Vgl. Ono. a.a.O. (Fn.1, Bd.30), S.30.

(15)　Vgl. BGB §13: Verbraucher ist jede natürliche Person, die ein Rechtsgeschäft zu einem Zwecke abschließt, der weder ihrer gewerblichen noch ihrer selbständigen beruflichen Tätigkeit zugerechnet werden kann. §14 (1): Unternehmer ist eine natürliche oder juristische Person oder eine rechtsfähige Personengesellschaft, die bei Abschluss eines Rechtsgeschäfts in Ausübung ihrer gewerblichen oder selbständigen beruflichen Tätigkeit handelt. JBGB haltet noch ständig an der förmlichen Gleichbehalndung der Menschen fest. Vgl.Vortrag, a.a.O. (Fn.8).

Heute brauchen wir noch wieder eine große Diskussion bei der Frage, wofür die Wirtschafsvorteile eingesetzt werden sollen. Nicht allein zum Gewinn der Eigentümer. Eine verantwortungsvolle Durchführung des Rechts soll allerdings auch das Gemeinwohl haben.

Weimarer Verfassung (Die Verfassung des Deutschen Reichs,v.11.Aug.1919; RGBl. S.1383. In Kraft getreten am 14.8.1919. Sie ist durch sog. das Ermächtigungsgesetz v.24.3.1933 geändert und faktisch aufgehoben worden.)

Art.152 (Vertragsfreiheit)

(1) Im Wirtschaftsverkehr gilt Vertragsfreiheit nach Maßgabe der Gesetze.

(2) Wucher ist verboten. Rechtsgeschäfte, die gegen die guten Sitten verstoßen, sind nichtig.

Sie bestimmt auch wie folgt.

Art.153 (Eigentum, Enteignung)

(1) Das Eigentum wird von der Verfassung gewährleistet. Sein Inhalt und seine Schranken ergeben sich aus den Gesetzen.

(2) Eine Enteignung kann nur zum Wohl der Allgemeinheit und auf gesetzlicher Grundlage vorgenommen werden. Sie erfolgt gegen angemessene Entschädigung, soweit nicht ein Reichsgesetz etwas anderes bestimmt. Wegen der Höhe der Entschädigung ist im Streitfalle der Rechtsweg bei den Ordentlichen Gerichten offenzuhalten, soweit Reichsgesetze nichts anderes bestimmen. Enteignung durch das Reich gegenüber Ländern, Gemeinden und gemeinnützigen Verbänden kann nur gegen Entschädigung erfolgen.

(3) *Eigentum verpflichtet. Sein Gebrauch soll zugleich Dienst sein für das Gemeine Beste.* Vgl.Kubo, *Wirtschaftsordnung und Wirtschaftsrecht, in Festschrift für B.Großfeld zum 65.Geburtstag*, 1999, S.631ff. Vgl. Vortrag, von 11.4. 2005 (BMJ).

第4篇 Das Japanische Recht und der Code Civil als Modell der Rechtsvergleichung

(16) Im Jahr 2000 (4.August) hat das deutsche Bundesjustizministerium einen neuen *Diskussionsentwurf* veröffentlicht. Deutschland muß bis zum 1. Januar 2002 die EU-Richtlinie über den Verbrauchsgüterkauf umsetzen. Hierdurch ist eine Reform des Kaufrechts (einschließlich eines Teil des Werkrechts) erforderlich. Das Bundesjustizministerium hat dies zum Anlaß genommen, den Reformentwurf von 1992 wieder aufzugreifen. Nicht nur das Kaufrecht, sondern auch das allgemeine Schuldrecht, das Verjahrungsrecht und weitere Bereiche sollen reformiert werden. Der Diskussionsentwurf stützt sich in weiten Teilen auf den *Abschlußbericht der Schuldrechtsreformkomission* von 1992.

Anfang Mai 2001 legte es den *Regierungsentwurf* vor (Bt-Drucksache 14/6040). Er war gegenüber den Abschlußbericht in vielen Punkten verändert worden. Im weiteren Gesetzgebungsverfahren wurde der Regierungsentwurf wiederum noch in zahlreichen Punkten geändert. Aus dem Bundesrat wurden mehr als 150 Änderungsanträge akzeptiert (BT-Drucksache 14/6857), trotzdem war die Bundesregierung gegen über 100 Anträge nicht übereinstimmend. Das Gesetz wurde am 11. Oktober vom Bundestag verabschiedet und passierte am 9. November den Bundesrat. Vgl. Palandt, BGG, 2004, S.3ff.; Dauner-Lieb, Schuldrecht, 2002, S.22-23; Schmidt-Räntsch, Maifeld, Meier-Göring und Röcken, Das neue Schuldrecht,2002, S.11-15.

Auch auf Druck der Wirtschaft wurde die Jahresendverjährung eingefügt. Vgl. BGB § 195 (Regelmäßige Verjährungsfrist) Die regelmäßige Verjährungsfrist beträgt drei Jahre. BGB § 199 (Beginn der regelmäßigen Verjährungsfrist und Höchstfristen) (1) Die regelmäßige Verjährungsfrist beginnt mit dem Schluß des Jahres, in dem <1.> der Anspruch entstanden ist und <2.> der Gläubiger von den den Anspruch begründenden Umständen und der Person des Schuldners Kenntnis erlangt oder ohne grobe Fahrlässigkeit erlangen müsste.

So wurde nicht nur das allgemeine Schuldrecht, sondern auch das Verjährungsrecht völlig umgestaltet. Nach meinem Erachten ist es sehr bemerkenswert, daß das System den japanische traditionelle Gebrauch der Jahresendverjährung im feudalistischen (gemeinen) Recht so ähnlich war.

(17) Vgl.Vortrag, v.22.10. 2004 (BMJ).

Internationale Vereinheitlichung des Rechts ist wichtig nicht nur im Vertragsrecht, sondern auch im Recht der unerlaubten Handlung und sogar im Strafrecht. Z.B. Umweltbeeinträchtigungen sind oft grenzüberschreitend und müssen deshalb auch grenzüberschreitend verfolgt und geahndet werden können. Der Schutz der Umwelt muß weltweiterweise verfolgt werden. Vgl. Vortrag, v.18.5. 2005 (BMJ). Letztlich gibt es auch einen europäischen Vertrag (Sieben-Länder-Abkommen, nämlich Deutschland,

第3部　法曹養成と民法典の発展

Frankreich, der Niederlande, Belgien, Luxemburg, Spanien und Österreich) über die Vertiefung der grenzüberschreitenden Zusammenarbeit der grenzüberschreitenden Kriminalität und der illegalen Migration. Er dient insbesondere zur Bekämpfung des Terrorismus. Mit ihm wird der Informationsaustausch zum Zwecke der Verhinderung und Verfolgung von Straftaten zwischen den Unterzeichnerstaaten wesentlich verbessert. Vgl. Vortrag, v.27.5. 2005 (BMJ): Vereinfachte grenzüberschreitende Zusammenarbeit: Sieben-Länder-Abkommen unterzeichnet.

(18) Ib.; auch Vortrag, a.a.O. (Fn.8). Außerdem gibt es auch andere Bemühung der Vergleichung zwischen zwei Staaten, z.B, Französischen und deutschen Ethikrat zu gemeinsamer Tagung (vgl. Vortrag, v.18.5. 2005 (BMJ)).

(19) Vgl. *Lando, The Principles of European Law*, 1997, auch 1998/99; *Bonell, UNIDROIT: Principles of International Commercial Contracts*, 1995. Leztlich gibt es auch neue Bemühung des UNIDROIT, 2004.

事 項 索 引

あ 行

安全配慮義務················· 269
安楽死・尊厳死··············· 5, 10
ES 細胞 ··············· 11, 20, 36, 196
遺骨や遺骸の所有権············· 11
慰謝料······················· 169
慰謝料請求権················· 303
一連の貸付（取引）········ 112, 131
一連の取引············ 117, 122, 134
逸失利益······················ 24
遺伝子技術法················· 272
遺伝子組み換え作物の農業利用······ 272
遺伝子治療···················· 6
医療特許····················· 21
インド契約法················· 221
インフォームドコンセント······· 6
ウィーン統一国際動産売買法····· 219, 422
M. ウェーバー（Max Weber, 1864-1920）
························· 14, 35
沖縄（土地所有権）··········· 261

か 行

回数制限（国家試験の）········ 316
ガイドライン，指針······ 23, 49, 51, 165
解 剖························ 18
過酷な契約··················· 63
貸金業制度等の改革に関する基本的
　考え方····················· 110
貸金業法 17 条，18 条書面···· 154, 163
貸金業法 43 条·············· 93, 116
貸金業法 43 条の違憲論·········· 94
貸金業務取扱主任者制度········ 100
家族手続法··················· 228

家族法改革··················· 243
家族法の現代化··············· 227
過大な損害の禁止·············· 11
価値の衡量··················· 16
家庭裁判所··················· 227
カノン法··················· 8, 13
株式会社····················· 45
株主有限責任の原則········· 45, 89
カルヴァニズム········ 9, 35, 62, 194
カルヴァン（Calvin, 1509-64） ······ 14, 26
環境責任法··········· 220, 276, 394, 404
患者のための権利憲章·········· 22
完全性保持義務··············· 265
完全法律家··················· 322
期間割りの居住権·········· 193, 200
企業統治·················· 31, 38
企業の社会的責任··········· 47, 96
企業の不祥事············ 38, 44, 46
企業の無国籍性················ 9
企業倫理····················· 30
技術と法····················· 3
技術と倫理················ 30, 52
擬制説（法人）·············· 8, 23
偽造登記済権利証の看過········ 170
偽装認知····················· 295
基礎利率····················· 69
基本権··················· 9, 194
義務の種類··················· 265
給付義務····················· 266
共同企業体の構成員の責任······ 88
共同親権·················· 66, 229
許可主義（法人の）············· 9
禁酒法······················· 16
近代自然法·············· 304, 410

431

事項索引

近代市民社会……………………………… 9
金融サービス給付……………………… 74
金融庁ガイドライン…………………… 164
金融取引主任者………………………… 50
クローン…………………………………… 4, 26
経営社会学……………………………… 33
経営プロフェッショナリズム………… 34
経済専修法律家………………………… 322
継続的債務の保証人…………………… 64
契約の無効（高利と）………………… 103
契約法原則（Lando）………… 75, 219, 422
ケプラー………………………………… 27
ゲルマン法……………………………… 9
厳格責任………………………… 276, 395
厳格派（倫理の）………… 12, 17, 36, 46
現実派（倫理の）………… 12, 17, 36, 46
権利能力なき社団……………………… 90
権利の客体……………………………… 11
権利の主体……………………………… 8, 196
公　害…………………………………… 396
広告・取立規制の強化………………… 101
公序良俗の適用基準…………………… 106
構成員の責任…………………………… 88
構造改革………………………………… 243
公的教育支出…………………………… 332
高等教育に占める公費・私費………… 334
高等教育への公的支出………………… 332
公認会計士…………………………… 31, 43, 50
コーポレートガバナンス…… 31, 38, 61, 72
国民国家…………………… 9, 21, 195, 219
国家試験（ドイツの）………… 311, 329
子の嫡出性……………………………… 286
子の福祉…………………………… 301, 302
ゴルフ会員権…………………………… 198
婚姻姓…………………………………… 281
コンプライアンス……………… 31, 38, 96

さ　行

在学年数………………………………… 317
債権確保法……………………………… 72
債権質の成立…………………… 180, 182
最高責任額の制限……………… 277, 405
財産的損害……………………… 168, 306
財産法…………………………………… 250
裁判例（司法書士の責任）………… 174
債務法現代化法（2002年）… 76, 224, 421
サヴィニー……………………………… 21, 94
算入されない受験…………………… 316
仕組み金融……………………………… 109
資源の保有国主権……………………… 29
死後認知………………………………… 291
実在説（法人）………………………… 9
質権設定………………………………… 180
実務研修………………………… 312, 319
死手……………………………………… 25
支払のモラル…………………………… 72
司法研修………………………… 311, 330
司法研修の場所と費用………………… 325
司法書士の責任………………………… 170
司法の現代化…………………………… 218
社会契約説……………………………… 9, 194
社会政策論争…………………………… 57
社会的責任投資………………………… 48
宗教改革………………………………… 14
修習生の給与…………………………… 325
自由設立主義（法人の）……………… 8
受精卵…………………………… 6, 10, 293
主たる債務……………………………… 265
循環経済・廃棄物法…………………… 276
準則主義（法人の）…………………… 45
娼妓芸妓の解放………………………… 61
商工ローン……………………………… 129
消費者消費貸借………………… 71, 142

事項索引

消費者信用	69
条　理	23
所有権概念の変容	193
人身売買の禁止	5, 10, 61
信用保証	65
信用保証料とみなし利息	122, 129
政治献金	46
生殖補助医療	6, 16
製造物責任	276, 394
製造物責任法	220, 405
生物学上の血縁関係	286
聖ベネディクトス	27, 52
責任制限	63
積極的契約侵害	265
説明義務	265, 308
先端技術と法	3
全能性（胚の）	12
専門家の責任	32, 173
臓器移植法	5, 272
ソフィスト派（倫理の）	12, 17, 36
損害賠償の制限法理	303

た　行

ターミネーター（自殺因子）技術	275
第1次国家試験	313, 329
第2次国家試験	319, 330
待機期間（研修の）	324
胎児認知	293
胎児の権利能力	10
タイムシェア	198, 200
代理出産	291
代理母	292
太政官制	360, 368
タックス・ヘイブン	54
建物登記簿	242
談　合	40, 57
男女共同参画社会	302

団体の責任	88
遅延利息	69, 421
地球環境サミット	220, 396
知的財産権	21, 196
仲介料（貸金の）	129
著作権	29
賃貸借の保証金	180
賃貸借法改正（2001年）	222
通信取引契約	74, 78
定期給付債権	212
嫡出推定	289
嫡出否認権者	286
撤回権（クーリングオフ権）	78
電子登記簿	235
伝統維持権	29
天　引	137, 143, 149
ドイツの裁判官	327
ドイツの法域区分	415
ドイツの法曹養成	311
ドイツ民法典	186, 218, 416
登記簿の公信力	237
登記簿の電子化	234
凍結精子	288
凍結精子による人工授精子	55, 291
凍結精子の破棄	290
東西ドイツの再統一	221, 248, 260
動産売買法	221, 238
投資サービス法	83
同性婚	296, 301
登録要件の厳格化（貸金業の）	99
土地改革（東ドイツの）	249, 255, 259
取引経過の開示（消費者金融）	118
取引の「一連」	140
取引履歴の開示	112, 160, 162
取引履歴の情報開示	307

事項索引

な行

- 2002年改正法（法曹養成）……………… 319
- 日本経団連企業行動憲章……………… 58
- 人間の尊厳……………………… 6, 37
- 根保証………………………… 97
- 年　金………………………… 243

は行

- ハーグ統一国際動産売買法……… 219, 422
- パートナー法…………………… 296
- 贖罪金………………………… 304
- ハイネ，ニュートン……………… 22, 29
- ハイブリット技術………………… 275
- 胚保護法……………… 7, 12, 35, 272, 288
- 8時間労働制…………………… 34
- ハルツ第Ⅰ法～第Ⅳ法……………… 246
- パンデクテン………………… 194, 411
- パンデクテン・システム………… 193, 378
- 比較法………………………… 361, 410
- 東ドイツ地域における財産問題
  ……………………… 248, 254, 259
- 非財産的損害…………………… 303
- ビジネスモデル特許……………… 29
- 人の主体性……………………… 5
- 人の尊厳………………………… 6
- 夫婦の氏………………………… 281
- 附加利益共同制………………… 299
- 不完全履行……………………… 265
- 複合姓………………………… 282
- 復　氏………………………… 284
- 扶助の調整（年金）……………… 300
- 付随義務……………………… 165, 265
- 普通法………………………… 311, 415
- 物権法定主義…………………… 195
- 扶養のシステム変更……………… 231
- フランス人権宣言……………… 193, 420
- フランス民法典………… 186, 218, 289, 410
- プロテスタンティズム……… 9, 14, 26, 35
- プロフェッショナリズム
  ……………… 34, 46, 48, 51, 53, 420
- 粉飾会計……………………… 31
- 弁護士職の志向………………… 321
- ボアソナード… 186, 338, 369, 373, 417, 426
- 法　人………………………… 8, 89
- 法人格と責任…………………… 89
- 法曹養成……………………… 311
- 法曹養成の多元化……………… 322
- 法定利率……………………… 69
- 法と技術………………………… 3
- 法と倫理………………………… 3
- 暴力保護法……………………… 230
- 保護義務……………………… 265, 267
- 保証人の責任制限……………… 65, 97

ま行

- マリア・ルース（Maria Luz）号事件… 10
- マンション……………………… 216
- マンション管理費………………… 209
- マンション管理費の時効………… 197
- マンションの所有権……………… 196
- 未解決の財産問題……………… 249, 254
- 未成年者の責任制限……………… 66
- みなし弁済………………… 116, 143, 156
- ミニジョブ……………………… 246
- 民法上の組合…………………… 88
- 面接交渉権（子の）……………… 287, 301

や行

- やみ金融対策法………………… 98
- 有限責任事業組合契約法………… 91
- ヨーロッパ債務名義……………… 72
- ヨーロッパ人権委員会…………… 252
- ヨーロッパ人権裁判所……… 248, 254, 259

余暇理論（労働時間） ……………… 33
予定説（カルヴァニズム） ………… 15

　　　　　　ら　行

利潤至上主義…………………………… 50
利潤主義…………………… 19, 48, 53
利息制限（法） … 13, 23, 96, 148, 370, 386
流動利率………………………………… 69
ルター派…………………………… 9, 14
歴史法学………………………… 21, 94, 411
労働時間の短縮運動………………… 34
ローマ法………………………………… 8
ローマ法の継受………………………… 3

　　　　　　わ　行

ワイマール憲法………………… 193, 420

　　　　　　＊　＊　＊

　　　　　　A　行

ABGB …………………… 340, 411, 415
Agenda 2010 …………………… 61, 243
AID ……………………………… 6, 289
ALR ……………………… 311, 411, 415

　　　　　　B　行

Boissonade (1825-1910) …… 186, 338, 369,
　　　　　　　　　　　　　　373, 417, 426

　　　　　　C　行

Civil Code（Japan）……… 337, 361, 417

Code Civil（Français）………… 410, 412
Comparative Law ……………… 337, 361
Consumer Credit Protection ………… 121

　　　　　　E　行

ES 細胞 ……………… 11, 20, 35, 196

　　　　　　I　行

ISO（国際標準化機構）……………… 49

　　　　　　J　行

Jahn 事件（Heidi Jahn）………… 259, 260
Jahn 小法廷判決 ……………………… 248
Jahn 大法廷判決 ……………………… 259
Jahn 判決 ……………………………… 251
Jus ad rem …………………………… 195

　　　　　　L　行

Lando の契約法原則………… 75, 219, 422
LLC, Limited Liability Company ……… 91
LLP, Limited Liability Partnership …… 91

　　　　　　R　行

ratio scripta …………………… 369, 425

　　　　　　U　行

UNIDROIT の法原則 …………… 219, 422

　　　　　　V　行

von Maltzan 事件 ……… 249, 253, 254, 260

＜著者紹介＞

小 野 秀 誠（おの　しゅうせい）

　1954年　東京に生まれる
　1976年　一橋大学卒業
　現　在　一橋大学法学部教授

＜主要著作＞

逐条民法特別法講座・契約Ⅰ〔契約総論，売買〕，担保物権Ⅱ〔物上代位ほか〕（共著，ぎょうせい，1986年，1995年），危険負担の研究（日本評論社，1995年），反対給付論の展開（信山社，1996年），給付障害と危険の法理（信山社，1996年），債権総論（共著，弘文堂，1997年，3版2006年），叢書民法総合判例研究・危険負担（一粒社，1999年），利息制限法と公序良俗（信山社，1999年），専門家の責任と権能（信山社，2000年），大学と法曹養成制度（信山社，2001年），土地法の研究（信山社，2003年），司法の現代化と民法（信山社，2004年），民法総合判例解説・危険負担（不磨書房，2005年）

民法における倫理と技術

2006年（平成18年）9月15日　初版第1刷発行　　　　2461-0101

著　者	小　野　秀　誠
発行者	今　井　　　貴
	渡　辺　左　近
発行所	信　山　社　出　版

〒113-0033　東京都文京区本郷 6-2-9-102
電　話　03（3818）1019
ＦＡＸ　03（3818）0344

印　刷　東　洋　印　刷
製　本　大　三　製　本

Printed in Japan.

Ⓒ 2006，小野秀誠．　　落丁・乱丁本はお取替えいたします。

ISBN4-7972-2461-4　C3332